C++

MASTER CLASS

André Willms

C++

Einstieg für Anspruchsvolle

ADDISON-WESLEY [in Kooperation mit] PEARSON Studium

Bibliografische Information Der Deutschen Bibliothek

Die Deutsche Bibliothek verzeichnet diese Publikation in der Deutschen Nationalbibliografie; detaillierte bibliografische Daten sind im Internet über *http://dnb.ddb.de* abrufbar.

10 9 8 7 6 5 4 3 2 1

08 07 06 05

ISBN 3-8273-2182-4

ein Imprint der Pearson Education Deutschland GmbH,
Martin-Kollar-Straße 10–12, D-81829 München/Germany

www.pearson-studium.de
Lektorat: Frank Eller, feller@pearson.de
Einbandgestaltung: Marco Lindenbeck, webwo GmbH (mlindenbeck@webwo.de)
Herstellung: Elisabeth Prümm, epruemm@pearson.de
Satz: mediaService, Siegen (www.media-service.tv)
Druck und Verarbeitung: Kösel, Krugzell (www.KoeselBuch.de)

Printed in Germany

Inhaltsverzeichnis

E

Einleitung

Schon wieder ein Buch über C++?

Diese Frage kann ich mit einem klaren „Ja" beantworten, muss aber ein großes „Aber" anfügen. Dieses Buch beschäftigt sich mit der Programmierung in C++, steigt aber so tief wie nur wenige andere Bücher in diese Thematik ein.

Deswegen liegen auch die Voraussetzungen für einen unbeschwerten Genuss dieses Buches höher als bei üblichen Lehrbüchern. Optimal vorbereitet sind Sie, wenn Sie bereits ein C++-Lehrbuch durchgelesen oder sich die Sprache in Seminaren angeeignet haben. Sie kennen alle von C geerbten Sprachelemente, Sie wissen, was Vererbung ist und wie Sie zur objektorientierten Programmierung eingesetzt wird, und Sie haben dieses Wissen auch schon eingesetzt.

Dann freuen Sie sich in diesem Buch auf einige „Aha"-, „Oh"-, „Achso"- und „Deswegen also"-Erlebnisse.

Haben Sie schon einmal etwas von den Operatoren `.*` oder `->*` gehört? Hier hören Sie nicht nur etwas davon, ich zeige Ihnen an praktischen Beispielen, wo diese Operatoren das C++-Leben stark vereinfachen können.

Wissen Sie, wie man Klassen so wieder verwendbar programmiert, dass Sie mit ihnen sowohl Schach als auch Solitair spielen könnten?

Ist Ihnen bekannt, dass Konstruktoren und Destruktoren in Wirklichkeit keinen Namen besitzen?

Sind Sie sich darüber im Klaren, dass der Datentyp beim Werfen einer Ausnahme statisch gebunden wird? Und was das für Ihre Programmierung bedeutet?

Solche Details von C++, mit denen Sie bei größeren Projekten zwangsläufig konfrontiert werden, die aber nur in wenigen Büchern Erwähnung finden, kommen hier zur Sprache, werden erklärt und mit ihren Konsequenzen ausgeleuchtet.

Neben der technischen Seite ist die Anwendung von C++ ein weiterer Schwerpunkt dieses Buchs. Wie werden Operatoren richtig überladen? Wie wird Vererbung sinnvoll eingesetzt und wann sollten Finger davon gelassen werden? Wie können eigene Klassen ausnahmesicher programmiert werden?

Wenn Sie die Antworten auf diese Fragen interessieren, dann wünsche ich Ihnen genauso viel Spaß beim Lesen des Buches wie ich beim Schreiben hatte

Köln, im September 2004

André Willms

1 Grundlagen

Dieses Kapitel ist gewissermaßen eine Aufwärmrunde. Elementare Eigenschaften der Sprache werden knapp zusammengefasst und dargestellt. Je nachdem, wie stark Ihr Hirn bereits mit C++ durchsetzt ist, gibt es bestimmt noch das ein oder andere Futter für Ihre grauen Zellen.

1.1 Datentypen

Stimmt, wir beginnen sehr nah an der Basis, aber werfen wir einen schnellen Blick auf die Datentypen in C++.

1.1.1 Elementare Datentypen

Vom Platzverbrauch her der kleinste elementare Datentyp (*fundamental type*) ist `char`. Per Definition ist seine Größe so dimensioniert, dass Zeichen aus dem grundlegenden Zeichensatz der Compiler-Implementierung bequem darin Platz haben. Im deutschen Sprachraum entspricht dies einem Byte (8 Bit).

Den Datentyp `char` gibt es zusätzlich noch vorzeichenlos als `unsigned char` und vorzeichenbehaftet als `signed char`. Interessant ist die Tatsache, dass es sich bei allen dreien (`char`, `signed char` und `unsigned char`) um eigenständige Typen handelt, sie können damit alle als Kriterium zum Überladen verwendet werden.

Ob der Typ `char` selbst vorzeichenlos oder vorzeichenbehaftet ist, hängt von der Compiler-Implementierung ab.

Um auch Zeichensätze mit größerer Zeichenmenge zu unterstützen (beispielsweise Chinesisch), existiert der Typ `wchar_t`. Seine Größe ist so dimensioniert, dass er allen Zeichen des mächtigsten, vom aktuellen System unterstützten Zeichensatzes einen eigenen Wert zur Verfügung stellen kann. Im Normalfall beträgt die Größe zwei Bytes.

Insgesamt gibt es vier vorzeichenbehaftete ganzzahlige Datentypen: `int`, `short int` (abgekürzt: `short`), `long int` (abgekürzt: `long`) und den eben vorgestellten `signed char`. Für `short` , `int` und `long` kann explizit noch das Wort `signed` davor gesetzt werden, der Typ bleibt aber derselbe.

Per Definition besitzt der `int`-Typ die Größe des auf der ausführenden Umgebung gebräuchlichen Typs. Die Typen `short` und `long` sind laut Standard eingeführt worden, um spezielle Bedürfnisse zu befriedigen. Die Größen der Typen sind in einer Relation formuliert:

Nach dieser Definition könnten theoretisch alle vier Typen gleich groß sein. Damit ist aber höchstens auf 8Bit-Systemen zu rechnen.

$$char \leq short \leq int \leq long$$

Passend zu den vier vorzeichenbehafteten Datentypen gibt es vorzeichenlose Typen, die explizit mit `unsigned` deklariert werden müssen (`unsigned short int` (abgekürzt `unsigned short`), `unsigned int` (abgekürzt `unsigned`), `unsigned long int` (abgekürzt `unsigned long`) und den zu Beginn schon vorgestellten `unsigned char`.

Die `signed`- und `unsigned`-Variante eines Typs besitzt dieselbe Größe (wenn auch einen anderen Wertebereich).

Die bis hierhin aufgeführten Datentypen werden auch *integrale Typen* (integral types) genannt.

Mit Präzision ist die Anzahl der Nachkommastellen gemeint.

Die Menge der Fließkommatypen ist schon übersichtlicher. Es existieren drei Typen (`float`, `double` und `long double`), die alle drei vorzeichenbehaftet sind. Eine explizite Angabe von `signed` ist nicht erlaubt. Die Fließkommatypen sind bezüglich ihrer Präzision in Verhältnis gesetzt:

$$float \leq double \leq long\ double$$

Um Funktionen speziell für boolesche Werte überladen zu können, wurde C++ um den Datentyp `bool` ergänzt, der nur die Werte `true` oder `false` annehmen kann. Ein Boolescher Wert verhält sich wie ein integraler Typ, die Werte `true` und `false` werden dabei als `1` und `0` angesehen.

Zum Schluss gibt es noch den unvollständigen Datentypen `void`, der primär als Rückgabetyp von Funktionen eingesetzt wird, die keinen Rückgabewert besitzen oder als typenloser Zeiger (`void*`) Verwendung findet.

1.1.2 Zusammengesetzte Datentypen

Für selbst definierte Klassentypen gilt dabei die Bedingung, dass der Typ einen Standard-Konstruktor besitzen muss.

Allen zusammengesetzten Datentypen (*compound types*) voran sei hier das *Array* erwähnt, welches von beliebigen Typen gebildet werden kann:

```
int f[10];
```

Zu den Klassen zählen auch die als `struct` definierten Strukturen.

Darüber hinaus gibt es noch *Klassen* (`class`), *Unions* (`union`) und *Aufzählungen* (`enum`).

Selbst Zeiger auf `void`, auf Objekte oder auf Funktionen und Referenzen auf Objekte oder auf Funktionen zählen zu den zusammengesetzten Datentypen.

1.2 Funktionen

Funktionen dienen in C++ der Aufnahme von Programmcode. Jeglicher Programmfluss findet in Funktionen statt. Vor dem Funktionsnamen steht der Datentyp des Rückgabewertes und hinter dem Funktionsnamen in runden Klammern die Argumentliste.

Die Mutter aller C++-Funktionen ist dabei die Hauptfunktion `main`, die beim Programmstart aufgerufen wird und deren Ende dem Programmende gleich kommt:

```
int main(int argc, char *argv[]) {
}
```

Abgesehen von der oben beschriebenen Variante definiert der Standard noch eine Version mit leerer Parameterliste. Alles darüber hinaus ist abhängig von der Compiler-Implementierung. Nur eines müssen alle `main`-Varianten gemeinsam haben: Sie müssen `int` als Rückgabetyp besitzen.

Wird innerhalb von `main` kein Wert zurückgegeben, dann endet die Funktion implizit mit

```
return(0);
```

1.3 Anweisungen

In C++ werden Anweisungen (Statements) in verschiedene Gruppen unterteilt. Die einfachsten Anweisungen fallen in die Rubrik *Ausdruck-Anweisungen* (expression statements). Es handelt sich hierbei um konventionelle, mit Semikolon abgeschlossene Anweisungen, die keiner der anderen Gruppen zugeordnet werden. Im Grundlagen-Kapitel werden nur einige dieser Gruppen angesprochen. Im weiteren Verlauf des Buches wird uns dann noch die ein oder andere Gruppe begegnen.

1.3.1 Zusammengesetzte Anweisungen

Eine zusammengesetzte Anweisung (compound statement) wird durch ein geschweiftes Klammernpaar angegeben:

```
int x=20;
{
  int quadrat=x*x;
  cout << quadrat << endl;
}
```

Auch wenn ein frei im Raum stehender Anweisungsblock etwas seltsam aussieht und auch nicht allzu oft eingesetzt wird, ist er dennoch möglich. Dabei gilt der so definierte Anweisungsblock als eigener *Bezugsrahmen* (scope); `quadrat` ist nur dort gültig.

1.3.2 Auswahl-Anweisungen

In den Beispielen werden Elemente der C++-Standardbibliothek, speziell der STL, häufig ohne explizite Erklärung der Funktionsweise eingesetzt. Weiterführende Informationen finden Sie in [Willms00].

Auwahl-Anweisungen (selection statements) verzweigen den Programmfluss. Prominentester Vertreter ist wohl die `if`-Anweisung. Folgendes Beispiel liefert die Endung eines Dateinamens (oder einen leeren String, falls keine Endung existiert):

Listing 1.1
Die Funktion getSuffix

```
string getSuffix(const string& datname) {
  size_t i=datname.rfind(".");
  if(i != string::npos)
    return(datname.substr(i+1));
  return("");
}
```

Natürlich kann das `if` durch ein `else` ergänzt werden.

Die Anweisung `elsif` oder `elseif` kennt C++ allerdings nicht. Sie lässt sich aber leicht durch ein `if` im `else`-Block simulieren.

Zum Beispiel müssen Funktionsargumente oder Rückgabewerte Ausdrücke sein.

An manchen Stellen im Programm sind keine Anweisungen erlaubt, nur Ausdrücke. Deswegen gibt es den `?:`-Operator, mit dem eine Bedingung als Ausdruck formuliert werden kann:

Listing 1.2
Die Funktion getSuffix mit ?:-Operator

```
string getSuffix(const string& datname) {
  size_t i=datname.rfind(".");
  return((i != string::npos)?datname.substr(i+1):"");
}
```

Die zweite Auswahl-Anweisung ist `switch`. Mit ihr können Anweisungen in Abhängigkeit eines Wertes ausgeführt werden:

Listing 1.3
Die switch-Anweisung

```
switch(x%2) {
  case 0:  cout << "Gerade Zahl" << endl;
           break;
  case 1:  cout << "Ungerade Zahl" << endl;
           break;
  default: cout << "Wird nie ausgeführt!" << endl;
}
```

Das Argument kann dabei ein integraler Typ, ein Aufzählungstyp oder ein Klassentyp sein, der genau einen Umwandlungsoperator für einen integralen Typ besitzt.

Hinter case müssen konstante Werte integraler Typen stehen, dazu zählen auch die Konstanten einer Aufzählung und die booleschen Werte `true` und `false`.

Die fest definierte Sprungmarke `default` wird immer dann angesprungen, wenn für den aktuellen Wert des `switch`-Arguments kein `case` definiert wurde.

Die `case`-Anweisungen sind als Sprungmarken zu verstehen und nicht als Anweisungsblöcke. Deswegen muss die Ausführung auch explizit mit einem `break` unterbrochen werden.

1.3.3 Wiederholungs-Anweisungen

Wie der Name schon erahnen lässt, werden Wiederholungs-Anweisungen (iteration statements) dazu eingesetzt, um spezielle Code-Teile zu wiederholen, eine Programmschleife also. In C++ stehen drei Schleifen zur Verfügung: `for`, `while` und `do`. Im Folgenden werden alle drei Schleifen eingesetzt, um von 1-10 zu zählen:

```
for(int a=1; a<=10; ++a)
  cout << a << endl;

int b=1;
while(b<=10)
  cout << b++ << endl;

int c=1;
do
  cout << c << endl;
while(++c<=10);
```

Listing 1.4
Die Schleifentypen for, while und do while

Die in `for` definierte `int`-Variable a besitzt den Schleifen-Anweisungsblock als Bezugsrahmen, außerhalb der Schleife ist sie deswegen nicht existent.

1.4 Deklaration & Definition

Häufig stiftet die Verwendung der Begriffe „Definition“ und „Deklaration“ Unheil, dabei ist der Unterschied in C++ so wesentlich wie in kaum einer anderen Sprache. Schauen wir in den Standard:

Eine Deklaration ist eine Definition, es sei denn,

- sie deklariert eine Funktion, ohne ihren Rumpf zu spezifizieren,
- sie enthält den Spezifizierer `extern` oder eine Link-Spezifizierung und weder einen Initialisierer noch einen Funktionsrumpf,
- sie deklariert ein statisches Klassenattribut,
- sie ist eine Klassennamen-Deklaration, eine `typedef`-Deklaration, eine Using-Deklaration oder eine Using-Direktive.

Damit ist im Umkehrschluss jede Definition eine Deklaration.

Warum überhaupt so eine Pfennigfuchserei mit diesen beiden Begriffen getrieben wird, möchten Sie wissen? Nun, an vielen Stellen im Programm reicht eine Deklaration aus und eine Deklaration ist leichter zur Verfügung zu stellen und schneller zu kompilieren als eine Definition:

```
class X;
void fkt(X *obj);
```

Aber wann reicht es aus, dass eine Klasse nur deklariert ist und wann muss sie komplett definiert sein? Auch hier gibt der Standard Aufschluss:

Ein Klassentyp `T` muss komplett definiert sein, wenn

- ein Objekt des Typs `T` definiert wird.
- ein L-Wert vom Typ `T` in einen R-Wert konvertiert wird.

- ein Ausdruck explizit oder implizit in den Typ `T` konvertiert wird.
- ein Ausdruck, der keine Null-Zeiger-Konstante ist und einen anderen Typ als `void*` hat, über implizite Typumwandlung, einen `dynamic_cast` oder einen `static_cast` in einen Zeiger oder eine Referenz vom Typ `T` umgewandelt wird.
- ein Elementzugriff (`.` oder `->`) auf einen Ausdruck des Typs `T` angewendet wird.
- der `typeid`- oder `sizeof`-Operator auf einen Ausdruck des Typs `T` angewendet wird.
- eine Funktion mit `T` als Rückgabetyp definiert oder aufgerufen wird.
- einem L-Wert vom Typ `T` etwas zugewiesen wird.

In allen anderen Fällen reicht eine Deklaration aus.

1.5 cv-Qualifizierung

Häufig wird im Standard die so genannte *cv-Qualifizierung* angesprochen, ein Grund für uns, einen genaueren Blick auf ihre Bedeutung zu werfen.

Ein gewöhnlicher Datentyp `T` gilt als cv-unqualifiziert. Jeder cv-unqualifizierte Typ kann zusätzlich in drei verschiedenen cv-qualifizierten Varianten vorkommen: `const T`, `volatile T` und `const volatile T`.

Darüber hinaus können die Varianten bezüglich ihrer cv-Qualifizierung in Relation gesetzt werden:

- Der Typ `T` ist weniger cv-qualifiziert als die Typen `const T`, `volatile T` und `const volatile T`.
- Die Typen `const T` und `volatile T` sind weniger cv-qualifiziert als der Typ `const volatile T`.

Auch wenn dieses „in Beziehung setzen“ der cv-Qualifizierungen im ersten Moment vielleicht keinen Sinn macht, werden sie an einigen Stellen zur Erklärung von Sachverhalten eingesetzt.

Zum Beispiel steht die Schreibweise `cv T` (oder `cv1 T`, `cv2 T`, etc.) für einen der vier Typen `T`, `const T`, `volatile T` oder `const volatile T`.

Eine Erklärung, die sich die Bedeutung der cv-Qualifizierung zu Nutze macht, ist zum Beispiel die Folgende:

Ein Objekt vom Typ `cv1 T*` kann einem Objekt des Typs `cv2 T*` zugewiesen werden, wenn `cv1` die gleiche oder eine geringere cv-Qualifizierung besitzt als `cv2`.

Aus diesem Grund kann ein Objekt des Typs `T*` einem Objekt des Typs `const T*` zugewiesen werden, aber nicht umgekehrt.

1.6 Überladen von Funktionen

Per Definition ist eine Funktion oder eine Methode dann überladen, wenn zwei unterschiedliche Deklarationen mit demselben Namen im selben Bezugsrahmen stehen. Dabei sind folgende Punkte zu beachten:

Eine bloße Unterscheidung im Rückgabe-Typ reicht nicht aus:

```
int fkt() {/*...*/}
double fkt() {/*...*/} // Geht nicht.
```

Ein Unterschied in der cv-Qualifizierung der Funktionsparameter reicht nicht aus:

```
int fkt(int a, int b)                 {/* … */}
int fkt(const int a, volatile int b)  {/* … */} // Geht nicht
```

Eine Unterscheidung in den impliziten Objekt-Parametern ist ausreichend:

Unter impliziten Objekt-Parametern versteht man die Angaben `const`, `volatile` oder `const volatile` hinter einem nicht-statischen Methoden-Kopf. Im Kapitel 2 Klassen werden wir auf sie noch genauer eingehen.

```
class Klasse {
  int methode()        {/* … */}
  int methode() const  {/* … */} // funktioniert
};
```

Die Eigenschaft `static` reicht nicht aus zur Unterscheidung zweier überladener Methoden:

```
class Klasse {
  static int methode() {/* … */}
  int methode()        {/* … */} // Geht nicht
  int methode() const  {/* … */} // Geht nicht
};
```

Eine Unterscheidung von mit `typedef` definierten Typnamen, die aber denselben Typ repräsentieren, reicht nicht aus, weil mit `typedef` keine neuen Typen, sondern nur neue Typnamen definiert werden:

```
class Klasse {
  typedef int T1;
  typedef int T2;

  int methode(T1 a)  {/* … */}
  int methode(T2 a)  {/* … */} // Geht nicht
};
```

Aufzählungen sind eigene Typen, deswegen kann mit ihnen eine Überladung unterschieden werden:

```
class Klasse {
  enum aufz1 {az11};
  enum aufz2 {az12};

  int methode(aufz1 a)  {/* … */}
  int methode(aufz2 a)  {/* … */} // funktioniert
};
```

Überladene Methoden dürfen unterschiedliche Zugriffsrechte besitzen, das Zugriffsrecht ist jedoch kein Unterscheidungsmerkmal beim Überladen:

```
class Klasse {
  int methode1(int a)    {/* ... */}
  int methode2(float b)  {/* ... */}



public:
  int methode1(double a) {/* ... */} // funktioniert
  int methode2(float b)  {/* ... */} // Geht nicht
};
```

Unterscheiden sich Parameter nur in der Zeiger- und Array-Schreibweise, dann ist ein Überladen nicht möglich, weil die Array-Schreibweise intern in die Zeiger-Schreibweise umgeformt wird:

```
int fkt(int* a)     {/* ... */}
int fkt(int a[])    {/* ... */} // Geht nicht
int fkt(int a[42]) {/* ... */} // Geht nicht
```

1.6.1 Probleme beim Überladen

Häufig steckt beim Überladen von Funktionen oder Methoden der Teufel im Detail. Betrachten Sie einmal folgende Klasse und versuchen Sie, eventuelle Schwachstellen zu finden:

Listing 1.5
Die Klasse Name

```
class Name {
  string m_name;

public:
  Name(char c) {
    char s[]={c,0};
    m_name=s;
  }

  Name(const char* s)
    : m_name((s)?s:"")
  {}

  const char* c_str() const {
    return(m_name.c_str());
  }
};
```

Falls Ihnen noch nichts auffällt, beziehen Sie die folgenden Definitionen mit in Ihre Überlegungen ein. Was passiert hier?

```
Name n1("");
Name n2(0);
Name n3(-1);
```

Die erste Anweisung sollte problemlos den `const char*`-Konstruktor aufrufen, und das macht sie auch.

Bei der zweiten Anweisung ist es schon etwas haariger. Ist das für den Compiler nun ein Null-Zeiger oder ein Zeichen mit dem Wert 0? Oder von der anderen Seite her gefragt, welche der beiden Varianten wäre uns lieber? Wahrscheinlich die Interpretation als Null-Zeiger.

Fakt ist jedoch, dass der Compiler keine Entscheidung treffen kann und deswegen mit der Meldung abbricht, der Aufruf sei mehrdeutig.

Die dritte Anweisung wiederum wird problemlos kompiliert. Sollte `char` vom Typ her `unsigned` sein, wird der Wert in 255 umgewandelt.

In diesem konkreten Beispiel könnte man das Dilemma mit der Mehrdeutigkeit beheben, indem der Konstruktor mit `char` als Argument-Typ umgeändert wird:

Listing 1.6
Ein Name-Konstruktor mit int als Parameter

```
Name(int c) {
  char s[]={c,0};
  m_name=s;
}
```

Nun ist bei einem Argument von 0 der `int`-Konstruktor die Wahl des Compilers. Das liegt daran, dass ganzzahlige Konstanten immer den Typ `int` haben. Im vorigen Fall musste der Compiler sich entscheiden, ob er die `int`-Konstante implizit in `char` oder `const char*` umwandeln soll. Jetzt hat er direkt einen Treffer und zieht diesen einer Umwandlung vor.

Aber auch hier bekommen wir nicht das gewünschte Ergebnis, nämlich den Aufruf des `const char*`-Konstruktors. Zumindest ist es bei dieser Klasse nicht weiter tragisch, weil das Ergebnis bei beiden Konstruktoren das Gleiche ist: Ein leerer String.

Trotzdem sollten Sie solchen vermeintlichen Mehrdeutigkeiten aus dem Weg gehen und möglichst nie Methoden überladen, die sich nur durch einen integralen Typ und einen Zeiger-Typ unterscheiden.

1.7 Speicherdauer

In vielen Fällen ist die Frage wesentlich, wie lange ein Objekt existiert, denn davon hängt es ab, wann ein vorhandener Destruktor aufgerufen wird. Eine Antwort darauf liefert uns die Speicherdauer (storage duration) eines Objekts.

Die Speicherdauer ist eine Eigenschaft des Objekts, die Auskunft über die minimal mögliche Lebensdauer des Speichers gibt, der das Objekt beinhaltet. Es werden drei Arten der Speicherdauer unterschieden:

- Statische Speicherdauer (static storage duration)
- Automatische Speicherdauer (automatic storage duration)
- Dynamische Speicherdauer (dynamic storage duration)

Alle nicht-lokalen Objekte, die keine *dynamische Speicherdauer* aufweisen, besitzen *statische Speicherdauer*. Dazu zählen globale Objekte, statische Attribute und statische Variablen innerhalb von Funktionen. Objekte mit statischer Speicherdauer existieren während des gesamten Programmlaufs.

Alle lokalen Objekte, die mit `auto` oder `register` deklariert wurden, oder die nicht explizit mit `static` oder `extern` deklariert wurden, besitzen *automatische Speicherdauer.* Die Lebenszeit von Objekten mit automatischer Speicherdauer hängt vom Anweisungsblock ab, in dem sie definiert wurden. Wird der Anweisungsblock verlassen, endet die Speicherdauer der darin definierten Objekte.

Alle Objekte, die dynamisch mit `new` erzeugt wurden, besitzen *dynamische Speicherdauer.* Sie existieren, bis Sie über `delete` wieder abgebaut werden (oder das Programm beendet wird).

1.7.1 Lebenszeit

Mit Hilfe der Speicherdauer lassen sich genauere Aussagen über die Lebenszeit eines Objektes (object lifetime) machen. Die Lebenszeit ist eine Laufzeit-Eigenschaft des Objekts.

Wann ein Konstruktor trivial ist, wird in Kapitel 2.3.5 behandelt.

Ist ein Objekt ein Klassentyp und besitzt einen nicht-trivialem Konstruktor, dann beginnt seine Lebenszeit, nachdem Speicher in passender Größe zur Verfügung gestellt und der Konstruktor erfolgreich beendet wurde. Bei allen anderen Objekten beginnt die Lebenszeit bereits, sobald Speicher in passender Größe zur Verfügung gestellt wurde.

Nicht-triviale Destruktoren sind Thema in Kapitel 2.4.

Bei Klassentypen mit nicht-trivialem Destruktor endet die Lebenszeit durch den Destruktor-Aufruf. In allen anderen Fällen ist die Lebenszeit des Objekts beendet, wenn sein Speicher freigegeben oder wieder verwendet wird.

2

Klassen

Nachdem die Grundlagen abgeschlossen sind, kommen wir nun zu des C++-Programmierers liebstem Kind: Der Klasse.

Obwohl C++ eine der wenigen objektorientierten Sprachen ist, mit der komplexe Anwendungen programmiert werden können, ohne jemals das Wort „Klasse“ gehört zu haben, sollten Sie dies nicht anstreben. Vielmehr scheint die Tatsache, dass sich das Leben in neueren Sprachen (wie Java oder C#) nur noch in Klassen abspielt, ein Wegweiser in die richtige Richtung zu sein.

Natürlich sind wir an einigen Stellen gezwungen, Funktionen außerhalb von Klassen zu definieren, aber wir sollten sie auf ein Minimum beschränken.

Die Funktion `operator<<` ist einer dieser Fälle. Sie kann nicht als Member der eigenen Klasse definiert werden.

Wo wir gerade bei den Dingen sind, die man vermeiden sollte: Ein weiterer Gruselfaktor wird mit globalen Variablen ins Spiel gebracht. Um diese „Dinger“ sollte auf jeden Fall ein großer Bogen gemacht werden. Und bevor Sie sich jetzt damit outen, in manchen Fällen nicht auf sie verzichten zu können: Der Einsatz von globalen Variablen deutet so gut wie immer auf eine Schwäche im Entwurf hin.

Zugegeben, manchmal braucht man ein globales Objekt. Benötigen Sie zum Beispiel einen Mechanismus, der Ihnen für jedes Objekt in Ihrer Applikation eine eindeutige ID liefert, dann muss die Verwaltung der IDs irgendwie globalisiert werden.

Wir reden hier nicht von einer GUID (Globally Unique Identifier), bei der sich das Problem um eine weitere Komponente verkompliziert.

Aber gleich ein globales Objekt? Pfui! Wozu gibt es denn das Singleton-Muster? Wir werden es weiter unten in diesem Kapitel besprechen, aber kommen wir zunächst zu den Klassen zurück.

2.1 Zugriffsrechte

Betrachten Sie folgendes Beispiel:

Listing 2.1
Ein Beispiel für Zugriffsrechte

```
class MeineKlasse {
private:
  int x;
protected:
  int y;
public:
  int z;
};
```

Das eine Klasse mit dem Schlüsselwort `class` eingeleitet wird, ist für Sie nichts Neues. Und die Zugriffs-Spezifikationen (access-specifier) für Klassenelemente werden Sie auch kennen. Trotzdem möchte ich sie hier noch einmal kurz zusammenfassen.

- Das private Zugriffsrecht (`private`) erlaubt nur Elementen der eigenen Klassen und Freunden der Klasse den Zugriff.
- Der Zugriff auf geschützte Elemente (`protected`) ist insofern aufgelockert, als dass zusätzlich auch Elemente abgeleiteter Klassen ein Zugriffsrecht besitzen.
- Und öffentliche Elemente (`public`) sind vom Zugriff her völlig ungeschützt, jeder kann auf sie zugreifen.

Haben Sie sich eigentlich schon mal gefragt, warum eine Klassen-, Struktur-, Aufzählungs- oder Union-Definition mit einem Semikolon abgeschlossen wird, einer bei Anweisungsblöcken eher seltenen Eigenschaft?

Eine Anwendung könnte die Definition eines Objekts bei einer lokalen Klassendefinition sein.

Es ist ein Erbe aus C-Zeiten, als es noch üblich war, Typ und Objekt zusammen zu erzeugen:

```
class Name { /* Klassendef. */ } ein_name;
```

Die obere Zeile definiert den Klassentyp `Name` und das `Name`-Objekt `ein_name`. Das Objekt wäre in diesem Fall global, und das wollten wir ja vermeiden. Daher findet sich diese Schreibweise in C++-Programmen recht selten.

2.1.1 Reihenfolge der Zugriffsrechte

Im oberen Beispiel wurde die Auflistung der Elemente in Anlehnung an den Erfinder von C++ (Bjarne Stroustrup) mit dem kleinsten Zugriffsrecht begonnen. Das klingt intuitiv, weil das Zugriffsrecht auf Klassenelemente per Voreinstellung immer privat ist, die obere private Zugriffs-Spezifikation kann daher eingespart werden.

Aber auch die umgekehrte Anordnung kann Vorteile haben. Nehmen wir folgende Klasse:

```
class Name {
  typedef string StringTyp;
  StringTyp m_name;

public:
  void setName(const StringTyp& s) {
    m_name=s;
  }
};
```

Listing 2.2
Eine Klasse Name als Beispiel

Um mit den Typen kompatibel zu bleiben, benutzen Sie den von der Klasse verwendeten Stringtyp:

```
Name::StringTyp name="Andre"; // Ob das gut geht?
Name n;
n.setName(name);
```

Fällt Ihnen etwas auf? Genau, die Typdefinition von `StringTyp` ist privat und damit von außen nicht ansprechbar. Kein Problem, verschieben wir den `typedef` in den `public`-Bereich:

```
class Name {
  StringTyp m_name;

public:
  typedef string StringTyp;
  void setName(const StringTyp& s) {
    m_name=s;
  }
};
```

Listing 2.3
Die Klasse Name mit typedef I

Aber wie Compiler manchmal sind, ist er auch damit nicht zufrieden. Und zwar aus einfachem Grund: Ein `typedef` ist erst nach seiner Deklaration bekannt, und die findet hinter der Definition des Attributes `m_name` statt. Also machen wir folgendes:

```
class Name {
public:
  typedef string StringTyp;

private:
  StringTyp m_name;

public:
  void setName(const StringTyp& s) {
    m_name=s;
  }
};
```

Listing 2.4
Die Klasse Name mit typedef II

Und spätestens hier wäre jetzt ein vehementer Einspruch von denjenigen fällig, die von jeher schon der Überzeugung waren, die public-Elemente müssten zuerst aufgeführt werden:

Listing 2.5
Die Klasse Name mit typedef III

```
class Name {

public:
  typedef string StringTyp;
  void setName(const StringTyp& s) {
    m_name=s;
  }

private:
  StringTyp m_name;
};
```

Es gibt aber noch ein anderes Argument für diese Reihenfolge. Wenn Sie eine fremde Klasse verwenden wollen, was interessiert sie dann am meisten, und häufig auch als Einziges?

Sie sollten sich für das interessieren, was Sie mit der Klasse machen können, das ist die Schnittstelle, und die besteht aus den öffentlichen Elementen der Klasse (an alle anderen kommen Sie zunächst nicht heran).

Stehen also die öffentlichen Elemente in der Klasse zuoberst, dann lesen Sie zuerst das für Sie Interessanteste, dann kommen die Elemente, die Sie sich über einen Mehraufwand (Ableiten) erschleichen können, und zum Schluss werden die Elemente aufgeführt, an die Sie nie herankommen werden.

2.1.2 Zugriffsrecht von typedef

Wir haben im oberen Beispiel einen typedef benutzt (und die sollten Sie regelmäßig verwenden). Was halten Sie von folgender Definition:

Listing 2.6
Zugriffsrecht von typedef

```
class Klasse {
  class Lokal {};
public:
  typedef Lokal LokalerTyp;
};
```

Noch recht übersichtlich, oder? Jetzt wollen wir Objekte erzeugen:

```
Klasse a;
Klasse::Lokal b;
Klasse::LokalerTyp c;
```

Das Objekt a wird problemlos erzeugt, denn schließlich ist die Klasse Klasse im globalen Bezugsrahmen definiert und die Definition zum Zeitpunkt der Erzeugung von a bekannt.

Das Objekt b dürften Sie nur erzeugen können, wenn die Datenkapselung Ihres Compilers einen Ausfall hat, denn der Klassentyp Lokal besitzt eindeutig privates Zugriffsrecht.

Was aber ist mit dem Objekt `c`? Wir könnten für beide Möglichkeiten Argumente finden:

Pro: Das Objekt `c` wird erzeugt, weil die Typdefinition im öffentlichen Teil der Klasse steht.

Kontra: Das Objekt `c` wird nicht erzeugt, weil `LokalerTyp` tatsächlich vom Typ `Lokal` ist, und der steht im privaten Bereich. Würde `c` erzeugt werden können, dann wäre die Datenkapselung ausgehebelt.

Wenn Sie das letzte Argument ein wenig überdenken, dann werden Sie aus Ihrer Praxis schnell ein Beispiel finden, welches diese Aussage entkräftet. Erstellen wir eine Klasse mit einem privaten Attribut und einer dazugehörigen Zugriffsmethode:

Listing 2.7
Ein Aufhebeln der Datenkapselung

```
class Beispiel {
  int m_wert;
public:
  int& getWert() {
    return(m_wert);
  }
};
```

Wird das kompiliert? Zählen Sie zu den Anhängern des oberen Kontra-Arguments, dann müssten Sie laut „nein" rufen, denn hier wird ganz klar die Datenkapselung ausgehebelt:

```
Beispiel b;
b.getWert()=5;
```

Die Methode `getWert` liefert eine Referenz auf das private Attribut, über die anschließend sein Wert geändert wird.

Trotz dieser vermeintlichen Hintertür in der Datenkapselung wird der Code anstandslos kompiliert. Natürlich ist hier die Datenkapselung aus logischer Sicht aufgehoben. Natürlich sollte so etwas unter allen Umständen vermieden werden. Jedoch rein technisch gesehen bleibt die Datenkapselung gewahrt, denn wir greifen nicht direkt auf das Attribut zu, sondern über den Umweg einer Methode. Die Methode bildet damit eine Schnittstelle zum Attribut. Änderungen an der Klasseninterna bleiben nach außen weiterhin versteckt.

Die gleiche Begründung kann für das öffentliche `typedef` von vorhin zu Hilfe gezogen werden. Ein Objekt vom Typ `LokalerTyp` wird problemlos erzeugt, weil die Definition von `LokalerTyp` öffentlich ist. Dass `LokalerTyp` eigentlich für den privaten Typ `Lokal` steht, spielt technisch gesehen keine Rolle. Wie vorhin die Methode, fungiert das `typedef` hier als Schnittstelle, diesmal als Schnittstelle zu einem lokalen Klassentypen. Der Typ selbst bleibt gekapselt und kann ohne Auswirkungen auf die Schnittstelle geändert werden.

2.2 Code-Darstellung und Bezeichner-Namen

Ich möchte hier noch ein paar Worte zu meiner Code-Darstellung verlieren. Ich habe die Referenz- oder Zeigerdefinitionen an den Typ geheftet, wie hier

```
int& getWert();
```

oder hier:

```
void setName(const StringTyp& s);
```

Wenn Sie Einführungsbücher von mir gelesen haben (oder einem meiner Seminare beiwohnten), dann wird Ihnen diese Schreibweise etwas ungewohnt vorkommen, weil ich dort die Zeiger- oder Referenzdefinitionen an den Bezeichner gesetzt habe, also so:

```
int &getWert();
void setName(const StringTyp &s);
```

Die Erfahrungen aus meinen Seminaren haben gezeigt, dass ein Anfänger, der die letztere Schreibweise verwendet, diese auch bei der Definition einsetzt:

```
int *x,y;
```

Er geht davon aus, dass hier ein Zeiger `x` und eine Variable `y` definiert wird, womit er auch Recht hat. Ein Einsteiger, der die erste Schreibweise einsetzt, schreibt häufig

```
int* x,y;
```

und denkt, hier würden zwei Zeiger definiert, was natürlich nicht stimmt.

Für den Einsteiger ist damit die an den Bezeichner gebundene Schreibweise sicherer, wohingegen die an den Typ gebundene Schreibweise speziell bei Argumenten oder Rückgabewerten besser zu lesen ist.

Und weil Sie nicht mehr zu den Anfängern zählen, verwenden wir hier die typgebundene Schreibweise.

Eine immer wieder gerne gestellte Frage ist die nach der Wahl der Bezeichner-Namen. Prinzipiell kann man sagen, dass es *die eine Regel* nicht gibt. Häufig ist man gezwungen, die Namensregeln des Entwickler-Teams zu übernehmen. Ist man diesem Zwang nicht unterworfen, sollten eigene, möglichst konsistente, Namens-Regeln eingehalten werden.

Ich persönlich versuche, Methoden oder Funktionen mit einem klein geschriebenen Verb beginnen zu lassen und weitere Wörter groß zu schreiben, wie `holeZweitenWert`. Sollte die Methode zu einer STL-nahen Klasse zählen, dann passe ich die Schreibweise an, indem ich den Methoden-Namen komplett klein schreibe.

Klassen-Namen beginne ich groß (`String`), manchmal setze ich auch ein `C` davor (`CString`), und wenn die Klasse an die STL angelehnt ist, schreibe ich sie komplett klein und benutze `_` zum Trennen von Namens-Bestandteilen (`insensitive_string`).

Schnittstellen (rein abstrakte Klassen) lasse ich mit einem `I` beginnen (`ISpieler`).

Attribute beginnen bei mir mit einem m_ (m_name). Andere setzen einen Unterstrich an das Ende des Namens (name_), und wiederum andere setzen den Strich davor (_name), was man laut Sutter [Sutter00] aber vermeiden sollte, weil ein führender Unterstrich Merkmal von internen Namen ist.

2.3 Konstruktoren

Bei der Erzeugung von Objekten sind Konstruktoren nahezu unverzichtbar. Hätte ich im letzten Satz auf das „nahezu" verzichten können? Wenn die Datenkapselung außer Acht gelassen wird, dann ja:

Listing 2.8
Eine Klasse mit zwei int-Werten

```
class ZweiWerte {
public:
  int m_erster, m_zweiter;
};
```

Nun kann munter drauf los initialisiert werden:

```
ZweiWerte z1;
z1.m_erster=10;
z1.m_zweiter=20;
```

Oder wir benutzen einen geklammerten Initialisierer:

Diese Schreibweise ist nur dann anwendbar, wenn kein benutzerdefinierter Konstruktor existiert.

```
ZweiWerte z2={10,20};
```

Nachdem nun die C-Programmierer unter Ihnen zufrieden gestellt sind, kommen wir wieder auf die Konstruktoren zu sprechen.

Konstruktoren definieren, wie ein Objekt zu erzeugen ist. Und sie besitzen keinen Namen. Auch wenn jetzt der Einspruch kommt, dass ein Konstruktor doch denselben Namen wie seine Klasse besitzt, ist es vielmehr so, dass zur Deklaration eines Konstruktors eine spezielle Deklarations-Syntax verwendet wird, bei der hinter dem Klassennamen eine Parameterliste steht. Da Konstruktoren keinen Rückgabetyp besitzen, darf er auch nicht angegeben werden, nicht einmal void ist erlaubt. Ein Konstruktor erlaubt auch keine impliziten Objekt-Parameter (Abschnitt 2.5.2).

Es sieht eben nur so aus, als hätte der Konstruktor denselben Namen wie seine Klasse. Deswegen kann ein Konstruktor auch nie direkt aufgerufen werden. Nehmen wir folgende Schreibweisen:

```
string s1("Andre");
string s2=string("Willms");
```

Im ersten Fall wird eine geklammerte Ausdrucks-Liste angegeben, die intern in die Parameterliste eines Konstruktors umgewandelt wird.

Die zweite Anweisung ruft nicht etwa explizit einen Konstruktor auf, nein, es handelt sich hier um eine explizite Typumwandlung (von const char* nach string), in deren Verlauf intern ein passender Konstruktor aufgerufen wird.

Versuchen Sie einmal, das Verhalten des folgenden Codestücks zu bestimmen:

Listing 2.9
Verwendung eines typedef-Typen als Konstruktor-Namen

```
class Klasse {
  int m_wert;
public:
  typedef Klasse Typ;
    Typ(int w) : m_wert(w) {}  // Konstruktor?
};
```

Nach der oberen Erklärung, dass bei der speziellen Deklarations-Syntax für Konstruktoren der Klassenname stehen muss, dürfte es sich nicht um einen Konstruktor handeln, denn `Typ` ist eindeutig nicht der Klassen*name*, sondern „nur" der Klassen*typ*.

Nach dem Standard wird der obere Versuch einer Konstruktor-Deklaration also fehlschlagen, trotzdem fressen es einige Compiler bedingungslos.

2.3.1 Standard-Konstruktor

Als Standard-Konstruktor (default constructor) bezeichnet man den Konstruktor ohne Parameter. Er ermöglicht es, ein Objekt ohne Parameter-Liste zu erzeugen. Nehmen wir als Ausgangspunkt folgende Klasse:

Listing 2.10
Eine Klasse Bruch

```
class Bruch {
  int m_zaehler;
  int m_nenner;
};
```

Die folgende Anweisung ist bereits jetzt möglich, weil eine Klasse einen impliziten Standard-Konstruktor deklariert, wenn keine benutzerdefinierten Konstruktoren existieren:

```
Bruch b1;
```

Der implizite Standard-Konstruktor ist immer öffentlich und `inline`. Die Konstruktor-Definition wird vom Compiler erst dann hinzugefügt, wenn der Konstruktor tatsächlich benötigt wird. Halten Sie im Hinterkopf, dass der C++-Standard eine leere Parameterliste beim Einsatz des Standard-Konstruktors nicht erlaubt:

```
Bruch b1();  // Kein Konstruktoraufruf!
```

Der Compiler interpretiert die obere Anweisung als die Deklaration einer Funktion `b1`, die ein `Bruch`-Objekt als Rückgabetyp besitzt.

2.3.2 Kopier-Konstruktor

Der Kopier-Konstruktor (copy constructor) macht seinem Namen alle Ehre. Er erzeugt das neue Objekt, indem er das übergebene Objekt (desselben Typs) kopiert:

Listing 2.11
Der Kopier-Konstruktor von Bruch

```
Bruch(Bruch& b)
  : m_zaehler(b.m_zaehler), m_nenner(b.m_nenner)
{}
```

Die hinter dem Doppelpunkt stehende, mit Kommata getrennte Liste wird Element-Initialisierungsliste (ctor-initializer) genannt. Mit ihr werden die Konstruktoren der Klassen-Attribute explizit aufgerufen. Wir werden in Abschnitt 2.3.6 noch genauer auf sie eingehen.

Durch die Definition des Kopier-Konstruktors wird der implizite Standard-Konstruktor gestrichen. Wir implementieren ihn und seinen Kollegen explizit:

```
Bruch() : m_zaehler(0), m_nenner(1) { }
Bruch(int z, int n)
: m_zaehler(z), m_nenner(n)
{ }
```

Listing 2.12
Der Standard-Konstruktor, sowie ein weiterer Konstruktor von Bruch

Und nun sollen die Konstruktoren auch zum Einsatz kommen:

```
Bruch b1(2,5);
const Bruch b2(7,8);
Bruch b3(b1);
const Bruch b4(b2);  // Oh, oh
```

Bei genauerem Hinsehen ist klar, dass die letzte Anweisung nicht kompiliert werden kann, denn dem Kopier-Konstruktor wird ein konstantes Objekt übergeben, der Parameter aber ist eine Referenz auf einen nicht-konstanten Typ. Wir müssen den Kopier-Konstruktor ergänzen:

```
Bruch(const Bruch& b)
  : m_zaehler(b.m_zaehler), m_nenner(b.m_nenner)
{ }
```

Listing 2.13
Der endgültige Kopier-Konstruktor

Merken Sie sich als goldene Regel, dass Sie `const` wann immer möglich einsetzen sollten. In diesem Fall diente das fehlende `const` lediglich der Demonstration, dass beide Varianten – die mit dem konstanten Argument und die mit dem nicht-konstanten Argument – einen gültigen Kopier-Konstruktor darstellen. Genau genommen gibt es noch mehr Möglichkeiten:

Der Qualifizierer `volatile` definiert Typen, die „flüchtig" sind. Das bedeutet, dass sie nicht bei jedem Zugriff denselben Wert haben müssen. Ein Hardware-Register, dass die aktuelle Uhrzeit zur Verfügung stellt oder die gerade am Parallelport anliegenden Signale repräsentiert, würde als `volatile` deklariert, weil sich die Inhalte durch äußere Einflüsse ändern und deswegen bestimmte Optimierungsmethoden des Compilers nicht angewendet werden können.

Ein Konstruktor, der nicht als Template-Funktion realisiert wurde, ist genau dann ein Kopier-Konstruktor der Klasse `T`, wenn der erste Parameter vom Typ `T&`, `const T&`, `volatile T&` oder `const volatile T&` ist und er entweder keine weiteren Parameter besitzt oder alle weiteren Parameter mit Standard-Werten versehen sind.

Konstruktor-Templates

Bemerkenswert ist hier die Einschränkung, dass es keine Template-Funktion sein darf. Schauen wir uns folgenden Konstruktor an:

```
template<typename Typ>
Bruch(const Typ& o) {
  /* Was auch immer hier geschieht... */
}
```

Listing 2.14
Ein Konstruktor-Template

Angenommen, wir würden unseren benutzerdefinierten Kopier-Konstruktor kurz auskommentieren, was würde bei den folgenden Definitionen tatsächlich geschehen:

```
Bruch b1(5,4);
Bruch b2(b1);
```

Obwohl der Compiler unser Konstruktor-Template zur Umsetzung der zweiten Definition nutzen könnte, macht er es nicht. Denn der Kopier-Konstruktor darf nicht aus einem Template erzeugt werden. Stattdessen nimmt er weiterhin den implizit von ihm hinzugefügten Kopier-Konstruktor, eine Vorgehensweise, die auf den ersten Blick nicht erkennbar ist. Also Augen auf bei Konstruktor-Templates.

Impliziter Kopier-Konstruktor

Bitte beachten Sie den Unterschied zum Standard-Konstruktor. Der implizite Kopier-Konstruktor wird nur dann nicht hinzugefügt, wenn ein eigener Kopier-Konstruktor geschrieben wurde. Bei dem Standard-Konstruktor reicht die Existenz eines beliebigen benutzerdefinierten Konstruktors aus, damit der Compiler den impliziten Standard-Konstruktor nicht hinzufügt.

Der Kopier-Konstruktor ist eine der besonderen Methoden, die implizit deklariert werden, wenn kein benutzerdefinierter Kopier-Konstruktor existiert. Wenn es aber wie oben festgestellt mehrere mögliche Kopier-Konstruktoren geben kann, welcher wird dann vom Compiler hinzugefügt?

Wenn für eine Klasse `T` folgendes gilt:

- Jede Basisklasse `B` von `T` (egal, ob virtuell oder nicht) besitzt einen Kopier-Konstruktor mit einem ersten Parameter des Typs `const B&` oder `const volatile B&`.
- Für alle nicht-statischen Attribute (oder Arrays davon) einer Klasse `A` existiert ein Kopier-Konstruktor mit einem ersten Parameter des Typs `const A&` oder `const volatile A&`.

Dann besitzt der Kopier-Konstruktor als Parameter-Typ `const T&`. Sollte mindestens einer der beiden oberen Punkte nicht zutreffen, dann ist der Parameter-Typ `T&`.

Für beide gilt, dass ein impliziter Kopier-Konstruktor immer `public` und `inline` ist.

Compiler-Optimierungen

Obwohl im aktuellen Standard noch nicht vorhanden, wird der zukünftige Standard im Zusammenhang mit Kopier-Konstruktoren einige Optimierungsmöglichkeiten erlauben. Betrachten wir folgende Anweisungen genauer:

```
Bruch b1(5,7);
Bruch b2=b1;           //Kopier-Konstruktor!
Bruch b3(Bruch(8,5));  //Kopier-Konstruktor?
```

Die erste Anweisung ist definitiv kein Kopier-Konstruktor, denn es wird ein zweiparametriger Konstruktor verwendet.

Die zweite Anweisung, obwohl mit einem Zuweisungsoperator versehen, wird vom Compiler auf den Aufruf des Kopier-Konstruktors reduziert. Das ist auch vernünftig, denn sollte `b2` zunächst mit dem Standard-Konstruktor konstruiert werden, um anschließend `b1` zugewiesen zu bekommen? Dann lieber gleich `b2` aus `b1` konstruieren. Diese Optimierung wird vom aktuellen Standard unterstützt.

So weit, so gut. Betrachten wir die dritte Anweisung. Ein temporäres `Bruch`-Objekt wird unter Zuhilfenahme des zweiparametrigen Konstruktors erzeugt und dann dem Kopier-Konstruktor übergeben. Zumindest sollte es so sein, wenn sich der Compiler an den aktuellen Standard hält.

Im Rahmen der Kopier-Konstruktoren werden im neuen Standard jedoch Optimierungsmöglichkeiten amtlich, die moderne Compiler heute bereits unterstützen. Eine dieser Regeln lautet wie folgt:

Wenn ein nicht an eine Referenz gebundenes, temporäres Klassen-Objekt in ein anderes Klassenobjekt mit demselben cv-unqualifizierten Typ kopiert wird, dann kann die Kopier-Operation eingespart und das temporäre Objekt direkt im Ziel-Objekt konstruiert werden.

Der Compiler kann die dritte Anweisung demnach zu

```
Bruch b3(8,5);
```

optimieren und den Aufruf eines Kopier-Konstruktors einsparen.

Die Optimierungsmöglichkeiten gehen aber noch weiter:

```
Bruch fkt() {
  return(Bruch(22,7));
}

Bruch b4=fkt();
```

Hier sollte eigentlich für den `return`-Wert der Kopier-Konstruktor aufgerufen werden (denn schließlich ist der Rückgabetyp ein Wert, und der stellt immer eine Kopie des in der `return`-Anweisung angegebenen Objekts dar). Aber durch die neuen Optimierungsmöglichkeiten kann der Aufruf des Kopier-Konstruktors eingespart werden, indem das temporäre Objekt direkt im zurück gegebenen Objekt konstruiert wird. Diese Optimierungs-Regel lautet folgendermaßen:

Wenn eine Funktion einen cv-unqualifizierten Klassentyp als Rückgabewert besitzt, und innerhalb der Funktion der Ausdruck einer `return`-Anweisung ein automatisch erzeugtes, temporäres Objekt desselben cv-unqualifizierten Typs ergibt, dann kann dieses temporäre Objekt direkt im von der Funktion zurück gegebenen Objekt konstruiert werden.

Wenn Sie diese Regel ein wenig wirken lassen, dann stellen Sie fest, dass im letzten Beispiel eigentlich zwei Optimierungen Hand in Hand arbeiten können.

Zunächst kann wegen der zweiten Optimierungs-Regel das temporäre Objekt `Bruch(22,7)` direkt im Rückgabeobjekt der Funktion konstruiert werden.

Das Rückgabe-Objekt der Funktion kann dann fußend auf der ersten Optimierungs-Regel direkt in `b4` konstruiert werden.

Im Zusammenspiel wird dadurch das temporäre Objekt `Bruch(22,7)` in der `return`-Anweisung von `fkt` direkt in `b4` konstruiert. Der gesamte Vorgang wird demnach mit nur einem Konstruktor abgehandelt.

Eine nette Sache. Weil Optimieren so viel Freude bereitet, wollen wir das letzte Beispiel ein wenig abändern und `fkt` wie folgt definieren:

```
Bruch fkt() {
  Bruch b(22,7);
  return(b);
}
```

Wie glauben Sie, wird hier die Optimierung ausfallen? Nun, die Antwort hängt stark von Ihrem Compiler ab. Eine gute Returnwert-Optimierung erkennt, dass das Objekt `b` auch direkt als temporäres Objekt in der `return`-Anweisung erzeugt werden könnte, sodass sich das erzeugte Programm nicht vom Beispiel davor unterscheiden wird. Andere Compiler erkennen das nicht und benötigen einen zusätzlichen Konstruktor-Aufruf. Erstaunlicherweise schneiden hier die kommerziellen Produkte nicht unbedingt besser ab als die frei zur Verfügung stehen Entwicklungsumgebungen.

Aber dieser Abschnitt behandelt die mit Kopier-Konstruktoren möglichen Optimierungen und wir sind noch mit keiner Silbe auf die Probleme eingegangen, die damit einhergehen.

Wenn Sie einen Kopier-Konstruktor implementieren, dann kann es durchaus vorkommen, dass dort noch anderer Code abgearbeitet wird, als die reine Initialisierung der Attribute. Wenn nun aber der Compiler den Kopier-Konstruktor-Aufruf wegoptimiert, dann wird auch der entsprechende Quellcode darin nicht ausgeführt.

Behalten Sie dies im Hinterkopf: Die Ausführung des Kopier-Konstruktors ist durch die neuen Optimierungsmöglichkeiten nicht mehr gewährleistet. Bringen Sie in ihm also keine für ihr Objekt lebenswichtigen Dinge unter, die in anderen Konstruktoren Ihrer Klasse nicht auch vorkommen.

2.3.3 Implizite Typumwandlung

Konstruktoren einer Klasse `T`, die entweder nur einen Parameter vom Typ `P` besitzen oder wegen Standard-Werten nur mit einem Parameter vom Typ `P` aufgerufen werden können, werden vom Compiler verwendet, um ein Objekt des Typs `P` in ein Objekt des Typs `T` umzuwandeln.

Wir können der `Bruch`-Klasse beispielsweise folgenden Konstruktor hinzufügen:

Listing 2.15
Ein einparametriger Konstruktor für Bruch

```
Bruch(int z)
 : m_zaehler(z), m_nenner(1)
{}
```

Damit lassen sich Brüche wie folgt definieren:

```
Bruch b1(4);
```

Durch die implizite Typumwandlung können wir aber auch folgendes schreiben:

```
b1=8;
```

Der Compiler verwendet den oben hinzugefügten Konstruktor zur Umwandlung eines `int` in ein `Bruch`-Objekt und weist das so erzeugte `Bruch`-Objekt dann `b1` zu.

Wenn ein solcher Konstruktor nicht zur impliziten Typumwandlung herangezogen werden soll, dann muss er als explizit deklariert werden:

```
explicit Bruch(int z)
 : m_zaehler(z), m_nenner(1)
{}
```

Nun würde der Compiler die obere Zuweisung nicht mehr übersetzen. Die Umwandlung müsste jetzt explizit formuliert werden:

```
b1=Bruch(8);
```

2.3.4 Funktions-Spezifikationen für Konstruktoren

Von den Funktions-Spezifikationen (function specifier) `inline`, `explicit` und `virtual` können bei Konstruktoren nur die ersten beiden angewendet werden:

```
class Klasse {
public:
  inline explicit Klasse(int i) {/* ... */}
};
```

Listing 2.16
Zwei Funktions-Spezifikationen

Erstaunlicherweise dürfte der Konstruktor der oberen Klasse nach dem aktuellen Standard nicht kompiliert werden, weil bei Konstruktoren augenblicklich nur die Angabe einer einzigen Funktions-Spezifikation erlaubt ist.

Im neuen Standard wird diese Einschränkung aufgehoben sein, weswegen viele Compiler sich schon nicht mehr an sie halten.

2.3.5 Triviale Konstruktoren

Ob wir es mit einem trivialen Konstruktor zu tun haben, ist entscheidend für den Beginn der Lebenszeit eines Objekts (Kapitel 1.7.1).

Per Definition ist ein Konstruktor trivial, wenn alle folgenden Punkte zutreffen:

- Der Konstruktor ist implizit.
- Die Klasse besitzt keine virtuellen Methoden.
- Die Klasse besitzt keine virtuellen Basisklassen.
- Alle nicht-statischen Attribute, die von einem Klassentyp sind, besitzen einen trivialen Konstruktor.
- Alle direkten Basisklassen besitzen einen trivialen Konstruktor.

In allen anderen Fällen ist der Konstruktor nicht-trival.

2.3.6 Element-Initialisierungsliste

Wie in einigen der oberen Beispiele bereits gesehen, wird die Element-Initialisierungliste (ctor-initializer) bei Konstruktoren dazu eingesetzt, die Objekt-Attribute zu initialisieren beziehungsweise explizit einen Konstruktor für sie aufzurufen.

Aber was für einen Vorteil bringt uns die Element-Initialisierungsliste? Nehmen wir folgendes Beispiel:

```
class DreiBrueche {
  Bruch m_b1;
  Bruch m_b2;
  Bruch m_b3;
```

Listing 2.17
Die Klasse DreiBrueche

Listing 2.17 (Forts.)
Die Klasse DreiBrueche

```
public:
  DreiBrueche(const Bruch& b1,
              const Bruch& b2,
              const Bruch& b3) {
  }
};

DreiBrueche db(Bruch(2,3), Bruch(5,6), Bruch(8,9));
```

Unter der Voraussetzung, dass wir die weiter oben besprochene `Bruch`-Klasse zu Grunde legen, welche Werte besitzen die drei Attribute `m_b1`, `m_b2` und `m_b3`? Mit den an den Konstruktor übergebenen Werten dürften sie nicht initialisiert worden sein, denn nirgendwo findet eine Zuweisung statt.

Sobald Vererbung mit ins Spiel kommt, wird es etwas komplexer, aber das besprechen wir in Kapitel 6.

Die Konstruktion eines Objekt läuft so ab, dass vor dem Eintritt in den Anweisungsblock des Konstruktors zunächst die Standard-Konstruktoren der Objekt-Attribute aufgerufen werden.

Im Augenblick passiert im Anweisungsblock des `DreiBrueche`-Konstruktors nichts weiter, insofern sind alle drei Attribute über ihren Standard-Konstruktor initialisiert worden. Ändern wir nun den Konstruktor ab:

Listing 2.18
Ein Konstruktor mit Initialisierung im Anweisungsblock

```
DreiBrueche(const Bruch& b1,
            const Bruch& b2,
            const Bruch& b3) {
  m_b1=b1;
  m_b2=b2;
  m_b3=b3;
}
```

Nun bekommen die Attribute die Konstruktor-Parameter zugewiesen, so wie es wohl von Anfang an geplant war. Trotzdem wurden vor dieser Zuweisung (nämlich wieder vor Betreten des Konstruktor-Anweisungsblocks) die Standard-Konstruktoren der drei Attribute aufgerufen, in diesem Fall völlig unnötig, da im Anweisungsblock des Konstruktors eine Zuweisung erfolgt.

Hier kommt nun die Element-Initialisierungsliste mit ins Spiel. Sie ermöglicht es uns, die Attribut-Konstruktoren explizit anzugeben und damit selbst zu entscheiden, welcher Konstruktor verwendet werden soll und welche Argumente er übergeben bekommt:

Listing 2.19
Ein Konstruktor mit Element-Initialisierungsliste

```
DreiBrueche(const Bruch& b1,
            const Bruch& b2,
            const Bruch& b3)
  : m_b1(b1), m_b2(b3), m_b3(b3)
{}
```

Weil jetzt die von uns gewünschte Attribut-Konstruktion wegen der Element-Initialisierungsliste bereits vor dem Eintritt in den Anweisungsblock des Konstruktors durchgeführt wurde, bleibt der Anweisungsblock leer. Und wir haben drei Konstruktor-Aufrufe eingespart.

Im Normalfall gilt die Regel, dass möglichst alle Attribut-Initialisierungen in der Element-Initialisierungsliste vorgenommen werden sollten. Referenzen und Konstanten müssen sogar in der Elementinitialisierungsliste initialisiert werden. Aber Achtung: In der Element-Initialisierungsliste dürfen nur Elemente der Klasse initialisiert oder Konstruktoren von direkten Basisklassen (Kapitel 6.3) aufgerufen werden. Die Initialisierung eines geerbten Attributs ist nicht möglich.

Unverwaltete Elemente können in der Element-Initialisierungsliste Schwierigkeiten verursachen:

```
class BruchKopie {
  Bruch* m_bruch;
public:
  BruchKopie(const Bruch& b)
    : m_bruch(new Bruch(b))
  {}

  ~BruchKopie() {
    delete(m_bruch);
  }
};
```

Der `new`-Operator in der Element-Initialisierungsliste sieht recht schick aus, ist hier auch vollkommen sicher, er kann aber bei komplexerem Einsatz problematisch im Zusammenhang mit Ausnahmen werden. Ausnahmen werden in Kapitel 7 behandelt.

2.4 Destruktoren

Die Destruktoren sind gewissermaßen das Gegenstück zu den Konstruktoren. Werden die Konstruktoren bei der Erzeugung eines Objekts aufgerufen, so ist der Job der Destruktoren der Abbau des Objekts. Ein Destruktor war bereits im letzten Abschnitt in der `BruchKopie`-Klasse zu sehen.

Genau wie Konstruktoren besitzen auch Destruktoren keinen Namen und werden über eine spezielle Deklarations-Syntax deklariert. Dabei wird vor den Klassennamen ein ~ gesetzt. Hinter dem Klassennamen muss eine leere Parameter-Liste stehen. Destruktoren besitzen keinen Rückgabetyp, nicht einmal `void` darf angegeben werden.

Destruktoren können nicht mit impliziten Objekt-Parametern versehen werden und als Funktions-Spezifikation ist lediglich `virtual` erlaubt.

2.4.1 Triviale Destruktoren

Ein Destruktor ist trivial, wenn folgende Punkte zutreffen:

- Er ist implizit deklariert (es existiert also kein benutzerdefinierter Destruktor).
- Alle direkten Basisklassen besitzen ebenfalls triviale Destruktoren.
- Alle nicht-statischen Attribute von einem Klassentyp besitzen ebenfalls triviale Destruktoren.

Sollte einer der oberen Punkte nicht zutreffen, dann ist der Destruktor nichttrivial. Diese Unterscheidung ist wichtig bei der Ermittlung der Lebensdauer eines Objekts (Kapitel 1.7.1).

2.5 Konstante Objekte und Elemente

Konstante Objekte werden mit dem cv-Qualifizierer `const` deklariert:

```
const int i=5;
```

Konstanten müssen bei ihrer Definition initialisiert werden, weil sie konstant sind und ihnen anschließend kein Wert mehr zugewiesen werden kann.

2.5.1 Zeiger und Konstanten

Wir können Variablen und Konstanten definieren, sowie Zeiger auf sie:

```
int i;
const ci=22;

int* p= &i;
const int* cp=&ci;
```

Folgende Zuweisungen werden nicht kompiliert, weil `p` weniger cv-qualifiziert ist als `&ci` und `cp` (siehe Kapitel 1.5):

```
p=&ci;
p=cp;
```

Aber wir können einen Zeiger auf Konstanten problemlos auf eine Variable zeigen lassen (`cp` ist mehr cv-qualifiziert als `&i`):

```
cp=&i;
```

Und was halten Sie von folgenden Anweisungen?

```
*cp=18;
p=cp;
```

Erstaunlicherweise werden beide Anweisungen nicht kompiliert. Die erste Anweisung scheitert, weil `cp` zur Kompilationszeit auf `const int` zeigt. Dass `cp` in diesem Fall zur Laufzeit auf `int` zeigt, und deswegen `*cp` beschrieben werden könnte, kann der Compiler nicht wissen. Ähnliches gilt bei der zweiten Anweisung. Der Compiler kann nicht wissen, das `cp` zur Laufzeit auf eine Variable zeigt, und erlaubt daher auch die Zuweisung an einen Zeiger auf variable `int` nicht.

Aber hier kann Abhilfe geschaffen werden:

```
p=const_cast<int*>(cp);
*p=88;
```

Über den `const_cast` wird die Konstantheit von `i` (auf die `cp` ja zeigt) „weg gecastet." Das geht völlig schmerzfrei, weil das Objekt, auf das `cp` verweist, zur Laufzeit nicht konstant ist. Wie sieht es aber mit folgenden Anweisungen aus:

```
cp=&ci;
p=const_cast<int*>(cp);
*p=55;
```

Der Zeiger cp verweist nach der ersten Anweisung auf das const int-Objekt ci, völlig legal, weil cp ein Zeiger auf konstante int ist. Die zweite Anweisung ist da schon heikler. Von dem Verweis auf const int wird das const weg gecastet und einem Zeiger auf int zugewiesen. Vollends verwerflich ist die dritte Anweisung, wird dort doch tatsächlich einer Konstanten (p zeigt augenblicklich auf die Konstante ci) ein neuer Wert zugewiesen.

Und die Krönung von alledem: Der Compiler übersetzt es anstandslos. Muss er ja auch, denn der statische Typ von p ist Zeiger auf int, und darüber Werte zu verändern ist völlig im grünen Bereich. Das Vertrauen in den Compiler hat an dieser Stelle vielleicht den ersten Riss bekommen, aber die Laufzeitumgebung, die wird doch wohl diese Anweisungen nicht ausführen ... oder?

Die Antwort ist etwas frustrierend, aber die dritte Anweisung wird ausgeführt, nur was sie bewirkt, ist undefiniert. Theoretisch könnte sie in einem ansässigen Versandhandel drei Waschmaschinen bestellen. Deswegen sollten solche Zuweisungen vermieden werden, es sei denn, Sie sind sich sicher – und zwar hundertprozentig sicher – dass das Ziel der Zuweisung tatsächlich ein nicht-konstanter Typ ist.

Wie sieht es denn mit dieser Anweisungsfolge aus:

```
cp=&ci;
p=const_cast<int*>(cp);
cout << *p << endl;
```

Das Fragment lässt sich nicht nur einwandfrei kompilieren, es läuft auch korrekt. Dieses Verhalten lässt sich zu folgender Regel verdichten:

Wird das const eines tatsächlich konstanten Objektes mittels const_cast entfernt, dann kann es ohne Schwierigkeiten als R-Wert eingesetzt werden. Das Verhalten bei einem Einsatz als L-Wert ist undefiniert.

2.5.2 Implizite Objekt-Parameter

Um ein paar interessantere Betrachtungen anstellen zu können, implementieren wir folgende Klasse:

Listing 2.20
Die Klasse Name

```
class Name {
  string* m_name;
public:
  Name() {}

  Name (const Name& n)
    : m_name(new string(*n.m_name))
  {}

  Name(const char* s)
    : m_name(new string((s)?s:""))
  {}
```

Listing 2.20 (Forts.)
Die Klasse Name

```
  ~Name() {
    delete(m_name);
  }

  const char* c_str() {
    return(m_name->c_str());
  }
};
```

Von dieser Klasse können nun konstante und nicht-konstante Objekte erzeugt werden:

```
Name n1("Goethe");
const Name n2("Baudelaire");
```

Soweit so gut. Jetzt sollen die beiden Namen ausgegeben werden:

```
cout << n1.c_str() << endl;
cout << n2.c_str() << endl;
```

Alles bestens? Leider nicht. Für `n2` kann die Methode `c_str` nicht aufgerufen werden. Die Methode `c_str` besitzt keine impliziten Objekt-Parameter und ist damit nicht cv-qualifiziert.

Objekt-Methoden können aber nur von Objekten aufgerufen werden, die dieselbe cv-Qualifizierung besitzen oder weniger cv-qualifiziert sind.

Es kann auch `volatile` oder `const volatile` angegeben werden.

Das Objekt `n2` ist hier `const` und damit stärker cv-qualifiziert als die Methode, die aufgerufen wird. Ergänzen wir also `c_str` um den impliziten Objekt-Parameter `const`:

Listing 2.21
Die Methode c_str mit const

```
  const char* c_str() const{
    return(m_name->c_str());
  }
```

Nun besitzt `c_str` dieselbe cv-Qualifizierung wie `n2` und ist mehr cv-qualifiziert als `n1`. Aus diesem Grund können jetzt beide Objekte die Methode `c_str` aufrufen.

Bedenken Sie jedoch, dass die cv-Qualifizierung einer Methode nicht nur ein Lippenbekenntnis ist. Die Methode `c_str` muss sich jetzt an den impliziten Objekt-Parameter `const` halten und darf keine Attribute des Objektes ändern, selbst dann nicht, wenn das Objekt nicht konstant ist.

Zur Veranschaulichung ergänzen wir die Klasse `Name` um die Methode `setAt`:

Listing 2.22
Die Methode setAt

```
  void setAt(string::size_type idx, char c) const {
    (*m_name)[idx]=c;
  }
```

Zum Einsatz soll die Methode im nachstehenden Fragment kommen:

```
const Name n("Arne");
n.setAt(3,'o');
cout << n.c_str() << endl;
```

Was wird hier wohl passieren? Werden die Anweisungen überhaupt kompiliert? Scheitert es bereits an der `setAt`-Methode? Welcher Name wird ausgegeben?

Gehen wir die Sache schrittweise an. Weiter oben hieß es, eine mit dem impliziten Objekt-Parameter `const` ausgestattete Methode darf keine Attribute des Objekts ändern. Aber ändert `setAt` ein Attribut des Objekts? Genau genommen ändert `setAt` Daten, auf die ein Attribut des Objekts verweist. Damit ist die Regel nicht verletzt, alles wird kompiliert und als Name wird „Arno" ausgegeben. Das heißt also:

Eine `const`-Methode kann Daten, auf die Attribute des Objektes verweisen, ändern.

Es sei denn natürlich, es wird wiederum auf ein `const`-Objekt verwiesen.

Zum Schluss schauen wir uns als Beispiel noch eine Methode von `Name` an, die sich tatsächlich nicht kompilieren lassen würde:

Listing 2.23
Ein fehlerhaftes Beispiel

```
void clear() const {
  delete(m_name);
  m_name=new string;
}
```

Aber auch hier meckert der Compiler erst bei der zweiten Anweisung der Methode. Das `delete` wird noch problemlos umgesetzt, weil hier kein Attribut, sondern nur wieder die Daten, auf die das Attribut verweist, geändert werden.

2.5.3 Ewige Variablen mit mutable

Manchmal kann es sein, dass ein Objekt „zu konstant" ist. Wir wollen als Beispiel eine Klasse `PrimGeprueft` implementieren, die sich wie ein `unsigned long`-Wert verhalten soll, aber zusätzlich Auskunft darüber geben kann, ob es sich bei dem repräsentierten Wert um eine Primzahl handelt oder nicht.

Listing 2.24
Die Klassendefinition von PrimGeprueft

```
class PrimGeprueft {
  unsigned long m_wert;
  bool pruefePrim() const;

public:
  PrimGeprueft() : m_wert(0) {}
  PrimGeprueft(const PrimGeprueft& p) : m_wert(p.m_wert) {}
  PrimGeprueft(unsigned long l) : m_wert(l) {}
  bool istPrim() const {
    return(pruefePrim());
  }
};
```

Die Klasse ist recht einfach aufgebaut. Nur die Methode `pruefePrim` ist etwas aufwändiger:

Listing 2.25
Die Methode pruefePrim

```
bool PrimGeprueft::pruefePrim() const {
  unsigned long e=static_cast<unsigned long>(ceil(sqrt(m_wert)));
  for(unsigned long i=2; i<=e; ++i)
    if(!(m_wert%i))
      return(false);
  return(true);
}
```

Der einzig unklare Punkt in der oberen Lösung könnte das Schleifenende sein. Als Grenze wird die Quadratwurzel der zu prüfenden Zahl genommen. Warum das funktioniert, lässt sich schnell zeigen. Schauen wir uns für die Zahl 16 die Produkte mit ganzzahligen Faktoren an: 1*16, 2*8, 4*4, 8*2, 16*1, wobei 8*2 wegen der Kommutativität der Multiplikation identisch mit 2*8 und 16*1 identisch mit 1*16 ist. Ab 4*4 (4 ist die Quadratwurzel von 16) wiederholen sich die Paare mit vertauschten Faktoren. Deswegen reicht es für die Restwertbildung `m_wert%i` aus, wenn `i` nur bis zur Quadratwurzel von `m_wert` läuft.

Wie schätzen Sie die Effizienz der Klasse ein? Alles bestens? Unter aller Kanone? Finden Sie Verbesserungsmöglichkeiten?

Vielleicht bringen Sie folgende Anweisungen auf eine Idee:

```
PrimGeprueft p1(17);
cout << p1.istPrim() << endl;
cout << p1.istPrim() << endl;
```

Erste Optimierung von PrimGeprueft

Na, klingelt's? Wir geben zweimal aus, ob `p1` eine Primzahl ist oder nicht, aber das Schlimme daran ist die zweimalige Berechnung, ob `p1` prim ist. Wenn `p1` bei der ersten Ausgabe eine Primzahl war, dann natürlich bei der zweiten Ausgabe ebenfalls. Wir würden die Laufzeit weitaus weniger belasten, wenn wir ein `PrimGeprueft`-Objekt nur ein einziges Mal auf prim prüften und dann nur noch das Ergebnis heraus reichten.

Zur Optimierung werden wir folgende Punkte in die Klasse einfließen lassen:

- Es wird ein Attribut `m_istPrim` hinzugefügt, welches speichert, ob `m_wert` eine Primzahl ist oder nicht.
- Die Methode `istPrim` liefert nur noch den Wert von `m_istPrim` zurück.
- Die Berechnungsmethode `pruefePrim` wird nun in den Konstruktoren aufgerufen.
- Eine Ausnahme bilden der Kopier-Konstruktor (er übernimmt den Wert von `m_istPrim` aus dem zu kopierenden Objekt) und der Standard-Konstruktor (er setzt `m_istPrim` direkt auf `false`).
- Die Methode `pruefePrim` schreibt ihr Ergebnis direkt in das Attribut `m_istPrim` hinein.

Im Quellcode schlagen sich die Verbesserungen wie folgt nieder:

Listing 2.26
Die optimierte Klassendefinition

```
class PrimGeprueft {
  unsigned long m_wert;
  bool m_istPrim;
  void pruefePrim();

public:
  PrimGeprueft()
    : m_wert(0), m_istPrim(false)
  {}
```

```
  PrimGeprueft(const PrimGeprueft& p)
    : m_wert(p.m_wert), m_istPrim(p.m_istPrim)
  {}

  PrimGeprueft(unsigned long l) : m_wert(l) {
    pruefePrim();
  }

  bool istPrim() const {
    return(m_istPrim);
  }
};
```

Listing 2.26 (Forts.)
Die optimierte Klassendefinition

Und die pruefePrim-Methode:

```
void PrimGeprueft::pruefePrim() {
  unsigned long e=static_cast<unsigned long>(ceil(sqrt(m_wert)));
  for(unsigned long i=2; i<=e; ++i)
    if(!(m_wert%i)) {
      m_istPrim=false;
      return;
    }
  m_istPrim=true;
}
```

Listing 2.27
Die optimierte pruefePrim-Methode

Zweite Optimierung von PrimGeprueft

Wir haben durch diese Änderungen schon einiges an Laufzeit gespart. Aber geht es noch besser? Folgende Anweisung soll als kleine Hilfestellung dienen:

```
PrimGeprueft p1(18);
```

Merkwürdige Hilfestellung, finden Sie? Dann schauen Sie doch einmal genau hin und zählen Sie auf, was diese Anweisung macht, beziehungsweise, was sie nicht macht.

Nun, zunächst einmal erzeugt die Anweisung ein `PrimGeprueft`-Objekt `p1` und initialisiert es mit 18. Im verantwortlichen Konstruktor wird `pruefePrim` aufgerufen und das Ergebnis in `m_istPrim` gespeichert.

Aber was macht die Anweisung nicht? Sie greift nicht auf das Ergebnis von `pruefePrim` zu. Wenn im weiteren Verlauf `istPrim` nicht mehr aufgerufen wird (und die Wahrscheinlichkeit dafür ist nicht gering), dann haben wir den Wert von `m_istPrim` umsonst berechnet und damit Laufzeit verschenkt. Das bringt uns zu einer der Grundregeln für Laufzeit-Optimierung:

Versuchen Sie, Berechnungen und zeitintensive Vorgänge so weit wie möglich aufzuschieben.

In unserem Fall sollten wir die Berechnung, ob der repräsentierte Wert prim ist oder nicht, erst dann durchführen, wenn das Ergebnis benötigt wird. Dazu müssen wir ein weiteres Attribut `m_geprueft` einführen, welches nachhält, ob die Berechnung bereits durchgeführt wurde oder nicht.

Listing 2.28
Eine weitere Optimierung

```
class PrimGeprueft {
  unsigned long m_wert;
  bool m_istPrim;
  bool m_geprueft;
  void pruefePrim();

public:
  PrimGeprueft()
    : m_wert(0), m_geprueft(false)
  {}

  PrimGeprueft(const PrimGeprueft& p)
    : m_wert(p.m_wert),
      m_istPrim(p.m_istPrim),
      m_geprueft(p.m_geprueft)
  {}

  PrimGeprueft(unsigned long l)
    : m_wert(l), m_geprueft(false)
  {}

  bool istPrim() {
    return((m_geprueft)?m_istPrim:pruefePrim(),m_istPrim);
  }
};
```

Etwas ungewöhnlich ist vielleicht die Verwendung des recht selten eingesetzten Komma-Operators. Zwei mit dem Komma-Operator verknüpfte Anweisungen werden ausgeführt, indem zuerst die links vom Komma-Operator stehende Anweisung und anschließend die rechte Anweisung ausgeführt wird. Der mit dem Komma-Operator erstellte Ausdruck nimmt als Wert den Wert des Ausdrucks rechts vom Komma-Operator an.

Die Anweisung

```
bool b=(pruefePrim(),m_istPrim);
```

Wäre damit ausgeschrieben

```
pruefePrim();
bool b=m_istPrim;
```

So knackig Ausdrücke mit dem Komma-Operator auch formuliert werden können, erhöhen sie nicht die Lesbarkeit und sollten daher sparsam bis überhaupt nicht verwendet werden.

Als letztes Beispiel zum Komma-Operator schauen wir uns die `istPrim`-Methode in ausführlicher Schreibweise an:

Listing 2.29
Die Methode istPrim ohne Komma-Operator

```
bool istPrim() {
  if(m_geprueft)
    return(m_istPrim);
  else {
    pruefePrim();
    return(m_istPrim);
  }
}
```

Zum Schluss fehlt noch die angepasste pruefePrim-Methode:

```
void PrimGeprueft::pruefePrim() {
  unsigned long e=static_cast<unsigned long>(ceil(sqrt(m_wert)));
  m_geprueft=true;
  for(unsigned long i=2; i<=e; ++i)
    if(!(m_wert%i)) {
      m_istPrim=false;
      return;
    }
  m_istPrim=true;
}
```

Die PrimGeprueft-Klasse ist vom Laufzeitverhalten nun schon recht ordentlich. Aber abgesehen von diesem kleinen Exkurs in die Laufzeit-Optimierung bringt uns der letzte Ansatz zum Thema dieses Abschnitts zurück. Denn jetzt schreiben wir folgendes:

```
const PrimGeprueft p2(23);
cout << p2.istPrim() << endl;
```

Und plötzlich lässt sich die istPrim-Methode nicht mehr aufrufen. Ist doch logisch, werden Sie jetzt rufen, denn die Methode ist nicht const deklariert. Dummerweise können wir sie auch nicht const deklarieren, weil sie die Methode pruefePrim aufruft, die selbst wiederum nicht const ist. Und istPrim lässt sich definitiv nicht als const deklarieren, weil sie die Attribute m_geprueft und m_istPrim ändert.

Das ist doch eine schöne Konstante, oder? Glücklicherweise gibt es das Schlüsselwort mutable, mit dem Attribute deklariert werden, die auch bei konstanten Objekten variabel bleiben müssen.

Wir versehen die Attribute m_istPrim und m_geprueft nun mit diesem Schlüsselwort und können danach die Methoden istPrim und pruefePrim als const deklarieren:

Listing 2.30
Die Klasse primGeprueft mit statischen Attributen

```
class PrimGeprueft {
  unsigned long m_wert;
  mutable bool m_istPrim;
  mutable bool m_geprueft;
  void pruefePrim() const;

public:
  PrimGeprueft()
    : m_wert(0), m_geprueft(false)
  {}

  PrimGeprueft(const PrimGeprueft& p)
    : m_wert(p.m_wert),
      m_istPrim(p.m_istPrim),
      m_geprueft(p.m_geprueft)
  {}

  PrimGeprueft(unsigned long l)
    : m_wert(l), m_geprueft(false)
  {}
```

Listing 2.30 (Forts.)
Die Klasse primGeprueft mit statischen Attributen

```
  bool istPrim() const {
    return((m_geprueft)?m_istPrim:pruefePrim(),m_istPrim);
  }
};
```

Wenn Sie jetzt das Gefühl haben, wir hätten die Konstanz des Objekts aufgeweicht und irgendwie keinen sauberen Code mehr programmiert, dann haben Sie noch eine etwas veraltete (oder eine nicht objektorientierte) Vorstellung von konstanten Elementen. Am besten, Sie gewöhnen sich an folgende Regel:

Ein Objekt gilt als konstant, wenn der von außen sichtbare Zustand nicht verändert werden kann.

Und das ist bei `PrimGeprueft` gegeben. Wir können bei einem konstanten `PrimGeprueft`-Objekt den äußeren Zustand, der hier dem gespeicherten Wert entspricht, nicht ändern. Alle über die `mutable`-Attribute möglichen Änderungen betreffen interne Vorgänge des Objekts, die nach außen hin nicht sichtbar sind.

2.6 Statische Elemente

Das besondere an statischen Elementen ist ihre Zugehörigkeit zur Klasse. Ein statisches Attribut beispielsweise ist ein Attribut der Klasse, sein Wert ist bei jedem Objekt gleich.

2.6.1 Statische Methoden

Statische Methoden werden mit dem Schlüsselwort `static` deklariert. Weil Sie nicht mehr über ein Objekt aufgerufen werden, können sie auch nicht mit impliziten Objekt-Parametern (Kapitel 2.5.2) versehen werden.

Als Beispiel wollen wir in der `PrimGeprueft`-Klasse aus dem letzten Abschnitt die Methode `pruefePrim` in eine statische Methode umwandeln. Die für diese Betrachtung unwesentlichen Konstruktoren werden nicht mit angegeben:

Listing 2.31
Die Klasse PrimGeprueft mit statischer pruefePrim-Methode

```
class PrimGeprueft {
  unsigned long m_wert;
  mutable bool m_istPrim;
  mutable bool m_geprueft;

public:
  static bool pruefePrim(unsigned long wert);

/* ... */

  bool istPrim() const {
    return((m_geprueft)
          ?m_istPrim
          :m_geprueft=true,m_istPrim=pruefePrim(m_wert));
  }
};
```

Durch die Deklaration von pruefePrim als statisch ändert sich auch der Aufruf der Methode. Weil sie nicht mehr über ein Objekt aufgerufen wird, kann sie auch nicht mehr direkt auf Attribute zugreifen.

Statische Methoden werden auch *Klassen-Methoden* genannt. Sie sind direkt über den Klassennamen aufrufbar:

```
cout << PrimGeprueft::pruefePrim(61) << endl;
```

Ein statisches Element könnte natürlich auch weiterhin über ein Objekt aufgerufen werden.

2.6.2 Statische Attribute

Ein statisches Attribut, auch Klassen-Attribut genannt, existiert ein einziges Mal für alle Objekte der Klasse. Ähnlich den statischen Methoden können statische Attribute direkt über den Klassennamen angesprochen werden, wenn es das Zugriffsrecht erlaubt.

Als kleines Beispiel wollen wir eine Klasse IntDurchschnitt implementieren, die in der Lage ist, den Durchschnittswert aller bisher erzeugten IntDurchschnitt-Objekte zu ermitteln. Die Klassendefinition sieht wie folgt aus:

Listing 2.32
Die Klasse IntDurchschnitt

```
class IntDurchschnitt {
  static double m_durchschnitt;
  static int m_anzahl;

  int m_wert;
  void berechneNeuenDurchschnitt() const;

public:
  static double getDurchschnitt() {
    return(m_durchschnitt);
  }

  IntDurchschnitt(int wert);
};
```

Der Durchschnitt aller IntDurchschnitt-Objekte ist nicht an ein Objekt gebunden. Die Attribute m_durchschnitt und m_anzahl sind daher statisch. Damit an den beiden Attributen nicht rumgepfuscht werden kann, sind sie privat. Es existiert eine statische Methode getDurchschnitt, über die der aktuelle Durchschnittswert zugänglich ist.

Technisch könnte die Methode auch nicht-statisch sein, es hätte nur unnötige Einschränkungen im Zugriff bedeutet. Eine nicht-statische Methode kann nur über ein Objekt aufgerufen werden, und manchmal ist einfach kein Objekt zur Hand. Es müsste dann nur für die Abfrage des Durchschnitts ein Objekt erzeugt werden. Deswegen lieber eine statische Methode.

Die Methode berechneNeuenDurchschnitt ist hier dargestellt:

Listing 2.33
Die Methode berechneNeuenDurchschnitt

```
void IntDurchschnitt::berechneNeuenDurchschnitt() const {
  m_durchschnitt=static_cast<double>(m_anzahl)/
                                   (m_anzahl+1)*m_durchschnitt+
               static_cast<double>(m_wert)/(m_anzahl+1);
  m_anzahl++;
}
```

Statische Attribute können natürlich auch konstant sein, sie sind es dann aber auch für nicht-konstante Objekte.

Fällt Ihnen beim Zugriff etwas auf? Die Methode ist const, verändert aber die Attribute m_durchschnitt und m_anzahl. Das ist jedoch nicht weiter tragisch, weil statische Attribute klassenbezogen sind und die Konstanz eines Objekts auf sie keinen Einfluss hat.

Der einzige bisher implementierte Konstruktor ist trivial:

```
IntDurchschnitt::IntDurchschnitt(int wert)
: m_wert(wert) {
  berechneNeuenDurchschnitt();
}
```

Denn es muss gewährleistet sein, dass der Compiler die Initialisierung eines statischen Attributs nur einmal in die Finger bekommt.

Eine Besonderheit besitzen statische Attribute aber noch: Sie müssen definiert werden. Wir haben die statischen Attribute doch schon in der Klassendefinition definiert, sagen Sie? Nein, dass war nur die Deklaration der Attribute. Die Definition eines statischen Attributes muss außerhalb des Klassen-Scopes stehen. Und das geschieht üblicherweise in der dazugehörigen cpp-Datei. In diesem Fall werden die Attribute dabei gleich noch initialisiert.

```
double IntDurchschnitt::m_durchschnitt=0.0;
int IntDurchschnitt::m_anzahl=0;
```

Das besondere an statischen Attributen ist ihre Lebensdauer. Sie existieren, sobald sie definiert wurden. Selbst wenn von der Klasse noch kein einziges Objekt erzeugt wurde, kann bereits auf die statischen Attribute zugegriffen werden.

Konstante statische Attribute

Ein statisches Attribut kann auch konstant sein. Ist das Attribut darüber hinaus noch von einem integralen Typ oder Aufzählungstyp, dann darf es in der Klassendefinition initialisiert werden:

Listing 2.34
Konstante statische Attribute

```
class Konstanten {
public:
  const static int Zero=0;
  const static double Pi;
};
```

Das statische Attribut Pi muss noch definiert werden:

```
const double Konstanten::Pi=3.1415926;
```

Was aber ist mit dem statischen Attribut Zero? Vorsichtig ausgedrückt: Man ist sich noch nicht hundertprozentig sicher. Der aktuelle Standard fordert, dass *jedes* statische Attribut außerhalb des Klassen-Scopes (also innerhalb eines Namensbereich-Scopes) definiert werden muss.

Aber: ein konstantes statisches Attribut, welches in der Klassendefinition bereits initialisiert wurde, darf bei der Definition nicht erneut initialisiert werden. Für unser `Zero` müssten wir demnach Folgendes in die cpp-Datei schreiben:

```
const int Konstanten::Zero;
```

Nun soll im neuen Standard eine Änderung vorgenommen werden, simpel formuliert: Ein in der Klassendefinition initialisiertes statisches Attribut muss nur dann definiert werden, wenn die Adresse des Attributs benötigt wird. Wird das Attribut nur wie folgt eingesetzt:

```
int i=Konstanten::Zero;
if(i==Konstanten::Zero);
```

Dann kann auf die Definition verzichten werden. Sollten Sie aber auf das Attribut verweisen wollen:

```
const int* pzero = &Konstanten::Zero;
```

Dann ist eine Definition von `Zero` zwingend erforderlich. Manche Compiler-Hersteller haben darauf bereits überreagiert und die Definition eines in der Klassendefinition initialisierten statischen konstanten Attributs grundsätzlich verboten.

Die oben vorgestellte Änderung bringt aber einige Inkonsistenzen mit anderen Punkten des Standards mit sich, von daher ist es durchaus möglich, dass hier noch nicht die letzte Entscheidung gefallen ist.

Dritte Optimierung von PrimGeprueft

Wir wollen an dieser Stelle einen weiteren Optimierungsversuch für die oben vorgestellte `PrimGeprueft`-Klasse starten. Wie bereits bei den letzten beiden Optimierungen geschehen, möchte ich Ihnen mit ein paar Anweisungen selbst die Möglichkeit geben, auf die mögliche Optimierung zu kommen:

```
PrimGeprueft p1(17);
cout << p1.istPrim() << endl;

PrimGeprueft p2(17);
cout << p2.istPrim() << endl;
```

Die erste Anweisung definiert ein `PrimGeprueft`-Objekt `p1` mit dem Wert 17, ohne ihn auf prim zu prüfen. Durch den Aufruf von `istPrim` in der zweiten Anweisung wird die Prüfung auf prim durchgeführt und das Ergebnis zurückgeliefert.

In der dritten Anweisung wird ein weiteres `PrimGeprueft`-Objekt definiert und auch ihm der Wert 17 zugeordnet. Und jetzt die Preisfrage: Wird in der vierten Anweisung die Prüfung von 17 auf prim erneut durchgeführt oder nicht?

Die Prüfung muss für `p2` erneut durchgeführt werden, denn das Ergebnis der ersten Prüfung von 17 ist in `p1` gespeichert. Wenn es häufiger vorkommt, dass mehrere Objekte denselben Wert haben, ließe sich die Laufzeit stark minimieren, wenn die bereits durchgeführten Prüfungen für jedes Objekt verfügbar wären. Und genau diesen Ansatz wollen wir hier durchspielen:

Listing 2.35
Die letzte Optimierung von PrimGeprueft

```
class PrimGeprueft {
public:
  typedef unsigned long PrimType;

  static bool pruefePrim(PrimType wert);
  bool istPrim() const;

  PrimGeprueft()
    : m_wert(0)
  {}

  PrimGeprueft(const PrimGeprueft& p)
    : m_wert(p.m_wert)
  {}

  PrimGeprueft(PrimType l)
    : m_wert(l)
  {}

private:
  typedef std::map<PrimType, bool> MapType;

  PrimType m_wert;
  static MapType m_ergebnisse;
};
```

Wir legen uns ein statisches `map`-Objekt an, welches alle durchgeführten Prüfungen speichert. Als Schlüssel nehmen wir den im Objekt gespeicherten Wert. Der zweite Typ des in der Map gespeicherten Paares ist `bool` und speichert, ob der dazugehörige Wert prim ist oder nicht (das ehemalige `m_istPrim`).

Aus diesem Grund müssen die Ergebnisse nicht mehr in den Objekten gespeichert werden und auch der Bedarf von `m_geprueft` ist eliminiert.

Dafür wird die `istPrim`-Methode etwas aufwändiger:

Listing 2.36
Die neue istPrim-Methode

```
bool PrimGeprueft::istPrim() const {
  MapType::iterator iter=m_ergebnisse.find(m_wert);
  if(iter==m_ergebnisse.end()) {
    MapType::value_type obj(m_wert,pruefePrim(m_wert));
    m_ergebnisse.insert(obj);
    return(obj.second);
  }
  else
    return(iter->second);
}
```

Die Methode prüft zuerst, ob das Ergebnis für den im Objekt gespeicherten Wert bereits in der Map enthalten ist und liefert ihn gegebenenfalls zurück. Ist das Ergebnis in der Map nicht verfügbar, wird das Ergebnis mit `pruefePrim` berechnet, in der Map gespeichert und an den Aufrufer zurück gegeben.

Zunächst einmal ist die Methode `istPrim` durch unsere neuerliche Optimierung um einiges laufzeitintensiver geworden. Im schlimmsten Fall besitzt in einem Programmlauf jedes `PrimGeprueft`-Objekt einen anderen Wert und wir haben die Performance verschlimmbessert.

Sollten aber viele Objekte den gleichen Wert haben, dann wird sich diese Variante von `PrimGeprueft` rentieren. Und das bringt uns auch gleich zu einer grundlegenden Eigenschaft von Optimierungen: Die *eine* Optimierung für alle Situationen gibt es nicht. Sie haben es immer mit mehreren Aspekten zu tun, die sich häufig auch noch antiproportional zueinander verhalten. Optimieren Sie den verbrauchten Speicherplatz, werden Sie das wahrscheinlich mit Laufzeit bezahlen und umgekehrt. Und auch bei der `PrimGeprueft`-Klasse kann für verschiedene Situationen optimiert werden. Die letzte Variante ist gut für Situationen, in denen viele Objekte mit gleichen Werten vorkommen. Die vorletzte Variante ist für Objekte gut, die alle unterschiedliche Werte haben.

Aber woher weiß man, wohin optimiert werden soll? Oder welcher Teil des Programms optimierungsbedürftig ist? Die Antwort ist ernüchternd: Im Normalfall weiß man es zunächst nicht, weil die wirklich zeitkritischen Teile des Codes bei der Entwicklung meist nur schwer zu erkennen sind. Deswegen hat Herb Sutter in [Sutter01] zwei goldene Regeln der Optimierung aufgestellt:

- Erste Regel der Optimierung: Optimieren Sie nicht!
- Zweite Regel der Optimierung: Optimieren Sie nicht jetzt!

Implementieren sie erst einmal so weit, dass Ihr Programm läuft, dann können Sie immer noch (zum Beispiel mit Profilern) die Flaschenhälse Ihrer Anwendung ausmachen und gegebenenfalls optimierend tätig werden.

2.6.3 Statische Variablen

Bei den statischen Variablen muss zwischen den globalen statischen und lokalen statischen Variablen unterschieden werden. Die globalen statischen Variablen sind ein Erbe von C, die dem C++-Komitee ein Dorn im Auge sind. Sie werden von ihm missbilligt und von mir auch nicht weiter erläutert.

Lokale statische Variablen (ab jetzt einfach nur „statische Variablen" genannt) besitzen nach ihrer Definition eine über ihren Bezugsrahmen hinaus gehende Lebensdauer. Als kleines Beispiel soll die Funktion `wieOft` dienen, die zurückliefert, zum wie vielten Male sie aufgerufen wurde:

Listing 2.37
Die Funktion wieOft

```
int wieOft() {
  static int i=0;
  return(++i);
}
```

Statische Variablen müssen bei ihrer Definition initialisiert werden. Die Lebensdauer von `i` beginnt mit ihrer Erzeugung bei der ersten Abarbeitung des Funktions-Anweisungsblocks. Wenn der Anweisungsblock der Funktion – und damit auch der Bezugsrahmen der Variablen – verlassen wird, bleiben die Variable und ihr Inhalt erhalten.

Beim nächsten Aufruf der Funktion existiert `i` bereits und ihre Definition wird übersprungen.

Obwohl die Lebensdauer einer statischen Variablen erst zusammen mit dem Programm endet, kann auf sie nur innerhalb ihres Bezugsrahmens zugegriffen werden.

2.7 Konstruktoren und ihre Anwendung

In diesem Kapitel wollen wir uns mit einigen Situationen vertraut machen, die im Zusammenhang mit Konstruktoren auftreten können.

2.7.1 Funktionsaufruf aus Konstruktoren heraus

Schauen wir uns folgendes Beispiel an:

Listing 2.38 Funktionsaufrufe aus Konstruktoren heraus

```
void Initialisierung(int& i) {
  i=25;
}

class Klasse {
  int m_w1, m_w2;

  void Initialisierung(int& i) {
    i=50;
  }

public:
  Klasse() {
    Initialisierung(m_w1);
    ::Initialisierung(m_w2);
  }
};
```

Der Konstruktor von `Klasse` verwendet zur Initialisierung der Attribute eine außen stehende Funktion `Initialisierung` und eine private Methode der Klasse mit demselben Namen.

Die Übergabe des Attributs an die Methode ist in gewisser Weise unnötig, da sie direkten Zugriff auf das Attribut hat. In dieser Variante könnte die Methode aber auch noch andere Attribute initialisieren.

Man könnte sich die Frage stellen, ob der Konstruktor, dessen Aufgabe es letztlich ist, das Objekt zu initialisieren, Verweise auf Attribute nach draußen geben darf, während sich das Objekt in Konstruktion befindet. Ein Verweis an Methoden des Objekts sind unproblematisch, aber an eine außerhalb der Klasse stehende Funktion? Sie müssen hier unterscheiden zwischen der Konstruktion des Objekts, über das der Konstruktor aufgerufen wurde, und der Konstruktion der Attribute.

Wenn der Anweisungsblock des Konstruktors betreten wird, dann sind die Attribute des Objektes bereits fertig konstruiert, entweder implizit über deren Standard-Konstruktor oder explizit über die Element-Initialisierungsliste. Der Konstruktor kann also einen Verweis auf ein Attribut herausgeben. Aber was passiert bei dieser Anweisung:

```
const Klasse k2;
```

Jetzt ist die ganze Geschichte nicht mehr so eindeutig. Zunächst ist `k2` jetzt konstant und wir rufen im Konstruktor eine nicht als konstant deklarierte Methode auf. Und was noch schlimmer ist: Die Referenzen in den Parameterlisten der Funktionen sind vom Typ `int&`, obwohl sie bei Konstanten vom Typ `const int&` sein müssten. Was wird der Compiler wohl dazu sagen?

Glücklicherweise wird nicht nur alles brav übersetzt, dass Programm läuft auch noch richtig. Wie das sein kann? Ganz einfach:

Die cv-Qualifizierung eines Objekts (Kapitel 1.5) ist noch nicht aktiv, während es sich in Konstruktion befindet. Erst nach Beendigung des Konstruktors wird die cv-Qualifizierung aktiviert.

Anders sieht es aus, wenn die Klasse ein Attribut besitzt, welches selbst bereits konstant ist:

Listing 2.39
Ein konstantes Attribut

```
class Klasse {
  int m_w1, m_w2;
  const int m_w3;

/* ... */
};
```

Die Konstanz von `m_w3` ist bereits im Anweisungsblock des Konstruktors vorhanden. Genau deswegen muss das Attribut bereits in der Element-Initialisierungsliste des Konstruktors initialisiert werden:

Listing 2.40
Der Konstruktor von Klasse

```
  Klasse() : m_w3(0) {
    Initialisierung(m_w1);
    ::Initialisierung(m_w2);
    Initialisierung(m_w3);      // Nicht kompilierbar
  }
```

2.7.2 Unvollendet konstruierte Objekte

Für diesen Abschnitt wollen wir eine Klasse implementieren, die eine URL repräsentiert, wobei die unterstützten Protokolle auf HTTP und FTP beschränkt werden sollen. Wir beschränken uns hier bewusst auf das Grundgerüst der Klasse, um nicht vom Wesentlichen abzulenken:

Listing 2.41
Die Klasse Url

```
class Url {
  string m_url;

public:
  Url(const string& url) {
```

Listing 2.41 (Forts.)
Die Klasse Url

```
    if(url.substr(0,4)=="http" ||
       url.substr(0,3)=="ftp")
       m_url=url;
    else {
      // und was passiert hier?
    }
  }

  string getUrl() const {
    return(m_url);
  }
};
```

Wir wollen hier die Problematik ignorieren, dass in diesem Beispiel eine HTTP-Url nicht erkannt wird, wenn das „http" nicht durchgängig klein geschrieben ist. Eine Lösung dafür werden wir in Kapitel 7.2 besprechen.

Im Konstruktor der `Url`-Klasse kann aber ein wesentlicheres Problem auftreten: Was passiert, wenn ein Objekt mit einer Url initialisiert wird, deren Protokoll die Klasse nicht unterstützt?

```
Url u2("gopher://irgendwas");
```

In der bisherigen Version bliebe der String einfach leer. Mit

```
if(u2.getUrl=="")
```

könnte überprüft werden, ob das Objekt ordnungsgemäß konstruiert wurde. Hier mag dieser Ansatz noch funktionieren, aber er lässt sich nicht verallgemeinern, weil nicht bei allen Klassen eine unvollständige Konstruktion über die öffentliche Schnittstelle der Klasse erkennbar ist.

Eine solche Erkennung müsste dann künstlich eingeführt werden:

Listing 2.42
Die Klasse Url mit Fehler-Flag

```
class Url {
  string m_url;
  bool m_konstruiert;

public:
  Url(const string& url) {
    if(url.substr(0,4)=="http" ||
       url.substr(0,3)=="ftp") {
      m_url=url;
      m_konstruiert=true;
    } else {
      m_konstruiert=false;
    }
  }

  bool istKonstruiert() const {
    return(m_konstruiert);
  }

  string getUrl() const {
    return(m_url);
  }
};
```

Nun können beim Zugriff entsprechende Sicherheitsmaßnahmen ergriffen werden:

```
Url u1("http://www.addison-wesley.de");
if(u1.istKonstruiert())
  cout << u1.getUrl() << endl;
```

Mögen bei diesem Ansatz die Augen eines C-Programmierers auch leuchten, so sollten Sie in C++ solche Wege tunlichst vermeiden, denn es gibt bessere Alternativen.

Einer dieser besseren Wege könnte das Werfen einer Ausnahme sein. Wie das geht, besprechen wir in Kapitel 7. Überlegen wir uns zunächst noch eine andere Möglichkeit.

Wodurch entsteht die Problematik in der `Url`-Klasse überhaupt? Der Nutzer der Klasse kann den Konstruktor mit Strings aufrufen, die keiner gültigen Url entsprechen. Wir müssten es nur schaffen, dass der Nutzer den Konstruktor nicht mehr mit ungültigen Argumenten aufrufen kann. Aber wie? Ganz leicht, wir verbieten dem Nutzer den Zugriff auf den Konstruktor.

Stattdessen implementieren wir eine statische Methode `erzeugeUrl`, die ein `Url`-Objekt erzeugt oder bei ungültigem Parameter einen Null-Zeiger zurück liefert:

Listing 2.43
Objekt-Erzeugung über statische Methode

```
class Url {
  string m_url;

  Url(const string& url)
    : m_url(url) {
  }

public:
  static Url* erzeugeUrl(const string& url) {
    if(url.substr(0,4)=="http" ||
       url.substr(0,3)=="ftp")
      return(new Url(url));
    else
      return(0);
  }

  string getUrl() const {
    return(m_url);
  }
};
```

Um den Konstruktor vor dem Zugriff des Nutzers zu schützen, bekommt er privates Zugriffsrecht. Die Methode `erzeugeUrl` entscheidet jetzt, ob ein gültiges `Url`-Objekt erzeugt werden kann oder nicht. Dazu wurde die entsprechende Programmlogik aus dem Konstruktor entfernt und in `erzeugeUrl` untergebracht.

Sollte die Klasse als Basisklasse fungieren, muss der Konstruktor geschütztes Zugriffsrecht bekommen.

Die einzige dem Nutzer zur Verfügung stehende Schnittstelle ist jetzt die `erzeugeUrl`-Methode, die nicht den Einschränkungen des Konstruktors unterliegt, auf Teufel komm raus ein Objekt erzeugen zu müssen. Erkauft haben wir uns diesen Vorteil mit der auf uns übertragenen Verantwortung, dass dynamisch erzeugte `Url`-Objekt wieder freigeben zu müssen. Wie wir uns hier noch aus der Affäre ziehen können, ist Thema des Kapitels 3.5.

2.8 Verschachtelte Klassendefinitionen

Eine verschachtelte Klassendefinition liegt immer dann vor, wenn innerhalb einer Klassendefinition eine weitere Klasse definiert wird:

Listing 2.44
Eine verschachtelte Klassendefinition

```
class Aussen {
public:
  class Innen {
  };
};
```

Von beiden Klassen können Objekte angelegt werden:

```
Aussen a;
Aussen::Innen i;
```

Eine Objekterzeugung von `Innen` ist nur deswegen möglich, weil `Innen` im öffentlichen Bereich von `Aussen` definiert wurde und daher außerhalb der äußeren Klassendefinition zugänglich ist. Bei Bedarf kann dieser Zugriff durch Verlagerung der `Innen`-Definition in den geschützten oder privaten Bereich der äußeren Klasse eingeschränkt werden.

Wir werden unsere verschachtelte Klassendefinition nun ein wenig ergänzen und schauen uns die Zugriffsrechte der Klassen untereinander an:

Listing 2.45
Zugriffsrechte bei verschachtelten Klassendefinitionen

```
class Aussen {
  int m_privat;
public:
  class Innen {
    int m_privat;
  public:
    void fktInnen() {
      Aussen a;
      a.m_privat=10; // Klappt
    }
  };
  void fktAussen() {
    Innen i;
    i.m_privat=20; // Geht nicht
  }
};
```

Die Methode `fktInnen` der Klasse `Innen` definiert ein Objekt der Klasse `Aussen` und greift auf dessen privates Attribut `m_privat` zu.

Dieser Zugriff ist nach dem aktuellen Standard nicht erlaubt. Im neuen Standard wird jedoch die Auffassung vertreten, dass die Klassendefinition von `Innen` ein Element von `Aussen` ist und daher wie alle anderen Elemente von `Aussen` auch Zugriff auf alle Elemente von `Aussen` haben sollte. Die meisten Compiler haben diese Auflockerung des Zugriffs bereits integriert.

Die Methode `fktAussen` der Klasse `Aussen` definiert ein Objekt der Klasse `Innen` und greift auf dessen privates Attribut `m_privat` zu. Dieser Zugriff ist nicht erlaubt, weil die Klassendefinition von `Aussen` kein Element der Klassendefinition von `Innen` ist. Diese Regel ist zu beherzigen:

Eine Klasse `A` kann auf Objekte einer in ihr definierten Klasse `I` nur über die öffentliche Schnittstelle zugreifen. Diese Einschränkung lässt sich über eine `friend`-Deklaration innerhalb von `I` umgehen.

Wie bereits oben erwähnt, ist im aktuellen Standard ein Zugriff auf private oder geschützte Elemente der äußeren Klassen aus der inneren Klasse heraus nicht erlaubt. Dieses Zugriffsrecht muss dann künstlich durch eine `friend`-Deklaration erzeugt werden:

Listing 2.46
Eine friend-Deklaration für den aktuellen Standard

```
class Aussen {
public:
  class Innen;
  friend class Innen;

  class Innen {
  };

};
```

Vor der `friend`-Deklaration muss die Klasse `Innen` erst deklariert werden, damit sie bekannt ist.

2.9 Der this-Zeiger

Nehmen wir als Beispiel folgende Klasse:

Listing 2.47
Prüfung der Identität zweier Objekte

```
class Klasse {
public:
  bool istIdentisch(const Klasse& o) const {
    /* ??? */
  }
};
```

Mit der Methode `istIdentisch` soll geprüft werden können, ob es sich bei zwei Objekten um dasselbe Objekt handelt:

```
Klasse o;
cout << o.istIdentisch(o) << endl; // Gibt 1 aus
```

Wie formulieren wir diese Prüfung innerhalb von `istIdentisch`? Glücklicherweise besitzt jede Methode den Zeiger `this`, über den eine Methode auf das Objekt zugreifen kann, über das die Methode aufgerufen wurde. Die Implementierung von `istIdentisch` sieht demnach so aus:

Listing 2.48
Die Implementierung von istIdentisch

```
  bool istIdentisch(const Klasse& o) const {
    return(this==&o);
  }
```

Weil `this` ein Zeiger ist und daher eine Adresse beinhaltet, muss für den Vergleich die Adresse des übergebenen Objekts o ermittelt werden.

Grundsätzlich können alle Attribute eines Objekts über den this-Zeiger aufgerufen werden. Folgende Klasse demonstriert dies:

Listing 2.49
Ein weiteres Beispiel für this

```
class Klasse {
  int m_wert;
public:
  void nix() const {
  }

  Klasse() {
    m_wert=10;
    this->m_wert=10;

    nix();
    this->nix();
  }
};
```

Im Konstruktor von `Klasse` wird das Attribut `m_wert` und die Methode `nix` jeweils einmal direkt und einmal über den `this`-Zeiger angesprochen. Programmtechnisch macht es keinen Unterschied, welche Schreibweise Sie einsetzen. Trotzdem spalten diese beiden Möglichkeiten die Programmierer in zwei Lager.

Die Befürworter der `this`-Schreibweise argumentieren, es sei klarer zu erkennen, was zum Objekt gehört und was nicht. Die Verfechter der Schreibweise ohne `this` heben hervor, dass es weniger zu schreiben sei.

2.10 Globale Objekte

Schließen wir das Kapitel über Klassen mit der zu Beginn angekündigten Erzeugung globaler Objekte.

Das Besondere an einem globalen Objekt ist seine Verfügbarkeit im gesamten Programm. Haben wir ein anderes Mittel, welches uns im gesamten Programm zur Verfügung steht?

Wir haben Klassen-Typen! Und über Klassen-Typen lassen sich statische Methoden aufrufen. Der obere Ansatz zur `Url`-Klasse setzt diese Idee bereits ein. Allerdings wird dort bei jedem `erzeugeUrl`-Aufruf ein neues Objekt erzeugt. Um eine globale Variable nachzubilden, dürfen wir im gesamten Programm aber nur auf ein einziges Objekt, und zwar immer auf dasselbe Objekt, zugreifen.

Auch das lässt sich über statische Elemente leicht bewerkstelligen. Wir legen ein statisches Attribut an, welches – sollte das Objekt bereits erzeugt sein – auf das erzeugte Objekt verweist. Eine statische Methode liefert uns diesen Verweis und erzeugt gegebenenfalls das eine Objekt.

Als kleines Beispiel wollen wir eine Klasse `ZufallsGenerator` implementieren, die einen auf `rand` basierenden Zufallszahlen-Generator darstellt:

```
class ZufallsGenerator {
  static ZufallsGenerator* m_generator;
  ZufallsGenerator();
  ~ZufallsGenerator();

public:
  static ZufallsGenerator* holeGenerator();

  int holeZufallsInt() const;
};
```

Listing 2.50
Ein Zufallszahlen-Generator

Die Klassendefinition setzt sich folgendermaßen zusammen:

- Das statische Attribut `m_generator` nimmt den Verweis auf das globale Objekt auf.
- Die statische Methode `holeGenerator` erzeugt das globale Objekt bei ihrem ersten Aufruf und liefert einen Verweis auf das globale Objekt zurück.
- Der private Konstruktor initialisiert den Zufallszahlen-Generator. Weil er privat ist, kann außerhalb der Klasse kein `ZufallsGenerator`-Objekt erzeugt werden.

Haben Sie eine Idee, welchen Sinn in unserer Klasse ein privater Destruktor macht?

Wäre der Destruktor nicht privat, könnte der Nutzer über den von `holeGenerator` gelieferten Verweis das globale Objekt über einen `delete`-Aufruf löschen.

Soll die Klasse potenziell ableitbar sein, dann müssen Konstruktor und Destruktor in den geschützten Bereich der Klasse.

Schauen wir uns die Methoden-Definitionen an, zuerst den Konstruktor und den Destruktor:

```
ZufallsGenerator::ZufallsGenerator() {
  time_t t;
  srand(static_cast<unsigned int>(time(&t)));
  rand();
}

ZufallsGenerator::~ZufallsGenerator()
{}
```

Listing 2.51
Konstruktor und Destruktor von ZufallsGenerator

Der Konstruktor initialisiert den Zufallszahlen-Generator über die aktuelle Uhrzeit. Am interessantesten ist wahrscheinlich das Herzstück der Klasse, die `holeGenerator`-Methode:

```
ZufallsGenerator* ZufallsGenerator::holeGenerator() {
  return((m_generator)
         ?m_generator
         :m_generator=new ZufallsGenerator);
}
```

Listing 2.52
Die Methode holeGenerator

Die `holeZufallsInt`-Methode ist wieder trivial:

Listing 2.53
Die Methode holeZufallsInt

```
int ZufallsGenerator::holeZufallsInt() const {
  return(rand());
}
```

Um unser globales Objekt zu nutzen, speichern wir den von `holeGenerator` gelieferten Verweis und greifen darüber auf `holeZufallsInt` zu:

```
ZufallsGenerator* zg=ZufallsGenerator::holeGenerator();
cout << zg->holeZufallsInt() << endl;
cout << zg->holeZufallsInt() << endl;
```

Mit diesem „Trick" haben wir über die objektorientierte Programmierung eine sehr gute Alternative zu globalen Variablen gefunden. Weil dieser Ansatz recht häufig eingesetzt wird und in den verschiedensten Varianten auftaucht, besitzt er einen eigenen Namen: *Singleton*.

Das Singleton ist eines der in [Gamma01] vorgestellten Entwurfsmuster.

2.10.1 Abbau von Singleton-Objekten

In den obigen Betrachtungen haben wir die Freigabe des Singleton-Objekts völlig außer acht gelassen. Die einzig getroffene Vorkehrung war der private Destruktor, der es Außenstehenden unmöglicht macht, das Objekt freizugeben. Dieser Abschnitt stellt einige Methoden vor, mit denen wir das Objekt freigeben können, manchmal mehr und manchmal weniger kontrolliert.

Freigabe-Methode

Die simpelste Variante besteht in der Implementierung einer statischen Abbau-Methode, die das statische Objekt zerstört:

Listing 2.54
Eine statische Abbau-Methode für den Zufalls-Generator

```
static void baueAb() {
  delete (m_generator);
  m_generator=0;
}
```

Über diese Methode kann praktisch jeder, der über `holeGenerator` einen Verweis auf das `ZufallsGenerator`-Objekt bekommen hat, dieses zerstören.

Sollte anschließend jemand erneut `holeGenerator` aufrufen, wird das Objekt zwar wieder angelegt, alle bisher gespeicherten Verweise sind und bleiben jedoch ungültig.

Für diesen Ansatz sollten Sie sich nur entscheiden, wenn es sinnvoll oder notwendig ist, das statische Objekt während der Laufzeit zu zerstören. Gründe dafür könnten sein:

- Das Objekt ist ressourcen-intensiv und wird nur in ganz bestimmten Phasen des Programmlaufs benötigt (z.B. ein Erbauer-Objekt für Level eines Spiels. Nachdem der Level steht, wird das Objekt erst einmal nicht mehr benötigt.)

- Die vom Objekt belegten Ressourcen müssen während des Programmlaufs auch noch von anderen Entitäten genutzt werden (z.B. Ein- oder Ausgabekanäle, Verbindungen über Telefonleitungen).

Die Phasen, in denen das Objekt verwendet wird, sollten allerdings klar definiert sein, damit nicht versehentlich mit einem ungültigen Verweis auf das Objekt gearbeitet wird.

Muss man sich jedoch gegen böswilliges Verhalten schützen, taugt eine Freigabe-Methode nichts mehr.

Auto-Pointer

Reicht es aus, wenn das Singleton-Objekt erst bei Programmende freigegeben wird, dann bieten sich Auto-Pointer an. Wir könnten die Klassendefinition folgendermaßen umschreiben:

Listing 2.55
Die Klassendefinition mit Auto-Pointer

```
class ZufallsGenerator {
  friend class std::auto_ptr<ZufallsGenerator>;
  static std::auto_ptr<ZufallsGenerator> m_generator;

  ZufallsGenerator();
  ~ZufallsGenerator();

public:
  static ZufallsGenerator* holeGenerator();
  int holeZufallsInt() const;
};
```

Der eingesetzte Auto-Pointer muss als Freund der Klasse deklariert werden, weil er sonst nicht an den privaten Destruktor käme.

Initialisiert wird der statische Auto-Pointer so:

Listing 2.56
Die Initialisierung des Auto-Pointers

```
std::auto_ptr<ZufallsGenerator> ZufallsGenerator::m_generator(0);
```

Die `holeGenerator`-Methode muss ebenfalls entsprechend angepasst werden:

Listing 2.57
Die angepasste holeGenerator-Methode

```
ZufallsGenerator* ZufallsGenerator::holeGenerator() {
  if(!m_generator.get())
    m_generator.reset(new ZufallsGenerator);
  return(m_generator.get());
}
```

Wenn nun am Programmende der statische Auto-Pointer abgebaut wird, gibt er das von ihm verwaltete Objekt (unser Singleton-Objekt) ebenfalls frei.

Aber auch diese Vorgehensweise ist nur dann empfehlenswert, wenn wir uns nicht gegen Vandalismus schützen müssen, denn ich kann an jeder Stelle des Programms problemlos folgende Zeilen schreiben:

```
ZufallsGenerator* g=ZufallsGenerator::holeGenerator();
auto_ptr<ZufallsGenerator> ap(g);
ap.reset(0);
```

Mit der ersten Anweisung speichere ich die Adresse des Zufalls-Generators in einem Zeiger. Mit dieser Adresse initialisiere ich einen entsprechenden Auto-Pointer. Das ist ohne Schwierigkeiten möglich, weil die Template-Definition von `auto_ptr` öffentlich ist.

Die dritte Anweisung setzt den Auto-Pointer auf ein neues Objekt (beziehungsweise auf kein Objekt, weil 0 übergeben wird). Der Auto-Pointer gibt das vorher verwaltete Objekt frei. Dazu kann er den Destruktor von `ZufallsGenerator` aufrufen, weil `auto_ptr<ZufallsGenerator>` ein Freund von `ZufallsGenerator` ist.

Und schon ist das `ZufallsGenerator`-Objekt vor seinem natürlichen Ende zerstört.

Eine eigene Verwalter-Klasse

Vollständigen Schutz gegen böswilliges und frühzeitiges Löschen erhalten wir nur, wenn wir eine eigene Verwalter-Klasse schreiben:

Listing 2.58
Die Klassendefinition mit eigenem Verwalter

```
class ZufallsGenerator {

  struct Verwalter {
    ZufallsGenerator* m_objekt;
    ~Verwalter() {
      delete(m_objekt);
    }
  };

  static Verwalter m_generator;

  ZufallsGenerator();
  ~ZufallsGenerator();

public:
  static ZufallsGenerator* holeGenerator();
  int holeZufallsInt() const;
};
```

Entgegen meiner eigenen Vorliebe, eine Klasse anzulegen und das Schlüsselwort `public` explizit anzugeben, habe ich hier für den Verwalter die Variante einer Struktur gewählt, in der die Elemente automatisch öffentlich sind.

Das Attribut `m_generator` ist ein vollständig konstruiertes, statisches `Verwalter`-Objekt und wird damit automatisch am Programmende abgebaut. Der Destruktor von `Verwalter` sorgt dann für den ordnungsgemäßen Abbau des Singleton-Objekts.

Initialisiert wird das `Verwalter`-Objekt über den impliziten Standard-Konstruktor:

Listing 2.59
Die Initialisierung des statischen Verwalter-Objekts

```
ZufallsGenerator::Verwalter ZufallsGenerator::m_generator;
```

Auch bei diesem Ansatz muss die holeGenerator-Methode angepasst werden:

```
ZufallsGenerator* ZufallsGenerator::holeGenerator() {
  return((m_generator.m_objekt)
         ?m_generator.m_objekt
         :m_generator.m_objekt=new ZufallsGenerator);
}
```

Listing 2.60
Die angepasste holeGenerator-Methode

Dieser letzte Ansatz ist zwar der aufwändigste, aber auch der sicherste Weg, ein Singleton-Objekt am Programmende freizugeben. Die Definition der Verwalter-Klasse steht im privaten Bereich von ZufallsGenerator, ein Außenstehender kann daher kein Objekt von Verwalter erzeugen, wie es noch mit den Auto-Pointern möglich war.

Der Destruktor des Singleton-Objekts ist weiterhin privat und damit von außen nicht ansprechbar. Die Verwalter-Klasse als Bestandteil von ZufallsGenerator besitzt nach den neuen Regeln vollständiges Zugriffsrecht auf ZufallsGenerator-Objekte und kann daher den Destruktor ohne Schwierigkeiten aufrufen.

3 Dynamische Speicherverwaltung

Unter dynamischer Speicherverwaltung versteht man das Reservieren von Speicher während der Laufzeit. In der OOP ist diese Art der Speicherreservierung ausgesprochen wichtig. Wir nehmen es deswegen als Anlass, uns etwas genauer mit dem Thema zu beschäftigen.

Die dynamische Speicherverwaltung kommt nicht ohne Zeiger aus. Von den reservierten Speicherbereichen bekommen wir die Adressen geliefert, die in Zeigern oder Referenzen gespeichert werden müssen.

3.1 Zeiger

Zeiger (pointer) werden bei der Deklaration mit einem * versehen:

```
int* iptr;
```

Zeiger sind immer an einen Typ gebunden, können also nur auf Elemente eines bestimmten Typs zeigen. Ein Zeiger kann nun die Adresse eines Objekts des entsprechenden Typs speichern.

Ausnahme sind die typenlosen Zeiger vom Typ `void*`.

Zur Ermittlung der Adresse eines Objekts wird üblicherweise der Adress-Operator & benutzt:

Auch hier gibt es zwei Ausnahmen: Bei Feldern und Funktionen steht der Name selbst (ohne [] oder ()) bereits für ihre Adresse.

```
int x;
iptr = &x;
```

Eine besondere Eigenschaft der Zeiger ist die Fähigkeit zur Dereferenzierung, die mit einem * vorgenommen wird. Bei der Dereferenzierung wird über den Zeiger auf den Inhalt desjenigen Objekts zugegriffen, dessen Adresse im Zeiger gespeichert ist:

```
*iptr = 42;  // x wird 42 zugewiesen
```

Man kann es auch weiter treiben und definiert einen Zeiger auf Zeiger:

```
int** piptr = &iptr;
```

Jetzt haben wir zwei Dereferenzierungs-Ebenen:

```
int y;

**piptr = 60;  // x wird 60 zugewiesen
*piptr = &y;   // iptr zeigt jetzt auf y
**piptr = 33;  // y wird 33 zugewiesen
```

Es lassen sich auch Zeiger auf Konstanten definieren:

```
const int* cptr;
const int c=111;
cptr=&c;
cout << *cptr << endl;  // Ausgabe von c
```

Das Zusammenspiel von Zeigern auf Konstanten und Zeigern auf Variablen, insbesondere im Hinblick auf `const_cast` haben wir bereits genauer in Kapitel 2.5.1 besprochen.

3.1.1 Zeiger auf Felder

Zeiger auf Felder unterscheiden sich in ihrer Deklaration nicht von Zeigern auf ein einzelnes Element:

```
int* fptr;
int feld[10];
fptr=feld;
```

Auf die einzelnen Elemente des Feldes kann über den Zeiger zugegriffen werden, indem entweder der Index-Operator benutzt oder Zeigerarithmetik angewendet wird:

```
fptr[4] = 23;    // 5. Element = 23
*(fptr+6) = 34; // 7. Element = 34
```

Sollen Felder an eine Funktion übergeben werden, müssen Sie Zeiger als Funktionsparameter benutzen.

Zeiger auf konkrete Elemente eines Klassenobjekts sind auch möglich. Wir nehmen als Beispiel die Klasse `Name` aus Kapitel 2.5.2:

```
Name n1("Andre");
const char* pn = n1.c_str();
cout << pn << endl;
```

3.1.2 Zeiger auf Funktionen

Wie die Überschrift schon vermuten lässt, können Zeiger auch auf Funktionen zeigen. Nehmen wir eine simple Funktion `ausgabe`:

```
void ausgabe(int i) {
  cout << "Wert: " << i << endl;
}
```

Auf diese Funktion soll jetzt ein Zeiger verweisen:

```
void (*fktptr)(int);
fktptr=ausgabe;
fktptr(123);
```

Bei Zeigern auf Funktionen bietet sich eine Typdefinition an:

```
typedef void (*FZeigerTyp)(int);
FZeigerTyp fktptr = ausgabe;
fktptr(123);
```

Zeiger auf Funktionen können auch auf statische Methoden verweisen.

3.1.3 Zeiger auf Klassenelemente

Es gibt auch die Möglichkeit, Zeiger auf Klassenelemente zu definieren. Um hierzu ein praktisches Beispiel zu haben, ergänzen wir die bereits oben aus der Mottenkiste geholte Name-Klasse um drei Methoden zur Ausgabe:

```
void print() const {
  cout << *m_name << endl;
}

void printLower() const {
  for(string::iterator i=m_name->begin(); i!=m_name->end(); ++i)
    cout << static_cast<char>(tolower(*i));
  cout << endl;
}

void printUpper() const {
  for(string::iterator i=m_name->begin(); i!=m_name->end(); ++i)
    cout << static_cast<char>(toupper(*i));
  cout << endl;
}
```

Ich denke, die Aufgaben der drei Methoden sind selbsterklärend. Stellen Sie sich vor, sie hätten ein Feld von Name-Objekten:

```
Name namen[100];
```

Der Anwender darf zwischen den drei Möglichkeiten der Ausgabe wählen. Wie würden Sie die konkrete Ausgabe-Methode aufrufen? Höchstwahrscheinlich mit einem switch-Block, in dem dann je nach Wahl des Anwenders die entsprechende Methode aufgerufen wird.

In einer solchen Situation können Zeiger auf Klassenelemente einen wertvollen Dienst erweisen. Die Besonderheit solcher Zeiger liegt in der Fähigkeit, völlig losgelöst von Objekten auf Methoden zu verweisen.

Wir erzeugen einen Zeiger, der auf Name-Methoden verweisen kann, die als Signatur keinen Wert zurückliefern und auch keinen Wert übergeben bekommen:

Unter der Signatur einer Funktion versteht man die Anzahl und die Typen der Parameter, sowie den Rückgabetypen der Funktion.

```
void (Name::* mptr)() const;
```

Wie zu erkennen ist, darf der Zeiger nur auf Methoden der Klasse `Name` mit dem impliziten Objekt-Parameter `const` verweisen. Bei Zeigern auf Funktionen erhöht ein `typedef` im Normalfall die Lesbarkeit:

```
typedef void (Name::* PrintMethodenZeiger)() const;
```

Von diesem Typ wird ein Zeiger definiert, der auf eine der Ausgabe-Methoden von `Name` verweisen soll. In diesem Fall ist der Adress-Operator notwendig:

```
PrintMethodenZeiger mptr = &Name::printUpper;
```

Nun kann ein Objekt über diesen Zeiger die Methode für sich aufrufen, auf die der Zeiger verweist. Wir benutzen dazu den Operator `.*`:

```
(n1.*mptr)();
```

Im oberen Beispiel wird für das Objekt `n1` die Methode aufgerufen, auf die `mptr` verweist, also `printUpper`.

Ein Zeiger auf Klassenelemente kann auch verwendet werden, wenn der Objekt-Zugriff über einen Zeiger erfolgt. Dazu verwenden wir den `->*`-Operator:

```
Name* n1ptr = &n1;
(n1ptr->*mptr)();
```

Dieser Mechanismus funktioniert auch mit Attributen. Wollen wir außerhalb der Klasse auf das Attribut zugreifen, muss es natürlich öffentlich sein. Als Beispiel dient die Mini-Klasse `EinString`:

Listing 3.1
Die Klasse EinString

```
class EinString {
public:
  string m_string;
  EinString(const string& s) : m_string(s) {}
};
```

Zunächst definieren wir uns wieder einen entsprechenden Zeiger-Typ, der diesmal auf Attribute des Typs `string` verweisen soll:

```
typedef string EinString::* AttributZeigerTyp;
```

Dann wird ein Zeiger angelegt und ihm das gewünschte Attribut zugewiesen:

```
AttributZeigerTyp aptr = &EinString::m_string;
```

Danach kann der Zeiger mit einem Objekt eingesetzt werden:

```
EinString es("Willms");
cout << es.*aptr << endl;
```

Ein Zeiger auf Klassen-Elemente kann übrigens auch auf implizit vom Compiler hinzugefügte Elemente verweisen.

3.2 Referenzen

Referenzen sind gewissermaßen „Zeiger für Arme". Sie können weniger als Zeiger, sind dafür aber syntaktisch einfacher zu benutzen. Im Gegensatz zu einem Zeiger, der auf beliebig viele Objekte hintereinander zeigen kann, verweist eine Referenz ihr gesamtes Leben lang auf dasselbe Objekt. Erzeugt wird eine Referenz mit einem & bei der Deklaration:

```
int x;
int& r = x;
```

Eben genau weil eine Referenz nur auf ein Objekt verweist, muss dieser Verweis bei der Definition der Referenz bereits hergestellt werden. Deswegen braucht bei x auch kein Adress-Operator verwendet werden.

Nach der Definition von r ist r ein Synonym (Alias) für x und kann nun ohne spezielle Syntax eingesetzt werden:

```
r = 99;  // x=99
```

Weil eine Referenz ein Synonym für ein anderes Objekt ist, kann von ihr auch keine Adresse ermittelt werden:

```
int* ptr = &r;  // Adresse von x
```

Der häufigste Einsatzbereich von Referenzen sind Funktionsparameter. Das folgende Beispiel stellt eine Funktion dar, die zwei Werte vertauscht:

Listing 3.2
Die Funktion tausche

```
void tausche(int& w1, int& w2) {
  int tmp=w1;
  w1=w2;
  w2=tmp;
}
```

Syntaktisch ebenfalls einfacher im Vergleich zu Zeigern ist der Funktionsaufruf:

```
int x=23, y=65;
tausche(x,y);
```

Wenn Sie den Adress-Operator auf eine Referenz anwenden, dann erhalten Sie die Adresse des Objekts, auf das die Referenz verweist.

Zwar können von Referenzen keine Adressen gebildet werden, aber es gibt Referenzen auf Zeiger:

Listing 3.3
Das Vertauschen von Zeiger-Inhalten

```
void tausche(int*& w1, int*& w2) {
  int* tmp=w1;
  w1=w2;
  w2=tmp;
}
```

Und hier noch ein Beispiel zum Aufruf:

```
int* xp=&x;
int* yp=&y;
tausche(xp,yp);
```

3.3 new und delete

Die Kernfunktionalität der dynamischen Speicherverwaltung liegt in den Schlüsselwörtern `new` und `delete` verborgen.

Im Gegensatz zu den alten Funktionen `malloc` und `free` verwalten `new` und `delete` typsicheren Speicher:

```
Name* n1 = new Name("Grendel");
n1->print();
delete n1;
```

Über `new` wird der Speicher für ein `Name`-Objekt reserviert, und der entsprechende Konstruktor aufgerufen. Die Adresse des reservierten Speicherbereichs (und damit die Adresse des reservierten `Name`-Objekts) wird als Adresse vom Typ `Name` zurückgeliefert.

Wir speichern die Adresse in einem Zeiger, geben spaßeshalber den im Objekt gespeicherten Namen aus und löschen das Objekt anschließend mit `delete`. Über `delete` wird zunächst der Destruktor des Objekts aufgerufen und danach der vom Objekt eingenommene Speicher gelöscht.

Über `new` können auch Felder von Objekten angelegt werden:

```
Name* nfeld = new Name[50];  // <- benötigt Standard-Konstruktor
delete[] nfeld;
```

Wie im oberen Kommentar bereits angegeben, muss eine Klasse, von der ein Feld von Objekten angelegt werden soll, einen Standard-Konstruktor zur Verfügung stellen.

Wäre diese Einschränkung allein nicht schon genug, hat der Aufruf des Standard-Konstruktors für jedes Feldelement zur Folge. dass alle Feldelemente vollständig konstruiert sind, obwohl explizit noch kein einziges Objekt in das Feld kopiert wurde.

Eine Möglichkeit, diese Problematik zu umgehen, wäre ein Feld von Zeigern anstelle von Objekten:

```
Name** pfeld = new Name*[100];
```

Da wir gerade beim Thema "Dynamische Speicherverwaltung" sind, habe ich das Zeigerfeld auch gleich dynamisch angelegt. Mit dieser Variante wird nur der Speicher für die 100 Zeiger reserviert, aber noch kein Speicher für ein Objekt angelegt, geschweige denn das Objekt erzeugt. Dies muss mit einem zusätzlichen Schritt geschehen:

```
pfeld[2]=new Name("Trinity");
```

Hier wurde der dritte Verweis auf ein neu angelegtes `Name`-Objekt gelegt. Für das Objekt wird Speicher reserviert und der Konstruktor aufgerufen. Weil wir nur ein Objekt erzeugen, haben wir wieder die freie Konstruktor-Wahl. Im Folgenden wird der Name des Objekts ausgegeben, sein Speicher freigegeben (und damit das Objekt abgebaut) und zum Schluss der Speicher des Zeiger-Feldes freigegeben:

```
pfeld[2]->print();
delete(pfeld[2]);
delete[](pfeld);
```

3.3.1 Rohspeicher

Wenn ein Objekt über new dynamisch angelegt wird, laufen streng genommen zwei Vorgänge hintereinander ab. Zuerst wird der Speicher reserviert, den das Objekt einnehmen soll, anschließend wird in diesem reservierten Speicher das Objekt über einen seiner Konstruktoren erzeugt. Wegen dieser Kopplung sind wir nicht in der Lage, bei einem dynamisch angelegten Feld einen beliebigen Konstruktor aufzurufen.

Der delete-Aufruf macht diese beiden Vorgänge wieder rückgängig, indem er als Erstes zum Abbau des Objektes den Destruktor aufruft und dann den reservierten Speicher wieder freigibt.

Aber wir würden nicht in C++ programmieren, wenn es keine Möglichkeit gäbe, stärker einzugreifen. Zunächst einmal reservieren wir uns Speicher, *ohne* darin ein Objekt zu konstruieren. Diesen nackten, uninitialisierten Speicher nennt man *Rohspeicher*:

```
Name *n = static_cast<Name*>(operator new(sizeof(Name)));
```

Wir rufen operator new explizit auf und reservieren so viel Rohspeicher, wie ein Name-Objekt benötigt. Eine Rohspeicher-Adresse besitzt immer den Typ void*, deswegen wandeln wir ihn mit static_cast in den gewünschten Typ um.

Jetzt steht uns reiner Speicher zur Verfügung, in den hinein wir ein Objekt konstruieren können. Dazu benutzen wir die *Placement new*-Syntax, bei der wir keinen neuen Speicher reservieren, sondern nur angeben, wo im Speicher das Objekt erzeugt werden soll:

```
new (n) Name("Morpheus");
```

An der in n gespeicherten Adresse wird mit der oberen Anweisung ein Name-Objekt erzeugt. Danach ist das Objekt vollständig konstruiert:

```
n->print();
```

Wenn das Objekt wieder zerstört werden soll, müssen wir die einzelnen Schritte ebenfalls manuell durchführen. Zu Beginn wird der Destruktor des Objekts aufgerufen:

```
n->~Name();
```

Ich weiß, der explizite Aufruf eines Destruktors ist ein recht ungewöhnlicher Anblick, aber in C++ ist eben vieles möglich. Mit dem Destruktor-Aufruf wurde das Objekt abgebaut, der Rohspeicher aber noch nicht freigegeben. Das geschieht mit `operator delete`:

```
operator delete(n);
```

Dieser Mechanismus lässt sich auch auf Felder anwenden. Wir reservieren einen Speicherblock, der bequem Platz für 100 `Name`-Objekte bietet. Dann konstruieren wir in diesem Rohspeicher-Block 100 `Name`-Objekte:

```
Name *nf = static_cast<Name*>(operator new[](sizeof(Name)*100));
for(int i=0; i<100; ++i)
  new (&nf[i]) Name("C++");
```

Auch wenn die Objekte in der Praxis höchstwahrscheinlich nicht alle mit demselben Namen initialisiert würden, zeigt Ihnen das Beispiel, dass Sie auf diese Weise für Objekte eines Feldes einen beliebigen Konstruktor aufrufen können.

Im Folgenden werden die `Name`-Objekte abgebaut und der Rohspeicher freigegeben:

```
for(int i=0; i<100; ++i)
  (&nf[i])->~Name();
operator delete[](nf);
```

Genau nach diesem Schema sind im Normalfall die Vektoren der STL aufgebaut.

Die Trennung von Rohspeicher-Reservierung und Objekt-Konstruktion hat noch einen weiteren Vorteil, wenn es um Ausnahmen-Sicherheit geht (Kapitel 7.11).

3.4 Allokatoren

Weil die STL zwischen der Rohspeicher-Reservierung und Objekt-Konstruktion trennt, wurde dieser Mechanismus weiter abstrahiert und in so genannten Allokatoren untergebracht. Das `allocator`-Template ist in der Header-Datei `memory` definiert, die eingebunden werden muss.

Zunächst legen wir uns einen Allokator für den gewünschten Typ an, in unserem Fall `Name`:

```
allocator<Name> allok;
```

Nachdem der Allokator definiert ist, kann über ihn die Methode `allocate` aufgerufen werden, die einen Rohspeicher-Block für die übergebene Anzahl an Objekten liefert:

```
Name *nf = allok.allocate(100);
```

Konstruiert werden die Objekte über die Methode `construct`, der die Speicherposition, an der das Objekt konstruiert werden soll, sowie ein zu kopierendes Objekt übergeben wird:

```
for(int i=0; i<100; ++i)
  allok.construct(&nf[i], Name("C++"));
```

Zum Zerstören eines Objekts ohne den belegten Speicher freizugeben, dient die Methode destroy:

```
for(int i=0; i<100; ++i)
  allok.destroy(&nf[i]);
```

Am Ende wird dann der Rohspeicher mittels deallocate freigegeben:

```
allok.deallocate(nf,100);
```

STL-Container erlauben die explizite Angabe des zu verwendenden Allokators als Template-Argument.

Etwas merkwürdig mag die Angabe der Objekt-Anzahl bei deallocate erscheinen. Für den Standard-Allokator ist diese Angabe unerheblich (er verwendet einfach operator delete, wie auch wir es im letzten Abschnitt getan haben), aber es könnte sein, dass der Nutzer gerne einen anderen Allokator einsetzen möchte, dessen Speicherverwaltung es erlaubt, nur einen Teil des Rohspeichers freizugeben. Für einen solchen Allokator macht die Angabe der Objekt-Anzahl vielleicht Sinn.

3.5 Auto-Pointer

Einer der Haupt-Nachteile der dynamischen Speicherverwaltung in C++ ist die Eigenverantwortung der Speicher-Freigabe. Haben Sie ein Objekt oder Feld mit new angelegt, dann müssen Sie allein darauf achten, zu gegebenem Zeitpunkt delete aufzurufen.

Um diese Verantwortung ein wenig auf andere Schultern ablegen zu können, existieren in C++ die Auto-Pointer, die mit den Allokatoren zusammen in der Header-Datei memory definiert sind.

Als Beispiel wollen wir ein Name-Objekt mit new erzeugen und die Adresse einem Auto-Pointer zur Verwaltung anvertrauen:

```
auto_ptr<Name> aptr( new Name("Neelix") );
aptr->print();
```

Das auto_ptr-Objekt verhält sich wie ein handelsüblicher Zeiger. Im oberen Fall wurde der Zeiger-Operator benutzt, um auf Methoden des verwalteten Name-Objekts zuzugreifen. Und der Vorteil: Der Speicher des dynamisch reservierten Name-Objekts muss nicht mehr explizit freigegeben werden. Der Auto-Pointer gibt ihn frei, wenn er selbst abgebaut wird.

Ein Auto-Pointer besitzt auch einen Standard-Konstruktor:

```
auto_ptr<Name> aptr2;
```

Wollen Sie dem Auto-Pointer jetzt allerdings ein zu verwaltendes Objekt zuweisen, müssen Sie dazu die Methode reset benutzen:

```
aptr2.reset(new Name("Janeway"));
```

Das liegt in der Möglichkeit begründet, dass der Auto-Pointer bereits ein Objekt verwaltet. Dieses gibt er dann frei. Wenn wir nach der oberen Anweisung also folgendes schreiben:

```
aptr2.reset(new Name("Chakotay"));
```

Dann ruft `aptr2` zunächst für das aktuell beherbergte `Name`-Objekt („Janeway") `delete` auf und übernimmt das neue Objekt („Chakotay").

Wenn ein `auto-ptr`-Objekt einem anderen `auto_ptr`-Objekt zugewiesen wird, dann verliert das zugewiesene Objekt die Verantwortung für das verwaltete Objekt:

```
auto_ptr<Name> aptr3 = aptr2;
```

Wenn `aptr3` die Verantwortung für da verwaltete Objekte übernimmt, ruft er für `aptr2` die Methode `release` auf, die den Verweis auf das verwaltete Objekt löscht, ohne das verwaltete Objekt selbst zu löschen. Der Verweis muss in `aptr2` gelöscht werden, damit später nicht zwei `auto_ptr`-Objekte versuchen, das verwaltete Objekt freizugeben.

Sie können `release` auch manuell aufrufen, wenn Sie sich dafür entscheiden sollten, dass verwaltete Objekt doch lieber mit herkömmlichen Zeigern zu verwalten:

```
Name *n1 = aptr3.release();
```

Allerdings müssen Sie sich jetzt wieder selbst um die Freigabe des `Name`-Objekts kümmern.

Dass die Verantwortlichkeiten beim Zuweisen von Auto-Pointern durchgereicht werden, hat gewaltige Vorteile, wenn Auto-Pointer von Funktionen zurückgegeben werden:

```
auto_ptr<Name> erzeugeName(const char* s) {
  return(auto_ptr<Name>(new Name(s)));
}
```

Wenn nun über diese Funktion ein `Name`-Objekt erzeugt wird:

```
auto_ptr<Name> aptr4 = erzeugeName("Paris");
```

dann können wir sicher sein, dass die Verantwortlichkeit des erzeugten `Name`-Objektes bei `aptr4` liegt und die lokal erzeugten `auto_ptr<Name>`-Objekte bei ihrer Zerstörung das `Name`-Objekt nicht mit ins Grab ziehen.

3.5.1 Auto-Pointer und Felder

Um direkt auf den Punkt zu kommen: Vermeiden Sie Auto-Pointer, die Felder verwalten. Die Argumentation ist kurz und schmerzlos: Wenn ein Auto-Pointer das von ihm verwaltete Objekt freigibt, dann benutzt er dazu `delete`. Bei Feldern muss aber `delete[]` aufgerufen werden, damit bei der Zerstörung auch die Destruktoren der Feld-Elemente zur Anwendung kommen.

Um dieses Hindernis zu umschiffen, gibt es grundsätzlich mehrere Möglichkeiten:

- Sie schreiben eine eigene Klasse, die die gewünschte Funktionalität besitzt (Siehe Kapitel 4.12.2).
- Sie implementieren eine Adapter-Klasse, die ein Feld verwaltet und selbst wiederum von einem herkömmlichen Auto-Pointer verwaltet wird.

Letztere Variante wird detaillierter in [Sutter01] vorgestellt. Sie ist vorbildlich bezüglich der Wiederverwendbarkeit, besitzt aber eine erhöhte Komplexität beim Elementzugriff.

3.6 Probleme mit new

Mit `new` reservieren wir dynamisch Speicher. Keine Neuigkeit, aber was passiert, wenn `new` keinen Speicher reserviert? Zum Beispiel, weil kein Arbeitsspeicher mehr frei ist?

In den grauen Anfangstagen von C++ sah es so aus, dass `new` einen Null-Zeiger zurücklieferte, wenn kein Speicher reserviert werden konnte.

Mittlerweile sind wir mit dem aktuellen Standard so weit, dass `new` eine Ausnahme wirft, wenn der gewünschte Speicher nicht reserviert werden konnte. Gehen wir einmal davon aus, der Compiler wirft eine Ausnahme, dann könnten wir ihn folgendermaßen provozieren:

```
int i=0;
try {
  while(++i<50) {
    Klotz *k = new Klotz;
    cout << k << endl;
  }
}
catch(bad_alloc &e) {
  cout << "Ausnahme" << endl;
}
```

Damit die Klasse `bad_alloc` bekannt ist, muss die Header-Datei `new` eingebunden werden.

Auf die Ausnahme-Behandlung in C++ wollen wir an dieser Stelle nicht eingehen. Das gesamte Kapitel 7 widmet sich noch dieser Thematik.

Die im oberen Beispiel verwendete Klotz-Klasse ist eine Ausgeburt der Speicherverschwendung:

```
class Klotz {
  long double m_werte[10000000];
};
```

Innerhalb der while-Schleife wird die Adresse des reservierten Speicherbereichs ausgegeben, damit eignet sich dieses Code-Stück sehr schön für die Prüfung, ob das new Ihres Compilers eine Ausnahme wirft oder einen Null-Zeiger zurück liefert.

Ihr Compiler ist so neu, dass Sie sich fast sicher sind, er unterstützt das Werfen von bad_alloc? Dummerweise ist gerade dieser Bereich eine Ecke, bei der sich manche Compiler schwer mit der Umsetzung des Standards tun. Das hat zum Teil auch historische Gründe. Wenn für einen Compiler, als er noch keine Ausnahmen geworfen hat, bereits sehr viel Code geschrieben wurde, der auf Null-Zeiger prüft, dann tun sich die Compiler-Hersteller mitunter schwer, ihren Kunden das Ändern des Codes zuzumuten. Denn sollte die Null-Zeiger-Variante durch das Werfen der Ausnahme abgelöst werden, dann muss jede Prüfung auf erfolgreiche Speicher-Reservierung angepasst werden.

Angenommen, Ihr Compiler wirft eine Ausnahme, aber Sie möchten lieber wieder einen Null-Zeiger. Das ist kein Problem, denn es existieren grundsätzlich immer zwei new-Operatoren, einer der eine Ausnahme wirft und ein anderer, der brav einen Null-Zeiger zurück liefert ohne eine Ausnahme zu werfen. Wollten wir im oberen Beispiel den letzteren der beiden new-Operatoren benutzen, dann sähe das so aus:

```
Klotz *k = new(nothrow) Klotz;
```

3.6.1 Der New-Handler

Angenommen, Ihr Compiler wirft keine Ausnahme, dann haben Sie die Möglichkeit, dies über einen New-Handler zu simulieren. Ihr Compiler kennt auch keinen New-Handler? Kaufen Sie sich einen Neuen!

Wenn der new-Operator nicht in der Lage ist, den geforderten zu reservieren, dann ruft er vor dem Werfen einer Ausnahme den New-Handler auf. Diesen New-Handler kann man mit der set_new_handler-Funktion selbst bestimmen. Eine New-Handler-Funktion besitzt keine Funktionsparameter und keinen Rückgabewert.

Damit new nun trotzdem eine Ausnahme wirft, schreiben wir uns einfach einen eigenen New-Handler, der die gewünschte Ausnahme für uns wirft:

```
void mein_new_handler() {
  throw bad_alloc();
}
```

Und jetzt müssen wir den eigenen Handler nur noch mit set_new_handler setzen, am besten gleich zu Beginn in der main-Funktion:

```
set_new_handler(mein_new_handler);
```

Nun wirft auch Ihr Compiler bad_alloc.

4

Operatoren überladen

Unter dem Begriff „Operatoren überladen" versteht man die funktionale Erweiterung eines Operators auf eigene Klassen. Wenn beispielsweise der +-Operator erweitert wird, damit er auch `Name`-Objekte verknüpfen kann, dann ist er überladen. Wir werden uns zunächst einen Überblick darüber verschaffen, wie die einzelnen Operatoren überladen werden, gehen auf einige Probleme ein, die auftreten können und werden zum Schluss des Kapitels an Beispielen das Überladen von Operatoren in der Praxis sehen.

4.1 Zuweisungs-Operatoren

Zuweisungs-Operatoren kommen immer dann ins Spiel, wenn einem benutzerdefinierten Klassentyp etwas zugewiesen wird. Der *Kopier-Zuweisungs-Operator* weist einem Objekt der Klasse `T` ein anderes Objekt der Klasse `T` zu.

Nehmen wir als Beispiel wieder unsere gute alte `Name`-Klasse aus Kapitel 2.5.2, die wir in diesem Abschnitt mit Operatoren aufpeppen wollen. Geben wir ihr zunächst einen vernünftigen Standard-Konstruktor mit:

Listing 4.1
Ein Standard-Konstruktor für Name

```
Name()
  : m_name(new string(""))
{}
```

Nun können wir folgendes schreiben:

```
Name n1("Andre");
Name n2;
n2=n1;

n1.print();
n2.print();
```

Der Compiler kompiliert die Anweisungen problemlos, was uns schlussfolgern lässt, dass eine Klasse automatisch einen impliziten Kopier-Zuweisungs-Operator besitzt, wenn der Programmierer die Klasse nicht mit einem eigenen ausstattet. Sollten für einen Klassentypen `T` folgende Punkte zutreffen:

- Jedes nicht-statische Attribut von `T` mit einem Klassentyp `A` besitzt einen Kopier-Zuweisungs-Operator, dessen Parameter entweder vom Typ `const A&` oder `const volatile A&` ist.
- Jede direkte Basisklasse `B` von `T` besitzt einen Kopier-Zuweisungs-Operator, dessen Parameter entweder vom Typ `const B&` oder `const volatile B&` ist.

Dann besitzt der implizite Kopier-Zuweisungs-Operator die Form

```
T& operator=(const T&)
```

In allen anderen Fällen besitzt er die Form

```
T& operator=(T&)
```

Aber kommen wir wieder auf unser oberes Beispiel zurück. Der Compiler übersetzt alles anstandslos, die Ausgabe fluppt auch, aber dann stürzt irgendwie das Programm ab. Wie Sie sicher wissen, liegt das an der flachen Kopie, die der implizite Kopier-Zuweisungs-Operator vornimmt. Die Struktur einer flachen Kopie ist in Abbildung 4.1 zu sehen.

Abbildung 4.1
Eine flache Kopie

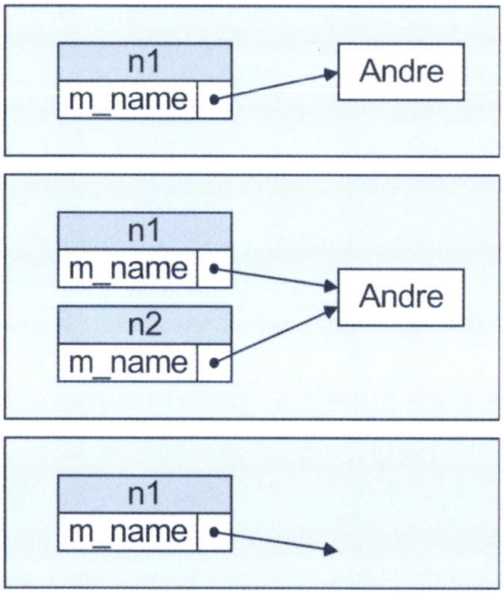

Objekte werden in der umgekehrten Reihenfolge ihrer Erzeugung abgebaut.

Der implizite Kopier-Zuweisungs-Operator kopiert ein Objekt flach, also attributweise. Bei den `Name`-Objekten ist die Konsequenz daraus eine Kopie des Verweises auf den dynamisch angelegten String. Beide `Name`-Objekte verweisen danach auf denselben String. Wird nun am Programmende das Objekt `n2` abgebaut, dann gibt sein Destruktor den String frei, wodurch `n1` auf einen ungültigen Speicherbereich zeigt. Aber nicht nur das, `n1` versucht bei seinem Abbau, diesen ungültigen Speicher nochmals freizugeben, was den Programmabsturz zur Folge hat.

Ein eigener Kopier-Zuweisungs-Operator kann dieses Problem lösen, indem er eine tiefe Kopie anfertigt:

```
Name& operator=(const Name& n) {
  if(this!=&n) {
    delete(m_name);
    m_name=new string(*n.m_name);
  }
  return(*this);
}
```

Listing 4.2
Ein Kopier-Zuweisungs-Operator für tiefe Kopien

Die Methode prüft zunächst, ob keine Zuweisung an sich selbst vorliegt. Obwohl schwachsinnig, sind solche Zuweisungen syntaktisch abgesegnet:

```
n1=n1;
```

Das Objekt, über das der Kopier-Zuweisungs-Operator aufgerufen wird (im oberen Beispiel `n2`), existiert bereits. Das Attribut `m_name` verweist schon auf einen dynamisch angelegten String, der zuvor freigegeben werden muss, um keine Speicherlecks zu erzeugen. Dann wird ein neuer String dynamisch angelegt und mit dem String des übergebenen Objekts initialisiert. Anschließend liefert die Funktion eine Referenz auf das aufrufende Objekt zurück, um folgende Schreibweisen zu erlauben:

```
n3=n2=n1;
```

Dazu würde aber auch eine konstante Referenz ausreichen, sagen Sie? Das stimmt, für die obere Anweisung schon. Aber wenn Sie Operatoren überladen, dann sollten sich die Objekte Ihrer Klasse verhalten, als wären es eingebaute Typen. Und mit denen lassen sich solche „netten" Sachen machen:

```
int x;
(x=3)++;
```

Fragen Sie bitte nicht nach dem Sinn, nehmen Sie einfach nur zur Kenntnis, dass es geht, und wir deshalb solche Schreibweisen auch für unsere `Name`-Klasse erlauben sollten. Also keine konstante Referenz als Rückgabe-Typ.

Übrigens, wenn Sie folgendes schreiben:

```
n1=n2;
```

dann setzt der Compiler dies intern um in den Methoden-Aufruf

```
n1.operator=(n2);
```

Dieser Aufruf könnte von Ihnen auch explizit im Programm verwendet werden.

Wenn Sie einen eigenen Kopier-Zuweisungs-Operator implementieren, dann wird der implizite Kopier-Zuweisungs-Operator komplett gestrichen. Das bedeutet für Sie, dass Sie in Ihrem Operator die gesamte Zuweisungs-Arbeit für alle Attribute vornehmen müssen. Verfallen Sie also nicht in die fatale Hoffnung, der Compiler würde mit seinem impliziten Kopier-Zuweisungs-Operator eine flache Kopie vorlegen und Sie bräuchten in Ihrem Operator nur noch den Rest zu erledigen. Nein! Mit einem eigenen Kopier-Zuweisungs-Operator liegt absolut alles in Ihrer Hand.

4.1.1 Kombinierte Zuweisungs-Operatoren

In C++ gibt es für viele Operatoren kombinierte Zuweisungs-Operatoren (zum Beispiel +=, -=, &=, <<= etc.), die natürlich auch überladen werden können.

Genau wie der „normale“ Zuweisungs-Operator beziehen sich die kombinierten Zuweisungs-Operatoren auf das aufrufenden Objekt, sie werden daher immer als Methoden definiert. Wir wollen uns als Beispiel den +=-Operator für die Name-Klasse überladen, der zwei Strings aneinander hängt und das Ergebnis dem aufrufenden Objekt zuweist:

Listing 4.3
Ein kombinierter Zuweisungs-Operator für Name

```
Name& operator+=(const Name& n) {
  string *neu = new string(*m_name + *n.m_name);
  delete(m_name);
  m_name=neu;
  return(*this);
}
```

Zu dieser Methode ist nicht mehr viel zu sagen. Lediglich der temporäre Zeiger neu sei noch kurz erwähnt. Er ist notwendig, weil ich den Verweis auf den zum aufrufenden Objekt gehörenden String in m_name für die Verknüpfung brauche und deswegen nicht überschreiben kann.

Aus den bereits bei dem normalen Zuweisungs-Operator genannten Gründen wird hier ebenfalls eine Referenz auf das aufrufende Objekt zurückgegeben.

Analog zu dem normalen Zuweisungs-Operator wird die Anweisung

```
n1+=n2;
```

vom Compiler umgesetzt zu

```
n1.operator+=(n2);
```

4.2 Rechen-Operatoren

Für die Thematik des Überladens von Operatoren fasse ich unter dem Begriff „Rechen-Operatoren“ alle arithmetischen Operatoren mit zwei Attributen zusammen. Diese Rechen-Operatoren können auf zwei Arten implementiert werden: Als Methode oder als Funktion. Beginnen wir mit der Methoden-Variante:

Listing 4.4
Ein Additions-Operator als Methode

```
const Name operator+(const Name& n) const {
  Name tmp((*m_name + *n.m_name).c_str());
  return(tmp);
}
```

Wie bereits unser +=-Operator greift die Methode zur Verknüpfung der beiden Strings auf den +-Operator von string zurück. Im Gegensatz zu den Zuweisungs-Operatoren wird das Ergebnis des Operators nicht im aufrufenden Objekt gespeichert, sondern von der Methode zurückgegeben.

Erklärungsbedürftig ist vielleicht das const im Rückgabe-Typ. Es wird kein Verweis, sondern eine Kopie zurückgegeben, weswegen es eigentlich keine Rolle spielen dürfte, ob der Rückgabe-Typ konstant ist oder nicht. Aber: Unsere Objekte sollen sich verhalten wie die eingebauten Typen, und was glauben Sie, passiert hier:

```
int a=4, b=5;
(a+b)=3;
```

Dem Ergebnis einer Addition wird ein Wert zugewiesen. Nicht nur, dass diese Zuweisung überhaupt keinen Sinn macht, sie wird auch nicht kompiliert. Damit diese Schreibweise auch bei unseren eigenen Objekten verboten ist, müssen wir den Rückgabe-Typen der operator+-Methode als konstant deklarieren.

Die Anweisung

```
n3=n1+n2;
```

wird vom Compiler umgesetzt zu

```
n3=n1.operator+(n2);
```

Als nächstes steht die operator+-Funktion auf dem Plan. Sie unterscheidet sich von der Methode dadurch, dass sie zwei Parameter besitzt. Die Methode brauchte nur einen Parameter, weil der zweite Parameter das aufrufende Objekt war:

Listing 4.5
Ein Additions-Operator als Funktion

```
const Name operator+(const Name& n1, const Name& n2) {
  Name tmp((string(n1.c_str())+string(n2.c_str())).c_str());
  return(tmp);
}
```

Da wir jetzt keine Methode mehr haben, wird die Funktion auch nicht mehr über ein Objekt aufgerufen. Die Anweisung

```
n3=n1+n2;
```

wird nun umgesetzt zu

```
n3=operator+(n1,n2);
```

Die Funktion muss sich wegen des fehlenden Zugriffs auf die privaten Elemente der Klasse mit der öffentlichen Schnittstelle begnügen. Es gäbe zwei Möglichkeiten, die Laufzeit etwas zu verbessern:

- Die Funktion wird als friend der Klasse definiert und kann damit auf alle Elemente zugreifen. Der negative Effekt wäre eine Verstärkung der Kopplung zwischen der Funktion und der Klasse. Bei einer Änderung der Klassen-Interna wäre eine Änderung der Operator-Funktion ebenfalls wahrscheinlich.
- Die Klasse könnte um eine öffentliche Methode str ergänzt werden, die eine konstante Referenz auf das string-Objekt liefert. Die Operator-Funktion könnte dann direkt die string-Objekte nutzen, anstatt string-Objekte aus den C-Strings zu erzeugen. Im Rahmen einer angestrebten minimalen Klassen-Schnittstelle würde diese Methode die Schnittstelle aber unnötig aufbohren. Zu überlegen wäre ein Austausch. Die Methode c_str fliegt raus, dafür

kommt die Methode `str` hinzu, über die dann wiederum die Methode `c_str` von `string` aufgerufen werden könnte. Dies wäre aber nur dann eine Option, wenn die Klasse bisher noch keine Anwendung gefunden hätte, denn alle Nutzer der ehemaligen `c_str`-Methode müssten dann umgeschrieben werden.

Die Frage, die sich förmlich aufdrängt, wann sollte ein Operator als Methode und wann als Funktion implementiert werden?

Der Vorteil der Methode liegt in ihrem uneingeschränkten Zugriff auf die Klassenelemente. Dafür muss sie immer über ein Objekt aufgerufen werden, was einen linken Operanden vom Typ der Klasse erfordert. Die Anweisung

```
n3="Andre"+n2;
```

Wäre als Methode ausgeschrieben

```
n3="Andre".operator+(n2);
```

und kann nicht kompiliert werden, weil `operator+` eine Methode von `Name` ist und nicht von `const char*`. Daraus resultiert eine wichtige Regel:

Der Typ des Objekts, über das eine Methode aufgerufen wird, kann nicht implizit umgewandelt werden.

Dieses Problem hat die Funktion nicht, denn bei ihr werden beide Operanden als Parameter übergeben. Die obere Addition wäre damit

```
n3=operator+("Andre", n2);
```

Der C-String wird mit dem `Name`-Konstruktor implizit in ein `Name`-Objekt umgewandelt und dann an die `operator+`-Funktion übergeben. Die Regel hier lautet:

Nur bei Operator-Funktionen kann der Typ des linken Operanden implizit umgewandelt werden.

Sie müssen sich also entscheiden zwischen einfacherem Klassen-Zugriff oder größerer Flexibilität in der Anwendung.

Diese Bedingung wird bei einer Operator-Methode automatisch vom aufrufenden Objekt erfüllt.

Ein kleiner Hinweis noch, bevor Sie auf allzu flexible Gedanken kommen: Bei einer überladenen Operator-Funktion muss mindestens ein Parameter ein benutzerdefinierter Typ sein. Sie können also nicht die Addition zweier `int`-Werte neu definieren.

4.3 Vergleichs-Operatoren

Genau wie bei den Rechen-Operatoren können die Vergleichs-Operatoren als Methode oder als Funktion überladen werden.

Beiden gemeinsam ist der Rückgabe-Typ `bool`. Als Beispiel soll die Name-Klasse um einen Operator == erweitert werden. Der Zugriffsrechte wegen werden wir die Methoden-Variante verfolgen:

```
bool operator==(const Name& n) const {
  return(*m_name == *n.m_name);
}
```

Listing 4.6
Ein Gleichheitsoperator für Name

Wenn für eine Klasse alle Vergleichs-Operatoren nutzbar sein sollen, dann reicht es aus, nur für die Operatoren < und == eine Implementierung zur Verfügung zu stellen. Die restlichen Vergleichs-Operatoren sind in der Header-Datei `utility` als Templates definiert und im Namensbereich `std::rel_ops` abgelegt. Mit

```
#include <utility>
using namespace std::rel_ops;
```

werden diese Operatoren verfügbar gemacht. Diese Operator-Templates reduzieren jeden Vergleich auf die notwendigerweise definierten Vergleichs-Operatoren < und == der jeweiligen Klasse. Das Template für `operator>` sieht beispielsweise so aus:

```
template <typename Typ>
inline bool operator>(const Typ &a, const Typ &b) {
  return(b<a);
}
```

Listing 4.7
Ein Vergleichs-Operator-Template aus utility

Auf diese Weise müssen nicht alle sechs Operatoren implementiert werden.

4.4 Die Operatoren << und >>

Die Operatoren << und >> können problemlos nach dem im letzten Abschnitt besprochenen Schema überladen werden. Allerdings kommt ihnen bei der Ein- und Ausgabe eine besondere Bedeutung zu. Springen wir ins kalte Wasser und werfen wir einen Blick auf eine mögliche `operator<<`-Methode für `Name`:

```
ostream& operator<<(ostream& ostr, const Name& n) {
  ostr << n.c_str();
  return(ostr);
}
```

Listing 4.8
Ein <<-Operator für Name

Um den Hintergrund besser zu verstehen gehen wir einmal von folgender Anweisung aus:

```
cout << n3;
```

Wäre `operator<<` eine Methode, sähe der Methoden-Aufruf so aus:

```
cout.operator<<(n3);
```

Unsere Methode müsste damit ein Element der Klasse `ostream` sein, von der `cout` ein Objekt ist. Zu einer nicht von uns implementierten Klasse können wir jedoch keine Methode hinzufügen, also bleibt nur noch die Variante als Funktion.

Das ergibt folgenden Aufruf:

```
operator<<(cout, n3);
```

Und hier lässt sich auch schon die Signatur der Funktion erkennen: Als ersten Parameter bekommt die Funktion `cout` vom Typ `ostream` und als zweiten Parameter `n3` vom Typ `Name` übergeben.

Die `operator<<`-Funktion liefert eine Referenz auf das `ostream`-Objekt zurück, um die typische Verkettung zu ermöglichen:

```
cout << n1 << n2 << endl;
```

Bei der `operator>>`-Funktion gehen wir ähnlich vor:

Listing 4.9
Ein >>-Operator für Name

```
istream& operator>>(istream& istr, Name& n) {
  string s;
  istr >> s;
  n=s.c_str();
  return(istr);
}
```

Um die Kopplung so lose wie möglich zu halten, verzichten wir hier auf eine `friend`-Deklaration in `Name` und nehmen wegen des Zugriffs über die öffentliche Schnittstelle der Klasse eine etwas höhere Laufzeit in Kauf.

Die Referenz auf das `Name`-Objekt darf in der Parameter-Liste von `operator>>` nicht mehr konstant sein, schließlich soll der eingelesene Text dem `Name`-Objekt zugewiesen werden können. Im Einsatz sieht der Operator aus wie ein Einführungsbeispiel aus einem Buch für Anfänger:

```
cout << "Ihr Name:";
Name n4;
cin >> n4;
cout << "Sie heissen " << n4 << endl;
```

Auch bei unserem eigenen Operator müssen wir in der Grundeinstellung des Streams mit der Problematik leben, dass ein Leerzeichen als Trenner zwischen verschiedenen Eingaben interpretiert wird und daher eine Eingabe von „Andre Willms" als die Eingabe von zwei Namen gewertet wird.

4.5 Der Operator []

Der Index-Operator `[]` wird gerne bei Klassen überladen, deren Objekte Daten in Form von Feldern repräsentieren. Unsere `Name`-Klasse besitzt als Attribut einen Verweis auf einen String, der einen Index-Operator besitzt. Diesen wollen wir nun durchschleifen, indem wir für unsere Klasse einen eigenen Index-Operator implementieren:

Listing 4.10
Ein Index-Operator für Name

```
char& operator[](string::size_type idx) {
  return((*m_name)[idx]);
}
```

Wichtig ist, dass `operator[]` eine Referenz zurück liefert, damit auch Zuweisungen der Form

```
n1[4]='s';
```

Soll der Index-Operator auch bei konstanten Objekten funktionieren, dann muss dafür ein spezieller Index-Operator hinzugefügt werden:

```
char operator[](string::size_type idx) const{
  return((*m_name)[idx]);
}
```

Listing 4.11
Ein Index-Operator für konstante Objekte

Jetzt wird keine Referenz mehr zurückgegeben, weil bei einem konstanten Wert die Inhalte nicht geändert werden dürfen. Um noch stärker zum Ausdruck zu bringen, dass es sich um konstante Werte handelt, könnte der Rückgabetyp als `const` deklariert werden.

Es könnte auch eine konstante Referenz zurück gegeben werden, allerdings versucht man im Normalfall, keine Verweise auf die Klasseninterna heraus zu geben, wenn es nicht unbedingt nötig ist.

An dieser Stelle eine kleine Verständnisfrage: Was wäre, wenn wir den letzten Index-Operator nicht implementiert hätten, sondern stattdessen den ersten Index-Operator als `const` deklariert hätten?

Wir könnten ihn dann auch mit konstanten Objekten benutzen. Und das wirklich Schlimme daran ist, dass wir mit ihm ein konstantes Objekt hätten verändern können. Wie in Kapitel 2.5.2 bereits besprochen, gilt die Konstanz eines Objekts nur für das Objekt selbst, nicht aber für Objekte, auf die verwiesen wird. Und auf den String innerhalb eines `Name`-Objekts verweisen wir, deswegen können wir ihn ändern, obwohl das `Name`-Objekt selbst konstant ist.

4.6 Der Operator ()

Der Operator `()`, auch *Funktions-Aufruf-Operator* genannt, erlaubt es uns, ein Objekt wie eine Funktion zu verwenden. Wir wollen ihn dazu einsetzen, uns einen Teil des Namens zu liefern:

```
string operator()(string::size_type pos,
                  string::size_type len) const {
  return(m_name->substr(pos,len));
}
```

Listing 4.12
Ein Beispiel für einen Funktions-Aufruf-Operator

Der Typ des Rückgabe-Wertes von `operator()` kann beliebig gewählt werden. Ich habe mich hier entschieden, kein `Name`-Objekt, sondern einen String zurückzugeben, weil Stücke eines Namens nicht unbedingt wieder einen Namen ergeben müssen.

Schreiben könnten wir jetzt zum Beispiel:

```
cout << n4(0,3) << endl;
```

Es werden die ersten drei Zeichen des Namens ausgegeben.

4.7 Der Operator ->

Um den Sinn des Zeiger-Operators zu erläutern, wollen wir eine Klasse `EigenesPaar` implementieren, welche ein Paar von `string`-Objekten mit Hilfe des `pair`-Templates repräsentiert:

```
class EigenesPaar {
  pair<string,string> m_paar;
public:
  EigenesPaar(const string& a, const string& b)
    : m_paar(a,b)
  {}
};
```

Listing 4.13
Das Template EigenesPaar

Auf ein herkömmliches Paar greift man über die Attribute `first` und `second` zu:

```
pair<string, string> paar("Andre", "Willms");
cout << paar.first << endl;
```

Oder über einen Zeiger:

```
pair<string, string>* pp = &paar;
cout << pp->second << endl;
```

Wir könnten auch eine Referenz zurück geben, aber mit dem Zeiger ist der später vorgenommene Wechsel zum eigenen Operator -> leichter nachzuvollziehen.

Wenn wir bei unserer Klasse `EigenesPaar` auch direkt auf die Attribute des internen Paars zugreifen wollten, müssten wir bisher eine Methode `getPaar` schreiben, die uns die Adresse des internen Paars liefert:

```
  pair<string,string>* getPaar() {
    return(&m_paar);
  }
```

Jetzt können wir folgendermaßen auf die Elemente des internen Paars zugreifen:

```
EigenesPaar p("andre", "willms");
cout << p.getPaar()->first << endl;
```

Die Syntax für den Zugriff auf `first` ist nicht gerade schön zu lesen und sonderlich eingängig ist sie auch nicht. Und genau hier ist der Punkt, wo unser eigener `operator->` ins Spiel kommt.

Der überladene Operator -> sieht vom Code und von der Signatur her genau so aus wie die `getPaar`-Methode:

Listing 4.14
Ein eigener ->-Operator

```
  pair<string,string>* operator->() {
    return(&m_paar);
  }
```

Die Methode `operator->` macht letztlich nichts anderes als die `getPaar`-Methode, nur dass sich jetzt die Syntax vereinfacht:

```
EigenesPaar p("andre", "willms");
cout << p->first << endl;
```

Der Aufruf

```
p->first
```

wird intern umgesetzt in

```
(p.operator->())->first
```

Primär dient der überladene Operator -> der einfacheren Syntax. Ebenso wie `operator*`, den wir hier der Vollständigkeit halber noch für `EigenesPaar` implementieren wollen:

```
pair<string,string>& operator*() {
  return(m_paar);
}
```

Der Zugriff darüber sieht so aus:

```
EigenesPaar p("andre", "willms");
```

```
cout << (*p).first << endl;
```

Der Operator * wird hauptsächlich eingesetzt, wenn exakt ein Element zugänglich gemacht werden soll. Bei mehreren Elementen wird die Syntax beim Einsatz aufwändiger (wie am oberen Beispiel unschwer zu erkennen ist).

4.8 Umwandlungs-Operatoren

Umwandlungs-Operatoren sind gewissermaßen das Gegenstück zur impliziten Typumwandlung mit einparametrigen Konstruktoren. Während über die Konstruktoren ein fremder Typ in den eigenen Typ umgewandelt wird, wandeln Umwandlungs-Operatoren den eigenen Typ in einen fremden Typ um.

Ein Umwandlungs-Operator, der den eigenen Typ in einen Typ `T` umwandeln soll, heißt `operator T`. Ein Umwandlungs-Operator deklariert keinen Rückgabetyp, weil dieser schon durch die Wahl des Umwandlungs-Operators festgelegt wurde. (Der Umwandlungs-Operator `operator T` hat als Rückgabetyp den Typ `T`.)

Als Beispiel wollen wir der `Name`-Klasse die Möglichkeit geben, sich implizit in den Typ `string` umwandeln zu können:

```
operator string() const {
  return(*m_name);
}
```

Listing 4.15
Der Umwandlungs-Operator von Name nach string

Jetzt kann ein `Name`-Objekt überall dort angewandt werden, wo ein `string`-Objekt erwartet wird:

```
string s=n4;
```

Allerdings sollten die Umwandlungs-Operatoren ausgesprochen sparsam eingesetzt, wenn nicht sogar komplett gemieden werden. Es kommt in der Praxis vor, dass die Umwandlungs-operatoren an Stellen aktiv werden, an denen man es auf den ersten Blick überhaupt nicht erwartet. Das erschwert die Fehlersuche unnötig.

Einfacher ist es, wenn Sie die Umwandlung in eine Methode packen, die dann explizit aufgerufen werden kann. Statt `operator string` könnten wir eine Methode `toString` implementieren, die den Namen als `string`-Objekt zurück gibt.

Falls ich Sie noch nicht so richtig von den Umwandlungs-Operatoren abgebracht habe, dann überlegen Sie einmal, warum die `string`-Klasse der Standard-Bibliothek eine Methode `c_str` besitzt und keinen Umwandlungs-Operator `const char*`.

4.9 Die Operatoren ++ und --

Zur Demonstration eigener Inkrement- und Dekrement-Operatoren möchte ich Ihnen eine abgespeckte Variante der `Shifter`-Klasse vorstellen, die ich in [Willms03] verwendet habe, um die Prüfsummen von deutschen Personalausweisen und Reisepässen zu berechnen.

Die `Shifter`-Klasse macht nichts anderes, als eine feste Sequenz von Objekten wieder und immer wieder zu wiederholen:

```
Shifter<int> s(3,8,17);
for(int x=0; x<10; ++x)
  cout << s++ << ",";
cout << endl;
```

Auf dem Bildschirm erscheint

```
3,8,17,3,8,17,3,8,17,3,
```

Die Klasse ist als Template definiert (Kapitel 8). Das Grundgerüst sieht so aus:

Listing 4.16
Das Grundgerüst der Klasse Shifter

```
template<typename Typ>
class Shifter {
private:
  std::vector<Typ> m_elemente;
  long m_pos;

public:
  Shifter(const Typ &a, const Typ &b)
  : m_pos(0) {
    m_elemente.push_back(a);
    m_elemente.push_back(b);
  }

//-------------------------------------------------------------

  Shifter(const Typ &a, const Typ &b, const Typ &c)
  : m_pos(0) {
    m_elemente.push_back(a);
    m_elemente.push_back(b);
    m_elemente.push_back(c);
  }
};
```

Die Klasse besitzt zwei Konstruktoren, einen für zwei und einen für drei Elemente. Damit der Shifter mit beliebig vielen Elementen erzeugt werden kann, werden wir den Shifter in Kapitel 14.2 mit einem Konstruktor-Template (Kapitel 2.3.2) ausstatten, welches die Elemente eines beliebigen STL-Containers in den Shifter überträgt.

4.9.1 Prä-Operatoren

Als erste Handlung wollen wir den Shifter mit den Operatoren für Präinkrement und Prädekrement ausstatten:

Listing 4.17
Die Präinkrement- und -dekrement-Operatoren von Shifter

```
  Shifter &operator++() {
    ++m_pos;
    if(m_pos>=m_elemente.size())
      m_pos=0;
    return(*this);
  }

//-------------------------------------------------------------

  Shifter &operator--() {
    if(m_pos==0)
      m_pos=m_elemente.size()-1;
    else
      --m_pos;
    return(*this);
  }
```

Die Funktionsweise ist eigentlich leicht nachzuvollziehen. Das Attribut `m_pos` wird um 1 erhöht, beziehungsweise vermindert und im Falle einer Grenzüberschreitung auf das andere Ende des Element-Vektors gesetzt.

4.9.2 Post-Operatoren

Die Methoden zum Überladen der Post-Operatoren unterscheiden sich im Namen nicht von denen der Prä-Operatoren. Damit der Compiler die beiden Schreibweisen trotzdem unterscheiden kann, besitzen die Post-Operatoren ein ungenutztes `int` als Parameter:

Listing 4.18
Die Postinkrement- und -dekrement-Operatoren von Shifter

```
  Shifter operator++(int) {
    Shifter tmp=*this;
    ++m_pos;
    if(m_pos>=m_elemente.size())
      m_pos=0;
    return(tmp);
  }

//-------------------------------------------------------------
  Shifter operator--(int) {
    Shifter tmp=*this;
    if(m_pos==0)
      m_pos=m_elemente.size()-1;
```

Listing 4.18 (Forts.)
Die Postinkrement- und-dekrement-Operatoren von Shifter

```
    else
      --m_pos;
    return(tmp);
  }
```

Weil das Postinkrement/-dekrement erst ausgeführt wird, nachdem das Objekt im Kontext verwendet wurde, wird innerhalb der Operatoren eine Kopie des aktuellen Zustands gemacht. Anschließend wird das originale Objekt inkrementiert/dekrementiert und dann die Kopie von der Methode zurück geliefert.

Aufgrund der zusätzlichen Kopie, die bei den Post-Operatoren angefertigt werden muss, sollten im Einsatz immer die Prä-Operatoren bevorzugt werden.

Die Shifter-Klasse eignet sich hervorragend als Anschauungsobjekt für weitere Operatoren-Überladungen. Im Folgenden sehen Sie zwei Zuweisungs-Operatoren:

Listing 4.19
Zwei Zuweisungs-Operatoren von Shifter

```
  Shifter &operator+=(long offset) {
    m_pos+=offset;
    if(m_pos>=m_elemente.size())
      m_pos%=m_elemente.size();
    return(*this);
  }
//------------------------------------------------------------
  Shifter &operator-=(long offset) {
    m_pos-=offset;
    if(m_pos<0)
      m_pos=m_elemente.size()-
1+((m_pos+1)%static_cast<long>(m_elemente.size()));
    return(*this);
  }
```

Mit Hilfe von Modulo-Operatoren wird der über die Zuweisungs-Operatoren angegebene Offset auf den gültigen Element-Bereich abgebildet.

Um direkt auf den aktuellen Wert zugreifen zu können, werden der Dereferenzierungs-Operator, ein Umwandlungs-Operator und der Operator -> überladen:

Listing 4.20
Weitere Operatoren von Shifter

```
  Typ &operator*() {
    return(m_elemente[m_pos]);
  }

//------------------------------------------------------------

  Typ *operator->() {
    return(&m_elemente[m_pos]);
  }

//------------------------------------------------------------

  operator Typ() {
    return(m_elemente[m_pos]);
  }
```

4.10 Probleme mit Operatoren

Wenn Sie Operatoren überladen, dann können Sie unter Umständen mit recht subtilen Problemen konfrontiert werden. Nehmen wir folgende Anweisungen:

```
EigenesInt a=4, b=6;
EigenesInt c= (++a) + (b+=a);
cout << a << " " << b << " " << c << endl;
```

Was kommt heraus, wenn wir davon ausgehen, dass die Addition mit einer Funktion und nicht mit einer Methode realisiert wurde? Es ist erschütternd, aber die Frage lässt sich nicht mit Sicherheit beantworten. Aufschluss gibt die Betrachtung der zweiten Anweisung, wie sie der Compiler umsetzt:

```
EigenesInt c= operator+(++a, b+=a);
```

Um es mit den Worten eines bekannten Kabarettisten zu sagen: Ich weiß nicht, ob Sie's wussten, aber der Standard definiert nicht, in welcher Reihenfolge Funktionsparameter abgearbeitet werden. Ob der erste Parameter zuerst und dann der zweite ausgeführt wird, oder umgekehrt, lässt sich nicht bestimmen und ist abhängig vom Compiler.

Was aber, wenn wir die oberen Anweisungen mit `int`-Werten formulieren:

```
int a=4, b=6;
int c= (++a) + (b+=a);
cout << a << " " << b << " " << c << endl;
```

Was glauben Sie, wird hier wohl ausgegeben? Es sollten die Werte 5, 11 und 16 sein, denken Sie? Wahrscheinlich argumentieren Sie, dass der Additions-Operator von links nach rechts addiert.

Das stimmt auch, nur die Auswertung der Unter-Ausdrücke, also `++a` und `b+=a` ist in der Reihenfolge nicht festgelegt. Und damit lässt sich auch das Ergebnis der Addition nicht vorhersagen. Ein anderes Beispiel:

```
int a = fkt1() + fkt2() + fkt3();
```

Hier lässt sich nur mit Sicherheit sagen, dass zuerst die Summe der Rückgabewerte von `fkt1` und `fkt2` gebildet wird. Dieses Ergebnis und der Rückgabewert von `fkt3` bilden dann die endgültige Summe. Aber: Es ist nicht festgelegt, in welcher Reihenfolge die Funktionen aufgerufen werden. Ist die Reihenfolge wichtig, müssen die Funktionen hintereinander aufgerufen und deren Ergebnisse in temporären Variablen zwischengespeichert werden. Die Ergebnisse können dann anschließend addiert werden.

Eine Nummer heftiger wird es, wenn Sie auf die Idee kommen sollten, die Operatoren `||` oder `&&` zu überladen. Denn bei einem Funktionsaufruf – und dabei handelt es sich bei einem überladenen Operator – werden grundsätzlich alle Parameter ausgewertet (auch wenn die Reihenfolge der Parameter nicht festgelegt ist), was im Widerspruch zur Kurzschlusseigenschaft der logischen Operatoren steht. Die Konsequenz:

Unter Kurzschlusseigenschaft versteht man die Eigenschaft der logischen Operatoren, das Prüfen der Einzelbedingungen abzubrechen, sobald das Ergebnis der Gesamtbedingung feststeht.

Wenn Sie `||` oder `&&` überladen, dann besitzen Ihre eigenen Operatoren keine Kurzschlusseigenschaft mehr.

Beachten Sie dies, wenn Sie aus irgend einem Grund diese Operatoren doch überladen wollen.

4.11 Implizite Methoden einer Klasse

Was kann eigentlich eine Klasse, für die noch keine einzige Methode deklariert wurde? Nehmen wir folgende, simple Klasse:

```
class X {
public:
  int m_x1;
  int m_x2;
};
```

Die Klasse besitzt einen Standard-Konstruktor (Kapitel 2.3.1):

```
X e1;
```

Weil wir keinen eigenen Konstruktor benutzt haben, können wir einen geklammerten Initialisierer einsetzen (Kapitel 2.3):

```
X e2={5,7};
```

Darüber hinaus haben wir noch einen Kopier-Konstruktor (Kapitel 2.3.2)

```
X e3(e2);
```

und einen Kopier-Zuweisungs-Operator (Kapitel 4.1)

```
e1=e3;
```

Für die Zerstörung gibt es noch einen impliziten Destruktor.

Zu guter Letzt lässt sich von einem Objekt der Klasse `X` auch die Adresse bestimmen:

```
X* px = &e1;
```

Die Tatsache, dass der Adress-Operator überladen werden kann und die Adress-Ermittlung des Objekts möglich ist, ohne diesen Operator zu implementieren, interpretieren wir als das Vorhandensein eines impliziten Adress-Operators.

Obwohl unsere Klasse nur zwei Attribute besitzt, sieht sie intern wie folgt aus (Die impliziten Teile der Klasse sind hervorgehoben.):

Listing 4.21
Die impliziten Methoden einer Klasse

```
class X {
public:
  X();
  X(const X&);
  X& operator=(const X&);
  X* operator&() const;
  ~X();

  int m_x1;
  int m_x2;
};
```

4.11.1 Blockieren impliziter Methoden

In einigen Situationen kann es wichtig sein, den Zugriff auf bestimmte implizite Methoden der Klasse zu verbieten.

Den Standard-Konstruktor wird man dabei noch am schnellsten los, denn er verschwindet, sobald die Klasse den ersten benutzerdefinierten Konstruktor bekommt.

Bei den anderen Methoden bleibt nur eine Möglichkeit. Man stellt eine benutzerdefinierte Methode zur Verfügung und gibt ihr privates Zugriffsrecht.

Soll selbst die eigene Klasse die Methode nicht benutzen dürfen, dann deklarieren Sie die Methode, ohne sie zu definieren. So schlägt der Linker gleich Alarm, wenn die Methode doch benutzt werden sollte.

4.12 Operatoren in der Anwendung

Im weiteren Verlauf wollen wir uns an drei Beispielen die Anwendung von Operatoren in der Praxis ansehen.

4.12.1 Ein Perl-Array

Wenn Sie sich in der Programmiersprache Perl schon einmal mit Arrays befasst haben, dann wissen Sie, dass diese Array auch negative Indizes erlauben. Der Index -1 spricht dabei das letzte Feldelement an, mit dem Index -2 erreicht man das vorletzte Feldelement, usw. Abbildung 4.2 zeigt die Indizes für ein Array mit sechs Elementen.

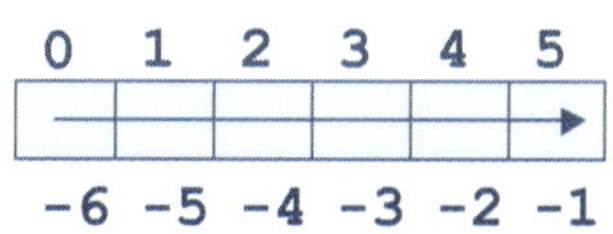

Abbildung 4.2
Die Indizes eines Perl-Arrays

Ein solches Array wollen wir nun programmieren. Um es möglichst flexibel zu halten, werden wir es als Template implementieren (Weitere Details zu Templates werden wir in Kapitel 8 behandeln.):

Listing 4.22
Die Klassendefinition von PerlArray

```
template<typename Typ>
class PerlArray {
  std::vector<Typ> m_vektor;

public:
  typedef std::vector<Typ>::size_type size_type;
};
```

Die interne Datenverwaltung übernimmt für uns ein STL-Vektor. Unser Array soll eine feste Größe besitzen, deswegen werden wir von der Vektor-Fähigkeit zur automatischen Vergrößerung keinen Gebrauch machen.

Konstruktoren

Wir geben dem Perl-Array folgende Konstruktoren mit:

Listing 4.23
Die Konstruktoren von PerlArray

```
  explicit PerlArray(size_type groesse)
    : m_vektor(groesse)
  {}

//----------------------------------------------------------

  PerlArray(const PerlArray& pa)
    : m_vektor(pa.m_vektor)
  {}

//----------------------------------------------------------

  PerlArray()
  {}
```

Wir brauchen nur die Konstruktoren des Vektors durchzuschleifen. Im Standard-Konstruktor wurde der explizite Aufruf des Vektor-Konstruktors weggelassen, weil ohne explizite Angabe immer der Standard-Konstruktor ausgewählt wird.

Kopier-Zuweisungs-Operator & size

Der Kopier-Zuweisungs-Operator und die `size`-Methode machen ebenfalls Gebrauch von den Vektor-Methoden:

Listing 4.24
Der Kopier-Zuweisungs-Operator und die Methode size

```
  PerlArray& operator=(const PerlArray& pa) {
    m_vektor=pa.m_vektor;
    return(*this);
  }

  size_type size() const{
    return(m_vektor.size());
  }
```

Index-Operator

Die eigentlich neue Funktionalität des Perl-Arrays steckt im Index-Operator:

Listing 4.25
Der Index-Operator von PerlArray

```
  Typ& operator[](int pos) {
    return((pos>=0)?m_vektor[pos]:m_vektor[m_vektor.size()+pos]);
  }
```

Ausgeschrieben sähe die `return`-Anweisung des Index-Operators so aus:

```
    if(pos>=0)
      return(m_vektor[pos]);
    else
      return(m_vektor[m_vektor.size()+pos]);
```

Für konstante Objekte benötigen wir einen eigenen Index-Operator, der sich nur geringfügig von dem vorigen unterscheidet:

```
  const Typ operator[](int pos) const {
    return((pos>=0)?m_vektor[pos]:m_vektor[m_vektor.size()+pos]);
  }
```

Listing 4.26
Ein Index-Operator für konstante Objekte

at

Um auch einen Zugriff mit Bereichsüberprüfung zu haben, wollen wir das Array noch mit der Methode at ausstatten:

```
  Typ& at(int pos) {
    return((pos>=0)
           ?m_vektor.at(pos)
           :m_vektor.at(m_vektor.size()+pos));
  }

//-------------------------------------------------------------

  const Typ at(int pos) const{
    return((pos>=0)
           ?m_vektor.at(pos)
           :m_vektor.at(m_vektor.size()+pos));
  }
```

Listing 4.27
Die Methoden at für konstante und nicht-konstante Objekte

Eine weitere Ergänzung der Array-Funktionalität bleibt Ihnen als Übung überlassen.

4.12.2 Ein Auto-Pointer für Arrays

Wie wir in Kapitel 3.5.1 erfahren haben, funktionieren Auto-Pointer nicht mit Feldern, die Elemente mit eigenen Destruktoren besitzen. Dafür wollen wir nun eine Lösung implementieren. Wir entwerfen einen eigenen Auto-Pointer, der speziell für Array geeignet ist.

Angelehnt an den Auto-Pointer implementieren wir unsere Klasse als Template (Informationen zu Templates finden Sie in Kapitel 8):

```
template<typename Typ>
class auto_array_ptr {
  Typ* m_ptr;
```

Listing 4.28
Die Klassendefinition von auto_array_ptr

Schauen wir uns zunächst einige Methoden an, die von den Operatoren und Konstrukoren benutzt werden.

release

Da wäre als Erstes die Methode `release`, die den Auto-Pointer seiner verwaltenden Tätigkeit enthebt und die bis dahin verwaltete Adresse zurückliefert:

Listing 4.29
Die Methode release

```
Typ* release() {
  Typ* tmp=m_ptr;  // Kopie der Adresse anfertigen
  m_ptr=0;         // Internen Zeiger löschen
  return(tmp);
}
```

reset

Über `reset` kann dem Auto-Pointer ein neues Array zugewiesen werden. Sollte der Auto-Pointer bereits ein Array verwalten, so wird dieses gelöscht:

Listing 4.30
Die Methode reset

```
void reset(Typ* ptr = 0) {
  if (ptr != m_ptr)
    delete[](m_ptr);  // Evtl. vorhandenes Feld löschen
  m_ptr=ptr;
}
```

get

Die Methode `get` liefert die Adresse des verwalteten Arrays:

Listing 4.31
Die Methode get

```
Typ* get() const {
  return (m_ptr);
}
```

Konstruktoren

Über die Konstruktoren geben wir dem Nutzer die Möglichkeit, einen Auto-Pointer aus einer Adresse des entsprechenden Typs oder aus einem anderen Auto-Pointer heraus (Kopier-Konstruktor) zu konstruieren:

Listing 4.32
Die Konstruktoren von auto_array_ptr

```
  explicit auto_array_ptr(Typ* ptr=0)
    : m_ptr(ptr)
  {}

//-----------------------------------------------------------

  auto_array_ptr(auto_array_ptr<Typ>& ptr)
    : m_ptr(ptr.release())
  {}
```

Destruktor

Den korrekten Abbau des verwalteten Arrays übernimmt der Destruktor:

Listing 4.33
Der Destruktor von auto_array_ptr

```
~auto_array_ptr() {
  delete[] m_ptr;
}
```

Kopier-Zuweisungs-Operator

Des Weiteren benötigen wir für die alltägliche Arbeit noch einen Kopier-Zuweisungs-Operator:

```
  auto_array_ptr<Typ>& operator=(auto_array_ptr<Typ>& ptr) {
    reset(ptr.release());
    return (*this);
  }
```

Listing 4.34
Der Kopier-Zuweisungs-Operator von auto_array_ptr

operator* und operator->

Ein Auto-Pointer soll sich wie ein Zeiger verhalten, deswegen müssen noch die Operatoren * und -> überladen werden:

```
  Typ& operator*() const {
    return (*get());
  }

//-----------------------------------------------------------

  Typ* operator->() const {
    return (get());
  }
```

Listing 4.35
Die überladenen Operatoren * und -> von auto_array_ptr

Index-Operator

Als kleines Gimmick überladen wir noch den Index-Operator, um leichter auf die Elemente des Feldes zugreifen zu können.

```
  Typ& operator[](unsigned int idx) {
    return(m_ptr[idx]);
  }
```

Listing 4.36
Der Index-Operator von auto_array_ptr

Damit ist unser Auto-Pointer für Arrays fertig. Als Beispiel legen wir ein Feld mit 100 `auto_ptr<Name>`-Objekten an, und speichern die Adresse des Feldes in unserem neuen Auto-Array-Pointer:

```
auto_array_ptr< auto_ptr<Name> > apf( new auto_ptr<Name>[100] );
```

Der Auto-Pointer `apf` verwaltet also ein Feld von Auto-Pointern für `Name`-Objekte. Beachten Sie bitte, dass bei der Definition das Leerzeichen zwischen den beiden > zwingend ist (`auto_array_ptr< auto_ptr<Name> >`), denn andernfalls würde der Compiler darin den >>-Operator erkennen.

Nachdem das Auto-Pointer-Feld angelegt wurde, können wir diverse `Name`-Objekte erzeugen und ihre Namen ausgeben:

```
apf[0].reset( new Name("Fix"));
apf[1].reset( new Name("Foxi"));

apf[0]->print();
apf[1]->print();
```

Nachdem wir die oberen Elemente erzeugt und ein wenig mit ihnen gespielt haben, können wir sie folgenlos vergessen. Die Auto-Pointer räumen hinter uns her und sorgen dafür, dass unsere wilde Speicherreservierungs-Orgie wieder rückgängig gemacht wird und damit folgenlos bleibt.

4.12.3 Ein nicht-sensitiver String

In diesem Abschnitt wollen wir einen String entwerfen, der bei Vergleichen nicht zwischen Groß- und Kleinschreibung unterscheidet, die Groß- und Kleinbuchstaben aber korrekt speichert.

Ich werde dazu einen Ansatz verfolgen, den einer meiner Seminar-Teilnehmer gewählt hatte. Es gibt bei weitem effektivere Wege (einen werden wir später besprechen), aber dieser Ansatz zwingt uns, bei der Implementierung der Operatoren mit einigen Tricks zu arbeiten, und das wiederum ist sehr interessant.

Klassendefinition

Die hinter dem Ansatz stehende Idee besteht in der zweimaligen Speicherung des Strings, einmal in seiner Original-Form und ein zweites Mal nur mit Kleinbuchstaben. Gehen wir das Grundgerüst einmal durch:

Listing 4.37
Die Klassendefinition von QString

```
class QString {
public:
  typedef string::size_type size_type;
  const static size_type npos;

private:
  string str;
  string low;

};
```

Die Typ-Definition von `size_type` wird von `string` übernommen, was vernünftig ist, denn `QString` soll letztlich ein String sein, der nicht zwischen Groß- und Kleinschreibung unterscheidet. Von daher wird `QString` intensiv von der `string`-Klasse Gebrauch machen.

Die Klasse eifert dem Vorbild von `string` nach und legt eine statische Variable `npos` an. Diese wird später in der cpp-Datei definiert und mit `string::npos` initialisiert.

`str` speichert den Original-String und `low` den String in Kleinbuchstaben:

getStr und getLow

Die beiden Get-Methoden liefern eine konstante Referenz auf den entsprechenden String:

Listing 4.38
Die Methoden getStr und getLow

```
public:
  const string& getStr(void) const {
    return(str);
  }
```

```
//-------------------------------------------------------------

  const string& getLow(void) const {
    return(low);
  }
```

Listing 4.38 (Forts.)
Die Methoden getStr und getLow

set

```
  void set(const string& s) {
    str=s;
    low=toLower(s);
  }

//-------------------------------------------------------------

  void set(const QString o) {
    str=o.getStr();
    low=o.getLow();
  }
```

Listing 4.39
Die set-Methoden von QString

Die erste set-Methode weist dem QString ein string-Objekt zu. Über die selbst geschriebene toLower-Methode wird der übergebene String in Kleinbuchstaben umgewandelt.

Die zweite set-Methode weist dem QString ein anderes QString-Objekt zu.

Konstruktoren

Nun folgen die Konstruktoren, die von den set-Methoden Gebrauch machen:

```
  explicit QString(const string& s) {
    set(s);
  }

//-------------------------------------------------------------

  explicit QString(const char* s) {
    set(s);
  }

//-------------------------------------------------------------

  explicit QString(const char c) {
    char s[]={c,0};
    set(s);
  }

//-------------------------------------------------------------

  explicit QString(void) {
    set("");
  }
};
```

Listing 4.40
Die Konstruktoren von QString

toLower

Damit der bisherige Ansatz funktioniert, muss noch die `toLower`-Methode implementiert werden:

Listing 4.41 Die Methode `toLower` von `QString`

```
string toLower(string s) {
  for(string::size_type i=0; i<s.length(); ++i)
    s[i]=tolower(s[i]);
  return(s);
}
```

So weit, so gut. Mit der bisherigen Implementierung lassen sich `QString`-Objekte aus verschiedenen Datentypen erzeugen. Bevor wir fortfahren, sollten Sie kurz den bisherigen Quellcode überdenken und versuchen, eventuelle Verbesserungen zu finden.

Verbesserung (1. Schritt)

Zunächst einmal wollen wir den Ratschlag aus Kapitel 1.6.1 befolgen und den Konstruktor nicht mit einen integralen Typ und einem Zeiger-Typ überladen. Der Konstruktor

```
QString(const char c)
```

kann deswegen seinen Hut nehmen. Kam es Ihnen eigentlich komisch vor, dass bei dem Konstruktor-Parameter der `char`-Wert als `const` deklariert wurde? Hoffentlich, es macht nämlich keinen Sinn, da es sich hierbei nicht um einen Verweis handelt, sondern um eine Kopie, und deren Änderung hätte außerhalb des Konstruktors keine Auswirkung.

Des Weiteren fliegen die `explicit`-Deklarationen raus, um dem Compiler für die weiteren Funktionen eine implizite Typ-Umwandlung zu ermöglichen.

Anstatt der Methode `toLower` die Kopie eines Strings zu übergeben, die dann wieder als Kopie zurück gegeben wird, soll die Funktion gleich das Original in Kleinbuchstaben umwandeln:

Listing 4.42 Eine verbesserte toLower-Methode

```
void toLower(string& s) {
  for(string::size_type i=0; i<s.length(); ++i)
    s[i]=tolower(s[i]);
}
```

Der Aufruf in `set` ändert sich dabei nur unwesentlich:

Listing 4.43 Die angepasste set-Methode

```
void set(const string& s) {
  str=s;
  toLower(low=s);
}
```

Solche Laufzeitbetrachtungen gehen natürlich davon aus, dass der Compiler nicht vorher schon optimierend tätig war.

Mit diesem kleinen Eingriff hat sich die Initialisierungs-Geschwindigkeit von `low` mehr als verdoppelt.

Wir haben zwar einige Konstruktoren, aber ein Kopier-Konstruktor fehlt:

```
QString(const QString& q)
  : str(q.str), low(q.low)
{}
```

Listing 4.44
Ein Kopier-Konstruktor für QString

Und zu guter Letzt noch eine klitzekleine Optimierung, die Ihnen bestimmt auch aufgefallen ist. Die `set`-Methode

```
void set(const QString o)
```

sollte den konstanten `QString` als Referenz übergeben bekommen:

```
void set(const Qstring& o)
```

Das soll als erste Optimierungs-Maßnahmen reichen.

Kopier-Zuweisungs-Operator

Schauen wir uns den Kopier-Zuweisungs-Operator der eingereichten Lösung an:

```
QString& operator=(const QString& e) {
  if(&e==this)
    return(*this);
  set( e.getStr() );
  return(*this);
}
```

Listing 4.45
Der Kopier-Zuweisungs-Operator von QString

Von `e` wird `getStr` aufgerufen, um den originalen String zu erhalten. Dieser wird anschließend der `set`-Methode übergeben. Und was macht die `set`-Methode? Unter anderem erzeugt sie über `toLower` den notwendigen kleingeschriebenen String. Muss das sein?

Verbesserung (2. Schritt)

Eigentlich nicht, denn `e` ist ein `QString`-Objekt und beinhaltet den in Kleinbuchstaben umgewandelten String bereits.

Dann sollte genau überlegt werden, ob eine Selbstzuweisung aus technischen Gründen verhindert werden muss. Wenn nicht, dann sollten wir die Überprüfung auch nicht vornehmen. Eine Selbstzuweisung ist ausgesprochen selten. Die Überprüfung wird also fast immer umsonst vorgenommen und kostet Laufzeit. Deswegen nehmen wir lieber eine höhere Laufzeit für den kaum wahrscheinlichen Fall einer Selbstzuweisung in Kauf, haben aber für die Standard-Situation Laufzeit gespart:

```
QString& operator=(const QString& e) {
  str=e.str;
  low=e.low;
}
```

Listing 4.46
Der verbesserte Kopier-Zuweisungs-Operator

Damit hat sich auch die `set`-Methode mit `QString`-Objekt als Parameter erledigt, denn exakt das gleiche macht `operator=`.

Durch die implizite Typumwandlung über die Konstruktoren ist der Kopier-Zuweisungs-Operator vielseitig einsetzbar. Ein Überladen mit `string` oder `const char*` lohnt hier nicht, weil von diesen Typen auf jeden Fall ein Kleinbuchstaben-String erzeugt werden muss, und das kann auch durch die implizite Typumwandlung geschehen.

Additions-Operatoren

Als Additions-Operatoren wurden der Zuweisungs-Operator und der reine Additions-Operator implementiert. Der Zuweisungs-Operator ist von Natur aus eine Methode:

Listing 4.47
Der Additions-Zuweisungs-Operator von QString

```
QString operator+=(const QString& e) {
  set( getStr()+e.getStr() );
  return(*this);
}
```

Für den Additions-Operator wurde aus Flexibilitäts-Gründen die Funktions-Variante verwendet:

Listing 4.48
Der Additions-Operator von QString

```
QString operator+(const QString& e1, const QString& e2) {
  QString tmp;
  tmp.set( e1.getStr()+e2.getStr() );
  return(tmp);
}
```

Lassen Sie die beiden Operatoren auf sich wirken und machen Sie Möglichkeiten der Optimierung aus.

Verbesserung (3. Schritt)

Wenn Sie einen arithmetischen Operator überladen wollen, dann sollten Sie zumindest immer den entsprechenden Zuweisungs-Operator überladen, weil er von der Laufzeit her effizienter ist als der herkömmliche Operator. Das liegt daran, dass der Zuweisungs-Operator kein neues Objekt erzeugen muss und keine Objekt-Kopie als Rückgabe-Wert benötigt.

Hier liegt auch eine der Schwachstellen des oberen Zuweisungs-Operators: Er gibt eine Kopie anstelle einer Referenz zurück. Darüber hinaus nutzt er durch den Einsatz von `getStr` und `set` den Vorteil nicht aus, dass alle involvierten Strings bereits als Kleinbuchstaben vorliegen.

Wenn wir diese Punkte zusammen fassen, erhalten wir folgende Methode:

Listing 4.49
Der verbesserte Additions-Zuweisungs-Operator

```
QString& operator+=(const QString& e) {
  str+=e.str;
  low+=e.low;
  return(*this);
}
```

Grundsätzlich ist die Klasse damit für die Addition voll ausgestattet. Möchten Sie dem Nutzer die Handhabung noch etwas angenehmer gestalten, können Sie zusätzlich noch einen `operator+` implementieren, der aus Wartungsgründen auf dem Zuweisungs-Operator basieren sollte. Damit lässt sich `operator+` nicht nur knackig formulieren, eine Änderung der Art und Weise, wie addiert wird, betrifft jetzt nur noch den Zuweisungs-Operator.

Und die Problematik mit dem Element-Zugriff hat sich in Luft aufgelöst. Der Zuweisungs-Operator hat als Methode sowieso Zugriff auf die Attribute und die `operator+`-Funktion benötigt diesen Zugriff nicht, weil sie nur die öffentliche Klassenschnittstelle anspricht, nämlich `operator+=`.

Im Übrigen hat der obere Operator + den Rückgabe-Wert nicht als konstant deklariert. Warum das `const` notwendig ist, hatten wir in Kapitel 4.2 besprochen.

Damit entsteht folgende `operator+`-Funktion:

```
const QString operator+(QString e1, const QString& e2) {
  return(e1+=e2);
}
```

Listing 4.50
Der verbesserte Additions-Operator

Vergleichs-Operatoren

Die Vergleichs-Operatoren sind recht simpel, weil sie einfach die in Kleinbuchstaben umgewandelten Strings vergleichen:

```
bool operator==(const QString& s1, const QString& s2) {
  return(s1.getLow()==s2.getLow());
}
```

Listing 4.51
Das Prüfen auf Gleichheit bei QString

Ausgabe-Operator

Auch dieser Operator bedarf keiner weiteren Erläuterung:

```
ostream& operator<<(ostream& o, const QString& e)  {
  o << e.getStr();
  return(o);
}
```

Listing 4.52
Der <<-Operator von QString

Index-Operator

Lassen wir nun die seichten Wasser hinter uns und tauchen wir ab ins tiefe C++-Leben. Der Index-Operator, auf den ersten Blick recht trivial zu implementieren, erweist sich bei genauerer Betrachtung als harte Nuss:

```
  char& operator[](size_type pos) {
    return(str[pos]);
  }
```

Listing 4.53
Der fehlerhafte Index-Operator von QString

Sehen Sie die Problematik? Nein? Dann spielen Sie mal folgenden Code durch:

```
QString q1("Andre Willms");
QString q2("andre willms");
if(q1==q2)
  cout << "Gleich" << endl;   // Wird ausgegeben
cout << q1[0] << endl;        // 'A'
q1[0]='B';
if(q1==q2)
```

```
  cout << "Gleich" << endl;    // Wird auch ausgegeben!
cout << q1.getStr() << endl;  // "Bndre Willms"
cout << q1.getLow() << endl;  // "andre willms"
```

Können Sie sich das merkwürdige Verhalten erklären? Eigentlich recht einfach: Wir geben im Index-Operator eine Referenz auf ein Zeichen aus dem Original-String zurück. Wenn dieser Referenz nun etwas zugewiesen wird, dann betrifft dies ausschließlich den Original-String. Der String mit den Kleinbuchstaben bleibt unverändert.

Wenn wir auf die Zuweisung zur Referenz reagieren wollen, dann geht das nur, wenn die Zuweisung zu einem selbst definierten Typ stattfindet. Das wiederum bedeutet, der Index-Operator muss ein Objekt einer selbst definierten Klasse liefern. Dieses eigene Objekt kann dann bei einer Zuweisung die Zeichen in beiden Strings aktualisieren.

Die Klasse CChar

Der mir eingereichte Ansatz definiert dazu eine Klasse `CChar`, die im öffentlichen Bereich von `QString` definiert wird:

Listing 4.54
Die Klassendefinition von CChar

```
class CChar {
private:
  char& strc;
  char& lowc;
};
```

Die beiden Referenzen verweisen auf das Zeichen aus dem Original-String und auf das Zeichen aus dem Kleinbuchstaben-String.

Konstruktor

Listing 4.55
Der Konstruktor von CChar

```
  CChar(char& c1, char& c2)
    :strc(c1), lowc(c2)
  {}
```

Der Konstruktor bekommt die Referenzen auf die beiden besagten Zeichen übergeben.

Umwandlungs-Operator

Listing 4.56
Der Umwandlungs-Operator char von CChar

```
  operator char() {
    return(strc);
  }
```

Über den `char`-Umwandlungs-Operator kann sich ein `CChar`-Objekt wie ein `char` verhalten, was recht wichtig ist, weil bei seinem Einsatz kein Unterschied zwischen einem `CChar` und einem `char` zu erkennen sein sollte. Wir ignorieren den Ratschlag, keine Umwandlungs-Operatoren einzusetzen, zu Gunsten höherer Ziele.

Zuweisungs-Operatoren

```
    CChar& operator=(const CChar& e) {
      if(&e==this) return(*this);
      strc=e.strc;
      lowc=e.lowc;
      return(*this);
    }
```

Listing 4.57
Der Kopier-Zuweisungs-Operator von CChar

Der erste Zuweisungs-Operator ist der Kopier-Zuweisungs-Operator, er bekommt ein CChar-Objekt übergeben. Die beiden Zeichen werden eins zu eins zugewiesen.

```
    CChar& operator=(const char c) {
      strc=c;
      lowc=tolower(c);
      return(*this);
    }
  };
```

Listing 4.58
Ein Zuweisungs-Operator für const char-Elemente

Der zweite Zuweisungs-Operator weist dem CChar-Objekt ein char zu. Die Umwandlung in einen Kleinbuchstaben erfolgt über die tolower-Funktion aus der Header-Datei cctype.

Zum Schluss muss der Index-Operator noch angepasst werden:

```
  CChar operator[](size_type pos) {
    return(CChar(str[pos], low[pos]));
  }
```

Listing 4.59
Der neue Index-Operator von QString

Nun kann der Index-Operator fehlerfrei eingesetzt werden. Beschäftigen Sie sich ein wenig mit diesem Lösungsansatz und versuchen Sie wieder, verbesserungswürdige Stellen zu finden.

Verbesserung (4. Schritt)

Zunächst einmal: Haben Sie den Eindruck, die obere Lösung garantiert für QString-Objekte einen konsistenten Zustand? Ja? Dann schnallen Sie sich an:

```
  QString q1("Andre Willms");
  char c1='X', c2='I';
  QString::CChar cc(c1,c2);
  q1[0]=cc;
  cout << q1.getStr() << endl;  //"Xndre Willms"
  cout << q1.getLow() << endl;  //"Indre willms"
```

So viel zum Thema Konsistenz! Oder das hier:

```
QString* q=new QString("Das geht schief");
QString::CChar& r=(*q)[0];
delete(q);
r='H';      // Zugriff auf gelöschten QString
```

Die CChar-Klasse muss natürlich ganz schnell in den privaten Bereich von QString verschoben werden.

Ansonsten gibt es nur noch eine Kleinigkeit: Im ersten Zuweisungs-Operator würde ich die Prüfung, ob das Objekt sich selbst zugewiesen wird, entfernen. Und zwar aus folgenden Gründen:

- Das Objekt kann gefahrlos sich selbst zugewiesen werden.
- Die Wahrscheinlichkeit, dass jemand eine Zuweisung an sich selbst implementiert ist so gering, dass die Prüfung fast immer umsonst durchgeführt wird. Wenn wir sie entfernen und lieber in den selten auftretenden Fällen eine Zuweisung an sich selbst zulassen, verbessern wir die Laufzeit.

Index-Operator für konstante Objekte

Damit wir auch bei konstanten Objekten einen Index-Operator nutzen können, müssen wir einen zusätzlichen, mit dem impliziten Objekt-Parameter `const` versehenen, Operator implementieren.

Dieser neue Operator kann aber nicht die `CChar`-Klasse nutzen, weil die Referenzen innerhalb von `CChar` auf nicht konstante Zeichen verweisen, die Zeichen eines konstanten `QString` sind aber konstant.

In der eingereichten Lösung wird dieser Problematik mit einer Klasse `Const_CChar` begegnet, die mit Referenzen auf Konstanten arbeitet:

Listing 4.60
Die Klasse Const_CChar

```
class Const_CChar {
private:
  const char& strc;
  const char& lowc;
public:
  Const_CChar(const char& c1, const char& c2)
    :strc(c1), lowc(c2)
  {}

//-------------------------------------------------------------

  operator char() {
    return(strc);
  }
};
```

Die Klasse benötigt keine Zuweisungs-Operatoren mehr, weil Objekte der Klasse im Zusammenhang mit konstanten `QString`-Objekten eingesetzt werden und die können sowieso nicht geändert werden.

Jetzt fehlt nur noch der dazugehörige Index-Operator:

Listing 4.61
Ein Index-Operator für konstante Objekte

```
Const_CChar operator[](const size_type i) const {
  return(Const_CChar(str[i], low[i]));
}
```

Jetzt kann der Index-Operator auch bei konstanten Objekten eingesetzt werden.

Verbesserung (5. Schritt)

An dieser Stelle kommt – für dieses Kapitel zum letzten Mal – die Frage nach Ihren Verbesserungsmöglichkeiten.

Einen kleinen Einwand gibt es bei dem bestehenden Index-Operator für konstante Objekte: Warum ist der Funktions-Parameter konstant? Dies wird für einen als `const` deklarierten Index-Operator nicht gefordert und macht auch sonst keinen Sinn, weil der Parameter als Wert übergeben wird. Das `const` kann damit gestrichen werden.

Rekapitulieren wir doch noch einmal, wie wir zu der Klasse `Const_CChar` gekommen sind. Weil wir ursprünglich Probleme damit hatten, Änderungen an beiden Strings der `QString`-Klasse vorzunehmen, haben wir die Klasse `CChar` eingeführt, deren Objekte diese Aufgabe für uns übernehmen. Dann sollte die Index-Funktionalität auf konstante Objekte erweitert werden. `CChar` war nicht mehr zu gebrauchen, weil ihre Referenzen nicht auf Konstanten verweisen können. Deswegen kam analog zu `CChar` die Klasse `Const_CChar` ins Spiel. Recht nett, aber keine Spur von Weitblick.

Gehen wir noch einmal an den Anfang. Wir haben die Klasse `CChar` eingeführt, weil eine Zuweisung an die vom Index-Operator gelieferte Referenz nicht funktionierte. Aber das Auslesen der Referenz hatte doch schon immer funktioniert.

Der Verbesserungsvorschlag fällt damit so radikal wie simpel aus: Die `Const_CChar`-Klasse wird entfernt und als Index-Operator für konstante Objekte nehmen wir diesen:

```
const char operator[](size_type pos) const {
  return(str[pos]);
}
```

Listing 4.62
Der verbesserte Index-Operator für konstante Objekte

Das Erweitern der `QString`-Klasse um typische `string`-Funktionen wie `find`, `substr`, `insert`, `erase`, etc können Sie sich an einem verregneten Nachmittag gerne als kleine Übung vornehmen.

5 Namensbereiche

Mit Namensbereichen haben wir bereits in Form des Namensbereichs `std` und im letzten Kapitel mit `rel_ops` zu tun gehabt. Wir wollen in diesem Kapitel genauer ausleuchten, was es mit den Namensbereichen auf sich hat.

5.1 Deklarative Bereiche, potenzielle und tatsächliche Bezugsrahmen

Bevor wir uns konkret mit den Namensbereichen befassen, möchte ich vorher noch auf einige Begrifflichkeiten eingehen, die das weitere Verständnis erleichtern. Bisher haben wir alle drei Begriffe (deklarativer Bereich, potenzieller Bezugsrahmen und tatsächlicher Bezugsrahmen) unter dem Begriff „Bezugsrahmen" zusammengefasst. Es ist nun an der Zeit, eine genauere Differenzierung vorzunehmen. Dazu werde ich Ihnen ein Beispiel vorstellen, dessen Struktur einem Beispiel aus dem C++-Standard nachempfunden ist:

Listing 5.1 Ein Beispiel

```
int z=4;

int x=1;

int main() {

  int y = x, x;
  x=2;

}
```

Im oberen Beispiel wurde der Bezeichner `x` zweimal definiert (und damit auch zweimal deklariert). Bisher hätten wir die Unterschiede so beschrieben: Das erste `x` ist global und besitzt einen globalen Bezugsrahmen. Das zweite `x` ist eine lokale Variable der Funktion `main` und besitzt damit `main` als Bezugsrahmen.

Sie wissen, dass die beiden x nicht nur deklariert, sondern auch definiert werden. Was den deklarativen Bereich (oder auch den Bezugsrahmen) angeht, ist jedoch die Position der Deklaration entscheidend. Würden Deklaration und Definition getrennt, entschiede die Deklaration des Bezeichners über dessen Bezugsrahmen. Die Definition muss sich der Deklaration anpassen.

Das, was oben als Bezugsrahmen bezeichnet wurde, ist streng genommen der *deklarative Bereich* (declarative region), in dem das entsprechende x deklariert wurde. Der deklarative Bereich des ersten x macht das gesamte Programm-Modul aus. Der deklarative Bereich des zweiten x entspricht dem Anweisungsblock der main-Funktion.

Der potenzielle Bezugsrahmen des ersten x beginnt unmittelbar nach der Deklaration des Bezeichners (aber noch vor einer eventuellen Initialisierung) und endet zusammen mit seinem deklarativen Bereich am Schluss des Progamm-Moduls. Der potenzielle Bezugsrahmen des zweiten x beginnt ebenfalls unmittelbar nach seinem Namen und endet zusammen mit seinem deklarativen Bereich am Ende des main-Anweisungsblocks.

Unter „Programm-Modul" ist wieder die entsprechende cpp-Datei zu verstehen. Im Standard wird ein Modul als „Übersetzungs-Einheit" (translation unit) bezeichnet.

Der *potenzielle Bezugsrahmen* (potential scope) eines Bezeichners ist damit eine Teilmenge des deklarativen Bereichs, beginnend hinter dem Bezeichner-Namen und gemeinsam endend mit dem deklarativen Bereich.

„unqualifiziert" bedeutet hier ohne explizite Angabe eines Bezugsrahmens. Die Schreibweise A::x wäre nicht unqualifiziert.

Der *tatsächliche Bezugsrahmen* (actual scope), oder auch nur Bezugsrahmen (scope) genannt, ist der Bereich, in dem ein Bezeichner tatsächlich unqualifiziert ansprechbar ist.

Der tatsächliche Bezugsrahmen des zweiten x ist identisch mit seinem potenziellen Bezugsrahmen. Der tatsächliche Bezugsrahmen des ersten x ist sein potenzieller Bezugsrahmen ohne den tatsächlichen Bezugsrahmen des zweiten x, weil innerhalb des tatsächlichen Bezugsrahmens des zweiten x das erste x nicht mehr unqualifiziert, sondern nur noch über ::x ansprechbar ist.

Allgemeiner formuliert ist der tatsächliche Bezugsrahmen eines Namens gleich seinem potenziellen Bezugsrahmen abzüglich aller innerer Bezugsrahmen, in denen derselbe Name deklariert wurde.

Schauen wir uns dazu noch einmal ein Beispiel an:

Listing 5.2
Ein weiteres Beispiel

```
void fkt(int x) {               // Funktions-Parameter x
  if(x==6) {
    cout << x << endl;          // Ausgabe: 6
    int x=4;                    // 1. lokales x
    cout << x << endl;          // Ausgabe: 4
    for(int x=0; x<=10; ++x)    // x der Schleife
      cout << x << endl;        // Ausgabe der Schleifenwerte
    cout << x << endl;          // Ausgabe: 4
  }
  cout << x << endl;            // Ausgabe: 6
}
```

Wir gehen davon aus, dass die Funktion mit fkt(6) aufgerufen wurde.

Der deklarative Bereich und der potenzielle Bezugsrahmen des Funktionsparameters entsprechen dem Anweisungsblock der Funktion.

Der deklarative Bereich des ersten lokalen x ist der if-Anweisungsblock. Der potenzielle Bezugsrahmen beginnt nach der Deklaration – aber vor der Initialisierung – der Variablen.

Das in der Schleife deklarierte x besitzt die Schleife als deklarativen Bereich und potenziellen Bezugsrahmen. Bei dem Schleifen-x ist der tatsächliche Bezugsrahmen identisch mit dem potenziellen Bezugsrahmen.

Um den tatsächlichen Bezugsrahmen des ersten lokalen x zu ermitteln muss von seinem potenziellen Bezugsrahmen der potenzielle Bezugsrahmen des Schleifen-x abgezogen werden. Der tatsächliche Bezugsrahmen des ersten lokalen x setzt zum Schleifenbeginn aus und fährt hinter dem Anweisungsblock der Schleife fort.

Ähnlich ermitteln wir den tatsächlichen Bezugsrahmen des Funktionsparameters: er ergibt sich aus seinem potenziellen Bezugsrahmen abzüglich des potenziellen Bezugsrahmens des ersten lokalen x.

Aber wo ist diese Information interessant? Dazu schauen wir uns den nachstehenden Programmcode an:

```
int x = 1;
int main() {
  int x = x;
}
```

Welchen Wert hat das innerhalb von main definierte x? Aus unseren vorherigen Betrachtungen wissen wir, dass der potenzielle Bezugsrahmen des lokalen x direkt nach seiner Deklaration und noch vor seiner Initialisierung beginnt. Ab da wird das globale x vom lokalen x verdeckt.

Das lokale x weist sich damit selbst zu, initialisiert sich also mit seinem eigenen uninitialisierten Wert. Und was halten Sie davon:

```
const int x = 10;
int main() {
  int x[x];
}
```

Die Feld-Deklaration gehört noch zur Deklaration, deswegen wird das globale x innerhalb der eckigen Klammern noch nicht verdeckt. Es wird also ein Feld mit zehn Elementen angelegt.

Ähnliches gilt für Aufzählungen:

```
const int x = 10;
int main() {
  enum aufz {x = x};
}
```

Innerhalb der geschweiften Klammern der Aufzählung ist die Deklaration noch nicht abgeschlossen, die Aufzählungs-Konstante also mit der globalen Konstante x initialisiert.

5.2 Namensbereiche definieren

Nach unserem kleinen Ausflug in die Welt der Bezugsrahmen lernen wir jetzt einen weiteren Typ von Bezugsrahmen kennen: den *Namensbereich* (namespace).

Eigentlich ist ein Namensbereich nichts anderes als ein eigener deklarativer Bereich. Er wird mit dem Schlüsselwort `namespace` definiert, gefolgt von einem optionalen Namen und einem Namensbereichs-Block:

```
namespace MeinBereich {
}
```

Innerhalb dieses Namensbereichs können nun Elemente deklariert oder definiert werden:

```
namespace MeinBereich {
  void fkt1();
  void fkt2() {
    /* ... */
  }
}
```

Auf die Elemente eines Namensbereichs wird über den Namensbereich, den Bezugsrahmen-Operator und den Namen des Elements zugegriffen:

```
MeinBereich::fkt2();
```

Namensbereiche können auch verschachtelt werden:

```
namespace MeinBereich {

  namespace Unterbereich {
    void fkt() { /* Funktion1 */ }
  }

  void fkt() { /* Funktion2 */ }
}
```

Da Namensbereiche eigene deklarative Bereiche sind, treten im oberen Beispiel keine Namenskollisionen auf. Aufgerufen werden die beiden Funktion so:

```
MeinBereich::fkt();
MeinBereich::Unterbereich::fkt();
```

Ein Namensbereich muss nicht kontinuierlich sein. Er kann problemlos über mehrere Programm-Module verteilt werden. Wenn ein Element in einem Namensbereich deklariert wurde, dann kann es entweder in diesem Namensbereich oder außerhalb über einen qualifizierten Namen definiert werden:

```
namespace MeinBereich {
  void fkt1();             // Deklaration von fkt1
  void fkt2();             // Deklaration von fkt2
}

void MeinBereich::fkt1() {  // Definition von fkt1
}
```

```
namespace MeinBereich {
  void fkt2() { }           // Definition von fkt2
}
```

Für die Definition eines qualifizierten Namens ist es erforderlich, dass das Element vorher im entsprechenden Namensbereich deklariert wurde.

5.3 Die using-Direktive

Mit Hilfe der `using`-Direktive können Elemente eines Namensbereichs in einem bestimmten Bezugsrahmen direkt zugänglich gemacht werden.

```
namespace MeinBereich {
  void fkt() { }
}

int main()
{
  using namespace MeinBereich;
  fkt();
}
```

Auf diese Weise können auch Elemente eines verschachtelten Bereichs zugänglich gemacht werden. In einem Bezugsrahmen dürfen beliebig viele Using-Direktiven stehen. Sind dadurch mehrere Elemente mit demselben Namen direkt ansprechbar, muss zur Vermeidung von Mehrdeutigkeiten ein qualifizierter Name verwendet werden:

```
namespace MeinBereich {
  void fkt() { }
  namespace Unterbereich {
    void fkt() { }
  }
}

int main()
{
  using namespace MeinBereich::Unterbereich;
  fkt();
  using namespace MeinBereich;
  fkt();                // Mehrdeutig:
                        // MeinBereich::fkt o. Unterbereich::fkt
  MeinBereich::fkt(); // OK
}
```

Im Zusammenhang mit der using-Direktive ist zu berücksichtigen, dass sie transitiv ist:

```
namespace NB1 {
  void fkt() { }
}

namespace NB2 {
  using namespace NB1;
}
```

```
int main()
{
  using namespace NB2;
  fkt();
}
```

Obwohl in der main-Funktion nur der Namensbereich NB2 verfügbar gemacht wird, lässt sich fkt ansprechen, weil innerhalb von NB2 der Namensbereich NB1 zugänglich gemacht wird.

Dieses Verhalten muss bei der Definition von eigenen Namensbereichen berücksichtigt werden. Denn wenn innerhalb des eigenen Namensbereichs ein anderer Namensbereich zugänglich gemacht wird, dann ist dieser immer zusammen mit dem eigenen Namensbereich zugänglich.

Eine Einschränkung besitzt die using-Direktive: Sie kann nicht innerhalb eines Klassen-Bezugsrahmens verwendet werden:

```
class Klasse {
  using namespace std;  // Fehler!
};
```

Die Using-Direktive muss dann vor der Klassendefinition stehen.

5.4 Ein Alias für Namensbereiche

Es ist möglich, Synonyme für Namensbereiche zu deklarieren:

```
namespace Standard = std;

int main()
{
  Standard::cout << "Ausgabe" << endl;
}
```

Ein solches Synonym sollte man dann einsetzen, wenn der tatsächliche Name des Namensbereichs zu lang oder dem subjektiven Empfinden nach nicht aussagekräftig genug ist.

5.5 Unbenannte Namensbereiche

Unbenannte Namensbereiche finden Anwendung, wenn Elemente nur in einem einzigen cpp-Modul ansprechbar sein sollen:

```
namespace {
  void fkt() { }
}

int main()
{
  fkt();
}
```

Elemente in einem unbenannten Namensbereich sind direkt ansprechbar. (Welcher Name sollte bei using namespace auch angegeben werden?)

In jedem cpp-Modul kann ein solcher unbenannter Namensbereich deklariert werden. Aber immer nur das Modul, in dem der unbenannte Namensbereich definiert wurde, kann auf die Elemente des Namensbereichs zugreifen.

5.6 Die Using-Deklaration

Im Gegensatz zu einer Using-Direktive, die alle Elemente eines Namensbereichs zugänglich macht, führt die Using-Deklaration einen einzelnen Namen in einen deklarativen Bereich ein. Der Name ist dann innerhalb des deklarativen Bereichs zugänglich:

```
namespace MeinBereich {
  void fkt1() { }
  void fkt2() { }
}

int main()
{
  using MeinBereich::fkt1;

  fkt1(); // In Ordnung
  fkt2(); // Fehler: Nicht zugänglich
}
```

Das Element muss dabei nicht zwangsläufig aus einem Namensbereich stammen:

```
class Basis {
  static void methode1() { }

protected:
  static void methode2() { }

public:
  static void methode3() { }
};

class Abgeleitet : public Basis {
protected:
  using Basis::methode1;  // Fehler: Basis-Methode ist privat
  using Basis::methode3;
public:
  using Basis::methode2;
};
```

Im geschützten Bereich der abgeleiteten Klasse `Abgeleitet` wird die geerbte Methode `methode3`, die in der Basisklasse öffentlich ist, mit Hilfe der Using-Deklaration eingeführt. Ähnlich wie bei einem `typedef` ist der so in `Abgeleitet` eingeführte Name über die Klasse geschützt, obwohl das Original öffentlich ist.

Ähnliche Dienste leisten auch die so genannten Zugriffs-Deklarationen, von deren Einsatz aber Abstand genommen werden sollte.

Auf diese Weise lassen sich bequem Zugriffsrechte von Basisklassen-Elementen einschränken.

Andererseits ist es über die Using-Deklaration nicht möglich, das private Zugriffsrecht einer Basisklassen-Methode aufzuweichen.

Aber Sie können über die Using-Deklaration eine in der Basisklasse geschützte Methode (`methode2`) in der abgeleiteten Klasse als öffentlich deklarieren.

6

Vererbung I

In Kapitel 2 hatte ich Ihnen Klassen als des C++-Programmierers liebstes Kind vorgestellt. Nun ist es an der Zeit, uns intensiver mit des C++-Programmierers liebster Beschäftigung zu befassen: der Vererbung.

Wurde die Vererbung in den Anfangstagen als Allheilmittel bei der Programmierung gelobt und jedes Programm, welches keine Vererbung einsetzte, als potenziell verdächtig eingestuft, ist man mittlerweile vom blinden Glauben an die Vererbung etwas abgekommen.

Natürlich steht es außer Frage, dass Vererbung ein außerordentlich wichtiges und effektives Werkzeug ist, aber es hat sich herausgestellt, dass in vielen Bereichen andere Techniken besser einzusetzen sind.

Das Thema Vererbung muss in zwei Bereiche aufgeteilt werden:

- Der programmtechnische Bereich. Hier geht es um syntaktische und sprachspezifische Fragen zur Vererbung. (Wie vererbe ich in C++? Wie sehen abstrakte Methoden in C++ aus? Etc.)
- Der designtechnische Bereich. Dieser behandelt Fragen, die sich um das Wann und Wie der Vererbung drehen. (Wie vererbe ich, wenn ich nur die Schnittstelle vererben will? Wann setze ich andere Techniken wie Einbettung oder Templates ein? Etc.) Dies ist Thema von Kapitel 9: Vererbung II.

Doch bevor wir uns genauer mit den programmtechnischen Aspekten befassen, benötigen wir eine vernünftige Darstellungs-Möglichkeit für Klassen und deren Beziehungen untereinander.

6.1 Das Klassendiagramm der UML

Eine solche Darstellungs-Form bietet die UML. Die UML vereint viele Diagramm-Typen, jeder für einen speziellen Zweck. Zur Darstellung von Klassen wird das Klassendiagramm verwendet, in dem eine Klasse wie in Abbildung 6.1 zu sehen dargestellt wird.

„UML" ist die Abkürzung für „Unified Modelling Language"

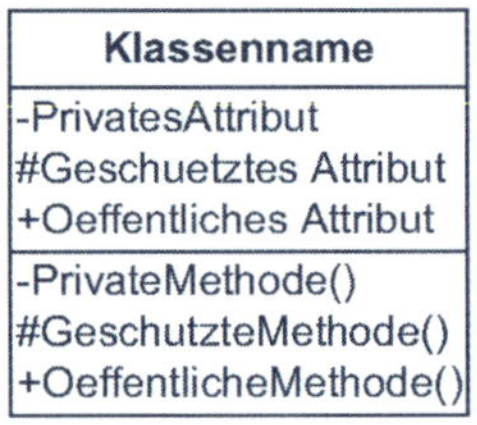

Abbildung 6.1
Eine Klasse im Klassendiagramm der UML

Das Symbol einer Klasse besteht aus einem in drei Bereiche aufgeteilten Rechteck. Im oberen Drittel steht der Klassenname, das mittlere Drittel beherbergt die Attribute der Klasse und im unteren Drittel tummeln sich die Methoden.

Vor jedem Klassenelement steht eines der Zeichen `-`, `#` oder `+`, je nachdem, ob das Element privates, geschütztes oder öffentliches Zugriffsrecht besitzt. Wie im Klassendiagramm die Datentypen untergebracht werden, sehen Sie in Abbildung 6.2.

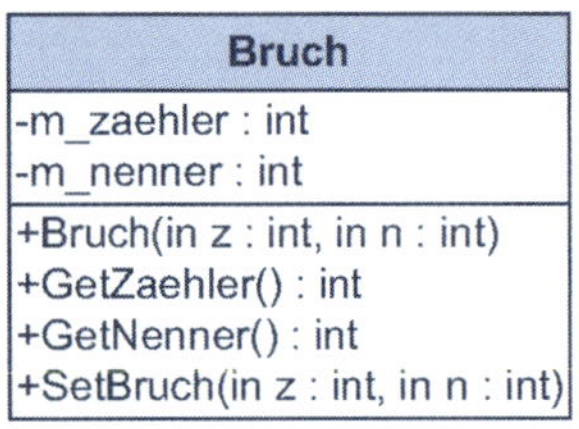

Abbildung 6.2
Darstellung von Datentypen

Im Klassendiagramm der UML herrscht die Syntax `Name : Typ`. Hinter dem Element-Namen steht durch einen Doppelpunkt getrennt der Datentyp des Elements. Ebenso wird bei den Rückgabe-Typen und den Parameter-Typen der Methoden verfahren. Der Begriff `in` bei den Methoden-Parametern bedeutet, dass die Informationen nur in die Methode hinein gereicht werden, aber nicht von der Methode wieder zurückgegeben werden können.

In C++ entspricht dieser Vorgang der Übergabe eines Wertes und damit einer Kopie des Originals. Alle Änderungen über die Methode wirken sich nur auf die Kopie aus, nicht aber auf das Original.

Abbildung 6.3 zeigt die Darstellung von Objekten einer Klasse.

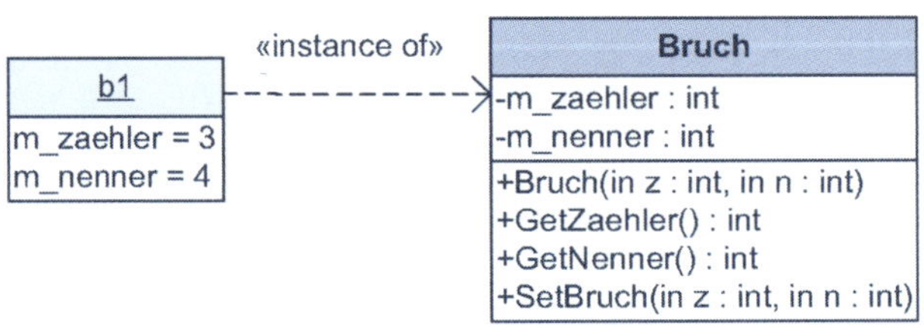

Abbildung 6.3
Darstellung von Objekten

Objekte können über einen *Abhängigkeits-Pfeil* in Beziehung zu ihrer Klasse gesetzt werden. Als ergänzende Aussage wird dazu das Stereotyp *instance of* benutzt. Stereotypen stehen in doppelten spitzen Klammern.

Der Name des Objekts wird unterstrichen. Da die Klassenzugehörigkeit über den Beziehungspfeil zum Ausdruck gebracht wird, müssen die Datentypen der Attribute nicht unbedingt mit angegeben werden. Das Gleiche gilt für den Klassennamen.

Wenn es sich um ein konkretes Objekt handelt, werden die Attribut-Werte hinter den Attributen angegeben.

Häufig ist ein Sachverhalt derart komplex, dass er nicht mehr mit nur einem Diagramm dargestellt werden kann. Objekte und ihre Klassenbeschreibung können sich daher in unterschiedlichen Diagrammen befinden. Die Darstellung eines von seiner Klasse losgelösten Objekts sehen Sie in Abbildung 6.4.

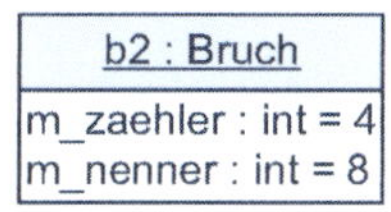

Abbildung 6.4
Objekte ohne Klasse

Hinter dem Objektnamen steht jetzt mit Doppelpunkt getrennt der Klassenname. Zusätzlich besitzen die Attribute nun eine Typangabe.

Weitere Details der Klassendiagramme, insbesondere zum Thema Vererbung, werden wir im Laufe der nächsten Abschnitte besprechen.

6.2 Vererbung in C++

Sie werden bereits einige Erfahrungen mit Vererbung gesammelt haben, deswegen wollen wir den Einstieg kurz halten. Prinzipiell wird die Technik der Vererbung eingesetzt, um Klassen in eine hierarchische Beziehung zu setzen. Betrachten wir dazu Abbildung 6.5.

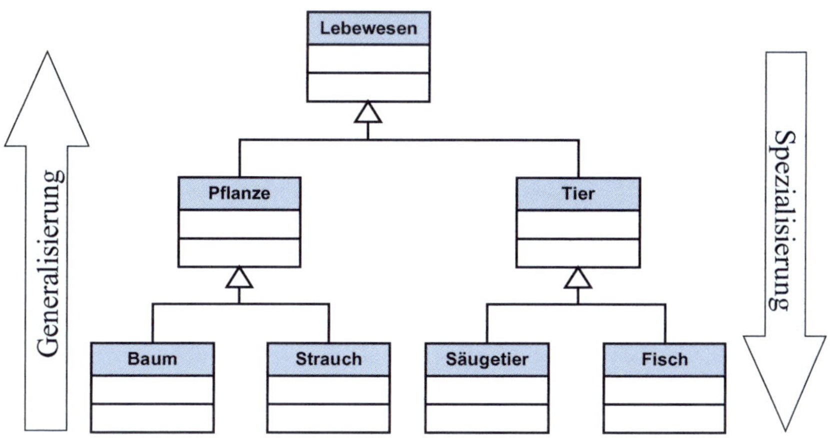

Abbildung 6.5
Das Prinzip der Vererbung

Die hierarchische Beziehung besteht in der Bildung von Ober- und Unterklassen, dabei ist das klassische Verständnis von Vererbung in der „ist ein(e)"-Beziehung zu sehen. Ein Tier ist ein Lebewesen, deswegen ist `Lebewesen` eine

Oberklasse (auch Super-Klasse, Basisklasse) von `Tier` und `Tier` ist eine Unterklasse (auch Sub-Klasse, abgeleitete Klasse) von `Lebewesen`.

Bekommen verschiedene Klassen (z.B. Pflanze und Tier) eine Oberklasse (Lebewesen), dann spricht man von einer Generalisierung. Wird eine Oberklasse in Unterklassen differenziert, dann handelt es sich um Spezialisierung.

In dem Klassendiagram wird die Vererbungsbeziehung durch einen Pfeil von der abgeleiteten Klasse zur Basisklasse dargestellt. Deswegen wird dieser Pfeil auch Generalisierungspfeil genannt.

Syntaktisch handelt es sich bei der C++-Vererbung durchweg um eine Spezialisierung: Von einer bestehenden Klasse werden Unterklassen abgeleitet. Diese Unterklassen benutzen alle Attribute und Methoden der Basisklasse.

Bei der Ableitung erlaubt C++ die Angabe eines Zugriffs-Spezifizierers, über den definiert wird, welcher Zugriff von außen oder über weitere Unterklassen erlaubt ist. Die Basisklasse kann somit innerhalb der abgeleiteten Klasse privat (`private`), geschützt (`protected`) oder öffentlich (`public`) sein. Schauen wir uns dazu Abbildung 6.6 an.

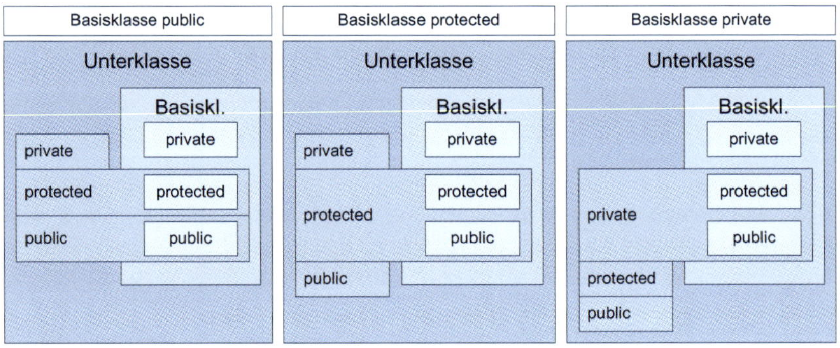

Abbildung 6.6
Die Auswirkungen der Zugriffs-Spezifizierer

Ein Merkmal haben alle drei Zugriffs-Spezifizierer gemein: Die privaten Elemente der Basisklasse bleiben privat. Das ist auch gut so, denn andernfalls könnte durch bloßes Vererben die Datenkapselung aufgehoben werden.

Die Vererbung mit öffentlicher Basisklasse (öffentliche Vererbung) ist die am meisten eingesetzte Variante und entspricht der oben angesprochenen „ist ein(e)"-Beziehung. Die geschützten Elemente der Basisklasse werden zu geschützten Elementen der abgeleiteten Klasse und die öffentlichen Elemente der Basisklasse werden zu öffentlichen Elementen der abgeleiteten Klasse.

Eine geschützte Basisklasse wird ausgesprochen selten verwendet. Sie kann als eine weniger strikte Variante der privaten Basisklasse verstanden werden, denn auch weiter abgeleitete Klassen könnten noch auf die Elemente der Basisklasse zugreifen. Die geschützten und öffentlichen Elemente der Basisklasse werden zu geschützten Elementen der abgeleiteten Klasse.

Ableiten mit privater Basisklasse bringt eine „ist implementiert mit"-Beziehung zum Ausdruck. Die geschützten und öffentlichen Elemente der Basisklasse werden zu privaten Elementen der abgeleiteten Klasse.

Wir werden später noch genauer darauf zu sprechen kommen, wann welche Vererbungstypen eingesetzt und ob überhaupt vererbt werden sollte. Aber zuvor befassen wir uns mit der Vererbungs-Syntax.

6.3 Die Vererbungs-Syntax

Nehmen wir als Beispiel eine Klasse `SpielObjekt`, die als Basisklasse eines zu programmierenden Spiels fungieren soll:

Listing 6.1
Die Klasse SpielObjekt

```
class SpielObjekt {
public:
  typedef int KoordTyp;
  typedef int MassTyp;
  typedef std::pair<KoordTyp, KoordTyp> PosTyp;
  typedef std::pair<MassTyp, MassTyp> AusmassTyp;

  explicit SpielObjekt(KoordTyp x, KoordTyp y,
                       MassTyp b=1, MassTyp h=1, bool s=false)
    : m_x(x), m_y(y), m_breite(b), m_hoehe(h), m_sichtbar(s)
  {}

//-------------------------------------------------------------

  bool istSichtbar() const {
    return(m_sichtbar);
  }

//-------------------------------------------------------------

  void verstecke() {
    m_sichtbar=false;
  }

//-------------------------------------------------------------

  void zeige() {
    m_sichtbar=true;
  }

//-------------------------------------------------------------

  PosTyp getPosition() const {
    return(PosTyp(m_x, m_y));
  }

//-------------------------------------------------------------

  AusmassTyp getAusmasse() const {
    return(AusmassTyp(m_breite, m_hoehe));
  }
```

Listing 6.1 (Forts.)
Die Klasse SpielObjekt

```
private:
  KoordTyp m_x, m_y;          // Position
  MassTyp m_breite, m_hoehe;  // Größe
  bool m_sichtbar;            // Objekt sichtbar?
};
```

Die Klasse speichert Position und Ausmaß eines Spiel-Objekts und besitzt Methoden, um auf die Werte zugreifen zu können. Zusätzlich existieren ein Flag `m_sichtbar`, welches Aussage darüber trifft, ob das Element dargestellt werden soll oder nicht, sowie Methoden, die das Attribut verändern und auslesen.

Wenn nun das Spiel-Element „Tür" implementiert werden soll, dann können wir gemäß der Aussage „Eine Tür ist ein Spiel-Objekt" die Klasse `Tuer` von `SpielObjekt` ableiten:

Listing 6.2
Die Syntax der Vererbung

```
class Tuer : public SpielObjekt {
};
```

Hinter der abgeleiteten Klasse steht durch einen Doppelpunkt getrennt die Basisklasse mitsamt des Zugriffs-Spezifizierers. Theoretisch hätten wir hier auch einen der anderen beiden Zugriffs-Spezifizierer einsetzen können, aber wie bereits erwähnt formulieren wir die „ist ein(e)"-Beziehung mit Hilfe der öffentlichen Vererbung.

Die Klasse `Tuer` bekommt ein zusätzliches boolesches Attribut `m_offen`, welches festhält, ob die Tür gerade offen ist oder nicht. Zusätzlich definieren wir passende Zugriffs-Methoden:

Listing 6.3
Die Klasse Tuer

```
class Tuer : public SpielObjekt {
public:
  static const MassTyp TuerBreite=2;
  static const MassTyp TuerHoehe=3;

  Tuer(KoordTyp x, KoordTyp y, bool offen=false)
    : SpielObjekt(x,y,TuerBreite, TuerHoehe, true),
      m_offen(offen)
  {}
//------------------------------------------------------------
  void schliessen() {
    m_offen=false;
  }
//------------------------------------------------------------
  void oeffnen() {
    m_offen=false;
  }
//------------------------------------------------------------
  bool istOffen() const {
    return(m_offen);
  }


private:
  bool m_offen;
};
```

Der Konstruktor der abgeleiteten Klasse ruft einen Basisklassen-Konstruktor in der Element-Initialisierungsliste auf. Wird kein Basisklassen-Konstruktor explizit angegeben, dann wird der Standard-Konstruktor der Basisklasse verwendet.

Dies wäre in unserem Fall nicht möglich, weil die Basisklasse keinen Standard-Konstruktor besitzt.

Grundsätzlich wird der Basisklassen-Konstruktor immer vor dem Konstruktor der abgeleiteten Klasse ausgeführt.

Bitte beachten Sie, dass immer nur Konstruktoren von direkten Basisklassen aufgerufen werden können. Im folgenden Beispiel kann der hervorgehobene Konstruktor nicht aufgerufen werden, weil `A` keine direkte Basisklasse von `C` ist:

Listing 6.4
Ein fehlerhafter Konstruktor-Aufruf

```
class A {};

class B : public A {};

class C : public B {
public:
  C() : A(), B()
  {}
};
```

Unsere bisherige Klassen-Beziehung ist in Abbildung 6.7 zu sehen. UML-technisch lernen wir hier auch gleich ein paar neue Darstellungs-Möglichkeiten kennen.

- Standardwerte von Methoden können hinter dem Datentyp des Parameters mit einem Gleichheitszeichen angegeben werden.
- Statische Elemente werden unterstrichen.

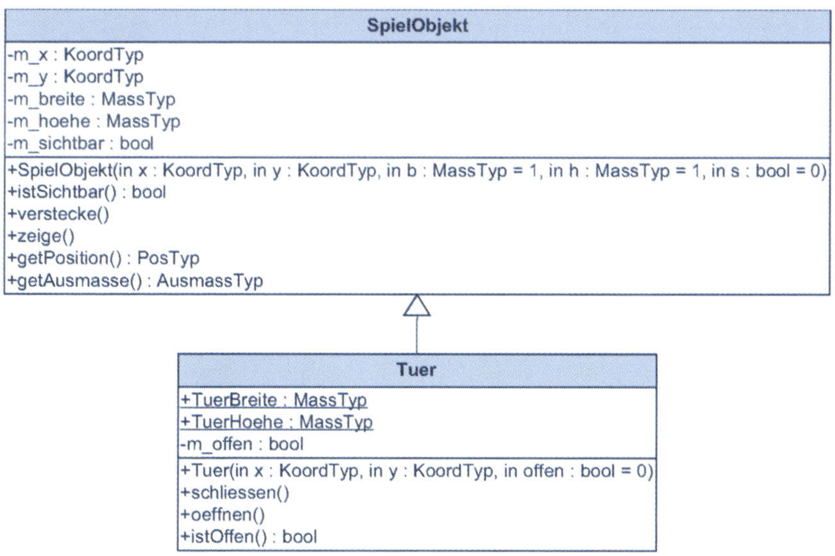

Abbildung 6.7
Die Beziehung von SpielObjekt und Tuer

Genau genommen gibt es keine operator<<-Funktion für pair-Objekte. Wir werden später in Kapitel 8.2 eine solche Funktion entwerfen.

Durch das Ableiten erbt die Klasse Tuer alle Attribute und Eigenschaften von SpielObjekt. Deswegen können auch folgende Anweisungen kompiliert werden:

```
Tuer t(5,5);
cout << "Position : " << t.getPosition() << endl;
cout << "Bemessung: " << t.getAusmasse() << endl;
if(t.istOffen()) cout << "offen" << endl;
else           cout << "geschlossen" << endl;
```

Sowohl Methoden der Basisklasse (getPosition und getAusmasse) sowie die klasseneigene Methode istOffen wurden aufgerufen.

6.4 Geschützte Elemente

Zusätzlich zu fest an einer Position stehenden Elementen soll jetzt eine Klasse BeweglichesObjekt zu unserer Klassenbibliothek hinzugefügt werden, die als Basisklasse aller beweglichen Objekte fungieren wird. Die Klasse SpielObjekt soll weiterhin die Rolle der obersten Basisklasse übernehmen, sodass wir die Klasse BeweglichesObjekt von ihr ableiten werden:

Listing 6.5
Die Klasse BeweglichesObjekt

```
class BeweglichesObjekt : public SpielObjekt {
public:
  BeweglichesObjekt(KoordTyp x, KoordTyp y,
                    MassTyp b=1, MassTyp h=1,
                    bool s=false)
    : SpielObjekt(x, y, b, h, s)
  {}

//-------------------------------------------------------------

  void bewegeZu(KoordTyp x, KoordTyp y) {
    /* ? */
  }
};
```

Die Klasse besitzt keine eigenen Attribute, sie soll lediglich die Methode bewegeZu bereitstellen, die von den beweglichen Objekten benötigt wird. Die Frage ist nur, wie die Methode implementiert werden kann. Die Attribute m_x und m_y sind private Attribute der Klasse SpielObjekt und somit von BeweglichesObjekt aus nicht ansprechbar.

Die eine Variante wäre die Bereitstellung einer Methode setPosition in SpielObjekt. Damit bliebe die Datenkapselung gewahrt. Die Methode wäre dann aber auch bei Klassen verfügbar, deren Objekte sich überhaupt nicht bewegen können und deswegen keine Möglichkeit haben sollten, die Koordinaten zu verändern (wie zum Beispiel Tuer).

Die andere Möglichkeit ist das Deklarieren der Attribute als geschützt. Geschützte Attribute können zusätzlich noch von Elementen abgeleiteter Klassen angesprochen werden. Die Attribute können nicht von außen verändert werden und liegen daher in der alleinigen Verantwortung der Klassenbibliothek. Wir ändern `SpielObjekt` folgendermaßen ab:

Listing 6.6
Die Klasse SpielObjekt mit geschützten Koordinaten

```
class SpielObjekt {
public:
/* ... */

protected:
  KoordTyp m_x, m_y;          // Position

private:
  MassTyp m_breite, m_hoehe;  // Größe
  bool m_sichtbar;            // Objekt sichtbar?
};
```

Damit lässt sich die `bewegeZu`-Methode von `BeweglichesObjekt` folgendermaßen umsetzen:

Listing 6.7
Die neue Methode bewegeZu

```
  void bewegeZu(KoordTyp x, KoordTyp y) {
    m_x=x;
    m_y=y;
  }
```

Eine Alternative und in den meisten Fällen auch der gegangene Weg ist eine Kombination der beiden vorgestellten Varianten: Die Attribute `m_x` und `m_y` bleiben privat, die Klasse stellt jedoch geschützte Methoden zum Setzen der Attribute zur Verfügung. Dadurch bleibt die Kapselung der Attribute innerhalb ihrer Klasse gewahrt.

6.4.1 Zugriff auf Basisklassen-Elemente

Bedenken Sie, dass die geerbten Elemente einen beschränkten Zugriff auf Basisklassen-Elemente haben. Eine abgeleitete Klasse kann nicht auf die geschützten Elemente der Basisklasse zugreifen, wenn das Ziel-Objekt vom Typ der Basisklasse ist. Nehmen wir zur Verdeutlichung folgende Klasse:

```
class Basis {
protected:
  int m_element;
};
```

Wir können nun von dieser Klasse eine Klasse `Abgeleitet` ableiten und statten sie mit einer Methode `methode` aus, in der verschiedene Zugriffe getätigt werden.

```
class Abgeleitet : public Basis {
public:
  void methode() {
    m_element=10;   // In Ordnung, eigenes Attribut

    Abgeleitet a;
    a.m_element=10; // In Ordnung, Attribut derselben Klasse
```

```
    Basis b;
    b.m_element=10; // Fehler! Attribut einer fremden Klasse
  }
};
```

Die erste Zuweisung bezieht sich auf das geerbte Element, welches geschützt und somit von der Subklasse ansprechbar ist.

Genau aus diesem Grund ist auch die zweite Zuweisung möglich, denn a ist ein Objekt derselben Klasse, der auch das Objekt angehört, über das `methode` aufgerufen wurde.

Die dritte Zuweisung ist nicht möglich, weil `b` ein Objekt einer anderen Klasse und die eigene Klasse kein Freund von `Basis` ist.

6.5 Polymorphie

Polymorphie bedeutet vom Wort her soviel wie Vielkörperlichkeit. In der Objektorientierten Programmierung steht der Begriff für die Fähigkeit einer abgeleiteten Klasse, „die Form" ihrer Basisklasse anzunehmen. Salopp ausgedrückt bedeutet das: Überall dort, wo ein Objekt einer Basisklasse erwartet wird, kann auch ein Objekt einer abgeleiteten Klasse verwendet werden.

Dieses Phänomen ist ein direktes Resultat aus der „ist ein(e)"-Beziehung. Wenn ich sage, eine Tür ist ein Spiel-Objekt, dann muss ich zwangsläufig eine Tür einsetzen können, wenn eigentlich nach einem Spiel-Objekt gefragt wird. Beachten Sie dabei bitte, dass die „ist ein(e)"-Beziehung immer gerichtet ist. Eine Tür ist immer ein Spiel-Objekt, aber ein Spiel-Objekt nicht notwendigerweise eine Tür.

Beachten Sie, dass Polymorphie nur dann funktioniert, wenn die Basisklasse öffentlich abgeleitet wurde.

Wegen der Polymorphie ist folgende Zuweisung erlaubt:

```
Tuer tuer(6,5,true);
SpielObjekt sobj=tuer;
```

Slicing lässt sich mit „in Scheiben schneiden" übersetzen. Vom Objekt wird die „Basisklassen-Scheibe" abgeschnitten und weiterverwendet. Den Rest bekommt der Hund.

Ein Objekt der Klasse `Tuer` wird einem Objekt der Klasse `SpielObjekt` zugewiesen. Durch die Zuweisung von Objekt zu Objekt beinhaltet `sobj` lediglich die Elemente von `tuer`, die in `sobj` ebenfalls vorhanden sind. Die `Tuer`-Daten werden damit auf die Daten von `SpielObjekt` zurecht gestutzt. Über `sobj` gibt es keine Möglichkeit mehr, an die zusätzlichen Daten der Tür heranzukommen. Dieser Vorgang wird Slicing genannt.

Anders sieht es aus, wenn mit Verweisen gearbeitet wird:

```
Tuer tuer(6,5,true);
SpielObjekt* spo = &tuer;
```

Nun ist der Zeiger zwar vom Typ `SpielObjekt*`, aber das verwiesene Objekt ist intern weiterhin vom Typ `Tuer`.

```
cout << spo->getPosition() << endl; // In Ordnung
cout << spo->istOffen() << endl;    // Fehler!
```

Auf den ersten Blick erstaunlich, ist es bei genauerem Hinsehen doch verständlich, dass die Methode `istOffen` im oberen Beispiel nicht aufgerufen werden kann. Der Zeigertyp wird statisch gebunden, also zur Kompilationszeit festgelegt. Die konkrete Zuweisung der Adresse an den Zeiger findet jedoch zur Laufzeit statt. Wird danach über den Zeiger auf das Objekt zugegriffen, wird es wie ein Objekt vom Typ `SpielObjekt` behandelt, weil über einen Zeiger vom Typ `SpielObjekt*` darauf zugegriffen wird.

Was halten Sie von folgender Umkehrung:

```
Tuer* pt = spo;
```

Diese Zuweisung müsste theoretisch möglich sein, weil `spo` in Wirklichkeit auf ein `Tuer`-Objekt verweist und der Zeiger `pt` deswegen erst recht darauf verweisen dürfte. Leider nein, die Typen werden zur Kompilationszeit geprüft und zu diesem Zeitpunkt ist `spo` nun mal ein Zeiger auf Spiel-Objekte, und auf Spiel-Objekte darf ein `Tuer`-Zeiger nicht verweisen.

Aber wir können den Typ explizit umwandeln:

Ein `dynamic_cast` ist an dieser Stelle noch nicht möglich. Wir werden gleich auf ihn zu sprechen kommen.

```
Tuer* pt = static_cast<Tuer*>(spo);
cout << pt->istOffen() << endl;
```

Auf diese Weise sind die Methoden der abgeleiteten Klasse wieder nutzbar.

6.6 Verdecken von Methoden

Wir haben in einem der vorherigen Abschnitte die Klasse `BeweglichesObjekt` eingeführt, die als Basisklasse für spätere bewegliche Objekte dienen soll. Darin gab es die Methode `bewegeZu`, die jetzt noch überladen werden soll:

Listing 6.8
Die Klasse BeweglichesObjekt

```
class BeweglichesObjekt : public SpielObjekt {
public:
  BeweglichesObjekt(KoordTyp x, KoordTyp y, MassTyp b=1, MassTyp h=1,
bool s=false)
    : SpielObjekt(x, y, b, h, s)
  {}

//-------------------------------------------------------------

  void bewegeZu(KoordTyp x, KoordTyp y) {
    m_x=x;
    m_y=y;
  }

//-------------------------------------------------------------

  void bewegeZu(PosTyp p) {
    m_x=p.first;
    m_y=p.second;
  }
};
```

Damit wir ein paar bewegliche Objekte haben, leiten wir die Klasse `Spieler` ab, die erst einmal nur einen Konstruktor bekommt und ansonsten leer bleibt.

Listing 6.9
Die Klasse Spieler

```
class Spieler : public BeweglichesObjekt {
public:
  static const MassTyp SpielerBreite=2;
  static const MassTyp SpielerHoehe=3;

  Spieler(KoordTyp x, KoordTyp y)
    : BeweglichesObjekt(x, y, SpielerBreite, SpielerHoehe, true)
  {}
};
```

Als zweite Klasse leiten wir die Klasse `Gegner` ab, die als Basisklasse aller beweglichen Gegner dienen soll. Sie soll außerdem in der Lage sein, sich einem Spieler zu nähern. Wir ergänzen die Klasse dazu um zwei weitere Methoden `bewegeZu`; mit der einen kann sich der Gegner bei einem Angriff auf den Spieler zu bewegen und mit der anderen läuft der Gegner zwecks Verbündung zu einem anderen Gegner. Die tatsächliche Implementierung lassen wir an dieser Stelle offen:

Listing 6.10
Die Klasse Gegner

```
class Gegner : public BeweglichesObjekt {
public:
  Gegner(KoordTyp x, KoordTyp y, MassTyp b=1, MassTyp h=1, bool
s=false)
    : BeweglichesObjekt(x, y, b, h, s)
  {}

//--------------------------------------------------------------

  void bewegeZu(const Spieler& s) {
    /* ... */
  }


//--------------------------------------------------------------


  void bewegeZu(const Gegner& g) {
    /* ... */
  }
};
```

Beachten Sie bitte, dass es sich bei den beiden neuen `bewegeZu`-Methoden nur untereinander um eine Überladung handelt. Eine Überladung findet immer im selben Bezugsrahmen statt. Durch die beiden neuen Methoden werden die Methoden von `BeweglichesObjekt` nicht überladen.

So weit, so gut, jetzt legen wir einen Spieler an:

```
Spieler s(10,10);
```

Anschließend erscheinen nebeneinander zwei Gegner auf der Bildfläche. Sie sprechen sich ab: Der eine bewegt sich in die linke obere Ecke und lauert dort, während der andere sich offensiv auf den Spieler zu bewegt:

```
Gegner g1(48,21,2,2);
Gegner g2(50,21,2,2);
g1.bewegeZu(s);
g2.bewegeZu(0,0);          // Fehler!
```

Von der technischen Seite müsste eigentlich alles in Ordnung sein. Die Konstruktoren sind vorhanden, die Methode `bewegeZu(const Spieler&)` ist in `Gegner` und die Methode `bewegeZu(KoordTyp, KoordTyp)` ist in `BeweglichesObjekt` definiert. Oder? Schon wieder dumm gelaufen.

Weil ich in der Klasse `Gegner` eine oder mehrere Methoden implementiert habe, die denselben Namen besitzen wie Methoden der Basisklasse, deswegen werden diese Basisklassen-Methoden verdeckt. Uns stehen in der Klasse `Gegner` nur noch die in `Gegner` definierten `bewegeZu`-Methoden zur Verfügung.

Abhilfe schafft eine Using-Deklaration, welche die verdeckten Methoden in die Klasse `Gegner` importiert:

```
class Gegner : public BeweglichesObjekt {
public:
  using BeweglichesObjekt::bewegeZu;

  /* ... */
};
```

Wie Sie aus Kapitel 5.6 wissen, ist die Position der Using-Deklaration wesentlich. Hätten wir sie in den privaten Bereich der Klasse gesetzt, wären die `bewegeZu`-Methoden von `BeweglichesObjekt` zwar innerhalb von `Gegner` zugänglich, aber von außen nicht ansprechbar.

6.7 Überschreiben von Methoden

Bleiben wir noch ein wenig bei unserem Spiel. Die Klasse `Gegner` besitzt zwei `bewegeZu`-Methoden, die den Gegner befähigen, sich einem Spieler oder einem anderen Gegner zu nähern.

Wie sich ein Gegner nähert, wird dabei stark von dem konkreten Gegner abhängen. Wir wollen diesen Gedanken weiter verfolgen, statt einer konkreten Annäherung aber nur einen entsprechenden Text ausgeben. Wir werden uns exemplarisch mit der `bewegeZu`-Methode für Spieler befassen:

```
void Gegner::bewegeZu(const Spieler& s) {
  std::cout << "Wie denn nur?" << std::endl;
}
```

Listing 6.11
Die Methode bewegeZu von Gegner

Implementieren wir nun eine Klasse `KriechViech`, die sich nur horizontal bewegen kann:

Listing 6.12
Die Klasse KriechViech

```
class KriechViech : public Gegner {
public:
  using Gegner::bewegeZu;
  static const MassTyp GegnerBreite=3;
  static const MassTyp GegnerHoehe=1;

  KriechViech(KoordTyp x, KoordTyp y)
    : Gegner(x, y, GegnerBreite, GegnerHoehe, true)
  {}
//------------------------------------------------------------
  void bewegeZu(const Spieler& s) {
    std::cout << "Kriech, kriech" << std::endl;
  }
};
```

Die Methode `bewegeZu` verdeckt wieder alle `bewegeZu`-Methoden der Basisklasse, deswegen kommt direkt zu Beginn wieder eine Using-Deklaration zum Einsatz.

Die Methode `KriechViech::bewegeZu` besitzt dieselbe Signatur wie eine der `Gegner::bewegeZu`-Methoden. Man sagt daher, dass `KriechViech` die entsprechende `bewegeZu`-Methode überschreibt.

Die Methode einer Basisklasse kann in einer abgeleiteten Klasse nur überschrieben werden, wenn die Methode der abgeleiteten Klasse dieselbe Signatur besitzt wie die Methode der Basisklasse.

Nun kann das Viech munter drauf los kriechen:

```
Spieler s(1,1);
KriechViech kv(0,0);
kv.bewegeZu(s);
```

Um etwas Abwechslung in das Spiel zu bringen, implementieren wir zusätzlich eine Gegner-Klasse `FlatterGeschnatter`, die über den Bildschirm fliegen kann. Ihre Struktur ist identisch mit `KriechViech`, nur dass sie in der `bewegeZu`-Methoden den Text „Flatter, Flatter" ausgibt:

Listing 6.13
Die Klasse FlatterGeschnatter

```
class FlatterGeschnatter : public Gegner {
public:
  using Gegner::bewegeZu;
  static const MassTyp GegnerBreite=2;
  static const MassTyp GegnerHoehe=2;

 FlatterGeschnatter(KoordTyp x, KoordTyp y)
    : Gegner(x, y, GegnerBreite, GegnerHoehe, true)
  {}
//------------------------------------------------------------
  void bewegeZu(const Spieler& s) {
    std::cout << "Flatter, Flatter" << std::endl;
  }
};
```

Huldigen wir nun dem Gedanken der Polymorphie und legen einen Vektor mit Verweisen auf Gegner an:

```
vector<Gegner*> gegner;
```

Exemplarisch fügen wir jeweils ein Exemplar unserer Gegner in die Liste ein:

```
gegner.push_back(new KriechViech(0,0));
gegner.push_back(new FlatterGeschnatter(4,4));
```

Und nun wollen wir unsere Armada auf den ahnungslosen Spieler hetzen:

```
for(vector<Gegner*>::size_type i=0; i< gegner.size(); ++i)
  gegner[i]->bewegeZu(s);
```

Eine Armee von Pixel-Gestalten setzt sich in Bewegung, Gekrieche und Geflatter füllt den Bildschirm... aber warum steht auf dem Bildschirm bloß

```
Wie denn nur?
Wie denn nur?
```

Im Prinzip besitzt das hier erlebte Phänomen die gleichen Wurzeln wie das im Abschnitt Polymorphie (6.5) geschilderte Problem, wo Methoden der abgeleiteten Klasse nicht über einen Zeiger auf den Basisklassen-Typ ansprechbar waren.

Auch hier wird der im Vektor gespeicherte Zeigertyp statisch gebunden. Deswegen wird über die Zeiger auch die `bewegeZu`-Methode von Gegner aufgerufen und nicht die von der tatsächlichen Klasse.

Unter allen Umständen sollten Sie vermeiden, dass sich Objekte anders verhalten, nur weil sie über einen Basisklassen-Zeiger angesprochen werden. Daraus folgt:

Überschreiben Sie niemals eine nicht-virtuelle Methode einer Basisklasse.

6.8 Virtuelle Methoden

Die obere Problematik lässt sich durch virtuelle Methoden beheben. Eine virtuelle Methode wird dynamisch gebunden. Dies hat eine Überprüfung des tatsächlichen Objekt-Typs zur Laufzeit zur Folge, nämlich wenn die Methode aufgerufen wird.

Eine virtuelle Methode wird in der Basisklasse mit dem Schlüsselwort `virtual` deklariert:

Listing 6.14
Die Klasse Gegner mit virtueller bewegeZu-Methode

```
class Gegner : public BeweglichesObjekt {
public:
  /* ... */
  virtual void bewegeZu(const Spieler& s) {
    std::cout << "Wie denn nur?" << std::endl;
  }

  /* ... */
};
```

Nur nicht-statische Methoden können virtuell sein.

Übrigens, Methoden, die eine virtuelle Methode überschreiben, sind implizit ebenfalls virtuell. Es reicht daher aus, die entsprechende Methode in der obersten Basisklasse mit `virtual` auszustatten.

Damit eine Methode der abgeleiteten Klasse eine Methode einer Basisklasse überschreiben kann, muss sie dieselbe Signatur besitzen wie die überschriebene Methode. Diese Einschränkung ist für virtuelle Methoden etwas aufgelockert:

Wird eine virtuelle Methode überschrieben, dann muss die Parameterliste übereinstimmen, der Rückgabetyp der Subklassen-Methode kann aber auch ein vom Rückgabetyp der Basisklassen-Methode abgeleiteter Typ sein.

Als Beispiel wollen wir die Gegner mit Waffen ausstatten und eine kleine Waffenklassenhierarchie erstellen:

Listing 6.15
Die Klassenhierarchie der Waffen

```
class Waffe {
};

class Schlagwaffe : public Waffe {
};

class Schusswaffe : public Waffe {
};
```

Wir ergänzen die Klasse Gegner um die virtuelle Methode `erzeugeWaffe`:

Listing 6.16
Die Methode erzeugeWaffe von Gegner

```
virtual Waffe* Gegner::erzeugeWaffe() {
  return(new Waffe);
}
```

Diese Methode wird in den beiden Subklassen überschrieben:

Listing 6.17
Die erzeugeWaffe-Methoden der Subklassen

```
virtual Schlagwaffe* KriechViech::erzeugeWaffe() {
  return(new Schlagwaffe);
}

virtual Schusswaffe* FlatterGeschnatter::erzeugeWaffe() {
  return(new Schusswaffe);
}
```

Nun kann über einen Basisklassen-Verweis die `erzeugeWaffe`-Methode des Gegners aufgerufen werden.

```
KriechViech kv(0,0);
Gegner* g = &kv;
Waffe* w = g->erzeugeWaffe();
Schlagwaffe* sw = g->erzeugeWaffe();  // Fehler!
```

Der Rückgabe-Typ von `erzeugeWaffe` bleibt weiterhin statisch gebunden, weswegen eine Adresse vom Typ `Waffe` zurück geliefert wird, obwohl `KriechViech::erzeugeWaffe` eigentlich ein Objekt vom Typ `Schlagwaffe` erzeugt. Aber wegen der Polymorphie kann das `Schlagwaffen`-Objekt als `Waffen`-Objekt fungieren (Eine Schlagwaffe ist eine Waffe.).

6.8.1 Virtuelle Methoden und Konstruktoren

Lassen wir den Spieler einen Augenblick allein mit seinen Gegnern und werfen wir einen Blick auf folgende Klassenhierarchie:

Listing 6.18
Aufruf virtueller Methoden in Konstruktoren

```
class A {
public:
  virtual void ausgabe() const {
    cout << "A" << endl;
  }
};

//-----------------------------------------------------------

class B: public A {
public:
  void ausgabe() const {
    cout << "B" << endl;
  }

  void test() const {
    ausgabe();
  }

  B() {
    ausgabe();
  }
};

//-----------------------------------------------------------

class C: public B {
public:
  void ausgabe() const {
    cout << "C" << endl;
  }
};
```

In Abbildung 6.8 sehen sie die Zusammenhänge noch einmal als UML-Diagramm.

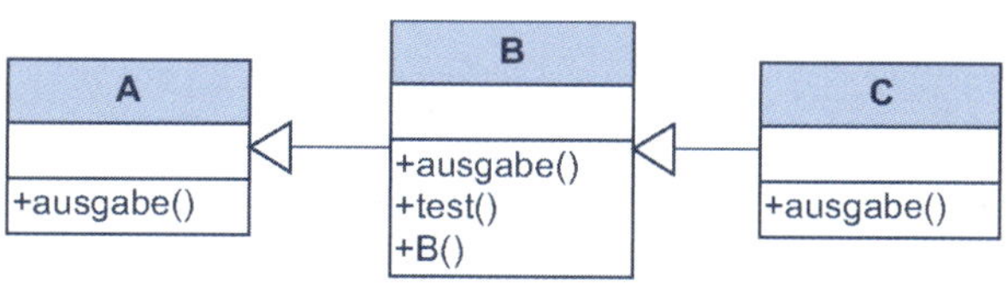

Abbildung 6.8
Die Beziehungen zwischen A, B und C

Und jetzt die 16.000 €-Frage: Was erscheint durch folgende Anweisungen auf dem Bildschirm:

```
B* bp = new C;
bp->test();
```

Betrachten wir zunächst die zweite und einfachere Anweisung. Über einen B*-Zeiger wird die B-Methode test aufgerufen, die wiederum die Methode ausgabe aufruft. Die Methode ausgabe wurde in der obersten Basisklasse A als virtuell deklariert, weshalb die überschriebenen Versionen in B und C ebenfalls automatisch virtuell sind.

Bei dem Aufruf in test findet demnach eine dynamische Typüberprüfung statt, das Programm merkt, es ist überhaupt kein B-Objekt sondern ein Objekt der Klasse C, und ruft C::ausgabe auf. Auf dem Bildschirm erscheint ein „C".

Kommen wir nun zur ersten Anweisung, der dynamischen Erzeugung eines C-Objekts. Grundsätzlich besitzt jede Klasse ohne benutzerdefinierten Konstruktor (in unserem Beispiel die Klassen A und C) einen impliziten Standard-Konstruktor.

Wenn der Anweisungsblock des Konstruktors einer abgeleiteten Klasse betreten wird, hat der Konstruktor der Basisklasse seine Arbeit bereits erfolgreich beendet. Die Konstruktoren werden deshalb in der umgekehrten Ableitungs-Reihenfolge der Klassen abgearbeitet. In unserem Beispiel lautet die Konstruktor-Reihenfolge demnach erst A, dann B und schlussendlich C.

Die impliziten Konstruktoren von A und C können bei unserer Betrachtung vernachlässigt werden. Jedoch im Konstruktor von B wird die virtuelle Methode ausgabe aufgerufen. Und hier kommt jetzt eine Besonderheit zum Tragen:

Wird in einem Konstruktor oder Destruktor eine virtuelle Methode aufgerufen, dann werden nur die Methoden der Basisklassen (direkt und indirekt) und der eigenen Klasse berücksichtigt. Methoden von Subklassen werden nicht aufgerufen.

Die in der Hierarchie am weitesten unten liegende Variante von ausgabe, die der Konstruktor von B in Betracht zieht, ist demzufolge B::ausgabe. Es erscheint also „B" auf dem Bildschirm.

6.8.2 Downcasts

Nehmen wir die Klassenhierarchie aus dem oberen Abschnitt und schreiben folgendes:

```
A* ap = new C;
```

Wir wissen, dass ap, obwohl ein Zeiger des Typs A*, in Wirklichkeit auf ein Objekt des Typs C zeigt. Wir hatten den tatsächlichen Typ weiter oben schon einmal mit Hilfe eines static_cast wieder hergestellt. Dies ist im Zusammenhang mit Klassen-Hierarchien kein guter Weg, da es hierfür einen speziellen Cast, den dynamic_cast, gibt:

```
B* bp=dynamic_cast<B*>(ap);
```

Der `dynamic_cast` versucht, den Zeiger-Typ in einen Subklassen-Typ umzuwandeln. Spezifizieren wir die Funktionsweise anhand des oberen Beispiels:

- Ist der Typ des Zeigers `ap` ein von `B` abgeleiteter oder derselbe Typ, dann wird der `dynamic_cast` ignoriert und die Zuweisung direkt ausgeführt (`bp = ap;`).
- Ist der Typ `B` eine vom Typ des Zeigers `ap` abgeleitete Klasse und der tatsächliche Typ des Objekts, auf das `ap` zeigt, eine abgeleitete Klasse von `B` oder `B` selbst, dann hat die von `dynamic_cast` gelieferte Adresse den Typ `B*`.

Sollte dem `dynamic_cast` ein Nullzeiger übergeben werden, so wird die Ausnahme `bad_typeid` geworfen.

In allen anderen Fällen liefert `dynamic_cast` einen Null-Zeiger. Es bietet sich daher an, dies zu überprüfen:

```
if(B* bp=dynamic_cast<B*>(ap))
  bp->test();
```

Ein `dynamic_cast` kann auch mit Referenzen benutzt werden:

```
B& bp = *new C;
C& cp=dynamic_cast<C&>(bp);
cp.test();
```

Weil es aber keine Null-Referenzen gibt, wirft `dynamic_cast` im Fehlerfall die Ausnahme `bad_cast`.

Üblicherweise werden in der UML die Basisklassen oben und die abgeleiteten Klassen darunter dargestellt. Ein `dynamic_cast` wandelt damit einen weiter oben liegenden Typ in einen darunter liegenden Typ um; wir bewegen uns im Diagramm nach unten. Deswegen nennt man das Casten mit einem `dynamic_cast` *Downcast*.

Downcasts schränken die Wiederverwendbarkeit ein und erhöhen den Wartungsaufwand, unter anderem, weil mit konkreten Typangaben gearbeitet werden muss. Man sollte möglichst auf sie verzichten. Objektorientierte Ansätze bieten genügend Techniken, die einen Einsatz von Downcasts vermeidbar machen.

Downcasts können nur in Zusammenhang mit Klassen verwendet werden, die virtuelle Methoden besitzen.

6.8.3 Virtuelle Destruktoren

Jetzt auch noch virtuelle Destruktoren? Kaum im Reich der Vererbung angekommen, muss plötzlich alles virtuell sein? Lassen Sie mich an einem Beispiel zeigen, warum virtuelle Destruktoren künftig nicht mehr von ihrer Seite weichen werden.

Dem Spieler in unserer Spielklassen-Hierarchie ist es mittlerweile langweilig geworden. Wir wollen ihn daher mit einem neuen Widersacher konfrontieren, der diesmal etwas lebhafter sein soll. Wir entwerfen einen Bienenschwarm, der aus einzelnen Bienen besteht. Die konkrete Implementierung der Klasse Biene soll hier vernachlässigt werden:

Listing 6.19
Die Klasse Bienenschwarm

```
class Bienenschwarm : public Gegner {
public:
  using Gegner::bewegeZu;

  Bienenschwarm(KoordTyp x, KoordTyp y, int bienenanz)
  : Gegner(x, y, 0, 0, true), m_schwarm(bienenanz) {
    for(std::vector<Biene*>::size_type i=0;
        i<m_schwarm.size();
       ++i)
      m_schwarm[i]=new Biene;
  }

//-----------------------------------------------------------

  ~Bienenschwarm() {
    for(std::vector<Biene*>::size_type i=0; i<m_schwarm.size(); ++i)
      delete(m_schwarm[i]);
  }

//-----------------------------------------------------------

  virtual Stichwaffe* erzeugeWaffe() {
    return(new Stichwaffe);
  }

//-----------------------------------------------------------

  void bewegeZu(const Spieler& s) {
    std::cout << "Summ, Summ" << std::endl;
  }

private:
  std::vector<Biene*> m_schwarm;
};
```

Der `Bienenschwarm`-Konstruktor bekommt die Anzahl der Bienen im Schwarm übergeben, erzeugt sie und legt Verweise auf sie in einem Vektor ab.

Wir benötigen jetzt auch einen Destruktor, der alle Bienen wieder abbaut. Die Interna der Bienen-Klasse lassen wir hier außer acht.

Und jetzt erzeugen wir einen Schwarm, entscheiden uns aber gleich darauf um und löschen ihn wieder:

```
Gegner* g = new Bienenschwarm(12,4,10);
delete(g);
```

Der Schwarm ist tot, lang leben die Bienen. Wir übergeben `delete` eine Adresse vom Typ `Gegner*`. Sie wissen aus Kapitel 3.3.1, dass ein Aufruf von `delete` immer mit einem Destruktor-Aufruf verbunden ist. In diesem Fall wird natürlich der Destruktor von `Gegner` aufgerufen, weil der statische Typ des Zeigers `Gegner*` ist. Und der Destruktor von `Gegner` macht überhaupt nichts. Stattdessen bleibt der für die korrekte Freigabe des Speichers verantwortliche `Bienenschwarm`-Destruktor völlig unangetastet.

Um dieses Problem zu lösen, muss der Destruktor von Gegner als virtuell deklariert werden:

```
class Gegner : public BeweglichesObjekt {
public:
  virtual ~Gegner()
  {}
    /* ... */
};
```

Listing 6.20
Die Klasse Gegner mit virtuellem Destruktor

Vielleicht erstaunt Sie der leere Anweisungsblock des Destruktors. Grundsätzlich wird für jedes Objekt der Destruktor aufgerufen. Bei abgeleiteten Klassen läuft die Abarbeitung der Destruktoren in umgekehrter Reihenfolge der Konstruktor-Aufrufe ab.

Wenn ein benutzerdefinierter Destruktor deklariert wird, was durch `virtual ~Gegner();` der Fall wäre, dann streicht der Compiler seinen impliziten Destruktor. Weil aber für jedes Objekt der Destruktor aufgerufen wird, muss zwangsläufig eine Destruktor-Definition existieren, die wir explizit hinzufügen müssen, selbst wenn der Destruktor nichts macht.

Genau wie bei anderen Methoden gilt auch für Destruktoren: Ist ein Destruktor in einer Basisklasse als virtuell deklariert, dann sind es die Destruktoren in den abgeleiteten Klassen ebenfalls.

Aus diesem Grunde sollten Sie Destruktoren nicht einfach aus Angewohnheit als virtuell deklarieren, sondern wirklich nur dann, wenn die Klasse als Basisklasse zum Einsatz kommen soll.

6.9 Rein-virtuelle Methoden

Seien Sie ehrlich, sie finden es doch auch etwas unglücklich, dass die Klasse `Gegner` eine Implementierung für die Methoden `erzeugeWaffe` und `bewegeZu` anbietet, obwohl die Entscheidung, was die Methoden im Detail leisten sollen, erst in den Subklassen getroffen werden kann.

Über die rein-virtuellen Methoden können wir fordern, dass eine abgeleitete Klasse eine Implementierung für eine in der Basisklasse deklarierte Methode zur Verfügung stellt:

```
class Gegner : public BeweglichesObjekt {
public:
  virtual Waffe* erzeugeWaffe()=0;
  virtual void bewegeZu(const Spieler& s)=0;

  /* ... */
};
```

Listing 6.21
Die Klasse Gegner mit rein-virtuellen Methoden

Über die rein-virtuelle Methode fordert die Klasse eine Implementierung, die sie selbst nicht besitzt. Von Klassen, die rein-virtuelle Methoden besitzen, kann kein Objekt erzeugt werden:

```
Gegner gegner(5,5);   // Fehler!
```

Eine Klasse, von der aufgrund von rein-virtuellen Methoden keine Exemplare erzeugt werden können, nennt man *abstrakte Klasse*. In der Objektorientierung werden rein-virtuelle Methoden deswegen auch *abstrakte Methoden* genannt.

Wenn eine Klasse von einer abstrakten Klasse abgeleitet wird, dann ist diese Klasse erst einmal ebenfalls abstrakt. Eine abstrakte Klasse wird genau dann zu einer konkreten Klasse, wenn alle rein-virtuellen Methoden überschrieben wurden.

6.9.1 Rein-virtuelle Methoden mit Implementierung

Nicht jedem ist bekannt, dass eine rein-virtuelle Methode trotzdem eine Definition besitzen darf. Allerdings kann die Methode nicht bei ihrer Deklaration sowohl definiert als auch zur rein-virtuellen Methode deklariert werden. Wir deklarieren die rein-virtuelle Methode wie gehabt, geben ihr aber außerhalb der Klassendefinition noch einen Funktionsrumpf mit:

Listing 6.22
Eine rein-virtuelle Methode mit Implementierung

```
class Gegner : public BeweglichesObjekt {
public:
  virtual Waffe* erzeugeWaffe()=0; // Deklaration

    /* ... */
};

Waffe* Gegner::erzeugeWaffe() {     // Definition
  return(new Waffe);
}
```

Die rein-virtuelle Methode kann dann innerhalb einer anderen Methode (aus derselben oder einer abgeleiteten Klasse) oder von außerhalb (die Methode ist `public`) explizit aufgerufen werden. Ein Beispiel:

```
Waffe* testmethode() {
  return(Gegner::erzeugeWaffe());
}
```

Wie alle öffentlichen Methoden kann auch die rein-virtuelle Methode über ein Objekt aufgerufen werden:

```
KriechViech kv(0,0);
Waffe* w = kv.Gegner::erzeugeWaffe();
```

Aber: Auch eine rein-virtuelle Methode mit Definition macht eine Klasse abstrakt.

6.9.2 Rein-virtuelle Destruktoren

Schon wieder virtuelle Destruktoren, und jetzt auch noch rein-virtuell. Es stellt sich natürlich die Frage, wozu ein rein-virtueller Destruktor gut sein soll. Was wissen wir über rein-virtuelle Methoden?

- Sie machen eine Klasse abstrakt.
- Will eine abgeleitete Klasse Objekte erzeugen können, also eine konkrete Klasse sein, dann darf sie keine rein-virtuellen Methoden besitzen, sie müssen alle überschrieben sein.

Haben Sie schon eine Vorstellung, wozu rein-virtuelle Destruktoren nützlich sein könnten? Angenommen, Sie haben eine Klasse programmiert, bei der keine Methode für reine Virtualität geeignet ist, die Klasse soll aber trotzdem abstrakt sein. Dann deklarieren Sie einfach den Destruktor als rein-virtuell.

Bedenken Sie dabei, dass der Destruktor beim Abbau des Objekts immer aufgerufen wird. Sie müssen dem Destruktor deswegen auf jeden Fall eine Definition mitgeben.

Die Klasse `A` aus den vorigen Abschnitten sähe als abstrakte Klasse mit rein-virtuellem Destruktor wie folgt aus:

Listing 6.23
Ein Beispiel zu rein-virtuellen Destruktoren

```
class A {
public:
  virtual void ausgabe() const {
    cout << "A" << endl;
  }

  virtual ~A()=0;
};

A::~A() {}
```

Da eine Klasse immer einen Destruktor besitzt, entweder implizit oder benutzerdefiniert, wird eine von `A` abgeleitete Klasse automatisch konkret, es sei denn, auch dort würde der Destruktor als rein-virtuell deklariert.

6.10 Vererbung und Arrays

Für diesen Abschnitt wollen wir wieder auf unsere Spielklassen-Hierarchie zurückgreifen. Und zwar ergänzen wir die Klasse `Gegner` um eine Methode `Gruppenangriff`, mit dem in einem Feld befindliche `Gegner`-Objekte kollektiv auf einen Spieler zu bewegt werden:

Listing 6.24
Die Methode Gruppenangriff von Gegner

```
  static void Gruppenangriff(const Spieler& s,
                             Gegner* g,
                             int anzahl) const {
    for(int i=0; i<anzahl; ++i)
      g[i].bewegeZu(s);
  }
```

Unter der Voraussetzung, dass die Klasse `Gegner` einen Standard-Konstruktor besitzt, schreiben wir Folgendes:

```
Spieler s(1,1);
Gegner gruppe[10];
Gegner::Gruppenangriff(s,gruppe,10);
```

Alles kein Problem, der Spieler bekommt es mit zehn Gegnern zu tun. Aber der Spieler war stärker als erwartet, die Gegner benötigen Verstärkung, also schicken wir fünf Bienenschwärme hinterher:

Natürlich wieder unter der Voraussetzung, dass `Bienenschwarm` einen Standard-Konstruktor besitzt.

```
Bienenschwarm schwarm[5];
Gegner::Gruppenangriff(s,schwarm,5);  // Katastrophe!
```

Die Methode `Gruppenangriff` erwartet zwar den Typ `Gegner`, aber wegen der Polymorphie (Ein Bienenschwarm ist ein Gegner.) funktioniert auch ein Feld von Bienenschwärmen.

Sind Sie damit zufrieden? Denken Sie einmal genau darüber nach, wie über einen Zeiger auf Felder zugegriffen wird und versuchen Sie, den tückischen Fehler zu finden.

Die Problematik liegt in der folgenden Anweisung von `Gruppenangriff`:

```
g[i].bewegeZu(s);
```

`g[i]` ist nur eine andere Schreibweise für `*(g+i)`.

Die Methode geht davon aus, das `g` auf ein Feld von Gegnern zeigt. Der Index-Operator sorgt demnach über Zeigerarithmetik dafür, dass für jeden Index um die Größe eines `Gegner`-Objekts weiter gesprungen wird.

Wenn das Feld aber tatsächlich aus `Bienenschwarm`-Objekten besteht, die mehr Speicher belegen als `Gegner`, dann adressiert der Index-Operator die Elemente nicht mehr richtig. Abbildung 6.9 stellt den Sachverhalt grafisch dar.

Abbildung 6.9 Die Problematik mit dem Index-Operator

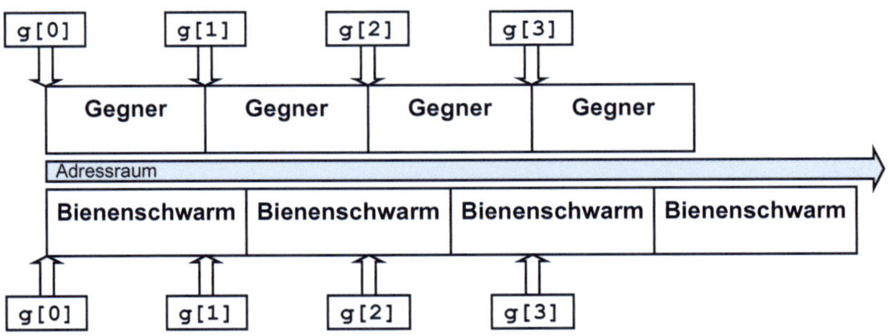

Wenn auf einen Zeiger vom Typ `T*` der Index-Operator angewandt wird, dann sollten nur Felder mit Elementen des Typs `T` verwendet werden, nicht aber Felder mit Elementen von `T`-Subklassen.

6.11 Vererbung und Standard-Werte

In unserer Spiel-Hierarchie soll die `Gegner`-Klasse eine rein-virtuelle Methode `erzeugeGegner` bekommen, mit der ein Gegner erzeugt werden kann. Standardmäßig wird der Gegner in die obere linke Ecke platziert.

```
virtual Gegner* erzeugeGegner(KoordTyp x=0, KoordTyp y=0)=0;
```

In der Klasse `Bienenschwarm` wird die Methode überschrieben. Ein Bienenschwarm braucht Platz, deswegen wird `Bienenschwarm::erzeugeGegner` Bienenschwärme standardmäßig in die Bildschirmmitte setzen:

```
virtual Gegner* erzeugeGegner(KoordTyp x=40, KoordTyp y=12) {
  return(new Bienenschwarm(x,y,10));
}
```

Listing 6.25
Die Methode erzeugeGegner von Bienenschwarm

Das neue Feature soll auch gleich eingesetzt werden:

```
Gegner* g = new Bienenschwarm(5,5,1);
Bienenschwarm* b = dynamic_cast<Bienenschwarm*>
                   (g->erzeugeGegner());
cout << b->getPosition() << endl;
```

Erstaunlicherweise wird als Position (0,0) ausgegeben. Die Erklärung ist recht einfach: Standard-Werte werden statisch gebunden. Obwohl die Methode erzeuge Gegner virtuell ist und damit dynamisch gebunden wird, trifft der Compiler zur Kompilationszeit die Entscheidung, welche Standard-Werte verwendet werden sollen.

Zur Kompilationszeit ist `g` vom Typ `Gegner*`, also werden für den Aufruf `g->erzeugeGegner()` die in `Gegner` definierten Standard-Werte genommen, ganz gleich, welche `erzeugeGegner`-Methode tatsächlich aufgerufen wird (in unserem Beispiel `Bienenschwarm::erzeugeGegner`).

6.12 Vererbung und überladene Operatoren

Als Beispiel nehmen wir folgende kleine Klasse, die einen `int`-Wert speichern kann:

```
class Integer {
  int m_int;
public:
  Integer(int i=0)
    : m_int(i)
  {}

  int getInt() const {
    return(m_int);
  }
};
```

Listing 6.26
Die Klasse Integer

Mit der Beziehung „Eine Primzahl ist eine Integer-Zahl“ leiten wir die Klasse `Prim` von `Integer` ab:

Listing 6.27
Die von Integer abgeleitete Klasse Prim

```
class Prim : public Integer {
  bool m_isPrim;
public:
  Prim(int i=0)
    : Integer(i), m_isPrim(false)
  {}
};
```

Gehen wir einmal davon aus, wir hätten eine besonders laufzeit-effiziente Möglichkeit gefunden, die Information, ob die Zahl prim ist oder nicht, zu verwalten. Die Implementierung benötigt dazu aber einen Kopier-Konstruktor. Wie könnte der aussehen, wenn wir die Prüfung auf prim außer Acht lassen?

Ein erster Ansatz wäre dieser:

Listing 6.28
Ein möglicher Kopier-Konstruktor von Prim

```
Prim(const Prim& p)
  : Integer(p.getInt()), m_isPrim(p.m_isPrim)
{}
```

Der in `p` gespeicherte Integer-Wert wird mit `getInt` ermittelt und dem Basisklassen-Konstruktor mit `int`-Wert als Attribut übergeben.

Wegen der Polymorphie können wir aber auch folgendes schreiben:

Listing 6.29
Eine Verbesserung des Kopier-Konstruktors

```
Prim(const Prim& p)
  : Integer(p), m_isPrim(p.m_isPrim)
{}
```

Hier wird Gebrauch von `Integers` implizitem Kopier-Konstruktor gemacht, der ein Objekt des Typs `Integer` erwartet. Wegen der Polymorphie akzeptiert er aber auch ein `Prim`-Objekt und zieht sich die für ihn relevanten Daten heraus.

Mit einem Mal stellen wir fest, dass die `Prim`-Klasse auch noch einen Kopier-Zuweisungs-Operator benötigt. Wir würden Sie ihn implementieren?

Listing 6.30
Der Kopier-Zuweisungs-Operator von Prim

```
Prim& operator=(const Prim& p) {
  Integer::operator=(p);
  m_isPrim=p.m_isPrim;
  return(*this);
}
```

Wir kommen an das private Attribut `m_int` von `Integer` nicht heran und eine passende Set-Methode existiert auch nicht. Wir helfen uns, indem wir den impliziten Kopier-Zuweisungs-Operator von `Integer` aufrufen.

Scott Meyer weist in [Meyer97] darauf hin, dass manche, vorwiegend ältere und mittlerweile hoffentlich ausgestorbene Compiler den – korrekten! – Aufruf von `operator=` nicht übersetzen. Für diese Compiler muss der this-Zeiger zunächst in den Basisklassentyp umgewandelt werden:

```
*static_cast<Integer*>(this) = p;
```

Grundsätzlich sollten Sie darauf achten, dass überladene Operatoren abgeleiteter Klassen die entsprechenden Operatoren der Basisklasse – falls vorhanden – in ihre Aktivitäten mit einbeziehen.

6.13 Versiegelte Klassen

Aus anderen Programmiersprachen kennen Sie vielleicht den Begriff der versiegelten Klasse. Eine versiegelte Klasse lässt sich nicht mehr ableiten. C++ unterstützt diese Eigenschaft nicht direkt, aber wir können diesen Effekt simulieren, indem wir die Konstruktoren einer Klasse als privat deklarieren:

Listing 6.31 Simulation einer versiegelten Klasse

```
class Versiegelt {
  Versiegelt(const Versiegelt& v) {}
};
```

Der Kopier-Konstruktor wurde als privat deklariert und durch einen benutzerdefinierten Konstruktor gibt es auch keinen impliziten Standard-Konstruktor mehr.

Prinzipiell hindert diese Vorgehensweise nicht daran, von `Versiegelt` abzuleiten. Von einer derart abgeleiteten Klasse kann aber kein Objekt erzeugt werden, weil die abgeleitete Klasse keinen Basisklassen-Konstruktor aufrufen kann.

7

Ausnahmen

Ausnahmen (Exceptions) sind eine neuere Form der Fehlerbehandlung, die heutzutage in nahezu jeder modernen Programmiersprache anzutreffen ist. Allerdings muss man „neuer“ hier relativ betrachten, da sie auch schon einige Jährchen auf dem Buckel hat.

Wir werden uns im weiteren Verlauf zunächst mit den syntaktischen Grundlagen und den Besonderheiten der Ausnahmen vertraut machen. In Abschnitt 7.11 schauen wir uns noch an, was es heißt, eine Klasse ist ausnahmen-sicher.

7.1 Warum Ausnahmen?

Nehmen wir als Beispiel einmal eine in der Praxis wohl unsinnige Funktion `splitString`, die einen aus einer geraden Anzahl von Zeichen bestehenden String in zwei gleichgroße Hälften teilt und diese als Paar zurückliefert:

Listing 7.1
Eine ausführliche Version von splitString

```
pair<string,string> splitString(const string& s) {
  string::size_type len=s.length()/2;
  pair<string,string> p;
  p.first=s.substr(0,len);
  p.second=s.substr(len);
  return(p);
}
```

Recht simpel, eigentlich. Und jetzt das Ganze noch mal, aber dieses mal in C++:

Listing 7.2
Eine komprimierte Version von splitString

```
pair<string,string> splitString(const string& s) {
  return(pair<string,string>(s.substr(0,s.length()/2),
                             s.substr(s.length()/2)));
}
```

Und hier der Vollständigkeit wegen noch ein Aufruf-Beispiel:

```
string s="Wow, wie toll!";
pair<string,string> p=splitString(s);
cout << p.first << "\n" << p.second << endl;
```

Was halten Sie von dieser Funktion? Wahrscheinlich Abstand. Lassen Sie es mich so formulieren: Der Programmierer dieser Funktion könnte von der Existenz eines unvermeidlichen Schicksals überzeugt sein. Es kommt, wie es kommt, und wenn es schlecht kommt, dann war es Karma. Anders lässt sich wahrscheinlich nicht erklären, warum die Eintrittsbedingung der Funktion, nämlich dass der übergebene String eine gerade Anzahl an Zeichen beinhalten muss, nicht überprüft wird.

Ein anderer Programmierer glaubt vielleicht nicht direkt an das Schlechte im Menschen, aber er glaubt erkannt zu haben, dass jedem Menschen eine gewisse Schusseligkeit innewohnt. Und getreu dem Motto „Jeder ist seines eigenen Glückes Schmied“ schreibt er seine Funktion so:

Listing 7.3
Die Methode splitString mit Sicherheits-Abfrage

```
pair<string,string> splitString(const string& s) {
  if((!s.length()) || ( s.length()%2)) {
    /* ? */
  }
  return(pair<string,string>(s.substr(0,s.length()/2),s.sub-
str(s.length()/2)));
}
```

Zu prüfen, ob der String überhaupt Zeichen enthält und wenn ja, ob die Zeichenanzahl auch gerade ist, finde ich an sich schon recht vernünftig. Es stellt sich nur noch die Frage, was genau im Anweisungsblock der `if`-Anweisung geschehen soll.

Begeben wir uns nun zum Anbeginn der Tage zurück und schauen einmal auf die Techniken unserer Vorfahren. Eine übliche Vorgehensweise lag in der Auswahl eines bestimmten Rückgabe-Wertes, der im „Normalbetrieb“ nicht vorkommen kann und deswegen als Fehler-Wert interpretiert wird:

Listing 7.4
Fehlermeldung über return-Wert

```
  if((!s.length()) || ( s.length()%2)) {
    return(pair<string,string>("",""));
  }
```

Nach dem Aufruf von `splitString` kann der zurückgegebene Wert geprüft werden:

```
pair<string,string> p=splitString("ungerade!");
if (p!=pair<string,string>("",""))
  cout << p.first << "\n" << p.second << endl;
```

Häufig findet sich ein solcher Fehlerwert nicht so einfach. Bei einem Rückgabe-Typ von `int` und einem gültigen Wertebereich des Rückgabe-Wertes von ebenfalls `int` gibt es für den Fehlerfall keinen ungültigen Rückgabe-Wert mehr.

Wir simulieren hier die Verhältnisse aus den grauen Vortagen. Damals, als es noch keine Ausnahmen gab, also in C, waren auch Referenzen noch kein Sprachmerkmal. Es mussten also Zeiger herhalten. Aber so weit möchte ich hier nicht gehen.

Bei solchen Funktionen wurde meist ein weiterer Funktionsparameter eingeführt, der einen Verweis auf eine vom Benutzer übergebene Fehler-Variable darstellt. Die Funktion beschreibt diese Variable dann mit dem Status:

```
pair<string,string> splitString(const string& s, bool& ok) {
  if((!s.length()) || ( s.length()%2)) {
    ok=false;
    return(pair<string,string>());
  }
  ok=true;
  return(pair<string,string>(s.substr(0,s.length()/2),
                             s.substr(s.length()/2)));
}
```

Listing 7.5
Fehlermeldung über zusätzlichen Parameter

Nun wird die Funktion wie folgt aufgerufen:

```
bool ok;
pair<string,string> p=splitString("ungerade!", ok);
if (ok)
  cout << p.first << "\n" << p.second << endl;
```

Na bitte, klappt doch, werden diejenigen jetzt zufrieden äußern, die diese Technik schon mit der Muttermilch aufgesogen haben. Das stimmt, funktionieren tut sie. Aber wie!

Einer der primären Schwachpunkte bei beiden Ansätzen ist die Tatsache, dass ich die Mitteilung der Funktion, ob ein Fehler auftrat oder nicht, schlichtweg ignorieren kann.

Wer zwingt mich, vor Gebrauch des Rückgabe-Wertes zu prüfen, ob im Paar nur leere Strings stehen oder ob der Wert der Status-Variablen wirklich `true` ist? Keiner! Ich kann ungehindert mit dem ungültigen Wert weiter arbeiten, meist mit unangenehmen Folgen.

Ebenfalls unsauber ist der Rückgabe-Wert, der selbst bei einem Fehlerfall zurückgegeben werden muss. Im ersten Fall ist es notwendig, weil auf diese Weise der Fehlerfall mitgeteilt wird. Aber im zweiten Fall hätten wir von der Logik her auf einen Rückgabe-Wert verzichten können, denn wenn der Benutzer die Status-Variable prüft, weiß er schon, dass es keinen Wert gibt. Leider streikt hierbei der Compiler. Eine Funktion, die etwas zurück liefert, muss dies grundsätzlich immer tun. Jeder Programmpfad der Funktion muss in einem `return` enden, welches ein dem Typ angemessenes Objekt zurück gibt.

Um all diese Probleme zu beseitigen, wurden Ausnahmen ins Leben gerufen.

7.2 Ausnahmen in C++

Sie werden sicherlich schon mit Ausnahmen gearbeitet haben. Wir wollen in diesem Abschnitt noch einmal die Grundlagen knapp rekapitulieren, um anschließend einige Details der Ausnahme-Behandlung kennen zu lernen.

Man sagt, dass Ausnahmen geworfen werden. Das geschieht mit dem Befehl `throw`. Geworfen werden kann ein beliebiger eingebauter Datentyp oder jedes Klassen-Objekt mit einem Kopier-Konstruktor und einem Destruktor. In der angepassten `splitString`-Funktion werfen wir einen C-String:

Listing 7.6
Fehlermeldung durch Werfen einer Ausnahme

```
pair<string,string> splitString(const string& s) {
  if((!s.length()) || ( s.length()%2))
    throw "Fehler";
  return(pair<string,string>(s.substr(0,s.length()/2),
                             s.substr(s.length()/2)));
}
```

Durch das Werfen einer Ausnahme wird der Kontrollfluss an den nächstgelegenen Ausnahme-Handler übergeben, der dem geworfenen Typ entspricht. Um einen Ausnahme-Handler zu implementieren, muss der Programm-Teil, in dem eine Ausnahme auftreten kann, in einen Try-Block gesteckt werden. Direkt hinter den `Try`-Block werden mit `catch` die Ausnahme-Handler aufgeführt:

Listing 7.7
Ein Beispiel für einen try-Block mit Ausnahme-Handler

```
try {
  pair<string,string> p=splitString("ungerade!");
  cout << p.first << "\n" << p.second << endl;
}
catch(const char* s) {
  cout << s << endl;
}
```

Wird innerhalb des `Try`-Blocks eine Ausnahme geworfen, dann bricht der Kontrollfluss im `Try`-Block ab und wird im passenden Ausnahme-Handler weitergeführt. Dort wird dann die geworfene Fehler-Meldung ausgegeben. Die Ausgabe des `splitString`-Rückgabe-Wertes wird bei einer Ausnahme nicht mehr vorgenommen.

Um das Verhalten von Ausnahmen weiter zu verdeutlichen, wollen wir die Funktionen ein wenig verschachteln und je nach Fehler eine unterschiedliche Ausnahme werfen:

Listing 7.8
Zwei verschiedene Ausnahmen werden geworfen

```
pair<string,string> splitString(const string& s) {
  if(!s.length())
    throw false;
  if( s.length()%2)
    throw "Zeichenanzahl in splitString";
  return(pair<string,string>(s.substr(0,s.length()/2),
                             s.substr(s.length()/2)));
}
void b() {
  pair<string,string> p=splitString("abc");
  cout << p.first << "\n" << p.second << endl;
}
void a() {
  b();
  cout << "hinter b() in a" << endl;
}
```

In der `main`-Funktion wird auf die beiden Ausnahmen jeweils mit einem eigenen Ausnahme-Handler reagiert:

Listing 7.9
Zwei verschiedene Ausnahmen werden gefangen

```
try {
  a();
  cout << "hinter a() in main" << endl;
}
catch(const char* s) {
```

```
  cout << s << endl;
}
catch(bool b) {
  cout << "String leer!" << endl;
}
cout << "Programmende" << endl;
```

Listing 7.9 (Forts.)
Zwei verschiedene Ausnahmen werden gefangen

Die `main`-Funktion ruft die Funktion `a` auf, die wiederum `b` aufruft, die ihrerseits die Funktion `splitString` aufruft und deren Ergebnis ausgibt. Wird eine Ausnahme geworfen, dann wird eine Funktion nach der anderen abgebrochen, bis der innerste `try`-Block mit einem passenden Ausnahme-Handler gefunden wird. Deswegen wird bei einer Ausnahme in `splitString` weder in `b` das Ergebnis noch der Hinweis-Text in `a` und `main` ausgegeben. Dieses Herausspringen aus den Funktionen in umgekehrter Aufrufreihenfolge nennt man *Stack-Abwicklung* (stack-unwinding), weil durch das Beenden der Funktionen der Stack von allen nicht-statischen Elementen der Funktionen befreit wird. Das hat für uns folgende Konsequenz:

Lokale Elemente werden grundsätzlich immer bei Verlassen des entsprechenden Blocks abgebaut, auch wenn der Block über eine Ausnahme verlassen wird.

Wir wollen die Ausnahme bei einem leeren String jetzt in `a` auffangen:

```
void a() {
  try {
    b();
  cout << "hinter b() in a" << endl;
  }
  catch(bool b) {
    cout << "bool-Ausnahme in a gefangen" << endl;
  }
}
```

Listing 7.10
Eine Ausnahme wird in a gefangen

Wenn jetzt in `splitString` ein leerer String festgestellt wird, dann fängt der Ausnahme-Handler in `a` die Ausnahme. Von dort aus werden die Funktionen auf konventionelle Weise beendet, weswegen der Info-Text im `try`-Block von `main` ausgegeben wird.

Wenn wir im Ausnahme-Handler `throw` schreiben, dann wird die vom Handler aufgefangene Ausnahme weiter geworfen. Das ist immer dann sinnvoll, wenn eine Funktion nur einen Teil der notwendigen Ausnahme-Behandlung vornehmen kann. Sie wirft die Ausnahme zur weiteren Bearbeitung weiter.

Mit `...` in der `catch`-Parameterliste wird jede Ausnahme gefangen.

Die beiden letzten Informationen wollen wir uns in `a` zu Nutze machen:

```
void a() {
  try {
    b();
  cout << "hinter b() in a" << endl;
  }
  catch(...) {
    cout << "In a gefangen und weiter geworfen" << endl;
    throw;
  }
}
```

Listing 7.11
Eine Ausnahme wird weitergeleitet

Wir fangen jede Ausnahme in a, reagieren mit einer Text-Ausgabe und werfen die Ausnahme weiter, um `main` noch eine Reaktionsmöglichkeit zu geben.

7.3 Ausnahmen im Detail

Wir haben im letzten Abschnitt einen groben Überblick in die Ausnahme-Behandlung bekommen und wollen unser Verständnis nun vertiefen. Wir werden Probleme und Fallstricke besprechen und uns ansehen, wie diese zu verhindern sind.

7.3.1 terminate

Haben Sie schon mal eine Ausnahme geworfen, sie aber nirgends aufgefangen? Diese unfeine Aktion endet im Aufruf der `terminate`-Funktion.

Die Funktion `terminate` wird immer dann aufgerufen, wenn die Ausnahme-Behandlung versagt. Für dieses Versagen gibt es verschiedene Gründe, die wir im Laufe des Kapitels noch aufdecken werden.

`terminate` macht nichts anderes, als die `terminate_handler`-Funktion aufzurufen. Die standardmäßig eingesetzte `terminate_handler`-Funktion ruft die Funktion `abort` auf, die das Programm abbricht.

Bei Bedarf kann über `set_terminate` eine eigene `terminate_handler`-Funktion verwendet werden. Die Signatur von `set_terminate` sieht wie folgt aus:

```
terminate_handler set_terminate(terminate_handler f) throw();
```

Das `throw()` hinter der Funktions-Deklaration besagt, dass diese Funktion keine Ausnahme wirft. Wir werden darauf noch in Abschnitt 7.4 eingehen. Die Funktion liefert einen Verweis auf den vorigen `terminate_handler` zurück. Zum Schluss fehlt noch der Typ `terminate_handler` selbst:

```
typedef void (*terminate_handler)();
```

7.3.2 Das Verlassen eines Try-Blocks

Ein `try`-Block kann prinzipiell auf zwei Arten verlassen werden:

Weil auf dem Weg von der `throw`-Anweisung zu einem passenden Ausnahme-Handler nur die bei der Stack-Abwicklung und dem damit einhergehenden Abbau der Objekte verwendeten Destruktoren aufgerufen werden, kann nur in Destruktoren eine Ausnahme geworfen werden, während eine andere Ausnahme noch nicht aufgefangen wurde.

Über eine Ausnahme. Der Kontrollfluss wird an den innersten Ausnahme-Handler weitergegeben, der passt. Alle lokalen Objekte des `Try`-Blocks werden abgebaut. Sollte hierbei ein Destruktor eine Ausnahme werfen, dann wird `terminate` aufgerufen:

```
class Klasse {
public:
  ~Klasse() {
    throw "Klasse-Ausnahme";
  }
};

void fkt() {
  try {
    Klasse k;
    throw "try-Block-Ausnahme";
  }
  catch(const char* s) {
    cout << s << endl;
  }
}
```

Listing 7.12
Bei aktiver Ausnahme wird im Destruktor eine Ausnahme geworfen

Normalerweise hätte das Werfen der Ausnahme im `try`-Block zur Folge, dass der dahinter stehende Ausnahme-Handler sie auffängt. Das Verlassen des `try`-Blocks hat aber auch einen Abbau der lokalen Objekte des `try`-Blocks zur Folge. Der Destruktor von `Klasse` wird aufgerufen, der – obwohl gerade eine Ausnahme aktiv ist – eine weitere Ausnahme wirft. Das Resultat: `terminate` wird aufgerufen.

Achtung: Dies ist lediglich eine Demonstration, versuchen Sie das nicht zu Hause! Ausnahmen in Destruktoren werfen ist eine der Todsünden des C++-Programmierers.

Eine andere Möglichkeit zum Verlassen des `try`-Blocks ist ein ordnungsgemäßes Beenden desselben. Würde im oberen Beispiel die `throw`-Anweisung im `try`-block entfernt, käme der `try`-Anweisungsblock zu einem ordnungsgemäßen Ende.

Natürlich würden auch bei einem ordnungsgemäßen Beenden des `try`-Blockes alle darin befindlichen lokalen Objekte abgebaut und der Destruktor von `Klasse` würde wieder eine Ausnahme werfen. Jetzt ist zu diesem Zeitpunkt aber keine andere Ausnahme aktiv, wodurch der übliche Auffang-Mechanismus greift und der Ausnahme-Handler hinter dem `try`-Block die Ausnahme auffängt.

Zum ordnungsgemäßen Beenden gehört auch das Herausspringen mit `break`, `continue` oder `return`.

7.3.3 uncaught_exception

Die Methode `uncaught_exception` liefert einen booleschen Wert zurück, der Auskunft darüber gibt, ob gerade eine unbehandelte Ausnahme „unterwegs“ ist.

Die Methode könnte dazu benutzt werden, um in einem Destruktor, der unbedingt eine Ausnahme werfen muss, zu prüfen, ob bereits eine Ausnahme geworfen wurde. Sie erinnern sich: Wirft ein Destruktor bei einer bereits aktiven Ausnahme eine weitere Ausnahme, dann wird sofort `terminate` aufgerufen.

Ein Destruktor, der eine Ausnahme werfen muss ist vergleichbar mit dem Yeti: Viele glauben, ihn gesehen zu haben, aber Beweise für seine Existenz gibt es nicht. Nochmal: Keine Ausnahmen in Destruktoren!

7.3.4 Das Werfen einer Ausnahme

Damit die Kopie angefertigt werden kann, muss ein benutzerdefinierter Klassentyp einen Kopier-Konstruktor und einen Destruktor zur Verfügung stellen.

Wir wissen bereits, dass eine Ausnahme mit `throw` geworfen wird. Nicht offensichtlich ist jedoch, dass `throw` eine temporäre Kopie des geworfenen Objekts anfertigt und die Kopie an den Handler übergibt. Diese Kopie ist von allen cv-Qualifizierungen (1.5) befreit und bildet den Initialisierungs-Wert für den Parameter des `catch`-Blocks:

Eine Ausnahme bilden String-Literale. Bei ihnen bleibt `const` erhalten.

Listing 7.13
Ein nicht-konstanter Parameter fängt eine konstante Ausnahme

```
class Ausnahme {
};

void fkt() {
  try {
    throw (const Ausnahme());
  }
  catch(Ausnahme a) {
    cout << "Gefangen" << endl;
  }
}
```

Im oberen Beispiel wird ein konstantes `Ausnahme`-Objekt erzeugt, im Handler aber ein nicht-konstantes Objekt aufgefangen.

Das von `throw` angefertigte temporäre Objekt wird abgebaut, wenn für die geworfene Ausnahme kein Handler mehr aktiv ist.

Statische Typbindung

Bitte beachten Sie, dass der von `throw` geworfene Typ statisch gebunden wird. Wir greifen für das folgende Beispiel auf die Klasse `Integer` und die davon abgeleitete Klasse `Prim` aus Kapitel 6.12 zurück:

Listing 7.14
Statische Typbindung bei throw

```
void fkt() {
  try {
    Prim p(20);
    Integer& i=p;
    throw (i);
  }
  catch(Prim p) {
    cout << "prim-Gefangen" << endl;
  }
}
```

Die `Integer`-Referenz `i` zeigt tatsächlich auf ein `Prim`-Objekt, trotzdem kann der Ausnahmen-Handler für `Prim` die Ausnahme nicht fangen.

`throw` wirft ein Objekt vom Typ `Integer`, weil `throw` ein Verweis auf ein `Integer`-Objekt übergeben wurde. Das so geworfene temporäre Objekt ist eine Kopie des durch Slicing (6.5) entstandenen `Integer`-Teils von `p`.

Optimierungsmöglichkeiten

Wir haben in Kapitel 2.3.2 einige Optimierungsmöglichkeiten des Compilers beim Einsatz von Kopier-Konstruktoren kennen gelernt. Es könnte die Frage aufkommen, ob auch für das Werfen von Ausnahmen solche Möglichkeiten existieren.

Grundsätzlich kann der Compiler die Optimierungsmöglichkeiten für Kopier-Konstruktoren einsetzen und das bei `throw` angegebene Objekt direkt (ohne Anfertigung einer temporären Kopie) als Initialisierungs-Wert für den Parameter des `catch`-Blocks verwenden.

7.3.5 Das Fangen einer Ausnahme

Beim Fangen von Ausnahmen müssen Sie sich von einigen Gewohnheiten und Bequemlichkeiten, die Sie von Funktions-Aufrufen her kennen, verabschieden.

Keine implizite Typumwandlung

Bei der Übergabe eines geworfenen Objekts an den `catch`-Block findet keine implizite Typumwandlung statt:

Listing 7.15
Keine implizite Typumwandlung für catch-Argumente

```
void fkt() {
  try {
    throw (23);
  }
  catch(Integer i) {
    cout << "integer-Gefangen" << endl;
  }
}
```

Obwohl `Integer` einen für die implizite Umwandlung von `int` nach `Integer` tauglichen Konstruktor besitzt, wird die Ausnahme im Ausnahme-Handler nicht gefangen.

Reihenfolge der catch-Blöcke ist relevant

Betrachten Sie einmal folgendes Beispiel:

Listing 7.16
Reihenfolge der catch-Blöcke ist wesentlich

```
void fkt() {
  try {
    throw (Prim(23));
  }
  catch(Integer i) {
    cout << "integer-Gefangen" << endl;
  }
  catch(Prim p) {
    cout << "prim-Gefangen" << endl;
  }
}
```

Es wird eine Ausnahme vom Typ `Prim` geworfen, trotzdem wird sie vom Handler mit dem Typen `Integer` als Argument aufgefangen.

Auf der Suche nach einem passenden Handler werden die Handler der Reihe nach ausprobiert. Im oberen Beispiel kann die `Prim`-Ausnahme wegen der Polymorphie auch vom `Integer`-Handler gefangen werden. Also werden die folgenden Handler nicht mehr geprüft.

Bei der Bestimmung eines Handlers wird nicht nach der besten Übereinstimmung, sondern nach der ersten Übereinstimmung gesucht.

Was soll gefangen werden?

Oder präziser formuliert: Sollte die Ausnahme im catch-Block als Wert, Zeiger oder Referenz gefangen werden?

In den Beispielen fange ich die Ausnahmen zwar als Wert, aber wenn die Ausnahme-Klassen eine Hierarchie bilden, dann besteht ein potenzielles Slicing-Problem (Kapitel 6.5).

Wird die Ausnahme über einen Zeiger geworfen, dann muss das Objekt dynamisch angelegt worden sein, denn andernfalls würde es durch die Stack-Abwicklung abgebaut. Das wirft dann als nächste Frage auf, wer für das Freigeben des Ausnahme-Objektes verantwortlich ist.

Unter dem Strich ist eine Referenz eigentlich am besten geeignet. Die Referenz zeigt in dieser Situation nicht wie bei Funktionen auf ein lokales Objekt, sondern auf die von throw angefertigte Kopie, die erst dann automatisch abgebaut wird, wenn die Ausnahme-Behandlung abgeschlossen ist. Die Referenz umgeht auch das Slicing-Problem.

Natürlich haben Sie immer noch ein potenzielles Slicing-Problem mit throw selbst, denn der Typ der geworfenen Ausnahme wird statisch gebunden. Aber damit muss man leben.

Ein throw im catch-Block

Wir hatten es bereits kurz in Kapitel 7.2 angesprochen: Wird gerade eine Ausnahme behandelt und dann die Anweisung throw ohne Argument ausgeführt, dann wird die zuvor geworfene Ausnahme erneut geworfen:

Listing 7.17
Das Weiterleiten einer Ausnahme

```
void fkt() {
  try {
    throw (Prim(17));
  }
  catch(Prim& p) {
    throw;
  }
}
```

Man kann auf diese Art auf eine Ausnahme reagieren und sie dann zur weiteren Behandlung „durchreichen“. Das Besondere an dieser Anweisung ist das Werfen des ursprünglichen temporären Objekts. Wie wir wissen, fertigt throw eine Kopie des zu werfenden Objekts an und benutzt diese zur Initialisierung des catch-Parameters. Wird die gerade behandelte Ausnahme erneut mit throw geworfen, dann wird das ursprünglich erzeugte temporäre Objekt weiter gereicht, es findet kein neuerliches Kopieren statt.

Im Gegensatz dazu steht das Werfen des catch-Parameters:

Listing 7.18
Das Werfen einer neuen Ausnahme

```
  catch(Prim& p) {
    throw p;
  }
```

Augenscheinlich identisch mit der vorigen Variante wird hier jedoch eine neue Ausnahme geworfen und nicht die gerade behandelte weiter gereicht. Damit wird hier ein neues temporäres Objekt angelegt.

Aber passen Sie auf: Wenn Sie einfach `throw` ohne Argument schreiben, ohne dass gerade eine Ausnahme behandelt wird, dann geht es ohne Umweg direkt zu `terminate`.

Wann gilt eine Ausnahme als gefangen?

Diese Frage ist leicht zu beantworten. Eine Ausnahme ist gefangen, wenn einer der folgenden Punkte zutrifft:

- Wenn für einen `catch`-Block der Parameter initialisiert wurde. Zu diesem Zeitpunkt ist auch das mit dem Verlassen der lokalen Blöcke verbundene Abwickeln des Stacks abgeschlossen.
- Wenn wegen einer `throw`-Anweisung die Funktion `terminate` oder `unexpected` betreten wird.

Die Methode `unexpected` wird noch in Abschnitt 7.4.3 besprochen.

In diesen Fällen liefert auch die Methode `uncaught_exception` den Wert `false`.

Die Behandlung einer Ausnahme wird durch eine der folgenden Situationen beendet:

- Der entsprechende `catch`-Block wird ohne Einsatz eines argumentlosen `throw`s beendet.
- Die Funktion `unexpected` wird beendet, nachdem sie durch ein `throw` aufgerufen wurde.

Tritt einer dieser Punkte ein, dann hat ein `throw` ohne Parameter den Aufruf von `terminate` zur Folge.

7.4 Ausnahme-Spezifikationen

Ausnahme-Spezifikationen (exception-specifications) dienen zur Kennzeichnung, welche Ausnahmen eine Funktion verlassen dürfen. Sollte eine Funktion durch eine Ausnahme beendet werden, die nicht von der Ausnahme-Spezifikation abgedeckt ist, dann wird die Funktion `unexpected` aufgerufen:

```
void fkt() throw(Integer, Prim) {
  throw (1);
}
```

Listing 7.19
Beispiel einer Ausnahme-Spezifikation

Im oberen Beispiel wird `unexpected` aufgerufen, weil eine Ausnahme des Typs `int` geworfen wurde, die Funktion aber nur Ausnahmen der Typen `Integer` und `Prim` heraus lässt.

Sollten innerhalb der Funktion nicht von der Ausnahme-Spezifikation abgedeckte Ausnahmen geworfen, diese aber auch innerhalb der Funktion wieder gefangen werden, gibt es keine Probleme:

Listing 7.20
Eine innerhalb der Funktion gefangene Ausnahme

```
void fkt() throw(Integer, Prim) {
  try {
    throw (1);
  }
  catch(...) {
    cout << "alles-gefangen" << endl;
  }
}
```

Denn keine ungenehmigte Ausnahme verlässt die Funktion.

In den oberen Beispielen ist die Angabe von `Prim` in der Ausnahme-Spezifikation übrigens unnötig, da mit der Angabe eines Klassentypen automatisch alle Subklassen-Typen mit abgedeckt sind. Oder mit den Worten des C++-Standards:

Man sagt, eine Funktion erlaubt eine Ausnahme des Typs `A`, wenn die Ausnahme-Spezifikation der Funktion einen Typ `T` enthält, bei dem ein Ausnahme-Handler mit Typ `T` als Parameter auch eine Ausnahme des Typs `A` auffangen würde.

Oder anders formuliert: Wenn ein Ausnahme-Handler mit Typ `T` als Parameter auch eine Ausnahme des Typs `A` auffangen würde, dann erlaubt eine Funktion mit Typ `T` in der Ausnahme-Spezifikation auch eine Ausnahme des Typs `A`.

7.4.1 Ausnahme-Spezifikationen und Zeiger

Wenn ein Zeiger auf eine Funktion mit Ausnahme-Spezifikation zeigen soll, dann darf die Ausnahme-Spezifikation des Zeigers nicht restriktiver sein als die Ausnahme-Spezifikation der Funktion, auf die er zeigen soll. Nehmen wir als Beispiel die obere Funktion `fkt` und definieren wir Zeiger für sie:

```
void (*p1)() = fkt;                          // In Ordnung
void (*p2)() throw(Integer, Prim) = fkt; // In Ordnung
void (*p3)() throw(Integer) = fkt;       // In Ordnung
void (*p4)() throw(Prim) = fkt;          // Fehler!
```

Der Zeiger `p1` besitzt keine Ausnahme-Spezifikation und erlaubt deshalb alle Ausnahmen, damit sind alle möglichen Ausnahmen, die `fkt` werfen kann, abgedeckt.

Die Zeiger `p2` und `p3` sind von den erlaubten Ausnahmen her gleich und stimmten auch mit der Ausnahmen-Spezifikation von `fkt` überein.

Lediglich `p4` erlaubt nur eine Ausnahme von `Prim`. Somit könnte `fkt` Ausnahmen werfen, die über `p4` nicht erlaubt sind. Die Zuweisung wird deshalb nicht kompiliert.

Beachten Sie, dass Sie Ausnahme-Spezifikationen nicht in Zusammenhang mit `typedef` verwenden können. Wenn Sie einen Zeiger mit Ausnahme-Spezifikation definieren wollen, dann müssen Sie auf `typedef` verzichten.

7.4.2 Virtuelle Methoden mit Ausnahme-Spezifikation

Bei virtuellen Methoden mit Ausnahme-Spezifikation muss berücksichtigt werden, dass eine überschreibende Methode einer Subklasse die Ausnahme-Spezifikation nicht auflockern darf:

Listing 7.21
Virtuelle Methoden mit Ausnahme-Spezifikationen

```
class Basis {
public:
  virtual void fkt1() throw(int);
  virtual void fkt2() throw(int);
};

class Abgeleitet : public Basis {
public:
  void fkt1() throw(int, Integer); // Fehler!
  void fkt2() throw();             // In Ordnung
};
```

Die Methode `fkt1` in `Abgeleitet` erlaubt mehr Ausnahmen, als die Ausnahme-Spezifikation in der Basisklasse zulässt. Der Compiler wird dies nicht durchgehen lassen.

Die zweite Methode erlaubt überhaupt keine Ausnahmen und verschärft die Spezifikation noch. Und das ist erlaubt.

7.4.3 unexpected

Wie wir weiter oben bereits erfahren haben, wird die Funktion `unexpected` immer dann aufgerufen, wenn eine Funktion oder Methode wegen einer Ausnahme verlassen wurde, die von der Ausnahme-Spezifikation der Funktion oder Methode nicht erlaubt war.

Die Methode `unexpected` ruft den `unexpected_handler` auf, der standardmäßig die Funktion `terminate` aufruft.

Über `set_unexpected` kann jedoch ein eigener Handler angegeben werden. `set_unexpected` liefert einen Verweis auf den alten Handler zurück:

```
unexpected_handler set_unexpected(unexpected_handler f) throw();
```

Die Signatur eines `unexpected_handler` ist über den gleichnamigen Typ definiert:

```
typedef void (*unexpected_handler)();
```

Mögliche Aufgaben eines eigenen Handlers

Wir wissen mittlerweile, dass der standardmäßige `unexpected_handler` die Funktion `terminate` aufruft. Aber was könnte ein eigener Handler bewerkstelligen?

Die ganze `unexpected`-Geschichte wird ja nur deswegen angestoßen, weil eine Funktion über eine Ausnahme verlassen wurde, die in ihrer Ausnahme-Spezifikation nicht vorgesehen ist.

Ein für den `unexpected_handler` typischer Einsatz-Bereich ist das Werfen einer neuen Ausnahme, die von der Ausnahme-Spezifikation durchgelassen wird:

Listing 7.22
Eine von der Ausnahme-Spezifikation abgeblockte Ausnahme

```
void fkt1() throw(Integer) {
  throw (1);
}
```

Die Funktion `fkt1` wirft eine Ausnahme, die von ihrer Ausnahme-Spezifikation nicht durchgelassen wird. Ein Aufruf der Funktion `unexpected` ist die Folge, die wiederum den `unexpected_handler` aufruft. Und der soll so aussehen:

Listing 7.23
Ein eigener unexpected_handler

```
void unerwartet() {
  throw(Prim(1));
}
```

Die in `unerwartet` geworfene Ausnahme passiert die Ausnahme-Spezifikation von `fkt1` problemlos. Eine passende `main`-Funktion könnte so aussehen:

Listing 7.24
Eine vom unexpected_handler Ausnahme wird gefangen

```
int main() {
  set_unexpected(unerwartet);

  try {
    fkt1();
  }
  catch(...) {
    cout << "alles-gefangen" << endl;
  }
}
```

Das ist alles recht nett, was passiert aber, wenn die in `unerwartet` geworfene Ausnahme auch nicht die Ausnahme-Spezifikation passiert? So etwa:

Listing 7.25
Ein unexpected_handler verletzt die Ausnahme-Spezifikation

```
void unerwartet() {
  throw(1);
}
```

Wenn eine vom `unexepected_handler` geworfene Ausnahme nicht der Ausnahme-Spezifikation der ursprünglich gescheiterten Funktion entspricht, dann wird automatisch die Ausnahme `std::bad_exception` geworfen.

Und jetzt hängt wieder alles von der Ausnahme-Spezifikation von `fkt1` ab:

- Lässt die Ausnahme-Spezifikation von `fkt1` eine Ausnahme des Typs `std::bad_exception` passieren, dann geschieht genau dies.
- Blockt die Ausnahme-Spezifikation von `fkt1` die `std::bad_exception`-Ausnahme ab, dann wird `terminate` aufgerufen.

Die folgende Version von `fkt1` lässt `std::bad_exception` passieren:

```
void fkt1() throw(Integer, std::bad_exception) {
  throw (1);
}
```

7.4.4 Ausnahme-Spezifikationen in der Praxis

Die Antwort auf die Frage, ob Ausnahme-Spezifikationen in der Praxis nun eingesetzt werden sollen oder nicht, ist recht durchwachsen. Die Nachteile sind schnell gefunden:

- Hoher Wartungsaufwand. Wenn Sie Ausnahme-Spezifikationen konsequent einsetzen und dann irgendwann in die Verlegenheit kommen, die Ausnahme-Spezifikation einer Funktion zu erweitern, kann dies unter Umständen einen Rattenschwanz an Veränderungen nach sich ziehen. Da zur Kompilationszeit nicht geprüft wird, ob die von einer Funktion definierte Ausnahme-Spezifikation auch von allen aus dieser Funktion aufgerufenen Funktionen eingehalten wird, kann sich eine unvollständige Anpassung aller Spezifikationen erst zur Laufzeit bemerkbar machen. Und weil Ausnahmen in einem vernünftigen Programm nicht am laufenden Band geworfen werden, kann es dauern, bis der Fehler überhaupt auftritt.
- Aufruf von `unexpected`. Wenn Sie mit Ausnahme-Spezifikationen arbeiten, dann ist nicht auszuschließen, dass in seltenen Fällen die Funktion `unexpected` aufgerufen wird. Sie sollten daher einen eigenen `unexpected_handler` schreiben und dort einen Notfall-Plan unterbringen. Nicht gerade der Schönste aller Programmier-Stile.
- Bestimmung aller möglichen Ausnahmen. Eine gute Ausnahme-Spezifikation sollte alle Ausnahmen, die in der eigenen und den aufgerufenen Funktionen geworfen werden, beinhalten. Leider ist diese Menge nicht immer genau zu definieren. Speziell dann nicht, wenn es sich um Templates handelt, die einen beliebigen Typen (der beliebige Ausnahmen werfen könnte) verwalten.
- Laufzeitverhalten. Die Verwendung von Ausnahme-Spezifikationen kann den Compiler dazu bringen, für die entsprechende Funktion die `inline`-Deklaration außer Acht zu lassen. Das kann sich negativ im Laufzeitverhalten auswirken.

Diesen Nachteilen gegenüber steht der Vorteil, genau zu wissen, dass eine Funktion nur die spezifizierten Ausnahmen werfen kann.

Ich persönlich würde, wenn überhaupt, nur Funktionen mit einer Ausnahmen-Spezifikation versehen, die definitiv keine Ausnahme werfen. Aber vielleicht kommen Sie zu einer anderen Philosophie.

7.5 Ausnahmen und Konstruktoren

Wenn ein Programm läuft, dann ist es nicht ungewöhnlich, dass vom Programmierer vorhergesehene Fehler auftreten können. Erinnern wir uns an Kapitel 2.7.2, wo wir den Ansatz einer `Url`-Klasse programmiert haben, die in der Lage sein sollte, Urls für die Protokolle HTTP und FTP zu repräsentieren.

Die Klasse musste mit dem Problem zurechtkommen, dass unter Umständen ein `Url`-Objekt aus einer Url erzeugt werden könnte, die ein nicht von der Klasse unterstütztes Protokoll besitzt. Wir hatten uns mit einer statischen Methode aus der Affäre gezogen, die zuerst überprüft, ob es sich um ein gültiges Protokoll handelt und dann erst ein `Url`-Objekt erzeugt.

Nun können wir bei einem ungültigen Protokoll eine Ausnahme werfen. Dazu definieren wir in der Klasse eine eingebettete, öffentliche Klasse `FalscheUrl`:

Listing 7.26 Ein Konstruktor wirft eine Ausnahme

```
class Url {
  string m_url;

public:
  class FalscheUrl {};

  Url(const string& url)
  : m_url(url) {
    if(url.substr(0,4)!="http" &&
       url.substr(0,3)!="ftp")
      throw FalscheUrl();
  }

  string getUrl() const {
    return(m_url);
  }
};
```

Und folgend noch ein Einsatz-Beispiel:

Listing 7.27 Ein Einsatz-Beispiel

```
try {
  Url u("http://wer.fddf.de");
  cout << "Url in Ordnung." << endl;
}
catch(Url::FalscheUrl) {
  cout << "Falsches Protokoll!" << endl;
}
```

Wir geben im `catch`-Block keinen Parameter-Namen an, weil uns das geworfene Objekt nicht interessiert. Wir wollen nur auf das Ereignis der geworfenen Ausnahme reagieren.

Sollte das Protokoll ungültig sein und der `Try`-Block mit einer Ausnahme verlassen werden, dann wird auch der Gültigkeitsbereich des `Url`-Objekts verlassen. Auf diese Weise kann nie ein unvollständig oder überhaupt nicht konstruiertes Objekt entstehen.

Durch das Abwickeln des Stacks bei einer Ausnahme wird normalerweise für alle lokalen Objekte der Destruktor aufgerufen. Für u aber nicht, denn es hat nie zu existieren begonnen.

Destruktoren werden nur beim Abbau vollständig erzeugter Objekte aufgerufen. Ein Objekt ist vollständig konstruiert, wenn sein Konstruktor ordnungsgemäß und nicht über eine Ausnahme beendet wurde. Dabei ist es unerheblich, ob die Ausnahme vom Konstruktor selbst, einem Attribut der Klasse oder einem lokalen Objekt des Konstruktors geworfen wird.

Gehen wir ein wenig weiter und erzeugen wir eine Klasse, die zwei Urls beinhaltet:

Listing 7.28
Die Klasse ZweiUrls

```
class ZweiUrls {
  Url m_url1;
  Url m_url2;
public:
  ZweiUrls(const char* s1, const char* s2)
    : m_url1(s1), m_url2(s2)
  {}
  Url getUrl1() const {
    return(m_url1);
  }
  Url getUrl2() const {
    return(m_url2);
  }
};
```

Mal eine kleine Zwischenfrage: Hätte ich im Konstruktor die beiden `Url`-Objekte `m_url1` und `m_url2` auch im Anweisungsblock initialisieren können?

Natürlich nicht, für die Klasse `Url` existiert kein Standard-Konstruktor, insofern muss ein Konstruktor in der Element-Initialisierungsliste explizit angegeben werden.

Aber zurück zum eigentlichen Thema, was passiert bei folgender Anweisung:

```
ZweiUrls zw("http://www.fdfdf.de", "htte://wer.fddf.de");
```

Es wird auf jeden Fall eine Ausnahme geworfen, denn das zweite `Url`-Objekt in `ZweiUrls` wird mit einem nicht unterstützten Protokoll initialisiert. Die einzige Unklarheit besteht darüber, ob wir jetzt ein Speicherleck haben, denn schließlich wurde das erste `Url`-Objekt bereits erzeugt. Glücklicherweise gibt es folgende Regel:

Wird ein Konstruktor über eine Ausnahme verlassen, dann wird für alle Elemente der Klasse, die bereits vollständig konstruiert sind, ihr Destruktor aufgerufen.

7.6 Ausnahmen und Destruktoren

Dieser Abschnitt ist eigentlich recht schnell abgehakt: Destruktoren sollten keine Ausnahmen werfen.

Der Grund ist einfach. Wenn eine Ausnahme geworfen wird, dann hat die Stack-Abwicklung einen Abbau der lokalen Objekte zur Folge. In diesen Abbau sind mit ziemlicher Sicherheit die Destruktoren der abzubauenden Objekte einbezogen.

Wir hatten weiter oben erfahren, dass `terminate` aufgerufen wird, wenn ein Destruktor eine Ausnahme wirft, obwohl bereits eine Ausnahme aktiv ist. Das bedeutet letztlich:

Sind Destruktoren im Spiel, die Ausnahmen werfen, ist eine vernünftige Ausnahme-Behandlung nicht mehr gewährleistet.

Und es lässt sich nicht garantieren, dass von einer Klasse, deren Destruktor eine Ausnahme wirft, ein Feld angelegt werden kann, ohne dass ein Speicherleck entsteht. Warum das so ist, sehen Sie im nächsten Abschnitt.

7.7 Ausnahmen und dynamische Speicherverwaltung

Legen wir zunächst eine leere Klasse `Element` an, deren Standard-Konstruktor eine Ausnahme werfen könnte:

Listing 7.29
Eine Klasse, deren Konstruktor zufällig eine Ausnahme wirft

```
class Element {
public:
  Element() {
    if(rand()==57)
      throw "Ausnahme";
  }
};
```

Und jetzt erzeugen wir auf dynamischem Wege ein Objekt der Klasse:

```
Element* e1 = new Element;
```

Wie wir aus Kapitel 3.3.1 wissen, reserviert `new` zunächst Speicher für das Objekt und ruft daraufhin den Standard-Konstruktor für das Objekt auf. Und das sind auch genau die beiden Stellen, an denen eine Ausnahme geworfen werden könnte:

- Das Reservieren des Speichers durch `new` schlägt fehl. Im Normalfall wirft `new` dann die Ausnahme `bad_alloc`. Der Konstruktor des Objekts wird nicht aufgerufen. Bei einer `bad_alloc`-Ausnahme wissen wir, dass das Objekt nicht erzeugt wurde, weil nicht genug Speicher da war und deswegen auch kein Speicherleck entstehen kann.
- Der Konstruktor des Objekts wirft eine Ausnahme. Zu diesem Zeitpunkt ist der Speicher von `new` bereits erfolgreich reserviert worden. `new` fängt die Ausnahme des Konstruktors auf, gibt den reservierten Speicher mit dem passenden `delete` wieder frei und leitet die Ausnahme mit `throw;` weiter. Auch hier ist kein Speicherleck entstanden, die Ausnahme des Konstruktors kann außerhalb von `new` weiter ausgewertet werden.

Gehen wir einen Schritt weiter und legen wir dynamisch ein Feld an:

```
Element* e2 = new Element[20];
```

Auch hier legt new zunächst Speicher für die Objekte an und ruft dann nacheinander für jedes Objekt den Standard-Konstruktor auf. Ausnahmen können in folgenden Situationen auftreten:

- Das Reservieren des Speichers für das Feld schlägt fehl. Es wird wieder eine bad_alloc-Ausnahme geworfen. Keiner der Konstruktoren wurde aufgerufen. Speicher wurde nicht reserviert.
- Einer der Konstruktor-Aufrufe wirft eine Ausnahme. new fängt die Ausnahme auf, ruft in umgekehrter Reihenfolge die Destruktoren aller bereits konstruierten Objekte auf und gibt den reservierten Speicher frei. Zum Schluss wird die aufgefangene Ausnahme für eine weitere Auswertung weitergeleitet. Ein Speicherleck wurde vermieden.

Bis hierhin wirkt new recht robust. Aber nur aus einem Grund: Wir sind stillschweigend davon ausgegangen, dass der Destruktor von Element keine Ausnahme wirft. Würde er dies tun, hätte new im Falle einer Ausnahme im Konstruktor ein echtes Problem, denn new muss die bereits konstruierten Elemente im Feld wieder freigeben, und zwar mit dem Destruktor. Und wenn der jetzt eine Ausnahme wirft, obwohl die Ausnahme des Konstruktors noch bearbeitet wird, dann folgt ein Aufruf von terminate.

Deswegen: Sorgen Sie dafür, dass die Destruktoren ihrer Klassen nicht mit einer Ausnahme beendet werden.

Übrigens, delete wirft nie eine Ausnahme!

Als nächstes Beispiel wollen wir uns folgende Klasse genauer ansehen:

Listing 7.30
Die Klasse ZweiBloecke

```
class ZweiBloecke {
  int* m_block1;
  int* m_block2;

  public:
    ZweiBloecke()
      : m_block1(new int[20]),
        m_block2(new int[30])
    {}

    ~ZweiBloecke() {
      delete[](m_block1);
      delete[](m_block2);
    }
};
```

Kann bei dieser Klasse ein Speicherleck entstehen?

Grundsätzlich ja, denn was passiert, wenn die Reservierung des zweiten Blocks fehlschlägt? Dann wirft new die Ausnahme bad_alloc. Die Ausnahme wird im Konstruktor nicht aufgefangen und der Konstruktor somit beendet. Das wiederum hat zur Folge, dass das Objekt nicht vollständig konstruiert ist und beim Abbau deswegen auch kein Destruktor aufgerufen wird. Niemand gibt den bereits vollständig reservierten Speicherbereich des ersten Blocks frei; ein Speicherleck.

Um dieses Problem zu beheben, verlegen wir die Speicherreservierung aus der Element-Initialisierungsliste heraus in den Anweisungsblock des Konstruktors und fangen die uns eben zum Verhängnis gewordene Ausnahme auf:

Listing 7.31
Eine ausnahmen-sichere ZweiBloecke-Klasse

```
ZweiBloecke() {
  m_block1 = new int[20];

  try {
    m_block2 = new int[30];
  }
  catch(bad_alloc) {
    delete[](m_block1);
    throw;
  }
}
```

Die beim Reservieren des ersten Blocks eventuell geworfene Ausnahme brauchen wir nicht zu fangen, denn wenn sie geworfen wird, ist kein Speicher reserviert worden, der Konstruktor kann ohne weiteres verlassen werden.

Wenn die Reservierung des zweiten Blocks eine Ausnahme wirft, dann ist für diesen zwar kein Speicher reserviert, wir müssen die Ausnahme aber fangen, um den bereits erfolgreich reservierten ersten Block wieder freizugeben. Anschließend leiten wir die Ausnahme weiter nach draußen.

7.8 Ressourcen-Erwerb ist Initialisierung

RAII ist die Abkürzung für „Resource Acquisition Is Initialization", was auf Deutsch so viel wie „Ressourcen-Erwerb ist Initialisierung" bedeutet. Nicht gerade ein aussagekräftiger Name, aber deswegen ist es ja auch ein Idiom.

Grundsätzlich, aber speziell in Zusammenarbeit mit Ausnahmen, sollten Sie sich das so genannte RAII-Idiom zu Herzen nehmen. Das RAII-Prinzip bindet eine Ressource an die Lebenszeit eines Objekts. Bei der Objekt-Erzeugung wird die Ressource belegt oder reserviert und beim Objekt-Abbau wird die Ressource wieder frei gegeben.

Ein typisches Beispiel für eine RAII-Klasse ist der Auto-Pointer. Der reservierte Speicherblock wird an die Lebenszeit des `auto_ptr`-Objekts gebunden. Wenn die Lebenszeit des Objekts vorbei ist, gibt das Objekt automatisch den Speicher wieder frei.

Das RAII-Idiom auf die obere `ZweiBloecke`-Klasse angewandt ergibt sich folgende Vereinfachung:

Listing 7.32
Die Klasse ZweiBloecke mit RAII-Idiom

```
class ZweiBloecke {
  auto_ptr<int> m_block1;
  auto_ptr<int> m_block2;

  public:
    ZweiBloecke()
      : m_block1(new int[20]), m_block2(new int[30])
    { }
    ~ZweiBloecke()
    { }
};
```

Wir benötigen im Konstruktor kein `try` mehr, denn wenn die Reservierung des zweiten Blocks eine Ausnahme wirft, dann ist der erste Block bereits reserviert und der erste Auto-Pointer vollständig konstruiert. Beim Verlassen sorgt dieser dann dafür, dass der erste Speicherblock wieder freigegeben wird.

Aus diesem Grund kann jetzt auch der Destruktor leer bleiben. Die beiden Auto-Pointer geben den Speicher automatisch frei.

7.9 Funktions-Try-Blöcke

Die Problematik mit in der Element-Initialisierungsliste geworfenen Ausnahmen wollen wir an dieser Stelle noch etwas vertiefen. Wir leiten dazu von der Klasse `Element` ab:

```
class SubElement : public Element {
public:
  SubElement()
    : Element()
  {}
};
```

Listing 7.33
Die von Element abgeleitete Klasse SubElement

Obwohl es nicht notwendig gewesen wäre, habe ich aus Gründen der Transparenz den Standard-Konstruktor der Basisklasse explizit in der Element-Initialisierungsliste aufgerufen.

Wir wissen, dass der Konstruktor von `Element` eine Ausnahme werfen kann. Leider kann der Konstruktor-Aufruf aber nicht in den Anweisungs-Block des Subklassen-Konstruktors verschoben werden. Aber wie können wir innerhalb des Subklassen-Konstruktors eine in einem Basisklassen-Konstruktor geworfene Ausnahme fangen?

Dazu gib des den so genannten *Funktions-Try-Block* (function try block). Ein herkömmlicher Try-Block befindet sich immer innerhalb eines Funktions-Blocks. In unserem Fall müsste aber der gesamte Konstruktor in einen Try-Block gepackt werden. Und genau das macht der Funktions-Try-Block. Der abgeänderte Konstruktor sieht so aus:

```
  SubElement() try
    : Element()
  {}
  catch(const char* s) {
  }
```

Listing 7.34
Ein Funktions-Try-Block

Das Schlüsselwort `try` steht nun direkt hinter der Konstruktor-Deklaration und definiert den gesamten Anweisungsblock des Konstruktors sowie die Element-Initialisierungsliste als Try-Block. Und weil nun der gesamte Anweisungs-Block zum Try-Block wird, steht das `catch` hinter dem Anweisungsblock.

Mit den Funktions-Try-Blöcken haben wir die Möglichkeit, bei einem Konstruktor auch Ausnahmen, die in der Element-Initialisierungsliste auftreten, fangen zu können. Der Funktions-Try-Block fängt sogar Ausnahmen, die in den Konstruktoren der Klassen-Attribute geworfen werden, denn letztlich werden die Konstruktoren der Attribute ja in der Element-Initialisierungsliste implizit oder durch den Programmierer explizit aufgerufen.

Der Funktions-Try-Block sollte aber nur als Notlösung dienen. Wenn in unserem Beispiel eine Ausnahme gefangen wird, dann wurde diese von dem Basisklassen-Konstruktor geworfen. Wir haben in Kapitel 7.5 erfahren, dass nur die Objekte als vollständig konstruiert gelten und damit „zu leben“ beginnen, deren Konstruktor ordnungsgemäß – also ohne Ausnahme – beendet wurde. Das wiederum heißt im oberen Beispiel, dass der Basisklassen-Konstruktor den Basisklassenteil nicht erzeugen konnte und dieser Teil des Objekts damit eine Totgeburt ist.

Wenn wir jetzt die Ausnahme im Subklassen-Konstruktor auffangen, dann können wir uns auf den Kopf stellen, aber wir bekommen das Objekt nicht mehr vernünftig konstruiert. Im `catch`-Block des Funktions-Try-Blocks ist das Objekt hirntot, nur noch durch den Ausnahme-Handler am Leben gehalten.

Der Standard hat aus dieser Situation die Konsequenz gezogen: Wenn ein Handler eines Funktions-Try-Blocks beendet wird, dann wird die ursprüngliche Ausnahme erneut geworfen.

Oder anders ausgedrückt: Jeder Handler eines Funktions-Try-Blocks besitzt am Ende ein implizites `throw;`

Das heißt in der Praxis: Wir können mit einem Funktions-Try-Block zwar eine Ausnahme fangen und noch entsprechende Aktionen durchführen, de facto wird die Konstruktion aber mit einer Ausnahme beendet, ob die ursprüngliche Ausnahme implizit erneut geworfen wird oder wir im Handler eine eigene Ausnahme werfen, ist dabei egal.

Allerdings sollte man von dem Werfen einer eigenen Ausnahme im Handler des Funktions-Try-Blocks Abstand nehmen, weil dies für den Erzeuger des Objektes den aufgetretenen Fehler verfälscht.

Übrigens: Die Parameter eines Konstruktors sind im Handler des Funktions-Try-Blocks noch nicht abgebaut, sie können also noch angesprochen werden.

Zu guter Letzt sollten Sie sich fragen, wann ein Funktions-Try-Block überhaupt Sinn macht. Wenn der Handler eines Funktions-Try-Blocks betreten wird, dann sind bereits für alle vollständig konstruierten Klassenattribute und Basisklassen-Elemente die Destruktoren aufgerufen worden. Aufräumarbeiten wären also nur bei unverwalteten Elementen (wie den reservierten Blöcken der Klasse `ZweiBloecke` in Listing 7.30) notwendig, und die hätte man auch gleich im Anweisungsblock initialisieren und gegebenenfalls die Ausnahme dort auffangen können.

Kurzum: Überlegen Sie sich gut, ob Sie Funktions-Try-Blöcke einsetzen. Meist deutet die Notwendigkeit eines Funktions-Try-Blocks auf einen Schwachpunkt im Klassendesign hin.

7.10 Standard-Ausnahmen

In C++ gibt es vier Ausnahmen, die im Zusammenhang mit Sprachelementen geworfen werden können. Obwohl wir sie bereits alle besprochen haben, möchte ich sie hier noch einmal gemeinsam und kurz aufführen:

- `bad_alloc`, wird geworfen, wenn `new` keinen Speicher reservieren konnte (Kapitel 3.6).
- `bad_cast`, wird geworfen, wenn `dynamic_cast` bei Referenz- oder Werttypen keine Umwandlung vornehmen konnte (Kapitel 6.8.2).
- `bad_exception`, wird geworfen, wenn eine von der Funktion `unexpected` geworfene Ausnahme von der Ausnahme-Spezifikation der ursprünglichen Funktion nicht durchgelassen wird (Kapitel 7.4.3).
- `bad_typeid`, wird geworfen, wenn `dynamic_cast` einen Null-Zeiger übergeben bekommt (Kapitel 6.8.2).

7.11 Ausnahmen-Sicherheit

Programmcode kann unterschiedlich ausnahmen-sicher sein. Um ein Begriffsvokabular einzuführen, mit dem wir die verschiedenen Ebenen der Ausnahmen-Sicherheit diskutieren können, stelle ich Ihnen hier die von Dave Abrahams eingeführten Ausnahmen-Sicherheits-Garantien vor:

- Die *grundlegende Garantie*: Ein Programmcode verursacht keine Ressourcen-Lecks, wenn Ausnahmen geworfen werden.
- Die *hohe Garantie* ergänzt die grundlegende Garantie durch die zusätzliche Forderung, dass der Zustand des Objekts beim Auftreten einer Ausnahme unverändert bleibt.
- Die *nothrow-Garantie* ist die höchste und am schwierigsten zu implementierende Garantie: Ein Programm-Code wirft niemals eine Ausnahme, und kann deswegen nicht durch Ausnahmen in seiner Funktion behindert werden.

Wir werden im Kapitel 7.12 einige praktische Beispiele betrachten und diese daraufhin untersuchen, ob Garantien eingehalten werden, und wie der Programmcode abgeändert werden kann, damit sie es tun.

7.12 Ausnahmen in der Anwendung

In diesem letzten Abschnitt zum Thema Ausnahmen wollen wir das gelernte Wissen anwenden.

Die `QString`-Klasse aus Kapitel 4.12.3 wird einer genaueren Untersuchung bezüglich Ausnahmen-Sicherheit unterzogen und entsprechend fit gemacht.

Wir werden einen Ringpuffer programmieren, eine nützliche Container-Klasse, die speziell für eine laufzeit-effiziente Queue-Implementierung geeignet ist.

Wir wollen die Klassen auf folgende Gesichtspunkte hin überprüfen, beziehungsweise sie nach folgenden Gesichtspunkten entwerfen:

- *Ökonomisches Ressourcenmanagement:* Von der Klasse nicht mehr benötigte Ressourcen sollten zeitnah freigegeben und Ressourcen-Lecks vermieden werden.
- *Ausnahmen-sicherer Code:* Die Klasse soll in ihrer Gesamtheit die hohe Garantie einhalten.
- *Granularität:* Die einzelnen Operationen der Klasse sollten möglichst atomar sein.
- *Laufzeitverhalten:* Die Klassen sollen ein möglichst gutes Laufzeitverhalten an den Tag legen. Dabei soll sich der Optimierungsaufwand aber in Grenzen halten.

7.12.1 Ein ausnahmen-sicherer insensitiver String

Wir hatten in Kapitel 4.12.3 eine String-Klasse implementiert, die bei ihren Vergleichen nicht zwischen Groß- und Kleinschreibung unterscheidet, sie aber trotzdem korrekt speichert. Wir werden diese Klasse nun daraufhin untersuchen, ob sie ausnahmen-sicher ist und wie sie ausnahmen-sicher gemacht werden kann. Sie werden überrascht sein, dass Ausnahme-Sicherheit nicht zwangsläufig etwas mit `try` und `catch` zu tun haben muss.

Die Klasse hat nur zwei `string`-Objekte als Attribute, der eine String speichert den Orginal-String, der andere den String in Kleinbuchstaben:

Listing 7.35
Das Skelett von `QString`

```
class QString {
public:
  typedef string::size_type size_type;
  const static size_type npos;

private:
  string str;
  string low;
};
```

Schauen wir uns nun die einzelnen Methoden an.

Standard-Konstruktor

Listing 7.36
Der alte Standard-Konstruktor

```
  QString() {
    set("");
  }
```

Recht niedlich. Um von der Element-Initialisierungsliste Gebrauch machen zu können, wollen wir den Einsatz der `set`-Methode schrittweise eliminieren, um `set` später ganz entfernen zu können:

Listing 7.37
Ein neuer Standard-Konstruktor

```
  QString()
    : str(""), low("")
  { }
```

Versuchen Sie den Konstruktor anhand der oben beschriebenen Kriterien zu bewerten.

Interessant ist hier eigentlich nur die Ausnahmen-Sicherheit. Prinzipiell kann der `string`-Konstruktor bei einer der beiden String-Initialisierungen eine Ausnahme werfen, damit wird die nothrow-Garantie schon mal nicht eingehalten.

Bei unseren Betrachtungen müssen wir voraussetzen, dass die Klasse `string` die hohe Garantie einhält. Sollte sie dies nicht tun, dann könnten in `string` Speicherlecks auftreten, die unsere Klasse nicht zu verantworten hat.

Der Konstruktor verhält sich auch nicht ausnahmen-neutral, womit die hohe Garantie auch nicht greift.

Wie sieht es mit Speicherlecks aus? Sollte der erste String eine Ausnahme werfen, war in unserem Objekt noch kein Element konstruiert, die Ausnahme kann problemlos unseren Konstruktor passieren. Wirft die Konstruktion des zweiten Strings eine Ausnahme, dann ist zu diesem Zeitpunkt der erste String bereits vollständig konstruiert. Damit wird dieser String korrekt abgebaut, wenn die Ausnahme unseren Konstruktor verlässt.

Der Standard-Konstruktor erfüllt die grundlegende Garantie.

Die grundlegende Garantie ist für einen Konstruktor auch völlig ausreichend. Genau genommen kann die hohe Garantie von einem Konstruktor nie eingehalten werden, denn wird ein Konstruktor über eine Ausnahme verlassen, dann hat die Lebenszeit des Objekts nicht begonnen. Von daher gibt es auch keinen Zustand, der unverändert bleiben sollte.

Man könnte die Argumentation auch herumdrehen: Weil es bei einer Ausnahme im Konstruktor überhaupt keinen Objekt-Zustand gibt, wird die hohe Garantie immer dann eingehalten, wenn auch die grundlegende Garantie eingehalten wird.

Kopier-Konstruktor

```
QString(const QString& q)
  : str(q.str), low(q.low)
{}
```

Listing 7.38
Der Kopier-Konstruktor

Der Kopier-Konstruktor hält die grundlegende Garantie aus den gleichen Gründen ein wie der Standard-Konstruktor.

Konstruktor für Strings

```
QString(const string& s)
  : str(s), low(s) {
    toLower(low);
}
```

Listing 7.39
Ein Konstruktor mit einem string-Parameter

Die Element-Initialisierungsliste ist ausnahmen-sicher. Um die vollständige Ausnahmen-Sicherheit des Konstruktors zu bestimmen, müssen wir noch die Funktion `toLower` betrachten:

```
void toLower(string& s) {
  for(string::size_type i=0; i<s.length(); ++i)
    s[i]=tolower(s[i]);
}
```

Was für eine Garantie hält `toLower` ein?

Sie bekommt eine Referenz übergeben und arbeitet nur mit integralen Datentypen und lokalen Variablen. Die Funktion hält daher die nothrow-Garantie.

Damit ist auch der Konstruktor ausnahmen-sicher.

Kopier-Zuweisungs-Operator

Listing 7.40
Der Kopier-Zuweisungs-Operator

```
QString& operator=(const QString& e) {
  str=e.str;
  low=e.low;
  return(*this);
}
```

Und was halten Sie von dieser Methode?

Unter der Voraussetzung, dass die `string`-Klasse der STL ausnahmen-sicher ist.

Dieser Kopier-Zuweisungs-Operator ist potenziell unsicher. Sowohl für `str` als auch für `low` wird der Kopier-Zuweisungs-Operator aufgerufen, der theoretisch eine Ausnahme werfen könnte. Wirft die Zuweisung an `low` eine Ausnahme, dann würde `low` seinen Zustand nicht verändern. Der String `str` hat seinen Zustand aber bereits erfolgreich verändert, Inkonsistenz ist die Folge.

Man könnte auf die Idee kommen, eine „Sicherheitskopie" von `str` anzulegen, die im Falle einer Ausnahme dann eine Rekonstruktion ermöglicht:

Listing 7.41
Eine Verschlimmbesserung

```
QString& operator=(const QString& e) {
  string s=str;
  str=e.str;
  try {
    low=e.low;
  }
  catch(...) {
    str=s;
    throw;
  }
}
```

Ich habe den Knackpunkt des oberen Ansatzes im Quellcode markiert. Wer garantiert, dass bei der Rekonstruktion innerhalb des `catch`-Blocks nicht auch eine Ausnahme geworfen wird? Schließlich handelt es sich wieder um eine Zuweisung über den Kopier-Zuweisungs-Operator von `string`.

Leider haben wir hier auch mit `Try`-Blöcken keine Chance, der Problematik Herr zu werden. Wir bräuchten eine Funktion, die zwei Strings austauscht und dabei die nothrow-Garantie einhält.

Wir werden diesen Ansatz aufgreifen und eine Methode `swap` schreiben, die zwei `QString`-Objekte vertauscht und die nothrow-Garantie einhält:

Listing 7.42
Die Methode swap

```
void swap(QString& s) {
  str.swap(s.str);
  low.swap(s.low);
}
```

Die Methode vertauscht über `string::swap` die Interna der Strings. Da es sich dabei um Zeiger und integrale Datentypen handelt, wird keine Ausnahme geworfen. Unsere eigene Methode `swap` machen wir öffentlich zugänglich, damit auch Außenstehende in der Lage sind zwei `QString`-Objekte mit nothrow-Garantie austauschen zu können. Das ist wichtig, wenn auf `QString` basierende Klassen ebenfalls ausnahmen-sicher gemacht werden sollen.

Zumindest ist im Normalfall davon auszugehen. Wenn man nicht sicher sein kann, sollte man die Strings nicht als Objekte, sondern als Zeiger auf Objekte in `QString` ablegen und dann diese Zeiger tauschen.

Der Kopier-Zuweisungs-Operator ist jetzt nur noch ein Klacks:

```
QString& operator=(QString e) {
  swap(e);
  return(*this);
}
```

Listing 7.43
Der neue, ausnahmen-sichere Kopier-Zuweisungs-Operator

Das zuzuweisende Objekt wird als Wert übergeben. Der Parameter `e` wird mit dem `QString`-Kopier-Konstruktor konstruiert. Hier kann eine Ausnahme geworfen werden, aber das ist nicht weiter schlimm, weil sich an dieser Stelle der interne Zustand unseres Objekts noch nicht geändert hat.

Dann werden über `swap` die Interna unseres Objektes mit den Interna von `e` vertauscht. Die Methode `swap` gibt uns eine nothrow-Garantie, sodass danach unser Objekt die Daten enthält, die ursprünglich zugewiesen werden sollten. `e` beinhaltet nun die ehemaligen Daten unseres Objekts.

Beim Verlassen des Kopier-Zuweisungs-Operators wird das Objekt `e` – und damit unsere alten Daten – abgebaut. Da Destruktoren keine Ausnahmen werfen sollten (und der Destruktor von `string` hält sich daran), ist die Zuweisung ohne Ausnahmen über die Bühne gegangen. Der Kopier-Zuweisungs-Operator hält damit die hohe Garantie ein.

Darin liegt der ganze Trick: Die Operationen, die Ausnahmen werfen könnten, sollten abgeschlossen sein, bevor der Zustand des Objekts verändert wird. Dann können Sie das Objekt gemütlich mit nothrow-Methoden auf den gewünschten Stand bringen.

Additions-Zuweisungs-Operator

```
QString& operator+=(const QString& e) {
  str+=e.str;
  low+=e.low;
  return(*this);
}
```

Listing 7.44
Der alte Additions-Zuweisungs-Operator

Der Additions-Zuweisungs-Operator von `string` kann prinzipiell eine Ausnahme werfen und unser Objekt in einen inkonsistenten Zustand versetzen.

Wir werden als Lösungsstrategie wie oben vorgeschlagen vorgehen. Die riskanten Operationen (Additions-Zuweisung) werden vorgenommen, ohne den Zustand unseres Objekts zu verändern, danach wird das Ergebnis mit einer nothrow-Operation übernommen:

Listing 7.45
Der neue, ausnahmen-sichere Additions-Zuweisungs-Operator

```
QString& operator+=(const QString& e) {
  QString tmp(*this);
  tmp.str+=e.str;
  tmp.low+=e.low;
  swap(tmp);
  return(*this);
}
```

Zunächst fertigen wir eine Kopie des eigenen Objekts namens `tmp` an. Auf diese Kopie wird `e` dann drauf addiert, indem die einzelnen Strings addiert werden.

Bei diesen beiden Additionen kann theoretisch eine Ausnahme geworfen werden. Damit brauchen wir uns aber nicht zu beschäftigen, denn der Zustand unseres Objekts ist noch nicht verändert worden.

Erst, wenn die Addition erfolgreich abgeschlossen wurde, übernehmen wir das Ergebnis mit `swap`. Am Ende des Funktions-Blocks wird dann das lokale Objekt abgebaut. Damit hält der Additions-Zuweisungs-Operator die hohe Garantie ein.

Im Vergleich zum vorigen Additions-Zuweisungs-Operator benötigen wir innerhalb des Funktions-Blocks ein lokales Objekt. Dieses Plus an benötigter Laufzeit und Speicher ist der Preis, der in diesem Fall für die Ausnahmen-Sicherheit bezahlt werden muss.

Additions-Operator

Listing 7.46
Der Additions-Operator

```
const QString operator+(QString e1, const QString& e2) {
  return(e1+=e2);
}
```

Versuchen Sie einmal, die Ausnahme-Sicherheit von `operator+` zu bestimmen.

Die Operator-Methode basiert auf dem ausnahme-sicheren `operator+=`. Darüber hinaus wird an keinem bestehenden Objekt eine Änderung vorgenommen. Alle Ausnahmen, die auftreten können, beziehen sich auf temporäre Objekte.

Der Additions-Operator hält damit die hohe Garantie.

Mit einem etwas höheren Maß an Laufzeit im Kopier-Zuweisungs-Operator und im Additions-Zuweisungs-Operator haben wir die Klasse ausnahmen-sicher gemacht.

Im nächsten Fall ist es nicht ganz so einfach.

7.12.2 Eine verbreitete Ringpuffer-Implementierung

Ein Container, der zur Implementierung einer Queue herangezogen wird, muss in der Lage sein an einem Ende Daten einzufügen und am anderen Ende Daten zu entfernen.

Vektoren sind dafür von Natur aus nicht geeignet, weil das gesamte Feld bei einer Entnahme oder einem Einfügen am Anfang verschoben werden muss. Für Operationen am Anfang des Feldes benötigt der Vektor lineare Laufzeit.

Mit der Deque bietet die STL einen Container, der in konstanter Zeit Elemente an beiden Seiten entfernen oder anhängen kann. Diese Flexibilität wird mit einem im Vergleich zum Vektor allgemein schlechteren Laufzeitverhalten erkauft.

Der Ringpuffer bietet eine mit dem Vektor vergleichbare Laufzeit, erlaubt es aber trotzdem Elemente an beiden Seiten in konstanter Zeit zu entfernen oder hinzuzufügen.

Abbildung 7.1 zeigt ein Feld, welches als Ringpuffer interpretiert wird.

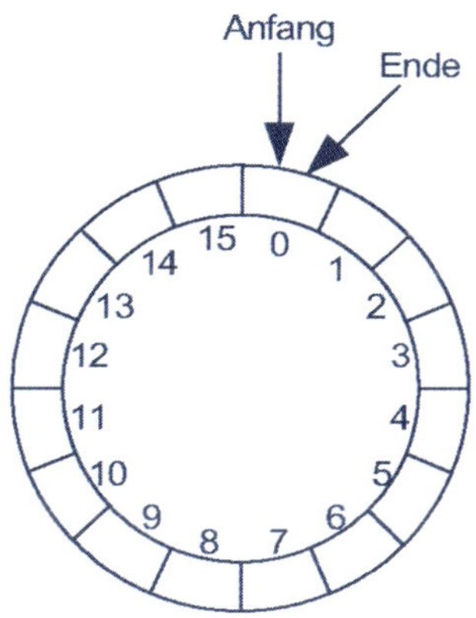

Abbildung 7.1
Ein als Ringpuffer angeordnetes Feld

Intern werden zwei Positionen verwaltet. Bei einer Queue-Funktionalität werden die Daten am Ende geschrieben und am Anfang gelesen. Abbildung 7.2 zeigt den Ringpuffer, nachdem 14 Elemente eingefügt und 3 Elemente entfernt wurden.

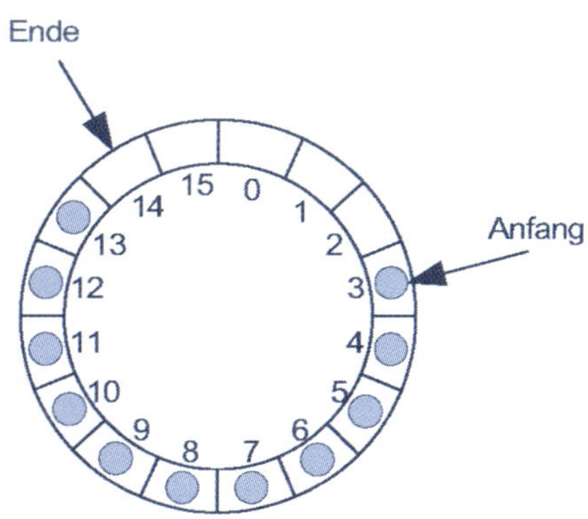

Abbildung 7.2
Der Puffer nach 14 Einfüge- und 3 Entferne-Operationen

Die Positionen wandern auf diese Weise im Uhrzeigersinn über den Ring. Abbildung 7.3 zeigt den Ring, nachdem 5 Elemente hinzugefügt und 9 Elemente entfernt wurden.

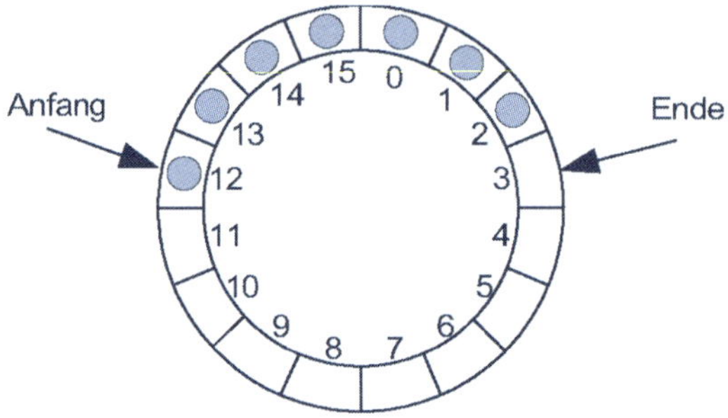

Abbildung 7.3
Der Puffer nach weiteren 5 Einfüge- und 9 Entferne-Operationen

Das soll hier nicht falsch verstanden werden. Es gibt verschiedene, in Büchern veröffentlichte Ringpuffer-Implementierungen, die ebenfalls einige oder alle in diesem Beispiel enthaltenen Schwachstellen besitzen.

Wir werden an dieser Stelle eine andere Vorgehensweise wählen. Im Anschluss folgt die komplette Ringpuffer-Implementierung von einem meiner Seminarteilnehmer. Ich stelle Ihnen kurz die Bedeutung der einzelnen Methoden vor und dann lassen Sie den Quellcode auf sich wirken. Im Anschluss besprechen wir dann die wichtigsten Punkte.

Folgende Methoden besitzt der Ringpuffer:

- `vergroessern`, eine private Methode, die den Ringpuffer bei Bedarf vergrößert. Üblicherweise sollte von der Vergrößerung des Puffers kein Gebrauch gemacht werden, gerade weil Ringpuffer häufig in zeitkritischen Situationen eingesetzt werden. Andererseits sollte ein gewisser Luxus, wie ihn die STL vorlebt, durchaus erlaubt sein.
- `out`, entfernt ein Element am Anfang des Ringpuffers und liefert es zurück.
- `in`, hängt ein Element an das Ende an.
- `back_out`, eine zusätzliche Methode, die ein Element am Ende entfernt und zurückliefert, um den Ringpuffer auch für eine Stack-Implementierung einsetzen zu können.
- `size`, liefert die Anzahl belegter Elemente im Ringpuffer.
- `empty`, liefert einen booleschen Wert, der Auskunft darüber gibt, ob der Puffer leer ist oder nicht.

Intern werden folgende Attribute verwendet:

- `m_daten`, ein Zeiger auf den Speicherbereich des Ringpuffers.
- `m_anfang`, die Position des nächsten Elementes, das am Anfang entfernt wird.
- `m_ende`, die Position, an der das nächste Element eingefügt wird.
- `m_anzahl`, die Anzahl der aktuell im Ringpuffer gespeicherten Elemente.
- `m_maxAnzahl`, die maximal mögliche Anzahl an Elementen im Puffer (auch Kapazität genannt).

Und hier kommt der Puffer:

Listing 7.47
Der Ringpuffer

```
template<typename DType>
class Ringpuffer {

public:
  typedef unsigned int Size_type;
  typedef DType Data_type;

private:
  Data_type* m_daten;
  Size_type m_anfang, m_ende;
  Size_type m_anzahl, m_maxAnzahl;

//---------------------------------------------------------

  void vergroessern(void) {
    if(!m_maxAnzahl) m_maxAnzahl=1;
    Data_type* daten=new(Data_type[m_maxAnzahl*2]);
    Size_type s=m_anfang, d=0;
    Size_type anz=m_anzahl;

    while(anz--) {
      daten[d++] = m_daten[s++];
      if(s==m_maxAnzahl) s=0;
    }

    if(m_daten) delete[](m_daten);

    m_ende=d;
    m_anfang=0;
    m_daten=daten;
    m_maxAnzahl*=2;
  } /* vergroessern */

//---------------------------------------------------------

public:
  Ringpuffer(const Size_type a=0): m_anfang(0), m_ende(0),
                                   m_anzahl(0), m_maxAnzahl(a){
    m_daten=new(Data_type[m_maxAnzahl]);
  }

//---------------------------------------------------------

  Ringpuffer(const Ringpuffer& r): m_daten(0){
     *this=r;
  }

//---------------------------------------------------------

  ~Ringpuffer() {
    if(m_daten) delete[](m_daten);
  }

//---------------------------------------------------------

```

Listing 7.47 (Forts.)
Der Ringpuffer

```
  Ringpuffer& operator=(const Ringpuffer& r) {
    if(&r==this) return(*this);
    if(m_daten) delete[](m_daten);

    m_daten=new(Data_type[r.m_maxAnzahl]);
    Size_type s=r.m_anfang, d=0;
    Size_type anz = m_anzahl = r.m_anzahl;

    while(anz--) {
      m_daten[d++] = r.m_daten[s++];
      if(s==r.m_maxAnzahl) s=0;
    }

    if(d==m_maxAnzahl) d=0;
    m_ende=d;
    m_anfang=0;
    m_maxAnzahl=r.m_maxAnzahl;

    return(*this);
  } /* operator= */

//-----------------------------------------------------------

  const Data_type out(void) { /* daten am anfang entfernen */
    if(!m_anzahl) throw "Ringpuffer leer";
    Data_type tmp = m_daten[m_anfang++];
    if(m_anfang==m_maxAnzahl) m_anfang=0;
    --m_anzahl;
    return(tmp);
  } /* out */

//-----------------------------------------------------------

  void in(const Data_type& d) { /* daten am ende hinzufügen */
    if(m_anzahl==m_maxAnzahl) vergroessern();
    m_daten[m_ende++]=d;
    if(m_ende==m_maxAnzahl) m_ende=0;
    ++m_anzahl;
  } /* in */

//-----------------------------------------------------------

  const Data_type back_out(void) { /* daten am ende entfernen */
    if(!m_anzahl) throw "Ringpuffer leer";
    if(!m_ende) m_ende=m_maxAnzahl;
    --m_anzahl;
    return(m_daten[--m_ende]);
  } /* back_out */

//-----------------------------------------------------------

  Size_type size(void) { return(m_anzahl); }
  bool empty(void) { return(m_anzahl==0); }

}; /* class Ringpuffer */
```

Die Methode vergroessern

Die erste interessante Methode ist `vergroessern`, die den Ringpuffer vergrößert. Sehen wir uns einmal einige Zeilen genauer an:

016: Eine wichtige Abfrage, weil der Ringpuffer auch eine Größe von 0 haben könnte. Und bei 0 würde die Multiplikation mit 2 nicht funktionieren.

017: Der neue und größere Speicherbereich wird reserviert und dem Zeiger `daten` zugewiesen.

018: Die beiden Positionen `s` und `d` bestimmen die Position des ersten Elementes im alten Speicherblock (`s`) und die neue Position des ersten Elementes im neuen Speicherblock (`d`). Bei der Vergrößerung wird das erste Element wieder an Position 0 kopiert. Abbildung 7.4 zeigt den Kopiervorgang.

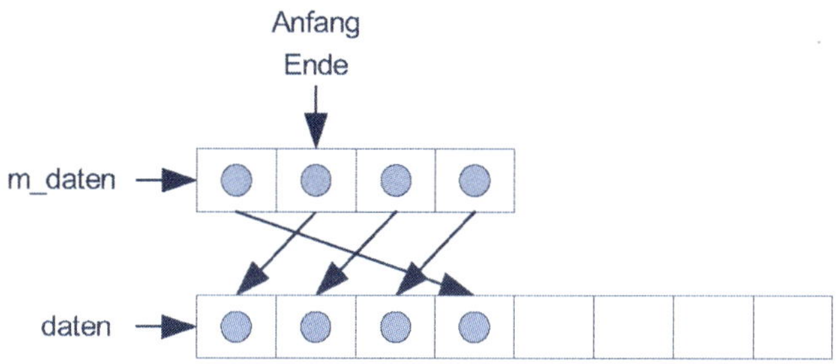

Abbildung 7.4
Das Kopieren der Elemente beim Vergößern

Durch wiederholte Einfüge- und Entferne-Operationen wird das aktuell erste Element nicht mehr an Position 0 liegen. Um den Kopiervorgang zu vereinfachen, wird diese Zuordnung im neuen Speicherblock wieder hergestellt.

021-024: Die Elemente werden kopiert.

023: Die Position im alten Speicherbereich kann die Puffergrenze überschreiten und muss dann wieder auf 0 gesetzt werden (dadurch entsteht der Ring).

026: Der alte Speicherbereich wird gelöscht.

028-031: Die Attribute werden mit den neuen Werten beschrieben.

Kopier-Konstruktor

Der Kopier-Konstruktor verwendet für seine Funktionalität in Zeile 045 den Kopier-Zuweisungs-Operator. Keine schöne Sache. Üblich ist es genau anders herum: Konstruktoren sollten elementare Operationen sein, die dann von anderen Methoden genutzt werden können.

Kopier-Zuweisungs-Operator

Der Zuweisungs-Operator kopiert die Daten auf ähnliche Weise wie die Methode `vergroessern`. Auch hier befindet sich nach der Kopie das erste Element wieder an Index 0.

057: Sicherheitsabfrage, um vor Selbstzuweisung zu schützen.

058: Der alte Speicherblock wird gelöscht.

060: der neue Speicherblock wird reserviert.

067-069: Die Elemente werden kopiert.

070-072: Den Attributen werden die neuen Werte zugewiesen.

out

Exemplarisch für die beiden Entferne-Operationen wollen wir uns hier die Methode `out` ansehen.

080: Sollte versucht werden, ein Element aus einem leeren Ringpuffer zu entfernen, wird eine Ausnahme geworfen.

081: Von dem zu entfernenden Objekt wird eine temporäre Kopie angefertigt. Das Objekt wird im Puffer nicht wirklich gelöscht, sondern die Position lediglich um eins weiter gesetzt.

084: Die temporäre Kopie wird zurückgegeben.

Ausnahmen-Sicherheit

Konnten Sie bestimmen, wie sich der Ringpuffer bei Ausnahmen verhält? Sie werden bestimmt einige Schwachstellen gefunden haben, denn die Klasse ist alles andere als ausnahmen-sicher. Schauen wir uns die brenzligen Anweisungen an:

- `vergroessern`: Wenn bei der Zuweisung in Zeile 22 eine Ausnahme geworfen wird, haben wir ein Speicherleck, denn der in Zeile 17 reservierte Speicher wird nicht mehr freigegeben. Des Weiteren befindet sich der Ringpuffer in einem inkonsistenten Zustand, wenn die Bedingung in Zeile 16 wahr ist. Dann wurde nämlich das Attribut `m_maxAnzahl` verändert.

Aber begehen Sie nicht den Fehler des Umkehrschlusses. Denn nur, weil ein Zuweisungs-Operator ohne Test auf Selbstzuweisung funktioniert, muss er nicht zwangsläufig ausnahmen-sicher sein.

- `operator=`: Kann in Zeile 60 kein Speicher reserviert werden, dann wurde bereits der alte Speicher in Zeile 58 gelöscht, das Objekt befindet sich in einem inkonsistenten Zustand. Wirft die Zuweisung in Zeile 65 eine Ausnahme, wurde bereits der alte Speicher gelöscht (58) und neuer Speicher reserviert (Zeile 60). Wir haben ein Speicherleck und einen inkonsistenten Zustand. Ist ein Kopier-Zuweisungs-Operator darauf angewiesen, auf Selbstzuweisung zu prüfen, dann kann er nicht ausnahmen-sicher sein.
- `out`: Wenn eine Methode ein Objekt als Wert zurück gibt, dann ist immer der entsprechende Kopier-Konstruktor beteiligt, der eine Ausnahme werfen könnte. Eine solche Methode kann nie die hohe Garantie erfüllen. Das gleiche gilt für `back_out`.
- `in`: Wenn die Zuweisung in Zeile 91 eine Ausnahme wirft, dann ist `m_ende` schon inkrementiert worden. Der Ringpuffer ist damit in einem inkonsistenten Zustand.

Bezüglich Ausnahmen-Sicherheit gibt es also noch einiges zu tun.

Anforderungen an den verwalteten Typ

Ein Container-Template, welches Elemente eines Typs `T` verwaltet, muss zwangsläufig bestimmte Methoden von `T` einsetzen, um seine Aufgabe erfüllen zu können. Man sollte bestrebt sein, die Menge der notwendigen Methoden so gering wie möglich zu halten. Je weniger Anforderungen an den Typ gestellt werden, desto mehr Typen können mit dem Container verwaltet werden.

Schauen wir uns einmal die eingesetzten Methoden an:

- Zeile 17: Bei der Erzeugung des Feldes wird der Standard-Konstruktor benötigt.
- Zeile 22: Für die Zuweisung brauchen wir den Kopier-Zuweisungs-Operator.
- Zeile 84: Hier wird der Kopier-Konstruktor eingesetzt.

Stolze drei Methoden muss der verwaltete Typ mitbringen, um überhaupt verwaltet werden zu können, dabei ist gerade der Standard-Konstruktor eine Einschränkung, weil ihn viele Klassen nicht implementiert haben. An dieser Stelle müssten wir noch nachbessern.

Granularität

Es ist erstrebenswert, dass jede Funktion oder Methode eine atomare Operation repräsentiert. Ist dies im Ringpuffer gewährleistet? Folgende Punkte sind zweifelhaft:

- Die Methode `vergroessern` ab Zeile 15 legt neuen Speicher an, kopiert Elemente und gibt alten Speicher frei.
- Im Konstruktor in Zeile 39 wird Speicher für das Feld reserviert und für alle Elemente des Feldes der Standard-Konstruktor aufgerufen.
- Im Destruktor ab Zeile 50 werden für alle Elemente des Feldes die Destruktoren aufgerufen und anschließend das Feld gelöscht. Das ist jedoch nicht weiter tragisch, weil keine dieser Operationen eine Ausnahme werfen kann.
- Der Kopier-Zuweisungs-Operator ab Zeile 56 reserviert Speicher, kopiert Elemente und löscht Speicher.
- Die Methoden `out` und `back_out` entfernen ein Objekt aus dem Container und geben es zurück.

7.12.3 Ein besserer Ringpuffer

Nun wollen wir die gewonnenen Erkenntnisse in einen neuen Ringpuffer einfließen lassen, bei dem möglichst viele der oben genannten Punkte vermieden werden. Getreu dem RAII-Idiom wollen wir zunächst eine Klasse `RingImplementierung` schreiben, welche die grundlegende Implementierung beinhaltet.

Grundgerüst

Das Skelett sieht so aus:

Listing 7.48
Das Skelett der Ringpufferimplementierung

```
template<typename Typ>
class RingImplementierung {
public:
  typedef unsigned int size_type;

protected:
  Typ* m_daten;
  size_type m_anfang, m_ende;
  size_type m_anzahl, m_maxAnzahl;
};
```

Keine große Änderung gegenüber dem alten Puffer, nur einige Namen wurden geändert. Der Template-Parameter heißt jetzt `Typ` und `size_type` ist klein geschrieben, so wie es in der STL üblich ist.

Expliziter Konstruktor

Der erste Konstruktor, den wir uns anschauen wollen, bekommt die Startgröße des Ringpuffers übergeben. Die Methoden von `RingImplementierung` sind alle geschützt, damit sie nicht direkt angesprochen werden können:

Listing 7.49
Ein expliziter Konstruktor

```
explicit RingImplementierung(size_type s)
  : m_daten(allocate(s)),
    m_anzahl(0), m_maxAnzahl(s),
    m_anfang(0), m_ende(0)
{}
```

Das Feld wird jetzt nicht direkt im Konstruktor reserviert, sondern wir schreiben eine eigene private Methode `allocate` (in Anlehnung an die Allokator-Methoden aus Kapitel 3.4):

Listing 7.50
Die Methode allocate

```
Typ* allocate(size_type s) {
  return(static_cast<Typ*>(operator new(sizeof(Typ)*s)));
}
```

Wie Sie sehen, reservieren wir nur den Speicher für das Feld, erzeugen darin aber noch keine Objekte. Wäre ja nur Platzverschwendung.

Um das Kopieren von `Ringpuffer`-Objekten zu unterstützen, bekommt `RingImplementierung` eine geschützte Methode copy:

Listing 7.51
Die Methode copy

```
void copy(RingImplementierung& ziel,
          const RingImplementierung& quelle) {
  for(size_type quellPos=quelle.m_anfang;
      ziel.m_anzahl<quelle.m_anzahl;
      ++ziel.m_anzahl, (++quellPos)%=quelle.m_maxAnzahl)
    construct(&ziel.m_daten[ziel.m_anzahl],
              quelle.m_daten[quellPos]);
  ziel.m_ende=ziel.m_anzahl;
}
```

Folgende Bedingungen müssen erfüllt sein, damit copy ordnungsgemäß funktioniert:

- Die Ringimplementierung ziel ist leer (m_anzahl == 0).
- Die Einfüge-Position in der Ringimplementierung ziel liegt am Anfang des Feldes (m_ende == 0).
- Die zu kopierenden Elemente können ohne Vergrößerung von ziel kopiert werden (ziel.m_maxAnzahl >= quelle.m_anzahl).

Wir brauchen diese Bedingung aber nicht zu prüfen, weil copy von außen nicht zugänglich ist und wir die Besonderheiten beim Aufruf berücksichtigen werden.

Die Methode copy setzt das in Abbildung 7.4 vorgestellte Kopier-Verfahren um. Wo auch immer im Quellpuffer das erste Element liegt, im Zielpuffer sitzt das erste Element an Index 0.

Die tatsächliche Kopie eines Elementes läuft nicht mehr wie in der alten Lösung über den Kopier-Zuweisungs-Operator. Wir wissen, dass der Zielpuffer leer ist. Das Feld ist demnach reserviert, aber noch kein Objekt erzeugt.

Wir erzeugen nun an den entsprechenden Stellen Kopien der Elemente durch den Kopier-Konstruktor von Typ. Dazu implementieren wir die private Methode construct, die ein Placement-New verwendet:

```
void construct(Typ* adr, const Typ& o) {
  new (adr) Typ(o);
}
```

Listing 7.52
Die Methode construct

Destruktor

Der Destruktor ist recht übersichtlich gestaltet, weil die einzelnen Operationen in unterschiedliche Methoden aufgeteilt wurden:

```
~RingImplementierung() {
  destroy();
  deallocate();
}
```

Listing 7.53
Der Destruktor der Ringimplementierung

Die parameterlose Variante von destroy baut alle vorhandenen Elemente im Feld des Ringpuffers ab, ohne das Feld freizugeben:

```
void destroy() {
  while(m_anzahl--) {
    destroy(&m_daten[m_anfang++]);
    m_anfang%=m_maxAnzahl;
  }
}
```

Listing 7.54
Die Methode destroy zum Abbau aller Objekte

Diese Methode wird nur aufgerufen, wenn der Ringpuffer abgebaut wird. Sie kann daher die Attribute während des Löschvorgangs verändern. Wir benutzen innerhalb der Methode ein anderes destroy, welches das Objekt an der übergebenen Speicheradresse abbaut:

Listing 7.55
Die Methode destroy zum Abbau eines einzelnen Objekts

```
void destroy(Typ* adr) {
  adr->~Typ();
}
```

Es fehlt nur noch die Methode `deallocate`, die den Speicher freigibt:

Listing 7.56
Die Methode deallocate

```
void deallocate() {
  operator delete(m_daten);
}
```

Alles natürlich unter der Voraussetzung, dass der Destruktor von Typ keine Ausnahme wirft.

Der Destruktor basiert nur auf Methoden, die entweder Speicher freigeben oder selbst wiederum Destruktoren aufrufen. Dabei handelt es sich um Operationen, die keine Ausnahmen werfen. Unser Destruktor erfüllt damit die nothrow-Garantie.

Zum Schluss bekommt `RingImplementierung` eine Methode swap, die zwei Ringimplementierungen austauscht:

Listing 7.57
Die Methode swap

```
void swap(Ringpuffer& p) {
  std::swap(m_daten,p.m_daten);
  std::swap(m_anzahl,p.m_anzahl);
  std::swap(m_maxAnzahl,p.m_maxAnzahl);
  std::swap(m_anfang,p.m_anfang);
  std::swap(m_ende, p.m_ende);
}
```

Die Methode greift auf die STL-Template-Funktion `swap` zurück. Der Austausch bezieht sich nur auf integrale Datentypen, deswegen hält diese Methode die nothrow-Garantie.

Damit ist die Klasse `RingImplementierung` fertig.

Ringpuffer

Wir kommen nun zur Klasse `Ringpuffer`, welche die Schnittstelle zur Verfügung stellt:

Listing 7.58
Die von RingImplementierung abgeleitete Klasse Ringpuffer

```
template<typename Typ>
class Ringpuffer : private RingImplementierung<Typ> {
};
```

Wir leiten privat von `RingImplementierung` ab, um eine „ist implementiert mit"-Beziehung zum Ausdruck zu bringen.

Standard-Konstruktor

Listing 7.59
Der einparametrige Konstruktor von Ringpuffer

```
explicit Ringpuffer(size_type s=0)
  : RingImplementierung<Typ>(s)
{}
```

Der einparametrige Konstruktor ist auch als Standard-Konstruktor einsetzbar. Der Konstruktor ist explizit, damit der Compiler keine impliziten Umwandlungen von `size_type` (in diesem Fall `unsigned int`) in `Ringpuffer<Typ>` vornimmt.

Kopier-Konstruktor

```
Ringpuffer(const Ringpuffer& p)
: RingImplementierung<Typ>(p.m_maxAnzahl) {
  copy(*this,p);
}
```

Listing 7.60
Der Kopier-Konstruktor

Ist Ihnen jetzt klar, warum es ein ungeheurer Vorteil ist, die Implementierung des Ringpuffers in eine eigene Klasse zu packen?

Der Kopiervorgang hat zwei Stellen, an denen eine Ausnahme geworfen werden könnte:

- Bei der Reservierung des Speichers in `allocate`
- Bei dem Aufruf des Kopier-Konstruktors von Typ in `construct` über `copy`

Im ersten Fall wird die Ausnahme in der Basisklasse geworfen. Da der Speicher nicht reserviert wurde, entsteht kein Speicherleck.

Im zweiten Fall wird die Ausnahme in der abgeleiteten Klasse geworfen, weil dort über `copy` der Kopiervorgang angestoßen wird. Tritt bei der Anfertigung einer Kopie in `construct` eine Ausnahme auf, dann ist das Basisklassen-Objekt bereits vollständig konstruiert, weswegen dafür bei der Stack-Abwicklung der Destruktor aufgerufen wird. Das Basisklassen-Objekt ruft dann im Destruktor die Destruktoren aller bereits angefertigten Kopien auf und gibt danach den Speicherblock über `deallocate` frei. Ein Parade-Beispiel für das RAII-Idiom.

Hätten wir die Implementierung nicht in einem Basisklassen-Objekt untergebracht, dann würde bei einer Ausnahme für unser Objekt auch kein Destruktor aufgerufen (das Objekt ist ja noch nicht vollständig konstruiert). Wir müssten die Ausnahme im Konstruktor auffangen, um die bereits kopierten Objekte und den Speicherblock manuell wieder freigeben zu können und müssten anschließend die Ausnahme weiter werfen. All das läuft jetzt mit unserer ausgelagerten Implementierung automatisch ab.

Kopier-Zuweisungs-Operator

Der Kopier-Zuweisungs-Operator ist ziemlich schnittig:

```
Ringpuffer& operator=(Ringpuffer p) {
  swap(p);
  return(*this);
}
```

Listing 7.61
Der Kopier-Zuweisungs-Operator

Weil der zuzuweisende Ringpuffer als Wert übergeben wird, haben wir im Operator bereits eine Kopie des Ringpuffers. Wenn bis dahin keine Ausnahme geworfen wurde, können wir die Interna der Ringpuffer mit `swap` austauschen. Unser alter Ringpuffer wird dann bei Beendigung des Operators abgebaut.

Kommen wir jetzt zu den Methoden, die den Ringpuffer mit Leben füllen:

front

Im Gegensatz zur ersten Lösung werden hier die Operationen „Hole Element" und „Entferne Element" in eigene Methoden gepackt. Die Methode `front` liefert uns eine Referenz auf das Objekt am Anfang des Ringpuffers:

Listing 7.62
Die Methode front

```
Typ& front() const {
  if(!m_anzahl)
    throw "Puffer leer!";
  return(m_daten[m_anfang]);
}
```

Sollte die Methode bei leerem Ringpuffer aufgerufen werden, wird eine Ausnahme geworfen. Die Methode erfüllt die hohe Garantie.

back

Mit der Methode `back` erhalten wir eine Referenz auf das Element am Ende des Ringpuffers:

Listing 7.63
Die Methode back

```
Typ& back() const {
  if(!m_anzahl)
    throw "Puffer leer!";
  return(m_daten[(m_ende+m_maxAnzahl-1)%m_maxAnzahl]);
}
```

Das Attribut `m_ende` beinhaltet die Position hinter dem Ende des Puffers. Damit wir in der Berechnung der davor liegenden Position keinen negativen Wert als linken Modulo-Operanden erhalten, wird `m_maxAnzahl` draufaddiert, was bei einem Modulo `m_maxAnzahl` keine Auswirkung auf das Ergebnis hat.

Ebenso wie `front` erfüllt `back` die hohe Garantie.

out_front

Mit dieser Methode entfernen wir ein Objekt am Anfang des Ringpuffers.

Listing 7.64
Die Methode out_front

```
void out_front() {
  if(!m_anzahl)
    throw "Puffer leer!";
  destroy(&m_daten[m_anfang++]);
  m_anfang%=m_maxAnzahl;
  m_anzahl--;
}
```

Abgesehen von den Operationen, an denen integrale Datentypen beteiligt sind, wird hier nur die Methode `destroy` aufgerufen, die das Objekt abbaut. Wir halten also die hohe Garantie ein.

out_back

Hiermit entfernen wir ein Objekt am Ende des Ringpuffers:

```
void out_back() {
  if(!m_anzahl)
    throw "Puffer leer!";
  m_ende=(m_ende+m_maxAnzahl-1)%m_maxAnzahl;
  destroy(&m_daten[m_ende]);
  m_anzahl--;
}
```

Listing 7.65
Die Methode out_back

Auch hier wird die hohe Garantie eingehalten.

in_back

Mit der Methode `in_back` können wir ein Element am Ende des Ringpuffers anhängen.

```
void in_back(const Typ& o) {
  if(m_anzahl<m_maxAnzahl) {
    construct(&m_daten[m_ende], o);
    m_ende=(m_ende+1)%m_maxAnzahl;
    m_anzahl++;
  } else {
    Ringpuffer tmp(m_maxAnzahl*2+1);
    copy(tmp, *this);
    tmp.in_back(o);
    swap(tmp);
  }
}
```

Listing 7.66
Die Methode in_back

Der `if`-Anweisungsblock wird abgearbeitet, wenn noch Platz im Puffer ist. Wir konstruieren mit `construct` eine Kopie des anzuhängenden Elements hinter dem augenblicklich letzten Element. Erst, nachdem die Konstruktion erfolgreich verlaufen ist, werden die Attribute des Ringpuffers angepasst.

Der `else`-Anweisungsblock tritt in Aktion, wenn im Ringpuffer kein Platz mehr ist. Zunächst wird ein neuer, leerer Ringpuffer `tmp` erzeugt. Die `+1` ist wichtig, weil `m_maxAnzahl` den Wert 0 haben könnte.

Danach werden mit `copy` die Elemente des aktuellen Ringpuffers in `tmp` hinein kopiert und über `tmp.in_back` das hinzuzufügende Element zu `tmp` hinzugefügt.

Ist bis dahin keine Ausnahme aufgetreten, beinhaltet der Ringpuffer `tmp` das Ergebnis der gewünschten Operation. Wir tauschen ihn mit unserem Puffer aus.

Alle Operationen vor dem `swap`-Aufruf können eine Ausnahme werfen. Sollte dies geschehen, dann sind noch keine Änderungen am originalen Ringpuffer vorgenommen worden, der Zustand bleibt unverändert. Erst wenn alle riskanten Operationen abgearbeitet wurden, werden mit `swap` gefahrlos die Interna ausgetauscht, denn `swap` hält die nothrow-Garantie.

Die Methode `in_back` erfüllt damit die hohe Garantie.

Ausnahmen-Sicherheit

Die neue Variante des Ringpuffers steht nun und muss sich unserem wertenden Blick stellen.

Auf die Ausnahmen-Sicherheit bin ich bereits bei der Erklärung der einzelnen Methoden eingegangen. Alle wesentlichen Methoden halten mindestens die hohe Garantie, einige sogar die nothrow-Garantie. Wir können damit sagen, dass der Ringpuffer die hohe Garantie erfüllt, und das völlig ohne `try` und `catch`.

Anforderungen an den verwalteten Typ

Alle Operationen auf Objekte des Typs `Typ` werden über die eigene Methode `construct` abgewickelt, die den Kopier-Konstruktor von `Typ` verwendet.

Im Vergleich zum alten Ringpuffer haben wir den Einsatz des Standard-Konstruktors und des Kopier-Zuweisungs-Operators von `Typ` eingespart. Nur der Kopier-Konstruktor von `T` wird noch benötigt. Eine gute Steigerung.

Granularität

Die Granularität hat sich ebenfalls verbessert. Jede Operation ist nun in einer eigenen Methode gekapselt. Insbesondere die Aufspaltung der alten Methode `back_out` in die Methoden `out` und `out_back` ermöglichte es uns erst, die gewünschte Ausnahmen-Sicherheit herzustellen. Durch die Aufteilung war es nicht mehr notwendig, ein `Typ`-Objekt als Wert zurückzugeben.

7.12.4 Fazit

Die letzten Beispiele lassen ein paar Regeln erkennen, die helfen, eine Klasse ausnahmen-sicher zu machen.

- Vermeiden Sie, mehrere Operationen in einer Methode zusammenzufassen. Jede Methode sollte eine (bezogen auf Ihre Klasse) atomare Operation beinhalten.
- Setzen Sie das RAII-Idiom ein.
- Sie müssen Kern-Operationen finden, für die Sie eine nothrow-Garantie gewährleisten können (in den oberen Beispielen waren dies immer `swap`, die Destruktoren und die Speicherfreigaben).
- Bei einer Operation, die die nothrow-Garantie nicht einhält, sollten alle Teil-Operationen, die eine Ausnahme werfen könnten, abgearbeitet werden, ohne das sich der Zustand des eigenen Objekts verändert.
- Die tatsächliche Zustands-Änderung darf nur über Operationen vorgenommen werden, die die nothrow-Garantie einhalten.

Es gibt natürlich spezielle Fälle, in denen nicht alle Regeln anwendbar sind, aber das ist ja gerade das Schöne am Programmieren: Kreativität ist gefragt.

8 Templates

Mit Templates (zu Deutsch „Schablonen“) haben wir die Möglichkeit, einen oder mehrere Typen einer Klasse oder Funktion/Methode variabel zu halten. Man sagt auch, Templates definieren eine Familie von Klassen oder Methoden.

Wir haben bereits Templates erzeugt, zum Beispiel das Perl-Array in Kapitel 4.12.1 oder den Ringpuffer in Kapitel 7.12.3. Wir wollen uns nun eingehender mit der Erstellung von Templates befassen.

8.1 Klassen-Templates

Als Grundlage nehmen wir folgende Klasse `Container`:

Listing 8.1 Eine Container-Klasse für einen int-Wert

```
class Container {
  int m_inhalt;

public:
  Container(int i)
    : m_inhalt(i)
  {}

  Container(const Container& c)
    : m_inhalt(c.m_inhalt)
  {}

  Container& operator=(const Container& c) {
    m_inhalt=c.m_inhalt;
    return(*this);
  }

  operator int() {
    return(m_inhalt);
  }
};
```

Die Klasse ist ausgesprochen simpel aufgebaut. Sie besitzt zwei Konstruktoren, einen Kopier-Zuweisungs-Operator und einen Umwandlungs-Operator für `int`.

Wenn wir eine solche Klasse für einen anderen Datentypen nutzen möchten, dann müssten wir eine neue Klasse programmieren, die anstelle eines des Typs `int` den gewünschten Typ besitzt. Hier kommen jetzt die Templates ins Spiel, die im Falle der Klassen-Templates einen oder mehrere Datentypen variabel halten:

Listing 8.2
Die Klasse Container als Template

An dieser Stelle können die Schlüsselwörter `typename` und `class` synonym verwendet werden.

```
template<typename Typ>
class Container {
  Typ m_inhalt;

public:
  Container(const Typ& t)
    : m_inhalt(t)
  {}

  Container(const Container& c)
    : m_inhalt(c.m_inhalt)
  {}

  Container& operator=(const Container& c) {
    m_inhalt=c.m_inhalt;
    return(*this);
  }

  operator Typ() {
    return(m_inhalt);
  }
};
```

Wir haben den konkreten Typen `int` durch den Platzhalter `Typ` ersetzt und somit eine Schablone für einen Container erstellt, der ein Element eines beliebigen Typ speichern kann.

Dabei kann man hier den Begriff „Schablone" wörtlich nehmen, denn die alleinige Angabe einer Schablone erzeugt noch keinen Programmcode. Erst wenn aus dieser Schablone eine konkrete Klasse für einen speziellen Typ generiert wird, entsteht Code:

```
Container<int> c(56);
```

Durch die obere Anweisung wird eine Container-Klasse für den Typ `int` erzeugt, aber es werden nur die Teile der Klasse generiert, die auch tatsächlich Verwendung finden. Die oben erzeugte Klasse `Container<int>` besitzt lediglich einen Konstruktor mit `const int&` als Parameter und einen impliziten Destruktor. Käme noch folgende Anweisung hinzu:

```
cout << c << endl;
```

Dann würde zusätzlich noch der Umwandlungs-Operator generiert.

Das Template benutzt den Kopier-Konstruktor und den Kopier-Zuweisungs-Operator von `Typ`. Ein Klassen-Typ, der mit Container verwaltet werden soll, muss demnach diese beiden Methoden zur Verfügung stellen.

Ein Template kann auch mehrere Typen variabel halten, ein bekanntes Beispiel ist hier das pair-Template:

Listing 8.3
Das pair-Template

```
template <typename TypA, typename TypB>
struct pair
{
  TypA first;
  TypB second;
  pair()
    : first(), second()
  {}
  pair(const TypA& a, const TypB& b)
    : first(a), second(b)
  {}
};
```

Ein pair-Objekt wird folgendermaßen erzeugt:

```
pair<int, double> p(3, 3.14);
```

8.2 Funktions-Templates

Funktions-Templates sind ähnlich aufgebaut wie die Klassen-Templates, nur dass hier der Typ bei einer Funktion variabel gehalten wird:

Listing 8.4
Ein Funktions-Template

```
template<typename Typ>
void PrintLine(const Typ& o) {
  cout << o << endl;
}
```

Der Einsatz gestaltet sich etwas unkomplizierter, denn die tatsächlichen Typen müssen bei Template-Funktionen nicht angegeben werden:

```
Container<int> c(56);
PrintLine(c);
```

Wie das Klassen-Template ist auch das Funktions-Template auf die Schnittstelle des variablen Typs angewiesen. In unserem Fall macht PrintLine Gebrauch von operator<< des eingesetzten Typs.

Weil Template-Funktionen keine explizite Typangabe benötigen, werden sie gerne dazu eingesetzt, Objekte entsprechender Klassen-Templates zu erzeugen. Für das Klassen-Template pair gibt es beispielsweise die Template-Funktion make_pair:

Listing 8.5
Das Funktions-Template make_pair

```
template <typename TypA, typename TypB>
inline pair<TypA, TypB> make_pair(const TypA &a,
                                  const TypB &b) {
  return(pair<TypA, TypB>(a,b));
}
```

Als weiteres Beispiel möchte ich hier die in Kapitel 6.3 verwendete Template-Funktion vorstellen, mit der ein beliebiges pair-Objekt ausgegeben werden kann:

Listing 8.6
Überladener Operator << für Paare

```
template <typename Typ1, typename Typ2>
ostream& operator<<(ostream& ostr, const pair<Typ1, Typ2>& p) {
  ostr << "(" << p.first << "," << p.second << ")";
  return(ostr);
}
```

Die Template-Funktion ist nur dann einsetzbar, wenn für die Typen `Typ1` und `Typ2` ein Operator << existiert.

8.3 Template-Parameter

Ein mit `class` oder `typename` eingeführter Typ-Name verhält sich wie ein mit `typedef` definierter Typ. Außer Typ-Namen können auch folgende Dinge als Template-Parameter eingesetzt werden:

- Ein integraler oder Aufzählungs-Typ
- Ein Zeiger oder eine Referenz auf ein Objekt
- Ein Zeiger oder eine Referenz auf eine Funktion
- Ein Zeiger auf ein Klassenelement

Ein Beispiel:

Listing 8.7
Ein Beispiel für einen integralen Template-Parameter

```
template<typename Typ, int groesse>
class Schablone {
public:
  Typ m_daten[groesse];
};
```

Das relativ sinnlose Template demonstriert die Anwendung eines integralen Template-Parameters. Ein anderes Einsatzgebiet eröffnen Zeiger auf Funktionen. Mit ihnen könnte man bei Containern beispielsweise die Sortier-Funktion variabel halten.

8.3.1 Standard-Argumente

Genau wie bei den Funktions-Parametern können auch bei Template-Parametern Standard-Argumente definiert werden. Nehmen wir als Beispiel die Deklaration eines simplen Templates:

Listing 8.8
Ein Template mit einem Standard-Argument

```
template<typename Typ, typename Container=vector<Typ> >
class Behaelter {
  Container m_container;
};
```

In diesem Fall könnte ein Objekt von `Behaelter` bereits mit folgenden Angaben erzeugt werden:

```
Behaelter<int> b;
```

Wird für den zweiten Template-Parameter nichts angegeben, dann besitzt er automatisch den Typ `vector<Typ>`, in unserem Fall damit `vector<int>`.

Beachten Sie bitte wieder in der ersten Zeile das Leerzeichen zwischen den beiden >, andernfalls würde der Compiler daraus den Operator >> erkennen.

8.4 Template-Spezialisierung

Obwohl aus einem Template für jeden beliebigen Typen Code erzeugt werden kann, der die geforderte Funktionalität besitzt, ist es manchmal erforderlich, für bestimmte Typen eine Sonderbehandlung vorzunehmen.

Wenn wir für die oben vorgestellte Template-Funktion `PrintLine` einen ausgegebenen String in Anführungszeichen setzen wollten, dann müssten wir in der Lage sein, speziell für den Typ `string` eine eigene `PrintLine`-Funktion zu definieren. Und das nennt man *Template-Spezialisierung*:

```
template<>
void PrintLine<string>(const string& o) {
  cout << "\"" << o << "\"" << endl;
}
```

Listing 8.9
Eine PrintLine-Funktion für den Datentyp string

8.5 typename

Sehen Sie sich einmal folgendes Klassen-Template an:

```
template<typename Typ, typename Container=vector<Typ> >
class Behaelter {
  Container m_container;

public:
  Behaelter() {
    Container::size_type size = 0;
    Container::size_type* ptr = &size;
  }
};
```

Listing 8.10
Die Template-Klasse Behaelter

Das Template besitzt zwei Parameter, einmal den verwalteten Typ (`Typ`) und als zweiten Parameter den zu verwendenden STL-Container (`Container`) mit `vector<Typ>` als Standard-Wert.

Im Konstruktor legen wir eine Variable und einen Zeiger vom `size_type`-Typen des verwendeten Containers an. Oder?

Woran erkennen Sie, dass `size_type` tatsächlich ein Typ ist? Am Namen? Gut, der Name `size_type` impliziert gewissermaßen einen Typ, aber das könnte Zufall sein.

Kurzum, wir können nicht mit Sicherheit sagen, ob es ein statisches Attribut oder ein definierter Typ ist. Mit dieser Problematik hat der Compiler auch zu kämpfen, deswegen gilt folgende Regel:

Wenn ein qualifizierter Name, dessen Qualifizierung von einem Template-Parameter abhängig ist, auf einen Typ-Namen verweist, dann muss dies durch ein vorangestelltes typename gekennzeichnet werden. Damit sieht der Konstruktor so aus:

Listing 8.11
Der Konstruktor mit typename

```
Behaelter() {
  typename Container::size_type size = 0;
  typename Container::size_type* ptr = &size;
}
```

Und schon weiß der Compiler Bescheid. Viele der modernen Compiler kompilieren den Code auch, wenn das typename nicht angegeben wird, aber nach dem Standard ist die Angabe Pflicht.

8.6 Template Induced Code Bloat

Es wird Ihnen sicher bekannt sein, dass Templates zwar den Quellcode verkürzen, nicht aber das kompilierte Programm. In der Praxis ist es manchmal sogar so, dass durch den Einsatz von Templates das kompilierte Programm aus allen Nähten platzt. Dieses Phänomen nennt man *Template Induced Code Bloat*, auf Deutsch „Aufblähen des Codes durch Templates".

Wenn wir als Beispiel den Ringpuffer aus Kapitel 7.12.3 nehmen, dann müssen wir uns vor Augen halten, dass folgende Zeilen drei Ringpuffer-Klassen generieren, die später zu Programmcode kompiliert werden:

```
Ringpuffer<int> p1;
Ringpuffer<long> p2;
Ringpuffer<bool> p3;
```

Um dieses Aufblähen des Codes zu minimieren, programmiert man die Interna der Klasse häufig nicht als Template, sondern als Klasse, die mit typlosen (generischen) Zeigern arbeitet.

Um die dadurch ins Spiel gebrachte Typunsicherheit in den Griff zu bekommen, wird ein kleines Template geschrieben, welches die benötigten Typumwandlungen vornimmt.

Attribute

Man spricht auch von generischer Programmierung.

Beginnen wir mit der konkreten Implementierung, die mit generischen Zeigern arbeitet:

Listing 8.12
Die Attribute der Ringpuffer-Implementierung

```
class RingImplementierung {
protected:
  void** m_daten;
  size_type m_anfang, m_ende;
  size_type m_anzahl, m_maxAnzahl;
};
```

Die Attribute sind fast identisch mit denen des ursprünglichen Ringpuffers. Lediglich der Zeiger auf den Speicherbereich besitzt einen anderen Typ. Wenn wir ein Feld mit Elementen des Typs void* anlegen, dann besitzt ein Zeiger auf dieses Feld den Typ void**.

Konstruktor

```
explicit RingImplementierung(size_type s)
  : m_daten(allocate(s)),
    m_anzahl(0), m_maxAnzahl(s),
    m_anfang(0), m_ende(0)
{}
```

Listing 8.13
Der Konstruktor von RingImplementierung

Der Konstruktor initialisiert die Attribute und legt über `allocate` das Feld an.

Destruktor

Der Destruktor wird öffentlich, damit später Auto-Pointer eingesetzt werden können. Er gibt das Feld über `deallocate` frei:

```
virtual ~RingImplementierung() {
  deallocate();
}
```

Listing 8.14
Der virtuelle Destruktor

allocate & deallocate

Als nächstes sind die beiden geschützten Methoden `allocate` und `deallocate` an der Reihe:

```
  void** allocate(size_type s) {
    return(new void*[s]);
  }

//----------------------------------------------------------

  void deallocate() {
    delete[](m_daten);
  }
```

Listing 8.15
Die Methoden allocate und deallocate

Wir greifen hier nicht mehr auf `operator new` und `operator delete` zurück, weil wir nicht länger mit Rohspeicher arbeiten. Wir brauchen lediglich ein Feld von `void`-Zeigern.

copy

```
void copy(RingImplementierung& ziel,
          const RingImplementierung& quelle) {
  for(size_type quellPos=quelle.m_anfang;
      ziel.m_anzahl<quelle.m_anzahl;
      ++ziel.m_anzahl, (++quellPos)%=quelle.m_maxAnzahl)
    ziel.m_daten[ziel.m_anzahl]=clone(quelle.m_daten[quellPos]);
  ziel.m_ende=ziel.m_anzahl;
}
```

Listing 8.16
Die Methode copy

Innerhalb der `copy`-Methode reicht es nicht aus, lediglich die Zeiger zu kopieren, denn sonst würden sowohl die Quelle als auch das Ziel auf dieselben Objekte verweisen (flache Kopie). Stattdessen setzen wir eine Methode `clone` ein, die die Adresse eines Objektes übergeben bekommt, das Objekt kopiert und die Adresse der Kopie zurückliefert.

Bitte beachten Sie, dass zur Anfertigung einer Kopie über einen Kopier-Konstruktor der Typ des Objekts bekannt sein muss. Aus diesem Grund kann `clone` nicht von `RingImplementierung` zur Verfügung gestellt werden, sondern muss in einer der abgeleiteten Klassen implementiert werden.

swap

Listing 8.17
Die Methode swap

```
void swap(RingImplementierung& p) {
  std::swap(m_daten,p.m_daten);
  std::swap(m_anzahl,p.m_anzahl);
  std::swap(m_maxAnzahl,p.m_maxAnzahl);
  std::swap(m_anfang,p.m_anfang);
  std::swap(m_ende, p.m_ende);
}
```

An der `swap`-Methode hat sich nichts verändert.

front & back

Die Methoden `front` und `back` liefern einen typlosen Zeiger zurück, der in einer Subklasse in den richtigen Typ umgewandelt werden muss:

Listing 8.18
Die Methoden front und back

```
  void* front() const {
    if(!m_anzahl)
      throw "Puffer leer!";
    return(m_daten[m_anfang]);
  }

//----------------------------------------------------------

  void* back() const {
    if(!m_anzahl)
      throw "Puffer leer!";
    return(m_daten[(m_ende+m_maxAnzahl-1)%m_maxAnzahl]);
  }
```

out_front & out_back

Die Methoden entfernen ein Objekt aus dem Ringpuffer und benutzen die Methode `destroy`, um das Objekt abzubauen. Damit das Objekt korrekt abgebaut werden kann, muss der Typ bekannt sein, deswegen muss `destroy` von einer Subklasse zur Verfügung gestellt werden.

Listing 8.19
Die Methoden out_front und out_back

```
  void out_back() {
    if(!m_anzahl)
      throw "Puffer leer!";
    m_ende=(m_ende+m_maxAnzahl-1)%m_maxAnzahl;
    destroy(m_daten[m_ende]);
    m_anzahl--;
  }

//----------------------------------------------------------

  void out_front() {
```

```
    if(!m_anzahl)
      throw "Puffer leer!";
    destroy(m_daten[m_anfang++]);
    m_anfang%=m_maxAnzahl;
    m_anzahl--;
  }
```

Listing 8.19 (Forts.)
Die Methoden out_front und out_back

in_back

Diese Methode benötigt zwei Methoden, die mit entsprechenden Typinformationen arbeiten. Da ist zum Einen `clone`, die ein Objekt klont, und zum Anderen `createPuffer`, die einen Ringpuffer desselben Typs erstellt, über den die Methode aufgerufen wurde:

```
  void in_back(const void* o) {
    if(m_anzahl<m_maxAnzahl) {
      m_daten[m_ende]=clone(o);
      m_ende=(m_ende+1)%m_maxAnzahl;
      m_anzahl++;
    } else {
      std::auto_ptr<RingImplementierung>
                               tmp(createPuffer(m_maxAnzahl*2+1));
      copy(*tmp, *this);
      tmp->in_back(o);
      swap(*tmp);
    }
  }
```

Listing 8.20
Die Methode in_back

size, capacity & empty

Zum Schluss fehlen noch die öffentlichen Methoden `size`, `capacity` und `empty`. Sie greifen auf Attribute zu, die nicht typabhängig sind und können daher in `RingImplementierung` untergebracht werden:

```
  size_type size() const {
    return(m_anzahl);
  }

//-----------------------------------------------------------

  size_type capacity() const {
    return(m_maxAnzahl);
  }

//-----------------------------------------------------------

  bool empty() const {
    return(m_anzahl==0);
  }
```

Listing 8.21
Die Methoden size, capacity und empty

Rein-virtuelle Methoden

Der Vollständigkeit halber führe ich hier noch die als rein-virtuell deklarierten Methoden auf, die `RingImplementierung` abstrakt machen und von abgeleiteten Klassen implementiert werden müssen:

Listing 8.22
Die abstrakten Methoden von RingImplementierung

```
  virtual void destroy(const void* adr)=0;
  virtual void* clone(const void* o)=0;
  virtual RingImplementierung* createPuffer(size_type s)=0;
```

RingRAIIImpl

Wir wollen das RAII-Idiom einsetzen und eine Subklasse `RingRAIIImpl` programmieren, deren Aufgabe darin besteht, der Klasse `RingImplementierung` die typabhängigen Methoden zur Verfügung zu stellen und beim Abbau die im Ringpuffer enthaltenen Elemente zu zerstören.

Listing 8.23
Das Template RingRAIIImpl

```
template<typename Typ>
class RingRAIIImpl : public RingImplementierung {
};
```

Konstruktor

Der geschützte Konstruktor leitet den Parameter an den Basisklassen-Konstruktor weiter:

Listing 8.24
Der Konstruktor von RingRAIIImpl

```
  RingRAIIImpl(size_type s)
    : RingImplementierung(s)
  {}
```

Destruktor

Der öffentliche Destruktor baut alle Elemente ab, auf die der Ringpuffer noch verweist:

Listing 8.25
Der Destruktor von RingRAIIImpl

```
  ~RingRAIIImpl() {
    while(m_anzahl--) {
      destroy(m_daten[m_anfang++]);
      m_anfang%=m_maxAnzahl;
    }
  }
```

Dazu wird von der Methode `destroy` Gebrauch gemacht, die auch in der Basisklasse Anwendung findet und eine der rein-virtuellen Methoden überschreibt:

Listing 8.26
Die Methode destroy

```
  void destroy(const void* adr) {
    delete(static_cast<const Typ*>(adr));
  }
```

Darüber hinaus existiert noch die Methode `clone`, mit der ein Objekt kopiert werden kann:

Listing 8.27
Die Methode clone

```
  void* clone(const void* o) {
    return(new Typ(*static_cast<const Typ*>(o)));
  }
```

Diese Zwischenklasse musste eingeführt werden, weil zum Abbau der im Ringpuffer gespeicherten Elemente der Element-Typ bekannt sein muss. Leider lassen sich im Destruktor keine virtuellen Methoden einer abgeleiteten Klasse benutzen, sonst hätten die Aufgaben des `RingRAIIimpl`-Destruktors vom `RingImplementierung`-Destruktor übernommen und die Methode `destroy` in Ringpuffer untergebracht werden können.

Ringpuffer

Wir haben jetzt die nötige Vorarbeit geleistet, um das tatsächliche `Ringpuffer`-Template zu schreiben:

```
template<typename Typ>
class Ringpuffer : public RingRAIIImpl<Typ> {
};
```

Listing 8.28
Das Skelett von Ringpuffer

createPuffer

Schauen wir uns zunächst die Überschreibung der geschützten Methode `createPuffer` an, mit der die Klasse konkret wird:

```
  RingImplementierung* createPuffer(size_type s) {
    return(new Ringpuffer(s));
  }
```

Listing 8.29
Die Methode createPuffer

Konstruktoren

Genau wie der nicht-generische Ringpuffer aus Kapitel 7.12.3 bekommt der generische zwei Konstruktoren mit:

```
  explicit Ringpuffer(size_type s=0)
    : RingRAIIImpl<Typ>(s)
  {}
//-----------------------------------------------------------
  Ringpuffer(const Ringpuffer& p)
  : RingRAIIImpl<Typ>(p.m_maxAnzahl) {
    copy(*this,p);
  }
```

Listing 8.30
Die Konstruktoren von Ringpuffer

Interessant ist hier wieder der Kopier-Konstruktor. Sollte innerhalb von `copy` eine Ausnahme auftreten, dann gibt das bereits fertig konstruierte Basisklassen-Objekt von `RingRAIIImpl` alle bereits kopierten Elemente wieder frei. Der Destruktor von `RingImplementierung` gibt dann abschließend das Zeigerfeld frei.

Kopier-Zuweisungs-Operator

Der Kopier-Zuweisungs-Operator fertigt die Kopie bereits durch die Parameter-Übergabe als Wert an und vertauscht die Interna mit dem Original-Objekt:

```
  Ringpuffer& operator=(Ringpuffer p) {
    swap(p);
    return(*this);
  }
```

Listing 8.31
Der Kopier-Zuweisungs-Operator

Schnittstellen-Methoden

Im Folgenden sind die Methoden aufgeführt, welche die Funktionalität des Ringpuffers ausmachen. Sie werden alle auf die generischen Methoden von `RingImplementierung` zurückgeführt, sorgen aber dafür, dass die typlosen Zeiger in den richtigen Typen umgewandelt werden:

Listing 8.32
Die Schnittstellen-Methoden von Ringpuffer

```
  Typ& front() const {
    return(*static_cast<Typ*>(RingImplementierung::front()));
  }

//-----------------------------------------------------------

  Typ& back() const {
    return(*static_cast<Typ*>(RingImplementierung::back()));
  }

//-----------------------------------------------------------

  void out_back() {
    RingImplementierung::out_back();
  }

//-----------------------------------------------------------

  void out_front() {
    RingImplementierung::out_front();
  }

//-----------------------------------------------------------

  void in_back(const Typ& o) {
    RingImplementierung::in_back(&o);
  }
```

Nun haben wir einen generischen, ausnahme-sicheren Ringpuffer.

Bei dieser Lösung wurde öffentliche Vererbung eingesetzt, obwohl wir hier keine „ist ein"-Beziehung vorfinden und auch das Liskov-Substitutionsprinzip (Kapitel 9.1.1) nicht zu greifen scheint.

Allerdings lassen sich von `RingImplementierung` und `RingRAIIImpl` keine Objekte erzeugen, insofern ist `Ringpuffer` die erste Klasse in der Vererbungshierarchie, von der Objekte angelegt werden können. Von den typischen Phänomenen, die bei der Verletzung des LSP auftreten können, bleiben wir hier also verschont. Damit verletzt die öffentliche Vererbung in diesem Fall nicht die Erwartungen, die ein Benutzer an sie stellen könnte.

Es lässt sich darüber diskutieren, ob der bei dem Ringpuffer auftretende Code-Bloat so groß ist, dass er eine generische Programmierung rechtfertigt. Andere Klassen (zum Beispiel höhenbalancierte Bäume) sind von ihrer Code-Menge her aufwändiger und machen die Entscheidung für generische Programmierung leichter.

8.7 Templates oder Vererbung

Zum Abschluss dieses Kapitels wollen wir uns überlegen, wann Templates eingesetzt werden sollen und wann Vererbung der bessere Weg ist. Diese Frage stellt sich immer dann, wenn mehrere Objekte unterschiedlichen Typs eine Rolle spielen. Als Hilfestellung möchte ich hier ein paar Punkte, die für Vererbung oder Templates sprechen, aufzählen.

Verwenden Sie Templates, wenn

- unterschiedliche Typen keine Auswirkungen auf das Verhalten Ihrer Klasse haben. Ein Beispiel ist hier der Ringpuffer. Egal, von welchem Typ die verwalteten Objekte sind, der Ringpuffer verhält sich immer gleich. Allerdings kann immer nur ein Typ pro Ringpuffer-Objekt verwaltet werden.

Verwenden Sie Vererbung, wenn

- mehrere Objekte unterschiedlichen Typs in einem Container verwaltet werden müssen. Die unterschiedlichen Typen müssen dazu eine gemeinsame Basisklasse besitzen.
- die verschiedenen Typen zum Teil gemeinsames Verhalten besitzen, jeder Typ aber auch ein individuelles Verhalten an den Tag legt. Als Beispiel wären unsere Klassen `KriechVieh` und `FlatterGeschnatter` aus Kapitel 6.7 zu nennen. Sie können sich beide bewegen, jede aber auf seine Art.

9

Vererbung II

Wir haben uns in Kapitel 6 ausführlich mit den sprachlichen und technischen Aspekten der Vererbung in C++ befasst und wollen uns nun damit beschäftigen, wie und für was Vererbung zum Einsatz kommt.

9.1 Beziehungen

Mit den in C++ möglichen Vererbungstypen können bestimmte Beziehungen zwischen Basisklasse und Subklasse zum Ausdruck gebracht werden. Wir wollen uns diese Beziehungen genauer ansehen.

9.1.1 ist ein

Die Beziehung, die mit Vererbung wohl am meisten zum Ausdruck gebracht wird, ist die „ist ein(e)"-Beziehung. Wann aber können wir sagen, ob eine „ist ein(e)"-Beziehung vorliegt beziehungsweise, wann sie korrekt umgesetzt wurde?

Schauen wir uns als Beispiel die Klasse `Bankangestellter` an:

Listing 9.1
Die Klasse Bankangestellter

```
class Bankangestellter {
  float m_monatsgehalt;

public:
  Bankangestellter(float g)
    : m_monatsgehalt(g)
  {
  }

//---------------------------------------------------------

  float getJahresgehalt() const {
    return(m_monatsgehalt*12);
  }
};
```

Nun leiten wir davon `Filialleiter` ab:

Listing 9.2
Die Klasse Filialleiter

```
class Filialleiter : public Bankangestellter {
  float m_weihnachtsgeld;
  float m_urlaubsgeld;

public:
  Filialleiter(float mg, float wg, float ug)
    : Bankangestellter(mg), m_weihnachtsgeld(wg), m_urlaubsgeld(ug)
  {}

//---------------------------------------------------------

  float getJahresgehalt() const {
    return(m_weihnachtsgeld+m_urlaubsgeld+Bankangestellter::
           getJahresgehalt());
  }
};
```

Zwischen den beiden Klassen herrscht eine „ist ein(e)"-Beziehung. (Ein Filialleiter ist ein Bankangestellter, der zusätzlich noch Urlaubs- und Weihnachtsgeld bekommt.) Wir bringen sie im Quellcode durch den Einsatz von öffentlicher Vererbung zum Ausdruck. Die Beziehung zwischen den beiden Klassen ist in Abbildung 9.1 als UML-Diagramm zu sehen.

Abbildung 9.1
Die Beziehung zwischen Bankangestellter und Filialleiter

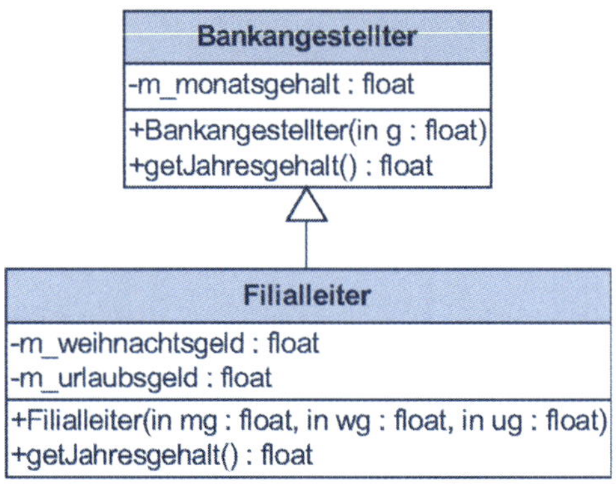

Wir können von den beiden Klassen problemlos Objekte erzeugen und die Jahresgehälter ausgeben:

Das „F" hinter den Fließkomma-Konstanten deklariert diese als Typ `float`. Fließkomma-Konstanten ohne Angabe sind automatisch vom Typ `double`.

```
Bankangestellter ba(2234.73F);
Filialleiter fl(3188.38F, 1200.00F, 3000.00F);
cout << ba.getJahresgehalt() << endl;
cout << fl.getJahresgehalt() << endl;
```

Der aufmerksame Leser wird den Schwachpunkt der oberen Klassenhierarchie bereits erkannt haben. Er offenbart sich in folgendem Code:

```
Filialleiter* fptr = &fl;
Bankangestellter* bptr = &fl;
cout << fptr->getJahresgehalt() << endl;
cout << bptr->getJahresgehalt() << endl;
```

Obwohl über beide Zeiger das Jahresgehalt desselben Objektes ausgegeben wird, unterscheiden sich die Werte. Die Lösung ist leicht gefunden: Die Methode `getJahresgehalt` in der Klasse `Bankangestellter` muss als virtuell deklariert werden.

Liskov-Substitutionsprinzip

Man kann hier die Frage stellen, warum der letzte Quellcode überhaupt als Problem betrachtet werden soll. Denn schließlich funktioniert alles einwandfrei, solange das Objekt direkt über seinen Namen oder über einen Zeiger desselben Typs angesprochen wird.

Der Sinn in der Vererbung liegt aber nicht nur darin, dass bereits geschriebener Code problemlos erweitert werden kann. Wichtige Designtechniken, die auf Vererbung zurückgreifen, funktionieren nur dann, wenn eine Basisklasse nichts über ihre Subklasse wissen muss.

Wenn wir das korrekte Jahresgehalt des Filialleiters ermitteln wollen, dann müssen wir im oberen Fall wissen, dass der `Bankangestellter`-Zeiger tatsächlich auf ein Objekt des Typs `Filialleiter` zeigt, um den Typ über einen Downcast gegebenenfalls wiederherstellen zu können. Durch den Einsatz einer virtuellen Funktion wird der Typ dynamisch geprüft und damit immer die richtige `getJahresgehalt`-Methode aufgerufen.

Diesen Anspruch an eine „ist ein(e)"-Beziehung formulierte Barbara Liskov in ihrem *Liskov-Substitutionsprinzip (LSP)*:

Der Typ `S` ist ein Subtyp des Typs `T`, wenn für jedes Objekt o_1 des Typs S ein Objekt o_2 des Typs T existiert, sodass für alle Programme P bezogen auf T gilt: Das Verhalten von P bleibt unverändert, wenn o_1 anstelle von o_2 verwendet wird.

Mit anderen Worten:

Das Verhalten eines Objekts darf sich nicht ändern, wenn über einen Basisklassen-Zeiger darauf zugegriffen wird.

Oder mit nochmals anderen Worten:

Programmcode, der über Zeiger oder Referenzen auf Basisklassen-Objekte zugreift, muss Objekte von Subklassen verwenden können, ohne etwas davon zu wissen.

Nehmen wir ein weiteres bekanntes Beispiel:

Listing 9.3
Die Klasse Rechteck

```
class Rechteck {
  float m_breite;
  float m_hoehe;

//------------------------------------------------------------
public:
  Rechteck(float b, float h)
    : m_breite(b), m_hoehe(h)
  {}
```

Listing 9.3 (Forts.)
Die Klasse Rechteck

```
//-----------------------------------------------------------
  virtual void setBreite(float b) {
    m_breite=b;
  }
  virtual void setHoehe(float h) {
    m_hoehe=h;
  }
//-----------------------------------------------------------
  float getUmfang() const {
    return(2*m_breite + 2*m_hoehe);
  }
};
```

Auch von dieser Klasse wollen wir ableiten, und zwar die Klasse `Quadrat`:

Listing 9.4
Die Klasse Quadrat

```
class Quadrat : public Rechteck {
public:
  Quadrat(float l)
    : Rechteck(l,l)
  {}
//-----------------------------------------------------------
  void setBreite(float b) {
    Rechteck::setBreite(b);
    Rechteck::setHoehe(b);
  }
  void setHoehe(float h) {
    Rechteck::setBreite(h);
    Rechteck::setHoehe(h);
  }
};
```

In Abbildung 9.2 sehen Sie die Klassenbeziehung als UML-Klassendiagramm.

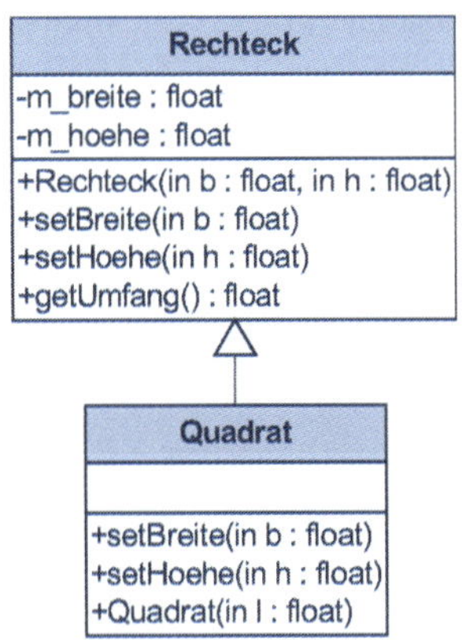

Abbildung 9.2
Die Beziehung der Klassen Rechteck und Quadrat

Wird das LSP in diesem Klassendesign eingehalten?

Die in `Quadrat` anzupassenden Methoden sind in `Rechteck` als virtuell deklariert, sodass auf jeden Fall die richtige Methode aufgerufen wird. Wir könnten natürlich immer noch folgendes schreiben:

```
Quadrat q(5);
q.Rechteck::setBreite(2);
q.Rechteck::setHoehe(4);
cout << q.getUmfang() << endl;
```

Aber dagegen gibt es keinen Schutz, deswegen gilt dieser vorsätzliche Aufruf der Rechteck-Methoden als grob fahrlässig und wird nicht als Verletzung des LSP gewertet.

Die Problematik liegt an einer anderen Stelle. Das LSP fordert, dass ein Zugriff über einen Basisklassenzeiger nichts über ein Subklassen-Objekt wissen muss. Schauen wir uns folgende Funktion an:

Listing 9.5
Eine Funktion, die eine Verletzung des LSP aufdeckt

```
void fkt(Rechteck& r) {
  r.setBreite(3);
  r.setHoehe(7);
  if(r.getUmfang()==20.0F)
    cout << "Mach was" << endl;
}
```

Legt man die Funktionalität eines Rechtecks zu Grunde, dann können wir uns darauf verlassen, dass der if-Anweisungsblock immer ausgeführt wird. Wird dieser Funktion jedoch ein Quadrat-Objekt übergeben, dann wird der if-Anweisungsbock nicht ausgeführt. Das liegt in den Set-Methoden begründet, die bei einem Quadrat immer Breite und Höhe gemeinsam auf denselben Wert setzen. Der Aufruf von r.setHoehe(7) setzt damit auch die Breite auf 7, der danach berechnete Umfang beträgt 28.

Damit ist das LSP verletzt, denn ein Basisklassen-Objekt vom Typ Rechteck kann nicht für alle Programme durch ein Subklassen-Objekt des Typs Quadrat ersetzt werden.

Konkret liegt dies an der einschränkenden Eigenschaft von Quadrat: Die Funktionalität eines Rechtecks (die Möglichkeit einer unterschiedlichen Breite und Höhe) wird in der Quadrat-Klasse beschnitten (Breite und Höhe müssen gleich sein).

Eine solche Einschränkung in einer Subklasse verletzt das LSP, eine in diesem Sinne zu verstehende „ist ein(e)"-Beziehung ist nicht gegeben.

9.1.2 ist implementiert mit

Im vorigen Beispiel war öffentliche Vererbung demnach die falsche Wahl. Statt einer „ist ein(e)"-Beziehung wollen wir die Quadrat-Klasse lieber mit Hilfe des Rechtecks implementieren.

Private Vererbung

Eine Möglichkeit hierzu bietet uns die private Vererbung:

Listing 9.6
Eine Quadrat-Klasse mit privater Vererbung

```
class Quadrat : private Rechteck {
public:
  Quadrat(float l)
```

Listing 9.6 (Forts.)
Eine Quadrat-Klasse mit privater Vererbung

```
    : Rechteck(l,l)
  {}

//------------------------------------------------------------

  void setSeite(float l) {
    Rechteck::setBreite(l);
    Rechteck::setHoehe(l);
  }

//------------------------------------------------------------

  float getUmfang() const {
    return(Rechteck::getUmfang());
  }
};
```

Die Methoden von `Rechteck` sind durch die private Vererbung nicht mehr von außen zugänglich, deswegen benötigt `Quadrat` eine eigene `getUmfang`-Methode, die intern jedoch `Rechteck::getUmfang` aufruft. Es besteht nun keine Möglichkeit mehr, Breite oder Höhe getrennt zu setzen. Beide Attribute werden über `setSeite` gemeinsam verändert. Abbildung 9.3 zeigt den Zusammenhang.

Abbildung 9.3
Die private Vererbung in der UML

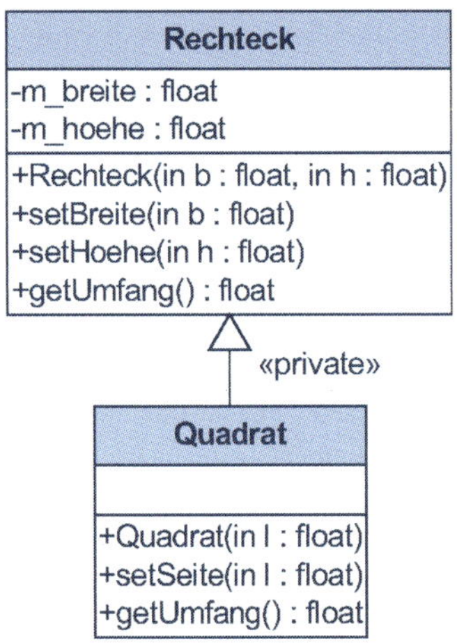

Objektkomposition

Eine andere Möglichkeit, die Funktionalität von `Rechteck` innerhalb von `Quadrat` zu benutzen, ist die Einbettung, auch Objektkomposition genannt:

Listing 9.7
Die Klasse Quadrat mit Objektkomposition

```
class Quadrat {
  Rechteck m_rechteck;

public:
  Quadrat(float l)
    : m_rechteck(l,l)
  {}
```

```
//-----------------------------------------------------------

  void setSeite(float l) {
    m_rechteck.setBreite(l);
    m_rechteck.setHoehe(l);
  }

//-----------------------------------------------------------

  float getUmfang() const {
    return(m_rechteck.getUmfang());
  }
};
```

Listing 9.7 (Forts.)
Die Klasse Quadrat mit Objektkomposition

Abbildung 9.4 zeigt die Darstellung der Objektkomposition in einem UML-Diagramm. Die beiden Zahlen an der Komposition definieren die Multiplizität. Hier besitzt ein `Quadrat`-Objekt genau ein `Rechteck`-Objekt.

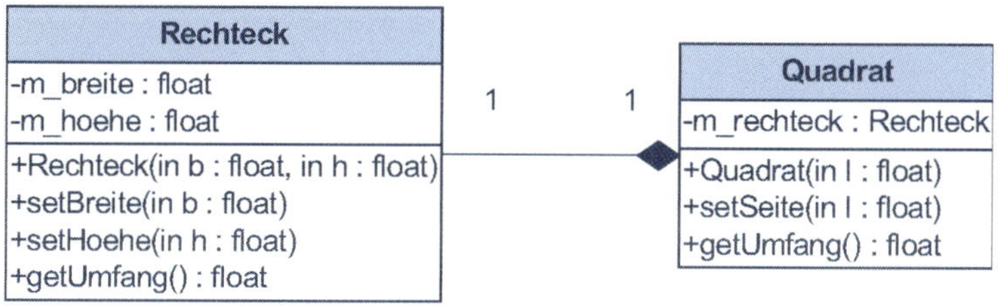

Abbildung 9.4
Die Quadrat-Klasse mit Objektkomposition

Wir haben die „ist implementiert mit"-Beziehung auf zwei Arten umgesetzt: Mit privater Vererbung und mit Objektkomposition. Aber wann sollte welche Technik eingesetzt werden?

Vererbung oder Einbettung?

Um diese Frage zu beantworten, sollten wir als Erstes die Vor- und Nachteile der beiden Varianten aufführen.

Der große Nachteil der privaten Vererbung ist die dadurch entstehende starke Kopplung zwischen den beiden Klassen. Diese Kopplung findet zur Kompilationszeit statt und lässt sich während der Laufzeit nicht mehr ändern.

Vererbung zählt neben der `friend`-Deklaration zu den stärksten Kopplungen, die in C++ zwischen zwei Klassen möglich sind.

Bei der Objektkomposition hingegen könnte anstelle eines konkreten, eingebetteten Objekts ein Zeiger, dessen Verweis während der Laufzeit austauschbar ist, oder eine Referenz als fester Verweis verwendet werden. Damit wäre es theoretisch auch möglich, verschiedene `Quadrat`-Objekte mit unterschiedlichen Implementierungen auszustatten.

Auf der anderen Seite erschließen sich durch die private Vererbung auch die geschützten Elemente der Basisklasse, auf die über Objektkomposition nicht zugegriffen werden könnte. Entscheiden diese geschützten Elemente über die Nutzbarkeit der Klasse, gibt es zur privaten Vererbung keine Alternative.

Befinden sich jedoch alle notwendigen Operationen der Implementierung in der öffentlichen Schnittstelle, dann sollte die Objektkomposition der privaten Vererbung vorgezogen werden, weil dadurch eine weitaus losere Kopplung existiert, die zur Laufzeit noch geändert werden könnte.

Bedenken Sie: Im Gegensatz zur öffentlichen Vererbung, die als Design-Technik verstanden wird, gilt die private Vererbung als Implementierungs-Technik. Sie spielt damit in der Design-Phase keine Rolle.

9.1.3 hat ein

Es ist wichtig, zwischen der „hat ein(e)"-Beziehung und der „ist implementiert mit"-Beziehung zu unterscheiden. Die im vorigen Abschnitt besprochene „ist implementiert mit"-Beziehung benutzt ein Objekt einer anderen Klasse zur Implementierung der eigenen Funktionalität.

Bei der „hat ein(e)"-Beziehung werden die Aufgaben an das eingebettete Objekt delegiert. Das eingebettete Objekt übernimmt einen Teil der Aufgaben des Haupt-Objekts. Ein Beispiel dafür sind die Klassen `Adresse` und `Kunde`, in Abbildung 9.5 zu sehen.

Abbildung 9.5
Die "hat ein(e)"-Beziehung (Aggregation)

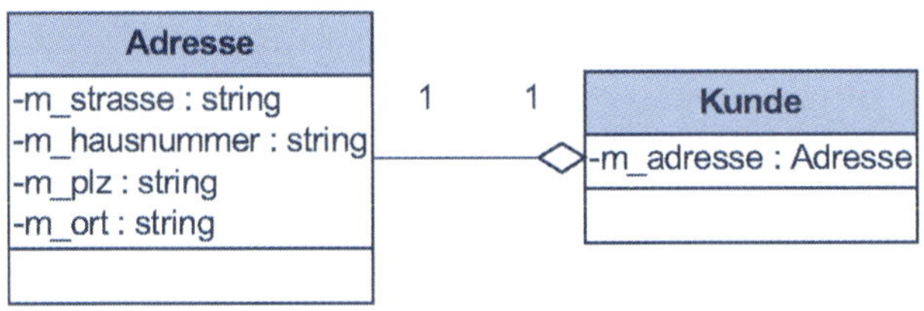

Der Kunde hat eine Adresse. Die Verwaltung dieser Adresse ist allein Aufgabe der Klasse `Adresse`. Die Klasse `Kunde` leitet entsprechende Operationen an `Adresse` weiter. Die Adresse ist hier nicht existenziell abhängig vom Kunden. Der Kunde könnte theoretisch überhaupt keine Adresse haben (Er besucht immer das Ladenlokal.) oder er hat mehrere Adressen (Rechungs- und Lieferadresse) oder die Adresse ändert sich (Umzug). Die Adresse selbst wiederum könnte auch bei mehreren Kunden Anwendung finden (wenn sie im selben Haus wohnen), wobei dann besser mit Verweisen gearbeitet werden sollte. Diese nicht existenziell abhängige Beziehung nenne man *Aggregation*, in der UML an der nicht ausgefüllten Raute zu erkennen.

Ein anderes Beispiel sehen Sie in Abbildung 9.6.

Abbildung 9.6
Die „hat ein(e)"-Beziehung (Komposition)

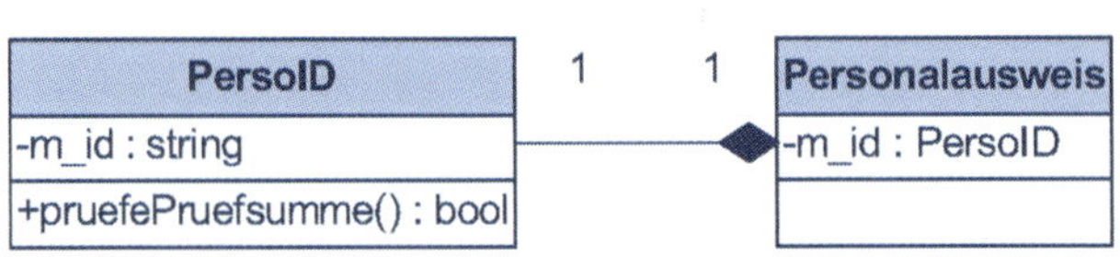

Hier ist die ID des Personalausweises existenziell abhängig vom Personalausweis. Ein Personalausweis kann seine ID nicht ändern, er bekommt sie bei seiner Erstellung zugewiesen und nimmt sie mit ins Grab. Diese Abhängigkeit wird *Komposition* genannt.

9.2 Was wird vererbt?

Das vorige Teilkapitel hat sich mit der Frage beschäftigt, wie die in einer Klassenhierarchie auftretenden Beziehungen in C++ formuliert werden. Im Folgenden richten wir unser Augenmerk auf die Frage, was vererbt wird. In der OOP ist es häufig sinnvoll, Schnittstelle und Implementierung zu trennen. Die nachstehenden Abschnitte beschäftigen sich damit, wie in C++ nur eine Schnittstelle, nur eine Implementierung oder eine Kombination von beiden vererbt werden kann.

9.2.1 Schnittstelle mit verbindlicher Implementierung

Dass eine Subklasse die Schnittstelle mitsamt einer verbindlichen Implementierung erbt, ist häufig das Ergebnis von Unwissenheit. Und nicht selten wird vergessen, dass die Implementierung tatsächlich verbindlich bleiben sollte. Betrachten wir dazu folgendes Beispiel:

Listing 9.8
Ein eigener Vektor mit sicherem Index-Operator

```
template<typename Typ>
class EigenerVektor : public vector<Typ> {
public:
  EigenerVektor() {}
  vector<Typ>::reference operator[](vector<Typ>::size_type idx) {
    return(at(idx));
  }
};
```

Wir schreiben ein Template `EigenerVektor`, welches wir öffentlich von `std::vector` ableiten. Die Besonderheit unseres Vektor liegt darin, dass der Index-Operator nun auf die Methode `at` zurückgreift und damit eine Ausnahme wirft, wenn der Bereich überschritten wird.

Anstelle des vollständig qualifizierten Namens bei `reference` und `size_type` hätten wir auch problemlos nur den Typ-Namen angeben können, weil unser Template die Typdefinitionen geerbt hat.

Wir können diesen Vektor nun problemlos einsetzen:

```
EigenerVektor<int> v;
v.push_back(3);
cout << v[1] << endl;  // Ausnahme
```

Was hier jedoch nicht berücksichtigt wurde: Die Methoden von `vector` sind nicht virtuell, wir haben dessen Implementierung also verbindlich geerbt. Trotzdem haben wir eine Operation – nämlich den Index-Operator – überschrieben. Der Ärger lässt nicht lange auf sich warten:

```
vector<int>* vptr = &v;
cout << (*vptr)[1] << endl; // Keine Ausnahme
```

Das LSP ist hiermit ganz klar verletzt. Wir haben nun mehrere Möglichkeiten:

- Die geerbte Implementierung bleibt verbindlich, in der eigenen Klasse wird die Schnittstelle erweitert und die neue Implementierung darüber verfügbar gemacht. In unserem konkreten Fall ist das keine Lösung, denn es geht uns um den Index-Operator. Andernfalls hätten wir gleich den STL-Vektor verwendet und dessen `at`-Methode direkt aufgerufen.

- Die Klasse `EigenerVektor` wird privat von `vector` abgeleitet und nutzt damit die `vector`-Implementierung, ohne dessen Schnittstelle zu erben. Um jetzt aber in der eigenen Klasse die gleiche Schnittstelle zur Verfügung zu stellen wie in `vector`, muss jede Methode von `vector` ebenfalls in `EigenerVektor` implementiert werden. Diese Methoden brauchen zwar lediglich die entsprechende `vector`-Methode aufzurufen, aber ein schönes Stückchen Arbeit ist es trotzdem. Darüber hinaus würde eine Änderung der `vector`-Schnittstelle nicht automatisch von `EigenerVektor` übernommen.
- Die verbindliche Implementierung wird überschrieben und wir bleiben uns stets bewusst, dass der eigene Vektor nicht mehr polymorph einsetzbar ist. Er kann deswegen nicht an die Stelle eines STL-Vektors treten. Durch die Verletzung des LSP herrscht zwischen `EigenerVektor` und `vector` keine „ist ein(e)"-Beziehung, auch wenn dies in manchen Büchern behauptet wird.

Der letzte Punkt wird höchstwahrscheinlich nicht seinen Weg in die Annalen der OOP finden. Wenn es wie in unserem Fall aber lediglich um einen Vektor mit sicherem Index-Operator geht, der an keiner Stelle einen STL-Vektor polymorph ersetzen soll, dann ist nach Abwägung von Kosten und Nutzen die letzte Variante in meinen Augen die attraktivste.

Fassen wir diesen Abschnitt noch zu einer Regel zusammen:

Wenn eine Subklasse öffentlich eine aus nicht-virtuellen Methoden bestehende Schnittstelle erbt, dann erbt diese Subklasse die Schnittstelle mitsamt einer bezogen auf das LSP verbindlichen Implementierung. Eine Änderung dieser verbindlichen Implementierung hat unweigerlich eine Verletzung des LSP zur Folge.

Schauen wir uns zum Schluss noch ein Beispiel an, bei dem die Vererbung einer verbindlichen Implementierung Sinn macht:

In Abbildung 9.7 wird der Fernseher mit Fernbedienung von einem Fernseher ohne Fernbedienung abgeleitet. Wir überschreiben die geerbte Implementierung nicht, sondern erweitern sie, indem wir der öffentlichen Schnittstelle eine weitere Operation hinzufügen (`empfangeSignal`). Das LSP ist damit nicht verletzt.

Abbildung 9.7
Fernseher mit Fernbedienung

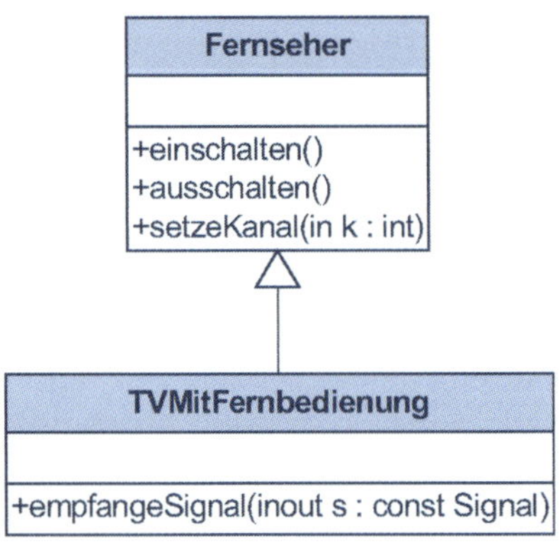

9.2.2 Schnittstelle mit überschreibbarer Implementierung

Eine Implementierung wird überschreibbar, wenn die dazugehörige Methode in der Basisklasse als virtuell deklariert ist (Siehe Kapitel 6.8). Man nennt sie auch Default- oder Standard-Implementierung. Nehmen wir folgendes Beispiel:

Listing 9.9
Die Klasse Grafiktreiber

```
class Grafiktreiber {
public:
  virtual void linie(Punkt p1, Punkt p2) {
    /* Berechne Linie manuell */
  }
};
```

Wir entwerfen einen schlichten Grafiktreiber, der nur eine Linie zeichnen kann. Die tatsächliche Implementierung der Methode `linie` ersparten wir uns hier. Diese Klasse wird nun von einigen Anwendungen eingesetzt, die alle prima funktionieren.

Nun wird das System um eine 3D-Grafikkarte erweitert, von deren schnelleren Hardware-Funktionen wir Gebrauch machen wollen. Wir schreiben dazu die Klasse `Grafiktreiber3D`, die von `Grafiktreiber` ableitet:

Listing 9.10
Die Klasse Grafiktreiber3D

```
class Grafiktreiber3D : public Grafiktreiber {
  Grafikkarte* m_karte;
public:
  Grafiktreiber3D(Grafikkarte* graka)
    : m_karte(graka)
  {}

  void linie(Punkt p1, Punkt p2) {
    m_karte->linie(p1, p2);
  }
};
```

Die Implementierung von `Grafiktreiber::linie` wird überschrieben. In der neuen `linie`-Methode wird Gebrauch von der Linien-Funktionalität der Grafikkarte gemacht. Abbildung 9.8 zeigt den Sachverhalt.

In diesem Fall bleibt das LSP gewahrt, weil bei einem Zugriff über einen Basisklassen-Zeiger der tatsächliche Objekt-Typ zur Laufzeit (dynamisch) ermittelt und die korrekte Methode aufgerufen wird.

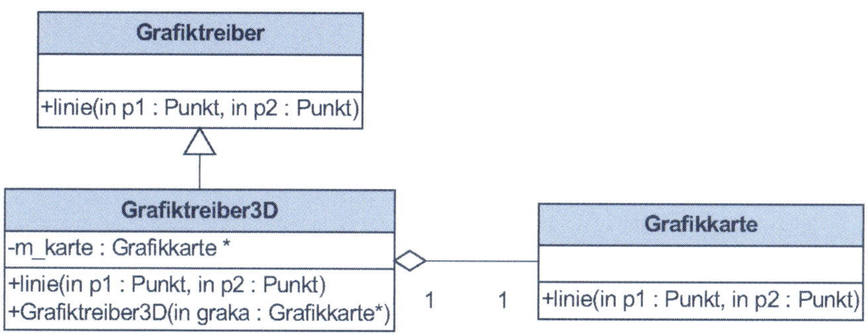

Abbildung 9.8
Die Grafiktreiber-Hierarchie

9.2.3 Schnittstelle

Die Vererbung der bloßen Schnittstelle – ohne Implementierung – wird in C++ mit rein virtuellen (abstrakten) Methoden bewerkstelligt. Eine Schnittstelle ohne Implementierung wird immer dann vererbt, wenn eine gemeinsame Schnittstelle existieren soll, die Basisklasse aber nicht genug Wissen besitzt, um dieser Schnittstelle eine Implementierung mitzugeben.

Denken wir noch einmal an die Klassen-Hierarchie eines Spiels. Wir definieren als oberste Basisklasse die Klasse `SpielElement`:

Listing 9.11
Die Klasse SpielElement

```
class SpielElement {
public:
  virtual void erscheine()=0;
  virtual void verschwinde()=0;
};
```

Wir beschränken uns hier auf die Methoden `erscheine` zur Darstellung des Spielelements auf dem Bildschirm und `verschwinde` zum Entfernen des Elements vom Spielfeld.

Durch die abstrakten Methoden ist die Klasse selbst abstrakt, von ihr können deshalb keine Exemplare erzeugt werden (Siehe Kapitel 6.9). Eine von `SpielElement` abgeleitete Klasse, von der Objekte erzeugt werden sollen, muss daher alle abstrakten Methoden überschreiben, um konkret zu werden:

Listing 9.12
Die Klasse Hindernis

```
class Hindernis : public SpielElement {
public:
  void erscheine() {
    // Code zum Aufbau des Hindernisses
  }

  void verschwinde() {
    // Code zum Abbau des Hindernisses
  }
};
```

Die Klasse `Hindernis` hat die Schnittstelle von `SpielElement` geerbt und gezwungen, die Schnittstelle mit einer Implementierung zu versehen, wenn von ihr Objekte erzeugt werden sollen.

Auf diese Weise ist gewährleistet, dass jede Subklasse die geerbte Schnittstelle mit Leben füllt. In Abbildung 9.9 sehen Sie die UML-Darstellung unserer Mini-Hierarchie.

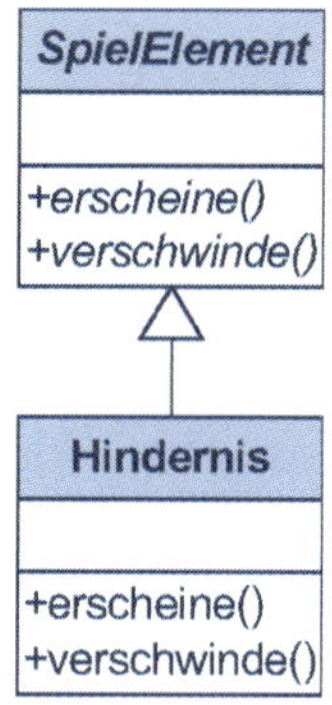

Abbildung 9.9
Spielelemente und Hindernisse

9.2.4 Implementierung

Die Vererbung der bloßen Implementierung haben wir in Abschnitt 9.1.2 bereits besprochen. Ich möchte hier jedoch wiederholen, dass die Implementierung einer anderen Klasse auch durch Einbettung verwendet werden kann, solange die Implementierung über die öffentliche Schnittstelle zugänglich ist.

9.3 Das Offen-Geschlossen-Prinzip

Das Offen-Geschlossen-Prinzip (open closed principle, abgekürzt OCP) ist schnell formuliert:

Das OCP, sowie andere Prinzipien, die wir uns noch anschauen werden, sind von Robert C. Martin formuliert und können im Internet in englischer Sprache unter http://www.objectmentor.com nachgelesen werden.

Code-Einheiten (zum Beispiel Klassen oder Funktionen) sollten offen für Erweiterungen, aber geschlossen für Veränderungen sein.

Anders formuliert folgen daraus zwei Punkte:

- Es muss möglich sein, die Funktionalität einer Code-Einheit zu erweitern, ohne ihren bestehenden Code zu verändern.
- Eine Erweiterung an anderer Stelle, die Auswirkungen auf eine Code-Einheit hat, darf keine Änderung der Code-Einheit selbst nach sich ziehen.

Nehmen wir an, Sie programmieren ein Spiel, in dem ein Krabbeltier vorkommt. Es soll zwei verschiedene Arten von Krabblern geben, solche, die vorwärts krabbeln und solche, die rückwärts krabbeln. In welche Richtung gekrabbelt werden kann, wird bei der Erzeugung festgelegt. Die entsprechende Klasse `Krabbler` könnte wie in Abbildung 9.10 aufgebaut werden.

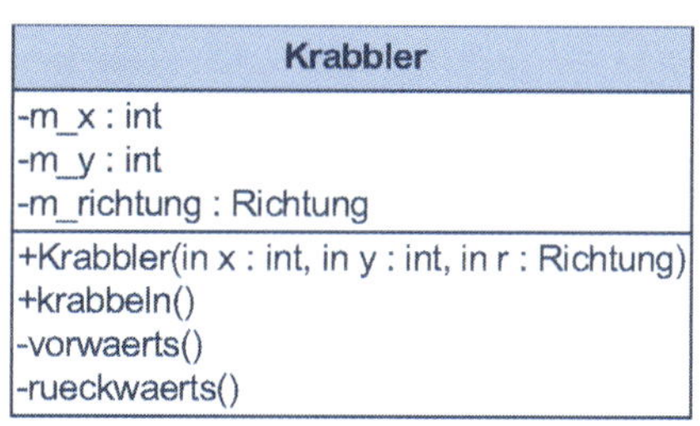

Abbildung 9.10
Die Klasse Krabbler

Über die Methode `krabbeln` krabbelt der Krabbler in seine vorgegebene Richtung. Dazu ruft `krabbeln` die Methode `vorwaerts` oder `rueckwaerts` auf. Ausformuliert erhalten wir diesen Code:

Listing 9.13
Die Klasse `Krabbler`

```
class Krabbler {
public:
  enum Richtung {Vor, Rueck};

  Krabbler(int x, int y, Richtung r)
    : m_x(x), m_y(y), m_richtung(r)
  {}

  void krabbeln() {
    switch(m_richtung) {
      case Vor:
        vorwaerts();
        break;
      case Rueck:
        rueckwaerts();
        break;
    }
  }

private:
  int m_x;
  int m_y;
  Richtung m_richtung;

  void vorwaerts() {++m_x;}
  void rueckwaerts() {--m_x;}
};
```

Wir können nun Krabbler erzeugen, die vorwärts oder rückwärts krabbeln:

```
Krabbler k1(20,5,Krabbler::Vor);
Krabbler k2(20,5,Krabbler::Rueck);
```

Geht dieser Ansatz konform mit dem OCP? Spalten wir diese Frage in zwei Punkte auf.

Ist die Klasse offen gegenüber Erweiterungen? Im Prinzip nicht. Eine Erweiterung ohne Code-Änderung wäre nur durch Vererbung möglich. Die zentrale Methode krabbeln ist jedoch nicht virtuell, ein Ableiten würde damit das LSP verletzen.

Ist die Klasse geschlossen gegenüber Änderungen? Gehen wir davon aus, dass während der Spielentwicklung Bedarf an einem Krabbler entsteht, der auch hoch und runter krabbeln kann, dann ist dies ohne Änderung von `krabbeln` nicht möglich. Die Methode `krabbeln` ist damit für Erweiterungen der Richtung nicht geschlossen.

Alles in allem können wir getrost sagen, dass die Klasse das OCP verletzt. Ein besserer Ansatz könnte so aussehen, dass wir zunächst eine Krabbel-Schnittstelle erstellen:

```
class Krabbler {
public:
  virtual void krabbeln()=0;
};
```

Listing 9.14
Eine Schnittstelle für Krabbler

Von dieser Schnittstelle leiten nun die konkreten Krabbler ab:

```
class VorwaertsKrabbler : public Krabbler {
  int m_x;
  int m_y;
public:
  VorwaertsKrabbler(int x, int y)
    : m_x(x), m_y(y)
  {}

  void krabbeln() {
    ++m_x;
  }
};
```

Listing 9.15
Die Klasse VorwaertsKrabbler

Abbildung 9.11 zeigt den Zusammenhang in der UML.

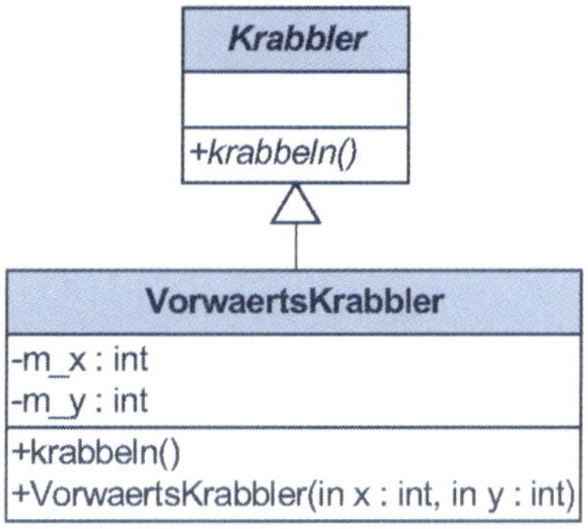

Abbildung 9.11
Die Krabbel-Hierarchie

Eine Code-Einheit, die über die `Krabbler`-Schnittstelle auf die Methode `krabbeln` zugreift, ist nun geschlossen gegenüber Erweiterungen der Krabbler-Familie. Auch `Krabbler` und `VorwaertsKrabbler` sind geschlossen gegenüber Erweiterungen, denn ein weiterer Krabbler erfordert keine Änderungen am bestehenden Code. Dieser Ansatz hält sich damit an das OCP.

Betrachten wir ein weiteres Beispiel, welches wieder einem Spiel entnommen sein könnte:

```
class Abfangjaeger {
public:
  void zeichnen();
};

class Bomber {
public:
  void zeichneMich();
};
```

Listing 9.16
Flugzeuge und Zeichner

Listing 9.16 (Forts.)
Flugzeuge und Zeichner

```
class Transporter {
public:
  void draw();
};

class Zeichner {
public:
  void zeichneJaeger(const Abfangjaeger& o);
  void zeichneBomber(const Bomber& o);
  void zeichneTransporter(const Transporter& o);
};
```

Es gibt drei Klassen von Flugzeugen, die alle gezeichnet werden können. Dazu existiert die Klasse `Zeichner`, die für jedes Flugzeug eine Zeichne-Methode besitzt. Diese rufen dann wiederum die entsprechende Methode der Flugzeug-Klassen auf (und erledigen vielleicht noch andere Dinge, wie Vorbereitung des Bildschirms auf das Zeichnen). Abbildung 9.12 zeigt die Zusammenhänge.

Abbildung 9.12
Die Beziehung zwischen Zeichner und den Flugzeugen

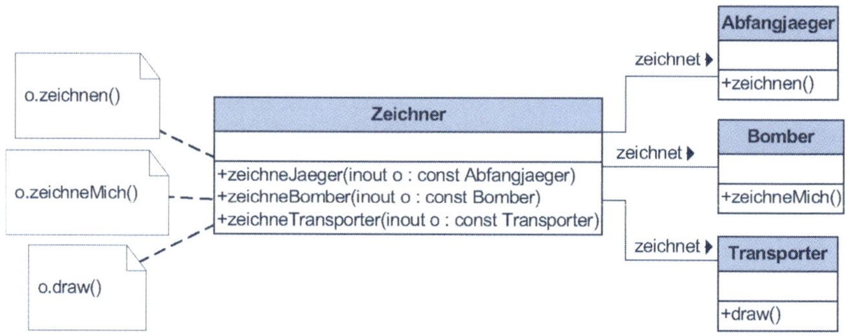

Warum hier das OCP verletzt ist, lässt sich nicht in einem Satz zusammenfassen. Zunächst einmal müsste die Klasse `Zeichner` verändert werden, wenn eine weitere Flugzeug-Klasse erstellt würde, deren Objekte ebenfalls von `Zeichner` dargestellt werden soll.

Code, der die Klasse `Zeichner` verwendet, müsste ebenfalls geändert werden, damit die neue Zeichne-Methode aufgerufen wird.

Es könnte zwar eine Klasse `ErweiterterZeichner` von `Zeichner` abgeleitet werden, weil wir die verbindliche Implementierung von `Zeichner` nicht überschreiben, sondern deren Schnittstelle ergänzen. Trotzdem müsste der konkrete Aufruf der neuen Zeichne-Methode in der bisher mit `Zeichner` arbeitenden Code-Einheit hinzugefügt werden.

Auf den ersten Blick könnte die Lösung auch in einem Überladen der Zeichne-Methoden von `Zeichner` liegen. Hätten die Zeichne-Methoden in `Zeichner` alle denselben Namen, würde sich der Aufruf vereinheitlichen. Da die einzelnen Flugzeuge aber nicht derselben Klassenhierarchie angehören, kann die Code-Einheit, die `Zeichner` verwendet, nicht mit Polymorphie arbeiten (Zugriff über eine gemeinsame Schnittstelle) und muss deswegen trotzdem den Code ändern.

Es bleibt also dabei: Bezogen auf eine Erweiterung der Flugzeug-Typen wird das OCP nicht eingehalten beziehungsweise Code, der diese Klassenarchitektur verwendet, kann gegenüber einer Erweiterung der Flugzeug-Typen nicht geschlossen werden.

Einen besseren Ansatz zeigt Abbildung 9.13.

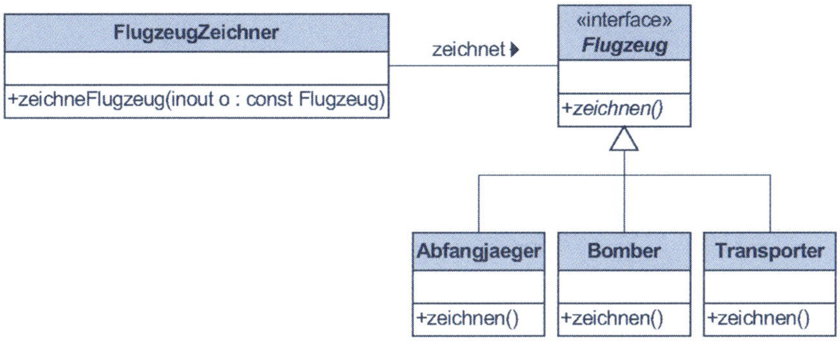

Abbildung 9.13
Die Flugzeug-Hierarchie

Meist wirkt es Wunder, wenn Schnittstelle und Implementierung getrennt werden. In Abbildung 9.13 wird die `Zeichner`-Klasse jetzt `FlugzeugZeichner` genannt, um klar zu signalisieren, dass mit ihr nur Flugzeuge gezeichnet werden können. Sie greift nun auf die `zeichnen`-Methode der Schnittstelle `Flugzeug` zurück. Weil dies eine abstrakte Methode ist, können wir sicher sein, dass eine von `Flugzeug` abgeleitete, konkrete Klasse für `zeichnen` eine Implementierung zur Verfügung gestellt hat.

Die Klasse `FlugzeugZeichner` ist dadurch von der konkreten Implementierung der `zeichnen`-Methode entkoppelt. Eine Erweiterung der Klassenhierarchie um beispielsweise `Passagierflugzeug` hätte keinerlei Auswirkungen auf `FlugzeugZeichner`. Das OCP wird eingehalten.

9.4 Operationen oben, Daten unten

Der Titel fasst bereits die Hauptaussage dieses Abschnitts salopp zusammen: In einer Klassenhierarchie sollten die Operationen (Schnittstellen, mit oder ohne Implementierung) möglichst weit oben angesiedelt, die tatsächlichen Daten dagegen so weit wie möglich unten untergebracht werden.

In Kapitel 6.3 hatten wir eine Klassenhierarchie aufgebaut, die `SpielObjekt` als Basisklasse hatte und unter anderem die Klasse `Tuer` als Subklasse. Abbildung 6.7 zeigt die Beziehung als UML-Diagramm.

Bereits in diesem frühen Stadium zeigt sich eine Form der Redundanz. Die Klasse `SpielObjekt` besitzt Attribute für die Breite und die Höhe eines Spielobjekts. Die Klasse `Tuer` definiert die Breite und Höhe jedoch als Konstante, trotzdem erbt sie die Attribute für Breite und Höhe von `SpielObjekt`. Nicht nur Objekte der Klasse `Tuer`, alle Objekte mit fester Breite und Höhe besitzen zwei Attribute, mit denen sie nichts anfangen können.

Besser wäre es, Breite und Höhe weiter unten in der Klassenhierarchie anzusiedeln, dort, wo sie wirklich gebraucht werden. Abbildung 9.14 zeigt einen solchen Ansatz.

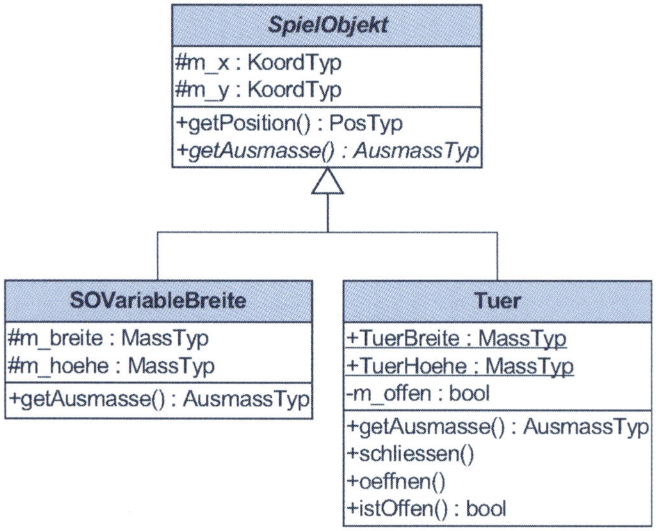

Abbildung 9.14
Eine redundanzärmere Spiel-Hierarchie

Die Methode `getAusmasse` ist in `SpielObjekt` nur noch abstrakt, ohne Implementierung, dadurch müssten Subklassen diese Methode auf jeden Fall implementieren.

Die Klasse `SOVariableBreite` ist jetzt die Basisklasse für alle Spielobjekte mit variabler Breite und Höhe. Die Klasse `Tuer` kann jetzt ohne Redundanz von `SpielObjekt` abgeleitet werden.

Das alles hat natürlich seinen Preis. Wir haben die Methode `getAusmasse` nicht mehr zentral in der Basisklasse (sie müsste ja sonst darüber Bescheid wissen, welche Ausmaße Objekte abgeleiteter Klassen haben), sondern jede Klasse mit festen Ausmaßen muss eine eigene `getAusmasse`-Methode bereitstellen, die die Ausmaß-Konstanten der Klasse zurückliefert.

Lediglich für die Objekte mit variablen Ausmaßen kann jetzt noch eine allgemeine `getAusmasse`-Methode implementiert werden.

Für jede Klasse haben wir ein Mehr an Code, dafür haben wir für jedes Objekt mit festen Ausmaßen eine Einsparung an Speicherplatz. Es muss am konkreten Fall festgemacht werden, welcher Ansatz der bessere ist.

9.5 Das Umkehrung-der-Abhängigkeit-Prinzip

Um das Umkehrung-der-Abhängigkeit-Prinzip (Dependency Inversion Principle, abgekürzt DIP) zu erläutern, möchte ich gerne auf die Kartoffeln und Schweine aus [Willms02] zurück kommen. Primär ging es darum, dass ein

Schwein Kartoffeln fressen kann. Losgelöst von den konkreten Attributen der Klasse ergibt sich damit folgender Sachverhalt, wie er in Abbildung 9.15 dargestellt ist.

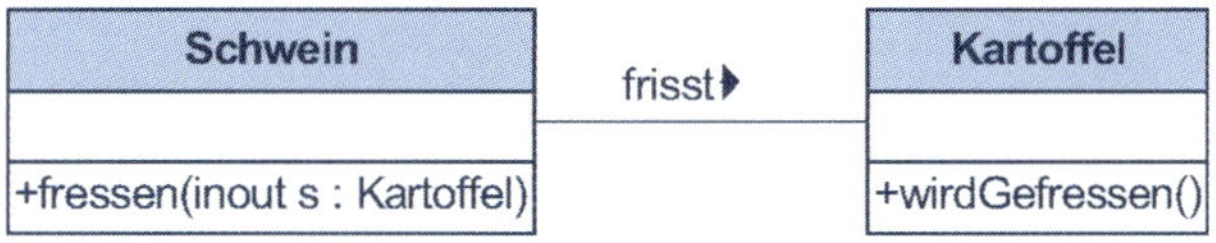

Abbildung 9.15
Schweine fressen Kartoffeln

Die Klasse `Kartoffel` repräsentiert dabei eine Kartoffel-Pflanze, die mehrere zum Verzehr geeignete Knollen besitzen kann.

Nun könnte es strategisch ungünstig sein, ein Schwein ungebremst auf eine Kartoffel loszulassen. Um Völlerei zu vermeiden, wollen wir eine Klasse `FutterVerwalter` programmieren, die kontrolliert von einer Kartoffel Futter holt, um es dann dem Schwein weiter zu reichen:

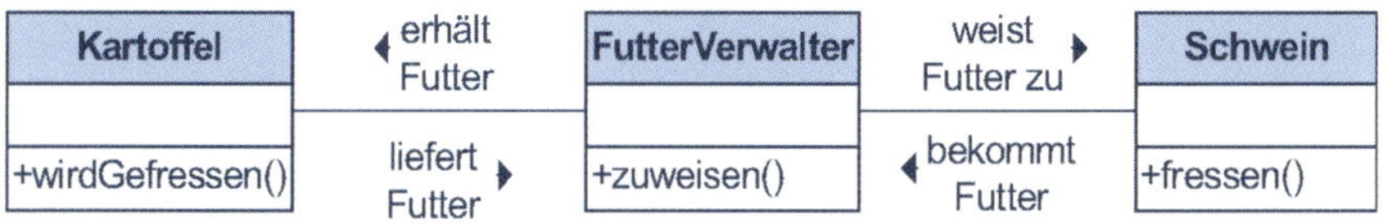

Abbildung 9.16
Das Futter wird verwaltet

Der Quellcode dazu könnte folgendermaßen aussehen (auf die Darstellung von Attributen und Konstruktoren wird verzichtet):

Listing 9.17
Schweine, Kartoffeln und Verwalter

```
typedef int FutterEinheiten;

class Kartoffel {
public:
  FutterEinheiten wirdGefressen(FutterEinheiten gefordert);
};

class Schwein {
public:
  void fressen(FutterEinheiten fe);
};

class FutterVerwalter {
public:
  void zuweisen(Kartoffel& k, Schwein& s, FutterEinheiten gefordert)
{
    FutterEinheiten erhalten = k.wirdGefressen(gefordert);
    s.fressen(erhalten);
  }
};
```

Wir können an dieser Stelle direkt sagen, dass `FutterVerwalter` gegenüber einer Erweiterung der Futterquellen oder der Futtervertilger nicht geschlossen ist. Wir wollen uns anschauen, warum das so ist. Wenn wir die drei involvierten Klassen betrachten, dann stellen wir fest, dass `FutterVerwalter` auf einer höheren Abstraktionsebene liegt als `Kartoffel` und `Schwein`. Die Klasse `FutterVerwalter` verteilt die Futtereinheiten lediglich um. Die Details, also wie die Kartoffel die

Futtereinheiten erzeugt oder wie das Schwein die Futtereinheiten verwertet, liegen in den Klassen `Kartoffel` und `Schwein`.

Wir erhalten damit eine Abhängigkeit der höheren Klasse (bezogen auf die Abstraktionsebene) von den tieferen Klassen. Diese Richtung der Abhängigkeit war in der prozeduralen Programmierung üblich, in der OOP hat sie jedoch einen entscheidenden Nachteil:

Im Normalfall sind es die Code-Einheiten einer höheren Abstraktionsebene, die wir wieder verwenden wollen. Wenn diese Code-Einheiten selbst wiederum von tiefer liegenden Details abhängig sind, dann schränkt dies die Wiederverwendbarkeit stark ein und erhöht den Wartungsaufwand bei Änderungen.

Ein Beispiel: Angenommen, wir bräuchten an anderer Stelle einen Futterverwalter, der Pferde davon abhalten soll, zuviel von einem Heuballen zu fressen. Obwohl die Aufgabe identisch mit unserem bisherigen Futterverwalter ist, könnten wir ihn nicht verwenden, weil er abhängig von den Details von `Kartoffel` und `Schwein` ist.

Würden wir die Richtung der Abhängigkeiten umdrehen, dann wäre `FutterVerwalter` nicht mehr von Details abhängig und könnte einfacher wieder verwendet werden. Und genau dieses „Umdrehen" der Abhängigkeit (Dependency Inversion) beschreibt das DIP mit folgenden Punkten:

- Code-Einheiten auf höherer Abstraktionsebene sollten nicht abhängig sein von Code-Einheiten tieferer Abstraktionsebenen.
- Abstraktionen (Schnittstellen) sollten nicht abhängig sein von Details (Implementierungen).
- Code-Einheiten und Details sollten abhängig sein von Abstraktionen.

Wie so häufig läuft es darauf hinaus, die Implementierungen von den Schnittstellen zu trennen.

Abbildung 9.17
Der Futterverwalter nach dem DIP

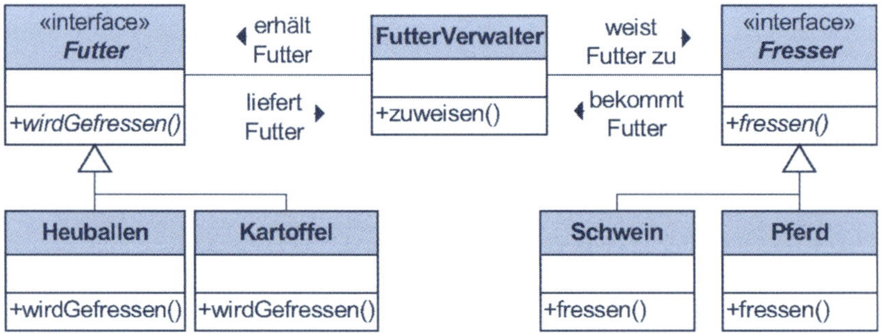

Sowohl unser auf hoher Abstraktionsebene liegender Futterverwalter als auch die tiefer liegenden Klassen mit den Implementierungs-Details sind nun abhängig von Schnittstellen. Auf diese Weise ist ein Höchstmaß an Flexibilität und Wiederverwendbarkeit gewährleistet.

Durch die neu erworbene „Unwissenheit" des Futterverwalters ist es jetzt theoretisch möglich, das Schwein mit Heuballen zu füttern, was diesem vielleicht überhaupt nicht gefällt. Diese Verantwortung ist jetzt vom Benutzer der Klasse `FutterVerwalter` zu tragen.

9.6 Das Einzelne-Verantwortung-Prinzip

Das Prinzip der einzelnen Verantwortung (Single Responsibility Principle, abgekürzt SRP) ist an anderer Stelle (zum Beispiel [Booch94]) auch als Kohäsion bekannt:

Unter Kohäsion versteht man den Grad der Zusammengehörigkeit (Verwandtschaft) zweier Entitäten (z.B. Schnittstellen).

Zwei unverwandte Abstraktionen (keine Kohäsion) sollten nicht in einer gemeinsamen Schnittstelle untergebracht sein.

Oder wie es Martin formuliert: Es sollte nie mehr als einen Grund geben, eine Klasse zu ändern.

Mehr oder weniger in dasselbe Horn bläst auch das von Martin aufgestellte Interface Segregation Principle (Getrennte-Schnittstellen-Prinzip), abgekürzt ISP, welches gewissermaßen eine Folgerung des SRP ist:

Implementierungen sollten keine Schnittstellen aufgezwungen bekommen, die sie nicht benötigen.

Nehmen wir als Beispiel Abbildung 9.18, in der ein möglicher Ansatz dargestellt wird, um HTTP- und FTP-Urls gemeinsam zu verwalten.

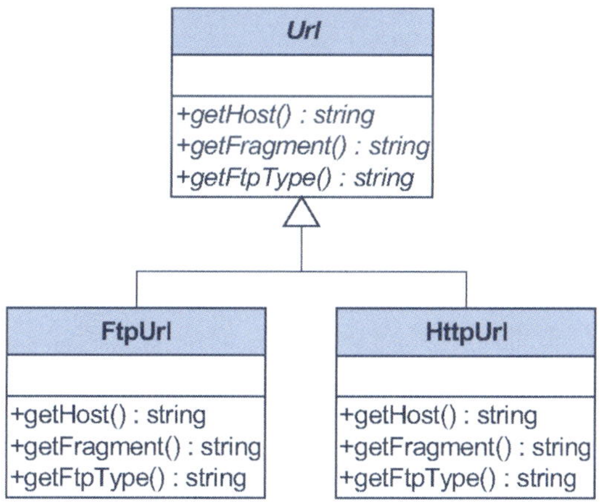

Abbildung 9.18
Eine Klassenhierarchie zur Url-Verwaltung

Die abstrakte Klasse `Url` besitzt der Übersichtlichkeit wegen eine Auswahl der Methoden, die eine vollständige `FtpUrl`- und `HttpUrl`-Klasse besitzen sollte. Besonderes Augenmerk sollte auf die `HttpUrl`-typische Methode `getFragment` und auf die `FtpUrl`-typische Methode `getFtpType` gerichtet werden.

Zwischen diesen beiden Methoden existiert keine Kohäsion, sie gehören zwei verschiedenen Verantwortlichkeiten an. Sie in einer gemeinsamen Schnittstelle unterzubringen (wie hier in der `Url`-Klasse) verletzt deswegen ganz klar das ISP, denn `FtpUrl` muss die für die Klasse unnötige `getFragment`-Methode implementieren und `HttpUrl` muss sich mit `getFtpType` rumschlagen.

Darüber hinaus gibt es für die Klasse `Url` zwei Gründe, geändert zu werden, nämlich, wenn sich die Schnittstelle der `FtpUrl`-Klasse oder wenn sich die Schnittstelle der `HttpUrl`-Klasse ändert. Das SRP ist deswegen bei der `Url`-Klasse verletzt.

10

MaoMao

Diejenigen von Ihnen, die bereits andere Bücher von mir gelesen haben, werden sich vielleicht an den Kopf fassen und seufzen „Nicht schon wieder!“ Aber keine Sorge, während der MaoMao-Ansatz zum Beispiel in [Willms02] primär das technische Umsetzen der Vererbung zum Ziel hatte, wollen wir hier den Schwerpunkt auf Design-Aspekte legen.

Die primäre Anforderung an das Spiel soll sein, dass es hinsichtlich der Spieler, des Textfensters und der Ausgabe-Sprache wieder verwendbar und erweiterbar ist. Wenn eine weitere Ausgabe-Sprache, ein zusätzlicher Spieler oder ein anderes Text-Fenster hinzugefügt wird, dann sollen bereits implementierte Klassen nicht mehr verändert werden müssen. Offen für Erweiterungen, geschlossen für Veränderungen.

Bevor wir mit der Implementierung beginnen, möchte ich kurz noch die Regeln des Spiels erklären. Die meisten von Ihnen werden das Spiel kennen, es gibt aber einige lokale Unterschiede.

Die Grundidee von MaoMao besteht darin, dass die Spieler der Reihe nach Karten abwerfen, die mit der davor abgeworfenen entweder das Bild oder die Farbe gemeinsam haben.

Wer keine Karte ablegen kann, muss eine ziehen und kann diese bei Übereinstimmung von Farbe oder Bild noch ablegen. Andernfalls hat der Spieler eine Karte mehr auf der Hand.

Das übliche MaoMao-Spiel spielt mit den Bildern Sieben bis Ass und den Farben Karo, Herz, Pik und Kreuz.

Im Spiel haben einige Karten besondere Funktionen:

- Die Sieben. Legt jemand eine Sieben, dann muss der Folge-Spieler zwei Karten ziehen, wenn er nicht ebenfalls eine Sieben legt. Sollte eine zweite Sieben gelegt werden, dann muss der darauffolgende Spieler vier Karten ziehen, falls er nicht auch wieder eine Sieben spielt, usw.

- Die Acht. Wird sie gelegt, dann muss der nächste Spieler aussetzen. Besonders beliebt bei Spielen mit zwei Spielern.
- Der Bube. Derjenige, der einen Buben legt, darf sich eine Farbe wünschen. Der Folgespieler muss dann eine Karte mit der gewünschten Farbe ablegen, eine Karte ziehen oder mit einem weiteren Buben eine neue Farbe wünschen. Der Zwang, die gewünschte Farbe zu spielen, überträgt sich so lange von Spieler zu Spieler, wie niemand eine Karte der gewünschten Farbe spielt.

Zu Spielbeginn bekommt jeder Spieler fünf Karten und eine Karte wird auf den Tisch gelegt. Der beginnende Spieler muss der aufgedeckten Karte gemäß reagieren, bei einer Sieben also zwei ziehen oder ebenfalls eine Sieben legen oder bei einer Acht aussetzen.

Lediglich der Bube hat als Startkarte eine andere Bedeutung: Der beginnende Spieler darf dann eine Karte seiner Wahl spielen.

10.1 Die Fenster

Die Unterstützung der einzelnen Fenster ist noch das Leichteste am Spiel. Beginnen wir mit der Basisklasse der Fenster-Hierarchie.

10.1.1 Die Klasse ITxtFenster

Wie es bei Schnittstellen (Interfaces) üblich ist, müssen wir uns einen groben Überblick verschaffen, welche Ein- und Ausgabemöglichkeiten wir im Spiel benötigen.

Auf jeden Fall müssen C-Strings ausgegeben und eingelesen (Eingabe des Spieler-Namens) werden können. Wir müssen Ganzzahlen ausgeben (bei der Auflistung der Karten) und einlesen (zur Auswahl einer Karte) können.

Die Ausgabe-Methoden werden in zwei Varianten implementiert, für die Ausgabe mit und ohne Newline. Abbildung 10.1 stellt die auf dieser Grundlage entworfene Schnittstelle als UML-Diagramm dar.

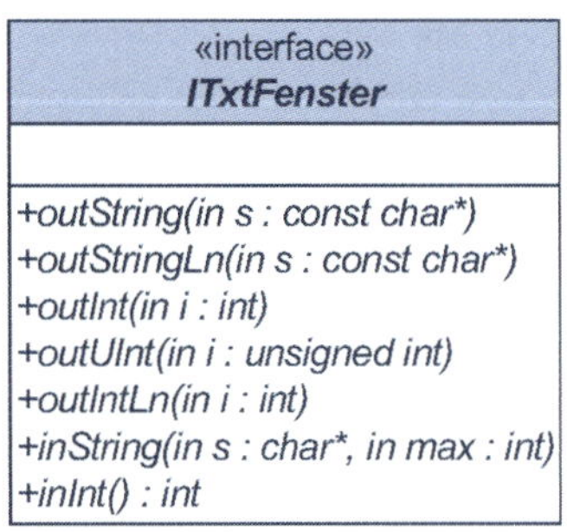

Abbildung 10.1
Das Interface ITxtFenster

Der dazugehörige Quellcode ist nicht sonderlich spektakulär:

Listing 10.1
Die Klasse ITxtFenster

```
class ITxtFenster {
public:
  virtual void outString(const char *s)=0;
  virtual void outStringLn(const char *s)=0;
  virtual void outInt(int i)=0;
  virtual void outUInt(unsigned int i)=0;
  virtual void outIntLn(int i)=0;
  virtual void inString(char *s, int max)=0;
  virtual int inInt()=0;

  virtual ~ITxtFenster() {}
};
```

Die in den Subklassen zu implementierenden Methoden sind als rein virtuell (abstrakt) deklariert. Exemplarisch wollen wir diese Schnittstelle nun für ein normales Textfenster implementieren, welches die c++-üblichen Stream-Objekte `cout` und `in` unterstützt, sowie für ein Fenster des .NET-Frameworks. Ergebnis ist die in Abbildung 10.2 dargestellte Hierarchie.

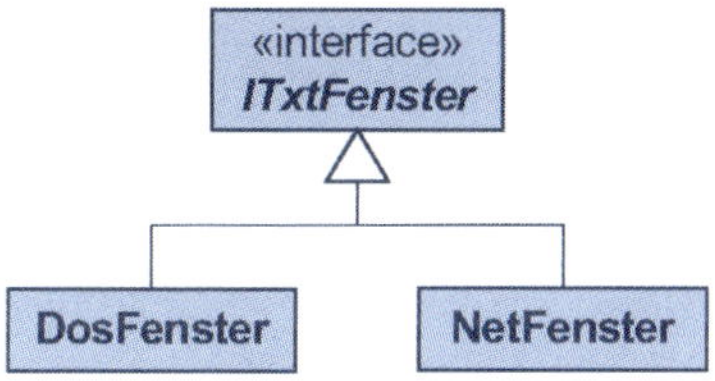

Abbildung 10.2
Die Fenster-Hierarchie

10.1.2 Die Klasse DosFenster

Schauen wir uns die Implementierung der Klasse `DosFenster` an. Sie ist recht einfach aufgebaut:

Listing 10.2
Die Methoden der Klasse DosFenster

```
void DosFenster::outString(const char* s) {
  cout << s;
}

//-------------------------------------------------------------

void DosFenster::outStringLn(const char* s) {
  cout << s << endl;
}

//-------------------------------------------------------------

void DosFenster::outInt(int i) {
  cout << i;
}

//-------------------------------------------------------------

void DosFenster::outIntLn(int i) {
  cout << i << endl;
}
```

Listing 10.2 (Forts.) Die Methoden der Klasse DosFenster

```
//-------------------------------------------------------------

void DosFenster::outUInt(unsigned int i) {
  cout << i;
}

//-------------------------------------------------------------

void DosFenster::inString(char* s, int max) {
  cin.getline(s,max);
}

//-------------------------------------------------------------

int DosFenster::inInt() {
  int tmp;
  cin >> tmp;
  return(tmp);
}
```

10.1.3 Die Klasse NetFenster

Als Beispiel einer Implementierung, die nicht auf der C++-Standard-Ein-/Ausgabe basiert, betrachten wir noch die Klasse `NetFenster`, die es unserem zukünftigen MaoMao-Spiel gestattet, als .NET-Anwendung zu laufen:

Listing 10.3 Die Methoden der Klasse NetFenster

```
void NetFenster::outString(const char* s) {
  Console::Write(s);
}

//-------------------------------------------------------------

void NetFenster::outStringLn(const char* s) {
  Console::WriteLine(s);
}

//-------------------------------------------------------------

void NetFenster::outInt(int i) {
  Console::Write(i);
}

//-------------------------------------------------------------

void NetFenster::outIntLn(int i) {
  Console::WriteLine(i);
}

//-------------------------------------------------------------

void NetFenster::outUInt(unsigned int i) {
  Console::Write(i);
}

//-------------------------------------------------------------
```

```
int NetFenster::inInt() {
  return(Convert::ToInt32(Console::ReadLine()));
}

//-----------------------------------------------------------

void NetFenster::inString(char* s, int max) {
  if(max<=0) return;
  String* ns=Console::ReadLine();
  if(ns->Length>(max-1))
    ns=ns->Substring(0,max-1);
  CString cs(ns);
  char* ch=cs.GetBuffer();
  strcpy(s,ch);
  cs.ReleaseBuffer();
}
```

Listing 10.3 (Forts.)
Die Methoden der Klasse NetFenster

Interessant ist eigentlich nur die zuletzt aufgeführte Methode `inString`, die auf die von Microsoft vorgeschlagene Weise einen Net-String in einen C-String umwandelt.

Zunächst wird ein Net-String über die Konsole eingelesen und zurechtgestutzt, falls er in seiner gesamten Länge nicht in unseren zu füllenden Puffer passt.

Anschließend wird die Tatsache ausgenutzt, dass die MFC-Klasse `CString` einen Konstruktor mit einem Net-String als Parameter besitzt. Wir haben damit den Net-String in einen MFC-String umgewandelt.

Zum Schluss greifen wir auf den internen Puffer des MFC-Strings zu und kopieren die Zeichen in unser `char`-Feld: Umwandlung beendet.

10.2 Die Spielkarte

Bei der Spielkarte wollen wir ein Werk für die Ewigkeit schaffen, obwohl wir die Schnittstelle nur so weit füllen werden, wie es für MaoMao notwendig ist. Es soll möglich sein, normale Spielkarten zu erzeugen, aber auch Joker, die spielspezifisch implementiert werden müssen, sollen nicht ausgeschlossen werden.

Wir entwerfen dazu eine recht minimalistische Schnittstelle `IKarte`:

```
class IKarte {
public:
  virtual void outKarte(ITxtFenster* wnd) const=0;
  virtual ~IKarte() {}
};
```

Listing 10.4
Die Schnittstelle IKarte

Von dieser Schnittstelle können jetzt Joker und Spielkarten ableiten. Während es bei den Jokern auf Anhieb keine Gemeinsamkeiten gibt, die in einer spezialisierteren Basisklasse münden könnten, macht dies für die Spielkarten durchaus Sinn, denn jede Spielkarte besitzt ein Bild und eine Farbe, die zugänglich gemacht werden sollten:

Listing 10.5
Die Schnittstelle IBildKarte

```
class IBildKarte : public IKarte {
public:

  virtual const Bild* getBild() const=0;
  virtual const Farbe* getFarbe() const=0;
};
```

Theoretisch hätten `IBildKarte` und `BildKarte` eine gemeinsame Klasse bilden können. Um aber eine saubere Trennung zwischen Schnittstelle und Implementierung zu erhalten, wurden sie in zwei einzelne Klassen untergebracht.

Die Implementierung bringen wir in der Klasse `BildKarte` unter:

Listing 10.6
Die Klasse BildKarte

```
class BildKarte : public IBildKarte {

  std::auto_ptr<Farbe> m_farbe;
  std::auto_ptr<Bild> m_bild;

//---------------------------------------------------------------

public:
  BildKarte(Farbe* f, Bild* b)
    : m_farbe(f), m_bild(b)
  {}

//---------------------------------------------------------------

  virtual const Bild* getBild() const {
    return(m_bild.get());
  }

//---------------------------------------------------------------

  virtual const Farbe* getFarbe() const {
    return(m_farbe.get());
  }

//---------------------------------------------------------------

  virtual void outKarte(ITxtFenster *wnd) const {
    wnd->outString(m_farbe->getFarbname());
    wnd->outString("-");
    wnd->outString(m_bild->getBildname());
  }
};
```

Die an die Karte übergebenen `Farbe`- und `Bild`-Objekte gehen in den Verantwortungsbereich der Karte über. Wir speichern die Verweise darum in Auto-Pointern (Kapitel 3.5), damit wir uns nicht explizit um die Freigabe kümmern müssen. Abbildung 10.3 zeigt unsere aktuelle Kartenhierarchie.

Objekte der Klasse `BildKarte` sind es dann auch, mit denen später das MaoMao-Spiel gespielt wird. Die tatsächliche Funktionalität liegt jedoch in `Farbe` und `Bild` verborgen.

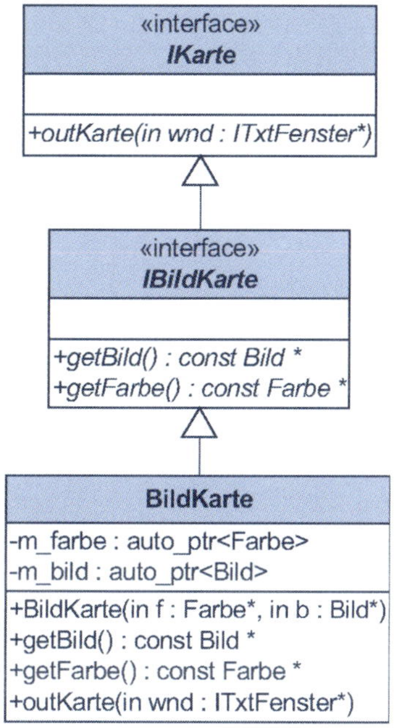

Abbildung 10.3
Die Karten-Hierarchie

10.2.1 Die Klasse Farbe

Bevor wir tiefer in die Implementierung von Farbe einsteigen, sollten wir uns fragen, warum es überhaupt eine Klasse Farbe gibt. Denn theoretisch hätten wir die `BildKarte`-Klasse auch so aufbauen können:

Listing 10.7
Eine verworfene BildKarte-Implementierung

```
class BildKarte : public IBildKarte {
public:
  enum Bild {Zwei, Drei, Vier, Fuenf, Sechs,
             Sieben, Acht, Neun, Zehn, Bube,
             Dame, Koenig, Ass};
  enum Farbe {Karo, Herz, Pik, Kreuz};

private:
  Bild m_bild;
  Farbe m_farbe;
};
```

Der Haken besteht jedoch in der Anforderung, dass das Spiel – und damit auch die Spielkarten – in verschiedenen Sprachen ausgegeben werden sollen.

Wir könnten natürlich von der gesamten `BildKarte`-Klasse ableiten und die Bezeichnungen der einzelnen Farben und Bilder in den Subklassen unterbringen. Wir wollen aber das SRP (Kapitel 9.6) beherzigen und die beiden Elemente der Karte auf zwei Klassen verteilen. Das Grundgerüst der Klasse `Farbe` sieht so aus:

Listing 10.8
Die Klasse Farbe

```
class Farbe {
public:
  typedef const char* Farbname;
  class FarbAusnahme {};
  enum Farben {Karo, Herz, Pik, Kreuz};

//--------------------------------------------------------------

  Farbe(Farben f)
  : m_farbe(f) {
    if(m_farbe<Karo || m_farbe>Kreuz)
      throw FarbAusnahme();
  }

//--------------------------------------------------------------

  virtual ~Farbe() {}

//--------------------------------------------------------------

  Farben getFarbe() const {
    return(m_farbe);
  }

//--------------------------------------------------------------

  bool operator==(const Farbe& f) const {
    return(m_farbe==f.m_farbe);
  }

//--------------------------------------------------------------

  bool operator!=(const Farbe& f) const {
    return(m_farbe!=f.m_farbe);
  }

//--------------------------------------------------------------

  virtual Farbname getFarbname() const=0;
  virtual Farbname getFarbname(Farben f) const=0;

//--------------------------------------------------------------

private:
  Farben m_farbe;
};
```

Der Konstruktor prüft, ob das übergebene Argument eine gültige Farbe ist, denn obwohl der Konstruktor-Parameter vom Aufzählungs-Typ `Farben` ist, wird folgender Code anstandslos kompiliert:

An dieser Stelle vernachlässigen wir kurz die Tatsache, dass `Farbe` eine abstrakte Klasse ist.

```
FarbeDe f(static_cast<Farbe::Farben>(5555));
```

Wird ein ungültiger Farbwert festgestellt, wirft der Konstruktor die Ausnahme `FarbAusnahme`.

Die Klasse selbst ist abstrakt, denn ihr fehlen noch wesentliche Informationen: Die Bezeichnungen der Farben. Diese werden in den Subklassen implementiert und stehen über die beiden abstrakten Methoden zur Verfügung.

Vielleicht wundert es Sie, dass `getFarbname(Farben f)` ebenfalls als rein virtuelle Methode deklariert wurde. Es ist davon auszugehen, dass die Farb-Bezeichnungen in der Subklasse als statische Elemente angelegt werden, damit nicht für jedes Objekt der Speicherplatz erneut benötigt wird. Daher hätte die zweite `getFarbname`-Methode auch ohne weiteres eine statische Methode der Subklasse werden können. Ich werde Farbe jedoch gleich um eine weitere Schnittstelle ergänzen, die für diese Methode Polymorphie notwendig macht, und dies geht nur mit nicht-statischen Methoden.

Erzeugung von Karten

Spielen wir einmal die Situation durch, dass ein Kartenspiel seine Karten erzeugen möchte. Das Kartenspiel muss dazu in der Lage sein, alle Farben und alle Bilder zu bestimmen.

Grundsätzlich sind die Farben (und später die Bilder) über die Aufzählung verfügbar, wir könnten das Kartenspiel daher so aufbauen (natürlich wieder unter der Voraussetzung, dass `Farbe` und `Bild` nicht abstrakt wären):

```
vector<BildKarte*> v;
v.push_back(new BildKarte(new Farbe(Farbe::Karo),
                          new Bild(Bild::Sieben)));
v.push_back(new BildKarte(new Farbe(Farbe::Karo),
                          new Bild(Bild::Acht)));
v.push_back(new BildKarte(new Farbe(Farbe::Karo),
                          new Bild(Bild::Neun)));
```

Und so weiter. Solche Auswüchse werden Sie höchstwahrscheinlich vermeiden wollen. Sie schauen sich die Aufzählungen genauer an und stellen fest, dass die einzelnen Werte direkt hintereinander liegen, mit 0 beginnend. Schnell formulieren Sie ein Schleifenkonstrukt:

```
vector<BildKarte*> v;
for(int f=Farbe::Karo; f<=Farbe::Kreuz; ++f)
  for(int b=Bild::Sieben; b<=Bild::Ass; ++b)
    v.push_back(new BildKarte(
                 new FarbeDe(static_cast<Farbe::Farben>(f)),
                 new BildDe(static_cast<Bild::Bilder>(b))
               ));
```

So weit, so gut, aber beherzigen wir hier das OCP? Ist dieses Schleifenkonstrukt gegenüber Änderungen an den Aufzählungen geschlossen? Nein, wie denn auch, die Werte in der Aufzählung brauchen nur derart abgeändert werden, dass sie nicht mehr lückenlos hintereinander liegen oder das beispielsweise `Farbe::Kreuz` nicht mehr die höchste Wertigkeit besitzt, und schon versagen die Schleifen.

Unabhängig von der Frage, ob es überhaupt einen sinnvollen Grund gibt, warum sich die Aufzählungen jemals ändern könnten (denn schließlich ist das die Angelegenheit der Klasse), wollen wir hier eine Schnittstelle zur Verfügung stellen, die immer gleich bleibt, auch wenn sich die Aufzählungen ändern.

Ein eigener Iterator

Und zwar lauschen wir das Prinzip unserer Schnittstelle von einem der Grundprinzipien der STL ab: Wir implementieren einen Iterator. Wir nehmen den Forward-Iterator als grobes Vorbild, denn es soll ausreichen, die Farben in einer Richtung durchlaufen zu können. Der eigene Iterator wird im öffentlichen Teil von `Farbe` untergebracht, damit außerhalb der Klasse Iteratoren erzeugt werden können.

Listing 10.9
Die Attribute der Klasse Farbe::iterator

```
class iterator {
  friend class Farbe;
  const Farbe* m_farbe;
  Farben m_iter;
  bool m_ende;
};
```

Die Klasse `Farbe` wird als Freund des Iterators deklariert, damit wir auch auf den als privat deklarierten Konstruktor des Iterators zugreifen können.

Die Attribute haben folgende Bedeutung:

- `m_farbe` speichert einen Verweis auf das Farbe-Objekt (oder einem Subklassen-Objekt von Farbe) um über Polymorphie an die in den Subklassen definierten Farb-Bezeichnungen zu gelangen.
- `m_iter` beinhaltet den Farbwert, für den das Iterator-Objekt gerade steht.
- `m_ende`, ein boolesches Flag, welches markiert, ob es sich um einen Ende-Iterator handelt.

Konstruktoren

Folgende Konstruktoren stehen zur Verfügung:

Listing 10.10
Die Konstruktoren von Farbe::iterator

```
private:
  iterator(const Farbe* f, Farben fa)
    : m_farbe(f), m_iter(fa), m_ende(false)
  {}

//------------------------------------------------------------

public:
  iterator()
    : m_farbe(0), m_iter(Kreuz), m_ende(true)
  {}
```

Der erste Konstruktor muss den Iterator mit einem Verweis auf ein `Farbe`-Objekt initialisieren. Weil dies außerhalb der Farbe-Klasse nicht garantiert werden kann, deklarieren wir diesen Konstruktor als privat.

Der zweite Konstruktor erzeugt einen Ende-Iterator, der keinen Verweis auf ein Objekt braucht, er kann daher öffentlich zugänglich gemacht werden.

Es wirkt etwas unglücklich, dass wir die aktuelle Position des Ende-Iterators intern mit `Kreuz` versehen. Sauberer wäre es an dieser Stelle, die Aufzählung `Farben` um einen Wert `Ungueltig` zu ergänzen und diesen dann zu verwenden. Aus Sicht der Aufzählung wäre es jedoch unsauber, einen Wert hinzuzufügen, der nur technischen Zwecken dient, der später aber vom Benutzer der Klasse ansprechbar ist. Die von mir gewählte Variante mag unsauber erscheinen, sie ist jedoch vom Benutzer nicht einsehbar und innerhalb des Iterators gekapselt und damit als das kleinere Übel zu bezeichnen.

Das Attribut `m_iter` überhaupt nicht zu initialisieren macht technisch keinen Unterschied, denn standardmäßig hätte das Attribut dann den Wert 0, der `Karo` entspricht, und das ist auch nicht besser als `Kreuz`.

Inkrement-Operator

```
iterator& operator++() {
  if(m_iter==Kreuz)
    m_ende=true;
  else
    m_iter=static_cast<Farben>(static_cast<int>(m_iter)+1);
  return(*this);
}
```

Listing 10.11
Der Inkrement-Operator von Farbe::iterator

Wie bei den STL-Iteratoren soll der Ende-Iterator hinter dem letzten Element liegen. Das Attribut `m_ende` wird daher auf `true` gesetzt, wenn der Iterator an `Kreuz` vorbei rauscht.

Bei der Iteration ist der innere `static_cast` notwendig, weil der Operator + nicht für Aufzählungs-Typen definiert ist. Nach der Addition müssen wir das Ergebnis wieder in den Aufzählungs-Typ zurück wandeln. Potenziell ist eine solche Umwandlung unsicher, aber als Bestandteil der Klasse `Farbe` wissen die Methoden des Iterators, was zu tun ist. Und einen anderen Weg gibt es nicht, wenn wir nicht komplett auf die Aufzählungen verzichten wollen.

Vergleichs-Operatoren

Als Vergleichs-Operatoren definieren wir nur `==` und `!=`, mehr benötigen wir nicht.

```
  bool operator==(const iterator& i) const {
    return(m_ende&&i.m_ende ||
           ((!m_ende)&&(!i.m_ende)&& m_farbe==i.m_farbe));
  }

//----------------------------------------------------------

  bool operator!=(const iterator& i) const {
    return(!(*this==i));
  }
```

Listing 10.12
Die Vergleichs-Operatoren von Farbe::iterator

Zwei Iteratoren sind gleich, wenn einer der beiden folgenden Punkte zutrifft:

- Beide Iteratoren sind Ende-Iteratoren.
- Beide Iteratoren sind keine Ende-Iteratoren, verweisen aber auf dieselbe Farbe.

Zugriffs-Methoden

Wir statten unseren Iterator mit zwei Möglichkeiten des Zugriffs aus: Dem Zugriff auf den Farbwert über den Dereferenzierungs-Operator und dem Zugriff auf die Farb-Bezeichnung über die Methode `getFarbname`:

Listing 10.13
Die Zugriffs-Methoden von Farbe::iterator

```
  const Farben& operator*() const {
    return(m_iter);
  }

//-------------------------------------------------------------

    Farbname getFarbname() const {
      return((m_ende)?"":m_farbe->getFarbname(m_iter));
    }
  };
```

Für die Implementierung von `iterator::getFarbname` ist es wichtig, dass es sich bei `Farbe::getFarbname(Farben)` um eine virtuelle Methode handelt, damit die Farb-Bezeichnung der Subklasse verwendet wird. Wir hatten weiter oben besprochen, warum diese Methode nicht statisch sein kann, jetzt kennen Sie die Antwort.

Iterator-Methoden

Um den Iterator nutzen zu können, benötigt `Farbe` noch die typischen Iterator-Methoden `begin` und `end`:

Listing 10.14
Die Iterator-Methoden von Farbe

```
iterator begin() const {
  return(iterator(this,Karo));
}

//-------------------------------------------------------------

iterator end() const {
  return(iterator());
}
```

Alles in allem hätten wir uns die Trickserei mit der virtuellen `getFarbname`-Methode und dem Verweis auf ein konkretes Farben-Objekt im Iterator sparen können, wenn wir jede Subklasse mit eigenen Iteratoren ausgestattet hätten.

Auf diese Weise haben wir aber nicht nur Quellcode gespart, auch das Programm selbst wird entsprechend kürzer sein.

Wir können nun von `Farbe` die einzelnen Sprachen ableiten. Im weiteren Verlauf werden wir dies für deutsche und englische Bezeichnungen umsetzen und werden dann die in Abbildung 10.4 dargestellte Klassen-Hierarchie erhalten.

Es könnte nun das Argument vorgebracht werden, dass sich die Problematik beim Verändern der Aufzählung lediglich verlagert hat. Denn sollte sich die Aufzählung ändern, dann müsste auf jeden Fall auch der Iterator angepasst werden.

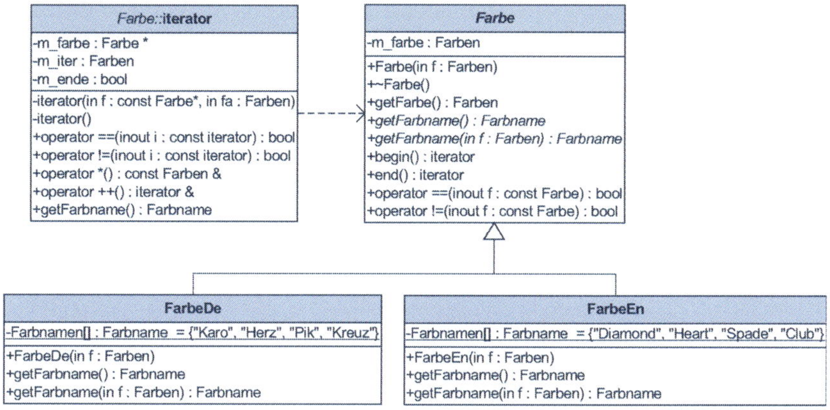

Abbildung 10.4
Die Farben-Hierarchie

Das stimmt, aber der Iterator ist Bestandteil der Klasse. Die Schnittstelle des Iterators ist es, die von außenstehenden Code-Einheiten angesprochen wird, und die ändert sich nicht. Auf diesem Iterator basierende Code-Einheiten sind deswegen gegenüber Änderungen in der Klasse – besonders gegenüber Änderungen der Aufzählung – geschlossen.

10.2.2 Die Klassen FarbeDe und FarbeEn

Eine von `Farbe` abgeleitete Klasse muss die beiden `getFarbname`-Methoden implementieren, um konkret zu werden. Darüber hinaus werden hier auch die Farb-Bezeichnungen untergebracht. Betrachten wir als Erstes die Klassendefinition von `FarbeDe`:

Listing 10.15
Die Klassendefinition von FarbeDe

```
class FarbeDe : public Farbe {
  static Farbname Farbnamen[];

//---------------------------------------------------------------

public:
  FarbeDe(Farben f)
    : Farbe(f)
  {}

//---------------------------------------------------------------

  Farbname getFarbname() const {
    return(Farbnamen[getFarbe()]);
  }

//---------------------------------------------------------------

  Farbname getFarbname(Farben f) const {
    return(Farbnamen[f]);
  }
};
```

Die beiden getFarbname-Methoden basieren darauf, dass die Werte der Aufzählung mit 0 beginnen und hintereinander liegen. Sollte die Aufzählung geändert werden, müssten diese Methoden ebenfalls angepasst werden. Wir könnten die Iteratoren von Bild so erweitern, dass wir sie auch hier einsetzen könnten, aber das möchte ich an dieser Stelle nicht umsetzen.

Listing 10.16
Die Initialisierung von Farbnamen in FarbeDe

```
Farbe::Farbname FarbeDe::Farbnamen[]={"Karo", "Herz",
                                      "Pik", "Kreuz"};
```

Die Klassendefinition von FarbeEn ist identisch mit der von FarbeDe, deswegen sparen wir uns hier die Auflistung. Werfen wir zum Abschluss nur noch einen Blick auf die Initialisierung von Farbnamen in FarbeEn:

Listing 10.17
Die Initialisierung von Farbnamen in FarbeEn

```
Farbe::Farbname FarbeEn::Farbnamen[]={"Diamond", "Heart",
                                      "Spade", "Club"};
```

10.2.3 Die Klasse Bild

Die Klasse Bild ist ähnlich der Klasse Farbe aufgebaut, deswegen folgt jetzt das Listing der Klasse an einem Stück:

Listing 10.18
Die Klasse Bild

```
class Bild {
public:
  typedef const char* Bildname;
  class BildAusnahme {};
  enum Bilder {Zwei, Drei, Vier, Fuenf, Sechs, Sieben, Acht,
               Neun, Zehn, Bube, Dame, Koenig, Ass};

//-------------------------------------------------------------

  Bild(Bilder b)
  : m_bild(b) {
    if(m_bild<Zwei || m_bild>Ass)
      throw BildAusnahme();
  }

//-------------------------------------------------------------

  virtual ~Bild() {}

//-------------------------------------------------------------

  Bilder getBild() const {
    return(m_bild);
  }

//-------------------------------------------------------------

  bool operator==(const Bild& b) const {
    return(m_bild==b.m_bild);
  }

//-------------------------------------------------------------
```

Listing 10.18 (Forts.)
Die Klasse Bild

```
  bool operator!=(const Bild& b) const {
    return(m_bild!=b.m_bild);
  }

//-----------------------------------------------------------

  virtual Bildname getBildname() const=0;
  virtual Bildname getBildname(Bilder b) const=0;

//-----------------------------------------------------------

  class iterator {
    friend class Bild;
    const Bild* m_bild;
    Bilder m_iter;
    bool m_ende;

//-----------------------------------------------------------

    iterator(const Bild* b, Bilder bi)
      : m_bild(b), m_iter(bi), m_ende(false)
    {}

//-----------------------------------------------------------

  public:
    iterator()
      : m_bild(0), m_iter(Ass), m_ende(true)
    {}

//-----------------------------------------------------------

    bool operator==(const iterator& i) const {
      return(m_ende&&i.m_ende ||
             ((!m_ende)&&(!i.m_ende)&& m_bild==i.m_bild));
    }

//-----------------------------------------------------------

    bool operator!=(const iterator& i) const {
      return(!(*this==i));
    }

//-----------------------------------------------------------

    const Bilder& operator*() const {
      return(m_iter);
    }

//-----------------------------------------------------------

    iterator& operator++() {
      if(m_iter==Ass)
        m_ende=true;
      else
        m_iter=static_cast<Bilder>(static_cast<int>(m_iter)+1);
      return(*this);
    }
```

Listing 10.18 (Forts.)
Die Klasse Bild

```
//---------------------------------------------------------------

    Bildname getBildname() const {
      return((m_ende)?"":m_bild->getBildname(m_iter));
    }
  };

//---------------------------------------------------------------

  iterator beginGross() const {
    return(iterator(this,Zwei));
  }

//---------------------------------------------------------------

  iterator beginKlein() const {
    return(iterator(this,Sieben));
  }

//---------------------------------------------------------------

  iterator end() const {
    return(iterator());
  }

//---------------------------------------------------------------

private:
  Bilder m_bild;
};
```

Es ist noch zu erwähnen, dass die Klasse `Bild` zwei `Begin`-Methoden besitzt: `BeginKlein`, die mit dem Bild `Sieben` beginnt, und `beginGross` mit `Zwei` als Startbild.

10.2.4 Die Klassen BildDe und BildEn

Nehmen wir exemplarisch für die beiden Klassen die Klassendefinition von `BildDe` heraus:

Listing 10.19
Die Klassendefinition von BildDe

```
class BildDe : public Bild {
    static Bildname Bildnamen[];

//---------------------------------------------------------------

public:
  BildDe(Bilder b)
    : Bild(b)
  {}

//---------------------------------------------------------------

  Bildname getBildname() const {
    return(Bildnamen[getBild()]);
  }
```

Listing 10.19 (Forts.)
Die Klassendefinition von BildDe

```
//-------------------------------------------------------------

  Bildname getBildname(Bilder b) const {
    return(Bildnamen[b]);
  }
};
```

Die Initialisierung von `Bildnamen` sieht so aus:

Listing 10.20
Die Initialisierung von Bildnamen in BildDe

```
Bild::Bildname BildDe::Bildnamen[]={"Zwei", "Drei", "Vier", "Fuenf",
                   "Sechs", "Sieben", "Acht", "Neun", "Zehn",
                   "Bube", "Dame", "Koenig", "Ass"};
```

Und nun noch die Initialisierung der englischen Bezeichnungen:

Listing 10.21
Die Initialisierung von Bildnamen in BildEn

```
Bild::Bildname BildEn::Bildnamen[]={"Two", "Three", "Four", "Five",
                      "Six", "Seven", "Eight", "Nine", "Ten",
                      "Jack", "Queen", "King", "Ace"};
```

Abbildung 10.5 zeigt die bisher erstellten Klassen und ihre Abhängigkeiten.

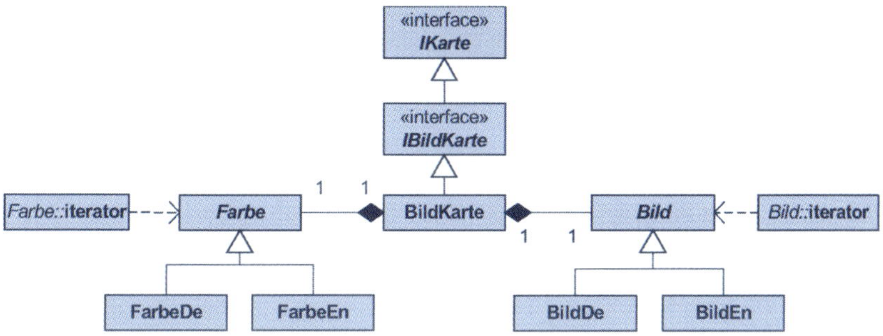

Abbildung 10.5
Die Hierarchie des aktuellen MaoMao-Spiels

Wir sind nun in der Lage, Karten mit deutscher und englischer Ausgabe zu erzeugen. Bezogen auf eine Erweiterung der unterstützten Ausgabe-Sprachen sind die erstellten Klassen geschlossen. Es müssen für jede weitere Sprache nur eine entsprechende `Farbe`- und `Bild`-Klasse hinzugefügt werden.

10.3 Das Kartenspiel

Ein normales Kartenspiel besitzt einen Stapel, auf dem die noch nicht im Spiel befindlichen Karten liegen. Bei manchen Spielen ziehen die Spieler während des Spiels Karten von diesem Stapel (MaoMao, Rommé), bei anderen Spielen werden alle Karten des Stapels an Spieler verteilt (Skat).

Bei vielen Spielen werden in deren Verlauf Karten abgelegt. Das Kartenspiel sollte deswegen eine Ablage besitzen. Sollte bei MaoMao der Stapel leer sein, dann werden die Karten der Ablage genommen, ordentlich gemischt und auf den Stapel gelegt.

10.3.1 Die Schnittstelle IKartenspiel

Wir brauchen damit drei Operationen: Eine Karte vom Stapel ziehen, eine Karte auf die Ablage legen und das Kartenspiel mischen. Abbildung 10.6 zeigt die Schnittstelle für Kartenspiele, die unseren Anforderungen genügt.

Abbildung 10.6
Die IKartenspiel-Schnittstelle

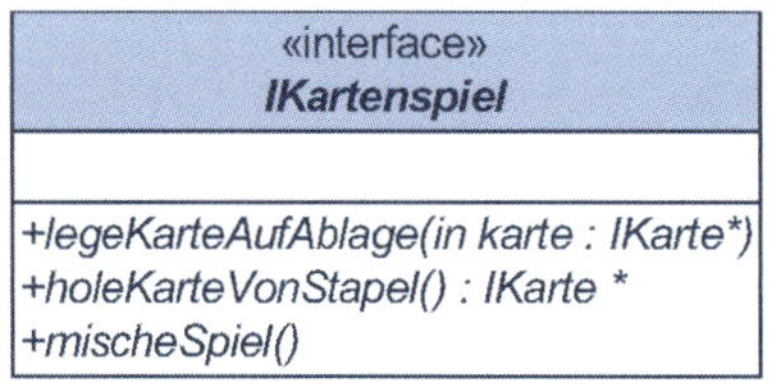

Der Quellcode sieht folgendermaßen aus:

Listing 10.22
Die Schnittstelle IKartenspiel

```
class IKartenspiel {
public:
  class StapelAusnahme {};
  virtual ~IKartenspiel() {}
  virtual void legeKarteAufAblage(IKarte* karte)=0;
  virtual IKarte* holeKarteVonStapel()=0;
  virtual void mischeSpiel()=0;
};
```

Die Schnittstelle definiert noch einen Ausnahmen-Typ `StapelAusnahme`, der geworfen wird, wenn Karten vom Stapel gezogen werden, aber sowohl der Stapel als auch die Ablage leer sind.

10.3.2 Die Klasse Kartenspiel

Im Folgenden soll die von `IKartenspiel` vorgegebene Schnittstelle implementiert werden, aber das tatsächliche Erzeugen der Karten für das Kartenspiel schieben wir noch auf.

Abbildung 10.7
Die Klasse Kartenspiel

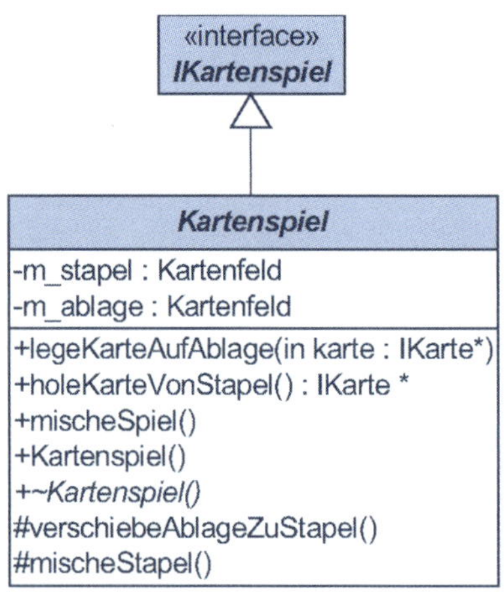

Die Klassendefinition folgt auf dem Fuße:

```
class Kartenspiel : public IKartenspiel{
public:
  typedef std::vector<IKarte*> Kartenfeld;

//------------------------------------------------------------

  Kartenspiel();
  virtual ~Kartenspiel()=0;
  IKarte* holeKarteVonStapel();
  void mischeSpiel();

//------------------------------------------------------------

  void legeKarteAufAblage(IKarte *karte) {
    m_ablage.push_back(karte);
  }

//------------------------------------------------------------

protected:
  void verschiebeAblageZuStapel();
  void mischeStapel();

//------------------------------------------------------------

private:
  Kartenfeld m_stapel;
  Kartenfeld m_ablage;
};
```

Listing 10.23
Die Klassendefinition von Kartenspiel

Die einzelnen Verweise auf die Karten werden in einem STL-Vektor abgelegt. Wir definieren dazu einen eigenen Typen `Kartenfeld`.

Weil die Klasse noch keine Karten erzeugt, macht es keinen Sinn, von ihr Objekte erzeugen zu können, wir deklarieren den Destruktor deswegen als abstrakt, damit die ganze Klasse abstrakt wird.

Konstruktor

```
Kartenspiel::Kartenspiel() {
  time_t t;
  srand(static_cast<unsigned int>(time(&t)));
  rand();
}
```

Listing 10.24
Der Konstruktor von Kartenspiel

Der Konstruktor initialisiert den Zufallsgenerator mit der aktuellen Uhrzeit, damit nicht immer die gleiche Folge von Zufallszahlen – und damit die gleiche Kartenverteilung – verwendet wird.

Destruktor

```
Kartenspiel::~Kartenspiel() {
  while(!m_stapel.empty()) {
    delete(m_stapel.back());
```

Listing 10.25
Der Destruktor von Kartenspiel

Listing 10.25 (Forts.)
Der Destruktor von Kartenspiel

```
    m_stapel.pop_back();
  }
  while(!m_ablage.empty()) {
    delete(m_ablage.back());
    m_ablage.pop_back();
  }
}
```

Der Destruktor löscht alle Karten, deren Verweise noch im Stapel oder auf der Ablage gespeichert sind.

mischeSpiel

Listing 10.26
Die Methode mischeSpiel von Kartenspiel

```
void Kartenspiel::mischeSpiel() {
  verschiebeAblageZuStapel();
  mischeStapel();
}
```

Die Methode `mischeSpiel` macht von den beiden geschützten Hilfs-Methoden `mischeStapel` und `verschiebeAblageZuStapel` Gebrauch.

```
void Kartenspiel::mischeStapel() {
  std::random_shuffle(m_stapel.begin(), m_stapel.end());
  std::random_shuffle(m_stapel.begin(), m_stapel.end());
  std::random_shuffle(m_stapel.begin(), m_stapel.end());

}
//-------------------------------------------------------------
void Kartenspiel::verschiebeAblageZuStapel() {
  while(!m_ablage.empty()) {
    m_stapel.push_back(m_ablage.back());
    m_ablage.pop_back();
  }
}
```

Listing 10.27
Die Hilfsmethoden verschiebeAblageZuStapel und mischeStapel

Für das zufällige Mischen wird der STL-Algorithmus `random_shuffle` verwendet. Nach einmaligem Aufruf war ich mit dem Ergebnis nicht zufrieden, deswegen bin ich auf Nummer Sicher gegangen und habe ihn dreimal aufgerufen.

Die Funktion `random_shuffle` macht intern Gebrauch von `rand`, deswegen ist es wichtig, vor dem Mischen den Zufallszahlengenerator mit `srand` zu initialisieren.

holeKarteVonStapel

Listing 10.28
Die Methode holeKarteVonStapel von Kartenspiel

```
IKarte* Kartenspiel::holeKarteVonStapel() {
  if(m_stapel.empty()) {
    if(m_ablage.empty())
      throw(StapelAusnahme());
    mischeSpiel();
  }
  IKarte* tmp=m_stapel.back();
  m_stapel.pop_back();
  return(tmp);
}
```

Die Methode entfernt eine Karte vom Stapel und liefert sie zurück. Sollte der Stapel leer sein, wird die Ablage zum Stapel verschoben, neu gemischt und dann eine Karte entfernt. Wenn auch die Ablage leer ist, kann keine Karte geliefert werden, die Methode wirft eine Ausnahme.

Eine konkrete Kartenspiel-Klasse

In der Klasse Kartenspiel ist nun die wesentliche Implementierung enthalten. Es fehlt nun nur noch ein weiterer Vererbungsschritt, um eine Klasse zu besitzen, die konkrete Karten erzeugt. Nur, wie soll diese Klasse aussehen?

Die Klasse muss in der Lage sein, sowohl deutschsprachige als auch englischsprachige Karten zu verwalten.

Eine Möglichkeit wäre ein Klassen-Template, welches den zu verwaltenden Kartentyp als variablen Typen besitzt. Im konkreten Code hat dies zur Folge, dass aus dem Template für jede Kartensprache eine neue Klasse erzeugt wird. Zusätzlich ist es mit Templates nicht ohne weiteres möglich, den von der Kartenspiel-Klasse verwalteten Karten-Typ während der Laufzeit zu ändern.

Ein anderer Weg wäre ein entsprechender Konstruktor-Parameter, über den wir mitteilen können, von welchem Typ die zu erzeugenden Karten sein sollen. Das macht uns jedoch abhängig von den unterstützten Karten-Typen. Kommt eine neue Sprache hinzu, muss der Konstruktor angepasst werden, er wäre damit gegenüber dieser Erweiterung nicht geschlossen.

Vielmehr bräuchten wir einen Mechanismus, über den wir dem Kartenspiel mitteilen können, welche Karten erzeugt werden sollen, ohne das im Kartenspiel Informationen darüber untergebracht werden müssen, wie die Karten erzeugt werden. Und genau das erledigt eine abstrakte Fabrik.

10.3.3 Die abstrakte Fabrik

Die abstrakte Fabrik (Abstract Factory) zählt zu den in [Gamma01] vorgestellten Entwurfsmustern. Das grundsätzliche Prinzip der abstrakten Fabrik ist in Abbildung 10.8 dargestellt.

Die abstrakte Fabrik ist eine Schnittstelle, nach der konkrete Fabriken für einen Klienten bestimmte Produkte erzeugen.

Bei unserem MaoMao ist das Kartenspiel der Klient. In der Abbildung kann jede Fabrik zwei unterschiedliche Produkte herstellen, unsere Fabrik wird später nur ein Produkt erzeugen; die Karte.

Wir werden zwei Fabriken konstruieren, eine für deutsche und eine für englische Karten. Dem Kartenspiel übergeben wir dann diejenige Fabrik, welche die von uns gewünschten Karten erzeugt.

Abbildung 10.9 zeigt das Entwurfsmuster auf unsere Karten angewendet.

Abbildung 10.8
Das Prinzip der abstrakten Fabrik

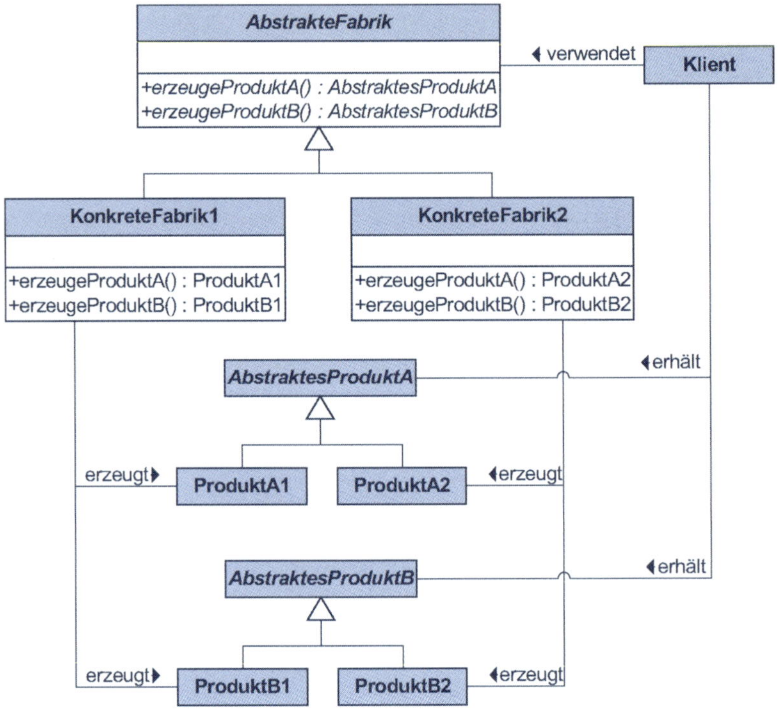

Der Sprach-Unterschied liegt in unserem Klassenmodell in den Farb- und Bildklassen, die konkrete Fabrik erzeugt deswegen eine Farbe, ein Bild und damit dann die Karte.

Abbildung 10.9
Die abstrakte Kartenfabrik

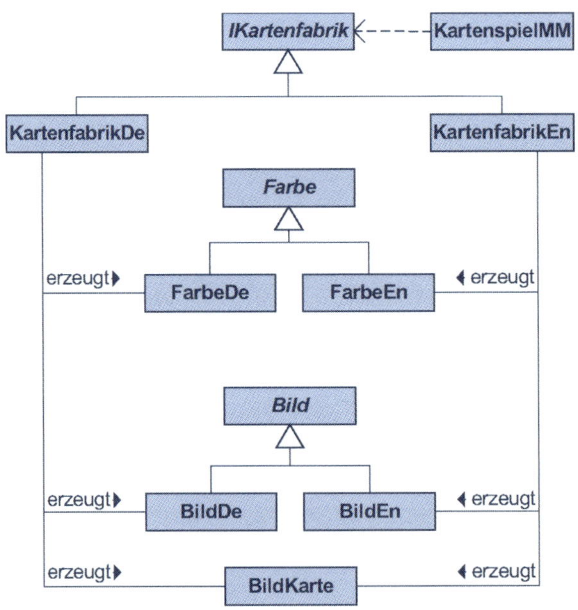

10.3.4 Die Schnittstelle IKartenfabrik

Die abstrakte Fabrik für unsere Karten sieht wie folgt aus:

```
class IKartenfabrik {
public:
  virtual IBildKarte* erzeugeKarte(Farbe::Farben f,
                                   Bild::Bilder b)=0;
};
```

Listing 10.29
Die Schnittstelle IKartenfabrik

Die Methode `erzeugeKarte` liefert eine Adresse vom Typ `IBildKarte` zurück. Theoretisch hätte der Typ auch `IKarte` sein können, aber je tiefer der verwendete Typ in der Klassenhierarchie liegt, desto spezialisierter ist er. In einen allgemeineren Typ können wir ihn aufgrund der Polymorphie immer umwandeln, aber einen allgemeineren Typ in einen spezialisierteren Typ umzuwandeln, erfordert einen `dynamic_cast`.

Abbildung 10.10 zeigt die Hierarchie der Kartenfabriken, wie wir sie jetzt aufbauen werden.

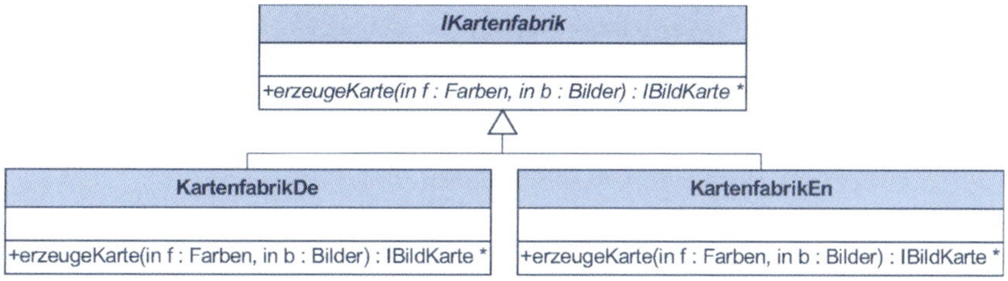

Abbildung 10.10
Die Hierarchie der Kartenfabriken

10.3.5 Die Klassen KartenfabrikDe und KartenfabrikEn

Die konkreten Fabriken sind unkompliziert aufgebaut, es wird einfach ein `Bildkarte`-Objekt dynamisch erzeugt und seine Adresse zurückgegeben. Als Erstes ist die Klasse `KartenfabrikDe` aufgeführt:

```
class KartenfabrikDe : public IKartenfabrik {
public:
  virtual IBildKarte* erzeugeKarte(Farbe::Farben f, Bild::Bilder b) {
    return(new BildKarte(new FarbeDe(f), new BildDe(b)));
  }
};
```

Listing 10.30
Die Klasse KartenfabrikDe

Nun fehlt nur noch `KartenfabrikEn`:

```
class KartenfabrikEn : public IKartenfabrik {
public:
  virtual IBildKarte* erzeugeKarte(Farbe::Farben f, Bild::Bilder b) {
    return(new BildKarte(new FarbeEn(f), new BildEn(b)));
  }
};
```

Listing 10.31
Die Klasse KartenfabrikEn

10.3.6 Die Klasse KartenspielMM

Endlich ist das Kartenspiel an der Reihe, welches auch Karten besitzt. Wir leiten von `Kartenspiel` ab und besitzen damit die gesamte notwendige Funktionalität. Nur der Konstruktor muss noch mit Hilfe der übergebenen Fabrik die Karten anlegen.

Klassendefinition

Listing 10.32
Die Klassendefinition von KartenspielMM

```
class KartenspielMM : public Kartenspiel {
public:
  KartenspielMM(IKartenfabrik *f);
};
```

Konstruktor

Listing 10.33
Der Konstruktor von KartenspielMM

```
KartenspielMM::KartenspielMM(IKartenfabrik *fa) {
  auto_ptr<IBildKarte> tmp(fa->erzeugeKarte(Farbe::Herz,
                                            Bild::Ass));
    for(Farbe::iterator fiter=tmp->getFarbe()->begin();
        fiter!=tmp->getFarbe()->end();
        ++fiter) {
      for(Bild::iterator biter=tmp->getBild()->beginKlein();
          biter!=tmp->getBild()->end();
          ++biter) {
        legeKarteAufAblage(fa->erzeugeKarte(*fiter,*biter));
      }
    }
  mischeSpiel();
}
```

Um die Iteratoren für die Farben und Bilder in den Basisklassen unterbringen zu können und damit einen eigenen Iterator für jede Subklasse zu vermeiden, mussten wir mit Polymorphie arbeiten. Die Iteratoren speicherten dazu ein Objekt des entsprechenden Typs, um darüber an die richtigen Farb- und Bildbeschreibungen zu gelangen.

Genau aus diesem Grunde müssen wir im Konstruktor ein `BildKarte`-Objekt anlegen, dessen einziger Daseinszweck die Erzeugung der Iteratoren sowie die Bereitstellung der Farb- und Bildbeschreibungen ist.

Über die Iteratoren erzeugen wir dann jede Kombination von Farbe und Bild, die für das MaoMao-Spiel sinnvoll ist.

Weil unser Konstruktor die Elemente erzeugt und deren Verweise in den Container schreibt, aber der Destruktor des bereits fertig konstruierten Basisklassen-Objekts die Elemente wieder freigibt, ist dieser Konstruktor sogar ausnahme-sicher. Aber das sei nur nebenbei bemerkt und hier nicht als Schwerpunkt zu betrachten.

10.4 Die Spieler

Wir wollen für unser MaoMao-Spiel zumindest zwei Spieler-Typen implementieren, einen menschlichen Spieler und einen Computer-Spieler. Um eine adäquate Schnittstelle zu definieren, müssen wir uns überlegen, was der Spieler für Aktionen unterstützen muss.

- Er muss Karten aufnehmen können (zu Beginn, wenn die fünf Karten verteilt werden oder während des Spiels, falls er Karten ziehen muss).
- Er muss Karten ohne Bedingung abgeben können (am Ende des Spiels, wenn alle Karten wieder zurück in das Kartenspiel kommen).
- Er muss eine Karte bedienen können. (Er darf nur eine Karte ablegen, die mit der zu bedienenden Karte die Farbe oder das Bild gemeinsam haben.)
- Er muss eine Farbe bedienen können (wenn ein anderer Spieler eine Farbe gewünscht hat).
- Er muss eine beliebige Karte spielen. (Wenn er der erste Spieler ist und als oberste Karte ein Bube liegt.)
- Er muss auf eine Sieben kontern können (entweder auf eine Sieben als oberste Karte ebenfalls eine Sieben legen oder die entsprechende Anzahl an Karten ziehen).
- Er muss sich eine Farbe wünschen können (wenn er einen Buben gelegt hat).
- Er muss seinen Namen angeben und verfügbar machen. (Damit das Spiel die Aktionen der Spieler ausgeben und den aktuellen Spieler benennen kann.)
- Er muss mitteilen können, wie viele Karten er auf der Hand hat. (Damit das Spiel „Letzte Karte“ ausgeben und den Sieger bestimmen kann.)

Alle oben aufgeführten Anforderungen fließen in die in Abbildung 10.11 dargestellte Schnittstelle mit ein.

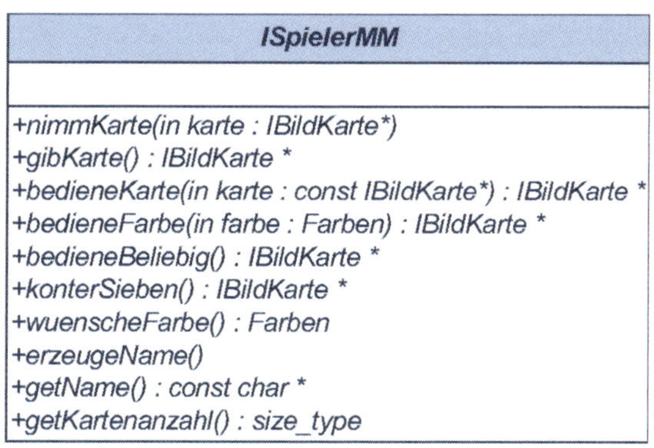

Abbildung 10.11
Die Schnittstelle ISPielerMM

In C++ formuliert ergibt sich folgendes Bild:

Listing 10.34
Die Schnittstelle ISpielerMM

```
class ISpielerMM {
public:
  typedef std::vector<IBildKarte*> Kartenfeld;

  virtual ~ISpielerMM() {}
  virtual void nimmKarte(IBildKarte* karte)=0;
  virtual IBildKarte* gibKarte()=0;
  virtual IBildKarte* bedieneKarte(const IBildKarte* karte)=0;
  virtual IBildKarte* bedieneFarbe(Farbe::Farben farbe)=0;
  virtual IBildKarte* bedieneBeliebig()=0;
  virtual IBildKarte* konterSieben()=0;
  virtual Farbe::Farben wuenscheFarbe() const=0;
  virtual void erzeugeName()=0;
  virtual const char* getName() const=0;
  virtual Kartenfeld::size_type getKartenanzahl() const =0;
};
```

Die Methoden der Schnittstelle haben allesamt reagierenden Charakter (es wird eine Karte genommen, bedient oder abgelegt, es wird der Name mitgeteilt, etc.). Man nennt einen solchen Aufbau ereignisgesteuert.

Weil die Klasse nur reagiert, benötigt sie viel weniger Wissen über ihre Umgebung.

- Die Klasse nimmt eine Karte auf, anstatt sie selbst vom Kartenspiel zu ziehen. Sie braucht deswegen nichts über das Kartenspiel zu wissen.
- Die Klasse gibt eine Karte zurück, sie legt sie nicht selbständig als oberste Karte ab. Aus diesem Grund benötigt sie keine Informationen über das MaoMao-Spiel.

Ähnlich war bereits das Kartenspiel aufgebaut, deswegen musste es nichts über den Spieler oder das MaoMao-Spiel wissen. Mit dieser Methodik erhalten wir eine ausgesprochen geringe Kopplung. Die einzige Klasse, die später alle Fäden in der Hand halten wird, ist die `MaoMao`-Klasse selbst.

10.4.1 Die abstrakte Textfabrik

Die Implementierung für den menschlichen Spieler muss mit dem realen Spieler vor dem Bildschirm interagieren können. Der Benutzer muss Eingabe-Aufforderungen der Klasse lesen und Eingaben tätigen können. Mit den Textfenstern haben wir dafür bereits die Grundlage geschaffen.

Allerdings kann die Kommunikation – wie bereits die Ausgabe der Karten – in unterschiedlichen Sprachen erfolgen. Wir werden hier wieder die abstrakte Fabrik als Lösungsstrategie heranziehen. Und zwar schauen wir uns an, welche Texte zur Kommunikation erforderlich sind, und definieren daraufhin eine Schnittstelle, die diese Texte zur Verfügung stellt. Die tatsächliche Implementierung in der Subklasse kann dann die Texte in der entsprechenden Sprache bereit stellen.

Die Schnittstelle ITxtFabrik

Die folgende Schnittstelle beinhaltet alle Texte, die für die Implementierung des menschlichen Spielers und des späteren MaoMao-Spiels benötigt werden.

Listing 10.35
Die Schnittstelle der abstrakten Textfabrik

```
class ITxtFabrik {
public:

  virtual const char* NameDesSpielers()=0;
  virtual const char* KeineKarte()=0;
  virtual const char* IhreWahl()=0;
  virtual const char* FarbeWuenschen()=0;
  virtual const char* Karo()=0;
  virtual const char* Herz()=0;
  virtual const char* Pik()=0;
  virtual const char* Kreuz()=0;
  virtual const char* ObersteKarte()=0;
  virtual const char* AktuellerSpieler()=0;
  virtual const char* WuenschtSich()=0;
  virtual const char* KartenZiehen1()=0;
  virtual const char* KartenZiehen2()=0;
  virtual const char* LetzteKarte()=0;
  virtual const char* MussAussetzen()=0;
  virtual const char* SpielGewonnen()=0;
  virtual const char* GespielteKarte()=0;
  virtual const char* KeineKarteGespielt()=0;

//-------------------------------------------------------------

  const char* bestimmeFarbname(int f) {
    switch(f) {
      case Farbe::Karo: return(Karo());
      case Farbe::Herz: return(Herz());
      case Farbe::Pik: return(Pik());
      case Farbe::Kreuz: return(Kreuz());
    }
    return("");
  }
};
```

Es handelt sich hierbei nicht um eine reine Schnittstelle, weil auch eine Methode mitsamt Implementierung enthalten ist. Die Methode `bestimmeFarbname` liefert über den Farbwert (definiert über die Konstanten in Farbe) die dazugehörige Beschreibung.

Die Klasse TxtFabrikDe

Im folgenden sehen Sie die Implementierung der Schnittstelle für die deutsche Sprache.

Listing 10.36
Die Klasse TxtFabrikDe

```
class TxtFabrikDe : public ITxtFabrik {
public:
  virtual const char* NameDesSpielers()
    {return("Name des Spielers:");}
  virtual const char* KeineKarte() {return("Keine Karte");}
  virtual const char* IhreWahl() {return("Ihre Wahl:");}
```

Listing 10.36 (Forts.)
Die Klasse TxtFabrikDe

```
  virtual const char* FarbeWuenschen()
    {return("Bitte Farbe wuenschen:");}
  virtual const char* Karo() {return("Karo");}
  virtual const char* Herz() {return("Herz");}
  virtual const char* Pik() {return("Pik");}
  virtual const char* Kreuz() {return("Kreuz");}
  virtual const char* ObersteKarte() {return("Oberste Karte : ");}
  virtual const char* AktuellerSpieler()
    {return("Aktueller Spieler : ");}
  virtual const char* WuenschtSich() {return(" wuenscht sich ");}
  virtual const char* KartenZiehen1() {return(" musste ");}
  virtual const char* KartenZiehen2() {return(" Karte(n) ziehen");}
  virtual const char* LetzteKarte() {return(" : Letzte Karte!");}
  virtual const char* MussAussetzen() {return(" muss aussetzen");}
  virtual const char* SpielGewonnen()
    {return(" hat das Spiel gewonnen!");}
  virtual const char* GespielteKarte() {return(" spielte Karte ");}
  virtual const char* KeineKarteGespielt()
    {return(" spielte keine Karte");}
};
```

Die Klasse TxtFabrikEn

Der Vollständigkeit halber hier noch die englische Variante:

Listing 10.37
Die Klasse TxtFabrikEn

```
class TxtFabrikEn : public ITxtFabrik {
public:
  virtual const char* NameDesSpielers() {return("Player-name:");}
  virtual const char* KeineKarte() {return("No card");}
  virtual const char* IhreWahl() {return("Your choice:");}
  virtual const char* FarbeWuenschen()
    {return("Please choose color:");}
  virtual const char* Karo() {return("Diamond");}
  virtual const char* Herz() {return("Heart");}
  virtual const char* Pik() {return("Spade");}
  virtual const char* Kreuz() {return("Club");}
  virtual const char* ObersteKarte() {return("Top card : ");}
  virtual const char* AktuellerSpieler()
    {return("Current player : ");}
  virtual const char* WuenschtSich() {return(" wishes ");}
  virtual const char* KartenZiehen1() {return(" had to take ");}
  virtual const char* KartenZiehen2() {return(" card(s)");}
  virtual const char* LetzteKarte() {return(" : Last card!");}
  virtual const char* MussAussetzen() {return(" is being skipped");}
  virtual const char* SpielGewonnen()
    {return(" has won the game!");}
  virtual const char* GespielteKarte() {return(" played card ");}
  virtual const char* KeineKarteGespielt() {return(" hasn't played a
card");}
};
```

10.4.2 Die Klasse MenschSpielerMM

Im nächsten Schritt wollen wir die Schnittstelle `ISpielerMM` für menschliche Spieler mit einer Implementierung versehen. Abbildung 10.12 zeigt die Elemente der Klasse.

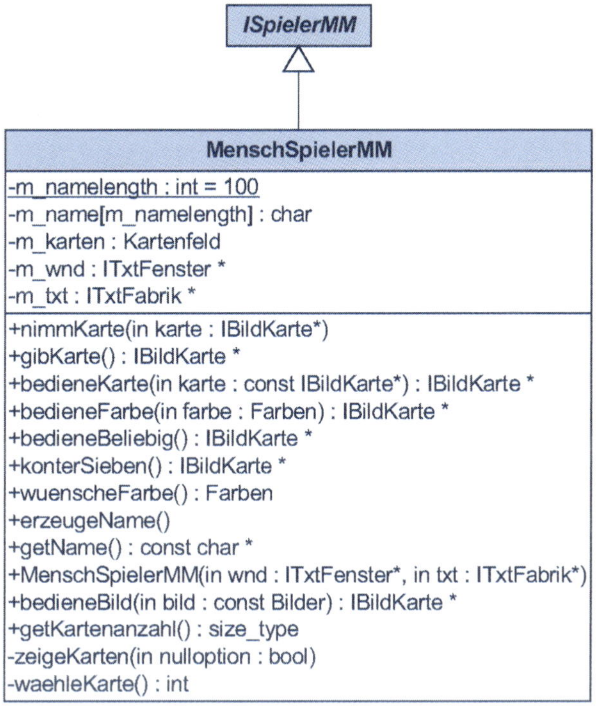

Abbildung 10.12
Die Klasse MenschSpielerMM

Klassendefinition

Listing 10.38
Die Klassendefinition von MenschSpielerMM

```
class MenschSpielerMM : public ISpielerMM {
public:
  MenschSpielerMM(ITxtFenster* wnd, ITxtFabrik* txt);
  ~MenschSpielerMM();
  IBildKarte* gibKarte();
  IBildKarte* bedieneKarte(const IBildKarte* karte);
  IBildKarte* bedieneFarbe(Farbe::Farben farbe);
  IBildKarte* bedieneBild(const Bild::Bilder bild);
  IBildKarte* bedieneBeliebig();
  IBildKarte* konterSieben();
  Farbe::Farben wuenscheFarbe() const;
  void erzeugeName();

//-------------------------------------------------------------

  const char* getName() const {
    return(m_name);
  }
```

Listing 10.38 (Forts.)
Die Klassendefinition von MenschSpielerMM

```
//------------------------------------------------------------

  Kartenfeld::size_type getKartenanzahl() const {
    return(m_karten.size());
  }

//------------------------------------------------------------

  void nimmKarte(IBildKarte* karte) {
    m_karten.push_back(karte);
  }

//------------------------------------------------------------

private:
  static const int m_namelength=100;
  char m_name[m_namelength];
  Kartenfeld m_karten;
  ITxtFenster* m_wnd;
  ITxtFabrik* m_txt;

//------------------------------------------------------------

  void zeigeKarten(bool nulloption) const;
  int waehleKarte() const;
};
```

Triviale Methoden wie `getName`, `getKartenanzahl` und `nimmKarte` sind bereits in der Klassendefinition definiert.

Als Attribute haben wir

Auf den Einsatz eines `string`-Objekts habe ich verzichtet, weil alle Texte bisher mit C-Strings gearbeitet haben. Eine kleine Verbesserung wäre ein dynamisches Feld anstelle eines starren, 100 Elemente großen Feldes, wie es hier zum Einsatz kommt.

- `m_name`, ein `char`-Feld, welches den Spieler-Namen aufnehmen wird,
- `m_karten`, einen STL-Vektor, der die auf der Spielerhand befindlichen Karten speichert,
- `m_wnd`, einen Verweis auf das zu benutzende Textfenster,
- `m_txt`, einen Verweis auf die verwendete Textfabrik.

Zusätzlich schreiben wir noch zwei Hilfs-Methoden `zeigeKarten` und `waehleKarte`, die alle auf der Hand befindlichen Karten ausgeben und den Spieler eine Karte wählen lassen.

Hilfsmethoden

Listing 10.39
Die Hilfsmethoden von MenschSpielerMM

```
void MenschSpielerMM::zeigeKarten(bool nulloption) const {
  m_wnd->outStringLn("----------");
  if(nulloption) {
    m_wnd->outString("0 - ");
    m_wnd->outStringLn(m_txt->KeineKarte());
  }
  for(Kartenfeld::size_type i=0; i<m_karten.size(); i++) {
    m_wnd->outUInt(i+1);
    m_wnd->outString(" - ");
    m_karten[i]->outKarte(m_wnd);
```

```
    m_wnd->outString("\n");
  }
}
//-------------------------------------------------------------
int MenschSpielerMM::waehleKarte() const {
  int i;
  do {
    m_wnd->outString(m_txt->IhreWahl());
    i=m_wnd->inInt();
  } while(i<0 || i>m_karten.size());
  return(i);
}
```

Listing 10.39 (Forts.)
Die Hilfsmethoden von MenschSpielerMM

Der boolesche Parameter `nulloption` bei `zeigeKarten` dient der Angabe, ob der Spieler die Möglichkeit bekommen soll, keine Karte zu wählen. Dieser Punkt muss abgeschaltet werden, wenn die Startkarte ein Bube ist und der Spieler eine beliebige Karte legen darf.

Konstruktor

```
MenschSpielerMM::MenschSpielerMM(ITxtFenster* wnd,
                                 ITxtFabrik* txt)
: m_wnd(wnd), m_txt(txt)
{}
```

Listing 10.40
Der Konstruktor von MenschSpielerMM

Der Konstruktor ist trivial, er initialisiert lediglich `m_wnd` und `m_txt`.

Destruktor

```
MenschSpielerMM::~MenschSpielerMM() {
  while(!m_karten.empty()) {
    delete(m_karten.back());
    m_karten.pop_back();
  }
}
```

Listing 10.41
Der Destruktor von MenschSpielerMM

Der Destruktor gibt alle im Kartenspiel befindlichen Karten frei. Wollten wir hier eine Ausnahme-Sicherheit herstellen, müssten wir in der Klassenhierarchie zwischen `ISpielerMM` und `MenschSpielerMM` eine zusätzliche Klasse einschieben, deren einzige Aufgabe darin besteht, mit ihrem Destruktor die Karten freizugeben. Das ersparen wir uns hier aber.

erzeugeName

Zu dieser Methode muss wohl nichts mehr gesagt werden:

```
void MenschSpielerMM::erzeugeName() {
  m_wnd->outString(m_txt->NameDesSpielers());
  m_wnd->inString(m_name,m_namelength);
}
```

Listing 10.42
Die Methode erzeugeName von MenschSpielerMM

bedieneKarte

Listing 10.43
Die Methode bedieneKarte von MenschSpielerMM

```
IBildKarte* MenschSpielerMM::bedieneKarte(const IBildKarte* karte) {
  zeigeKarten(true);
  int k;
  do {
    k=waehleKarte();
  }while((k!=0)&&(*m_karten[k-1]->getBild()!=*karte->getBild())&&
                (*m_karten[k-1]->getFarbe()!=*karte->getFarbe())&&
                (m_karten[k-1]->getBild()->getBild()!=Bild::Bube));
  if(k==0)
    return(0);

  IBildKarte* wk=m_karten[k-1];
  m_karten.erase(m_karten.begin()+(k-1));
  return(wk);
}
```

Zunächst werden alle auf der Hand befindlichen Karten mit `zeigeKarten` ausgegeben. Über `waehleKarte` wird dann eine Abfrage vom Benutzer entgegen genommen. In waehleKarte wird bereits überprüft, ob der angegebene Wert bezogen auf das Kartenfeld einen gültigen Wert besitzt. In `bedieneKarte` muss nur noch sichergestellt werden, dass die ausgewählte Karte passt oder keine Karte gewählt wurde. Werden die Kriterien für die Eingabe nicht eingehalten, muss der Spieler eine neue Auswahl treffen.

bedieneBeliebig

Listing 10.44
Die Methode bedieneBeliebig von MenschSpielerMM

```
IBildKarte* MenschSpielerMM::bedieneBeliebig() {
  zeigeKarten(false);
  int k;
  do {
    k=waehleKarte();
  }while(k==0);

  IBildKarte* wk=m_karten[k-1];
  m_karten.erase(m_karten.begin()+(k-1));
  return(wk);
}
```

Diese Methode ruft `zeigeKarte` mit `false` als Argument auf, weil der Spieler eine beliebige Karte wählen kann und es keinen Sinn macht keine Karte auszuwählen.

bedieneFarbe, bedieneBild und konterSieben

Listing 10.45
Die Methoden bedieneFarbe, bedieneBild und konterSieben

```
IBildKarte* MenschSpielerMM::bedieneFarbe(Farbe::Farben farbe) {
  zeigeKarten(true);
  int k;
  do {
    k=waehleKarte();
  }while((k!=0)&&(m_karten[k-1]->getFarbe()->getFarbe()!=farbe));
  if(k==0)
    return(0);
```

Listing 10.45 (Forts.)
Die Methoden bedieneFarbe, bedieneBild und konterSieben

```
  IBildKarte* wk=m_karten[k-1];
  m_karten.erase(m_karten.begin()+(k-1));
  return(wk);
}
//-------------------------------------------------------------
IBildKarte* MenschSpielerMM::bedieneBild(Bild::Bilder bild) {
  zeigeKarten(true);
  int k;
  do {
    k=waehleKarte();
  }while((k!=0)&&(m_karten[k-1]->getBild()->getBild()!=bild));
  if(k==0)
    return(0);

  IBildKarte* wk=m_karten[k-1];
  m_karten.erase(m_karten.begin()+(k-1));
  return(wk);
}
//-------------------------------------------------------------
IBildKarte* MenschSpielerMM::konterSieben() {
  return(bedieneBild(Bild::Sieben));
}
```

Die beiden Methoden `bedieneFarbe` und `bedieneBild` unterscheiden sich nur darin, dass die eine Methode die Farbe der beiden Karten vergleicht und die andere das Bild.

`konterSieben` kann problemlos auf `bedieneBild` zurück geführt werden.

wuenscheFarbe

Diese Methode ist eigentlich nur Fleißarbeit.

Listing 10.46
Die Methode wuenscheFarbe von MenschSpielerMM

```
Farbe::Farben MenschSpielerMM::wuenscheFarbe() const {
  zeigeKarten(false);
  m_wnd->outStringLn("----------");
  m_wnd->outStringLn(m_txt->FarbeWuenschen());
  m_wnd->outInt(Farbe::Karo);
  m_wnd->outString(" - ");
  m_wnd->outStringLn(m_txt->Karo());

  m_wnd->outInt(Farbe::Herz);
  m_wnd->outString(" - ");
  m_wnd->outStringLn(m_txt->Herz());

  m_wnd->outInt(Farbe::Pik);
  m_wnd->outString(" - ");
  m_wnd->outStringLn(m_txt->Pik());

  m_wnd->outInt(Farbe::Kreuz);
  m_wnd->outString(" - ");
  m_wnd->outStringLn(m_txt->Kreuz());

  int inp;
```

Listing 10.46 (Forts.)
Die Methode wuenscheFarbe von MenschSpielerMM

```
  do {
    m_wnd->outString(m_txt->IhreWahl());
    inp=m_wnd->inInt();

}while((inp!=Farbe::Karo)&&(inp!=Farbe::Herz)&&(inp!=Farbe::Pik)&&(in
p!=Farbe::Kreuz));
  return(static_cast<Farbe::Farben>(inp));
}
```

gibKarte

Zu guter Letzt fehlt noch die Methode `gibKarte`, die eine beliebige Karte von der Hand des Spielers entfernt, ohne den Spieler danach zu fragen. Wie weiter oben bereits beschrieben ist diese Methode wichtig, um zum Spielende die noch verbliebenen Karten von den Spielern zurück zu fordern.

Listing 10.47
Die Methode gibKarte von MenschSpielerMM

```
IBildKarte* MenschSpielerMM::gibKarte() {
  if(m_karten.empty())
    return(0);
  IBildKarte* tmp=m_karten.back();
  m_karten.pop_back();
  return(tmp);
}
```

Damit wären wir mit dem menschlichen Spieler fertig.

10.4.3 Die Klasse ComputerSpielerMM

Die Schnittstelle unterscheidet sich nur unwesentlich von der `MenschSpielerMM`-Schnittstelle, deswegen ersparen wir und hier die Auflistung des Quellcodes.

Die Verweise auf das Textfenster und die Textfabrik fehlen, weil diese vom Computer-Spieler nicht gebraucht werden. Deswegen ist der Konstruktor auch ohne Parameter. Der Destruktor ist mit dem aus `MenschSpielerMM` identisch.

Die trivialen Methoden, die bei `MenschSpielerMM` bereits in der Klassendefinition definiert wurden, sind identisch mit denen von `ComputerSpielerMM`.

erzeugeName

Diese Methode unterscheidet sich vom menschlichen Spieler, denn der Computer kann seinen Namen schlecht eintippen.

Listing 10.48
Die Methode erzeugeName von ComputerSpielerMM

```
void ComputerSpielerMM::erzeugeName() {

  std::ostringstream s;
  s << "Computer"<<  (++m_spielerNr);

  strcpy(m_name,s.str().c_str());
}
```

Die Methode benutzt ein statisches `int`-Attribut `m_spielerNr`, welches zu Beginn mit 0 initialisiert wird und die Anzahl der Computer-Spieler durchzählt. Über ein `ostringstream`-Objekt wird dann für jeden Aufruf der Text „Computer1“, „Computer2“, und so weiter erzeugt und in das `char`-Feld kopiert.

bedieneKarte

```
IBildKarte* ComputerSpielerMM::bedieneKarte(const IBildKarte* karte)
{
  for(Kartenfeld::size_type i=0; i<m_karten.size(); i++)
    if((*m_karten[i]->getBild()==*karte->getBild())||
       (*m_karten[i]->getFarbe()==*karte->getFarbe())||
       (m_karten[i]->getBild()->getBild()==Bild::Bube)) {
      IBildKarte* wk=m_karten[i];
      m_karten.erase(m_karten.begin()+i);
      return(wk);
    }
  return(0);
}
```

Listing 10.49
Die Methode bedieneKarte von ComputerSpielerMM

Diese Implementierung des Computer-Spielers verfolgt eine primitive Spielstrategie. Es werden einfach alle Karten durchlaufen und die erste passende Karte wird genommen.

Die Methoden `bedieneFarbe`, `bedieneBild` und `bedieneBeliebig` sind ähnlich aufgebaut, nur die `if`-Bedingung ist entsprechend angepasst.

Und genau wie beim menschlichen Spieler ruft die Methode `konterSieben` die `bedieneBild`-Methode mit Sieben als Argument auf.

wuenscheFarbe

```
Farbe::Farben ComputerSpielerMM::wuenscheFarbe() const {
  return(m_karten[0]->getFarbe()->getFarbe());
}
```

Listing 10.50
Die Methode wuenscheFarbe von ComputerSpielerMM

Die Methode `wuenscheFarbe` wünscht sich einfach die Farbe der ersten auf der Hand befindlichen Karte.

Wir haben nun die gesamte Vorarbeit geleistet. Abbildung 10.13 fasst die Zusammenhänge der erstellten Klassen noch mal als UML-Diagramm zusammen.

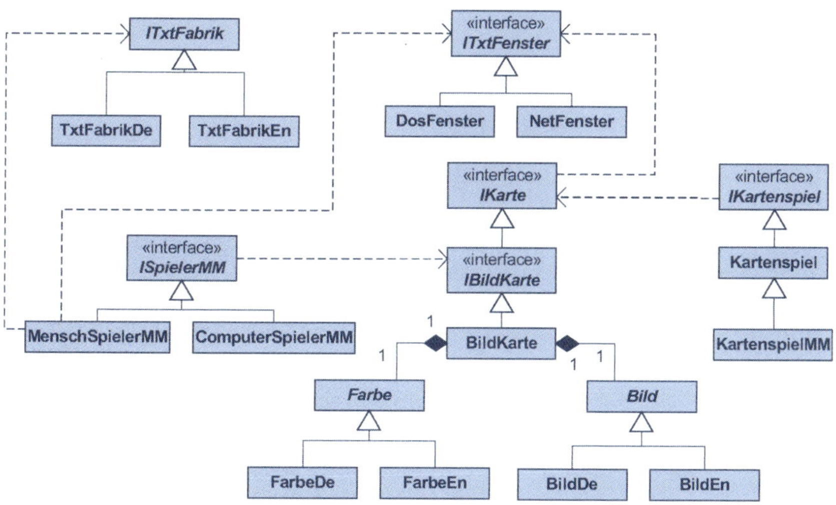

Abbildung 10.13
Die Klassen des MaoMao-Spiels

10.5 Das MaoMao-Spiel

Dieser letzte größere Abschnitt behandelt das Herz unseres Spiels: Die Spielfunktionalität selbst. Die Klassendefinition sieht recht einfach aus:

Listing 10.51
Die Klassendefinition von MaoMao

```
class MaoMao {
public:
  typedef std::vector<ISpielerMM*> Spielerfeld;

//--------------------------------------------------------------

  MaoMao(ITxtFenster* wnd, ITxtFabrik* fa)
    : m_wnd(wnd), m_txt(fa)
  {}

//--------------------------------------------------------------

  void weitererSpieler(ISpielerMM* spieler) {
    m_spieler.push_back(spieler);
  }

//--------------------------------------------------------------

  void setzeKartenspiel(IKartenspiel* spiel) {
    m_kartenspiel=spiel;
  }

//--------------------------------------------------------------

  void spielen();
  void starteSpiel();

//--------------------------------------------------------------

private:
  Spielerfeld m_spieler;
  ITxtFenster* m_wnd;
  ITxtFabrik* m_txt;
  IKartenspiel* m_kartenspiel;
  IBildKarte* m_obersteKarte;
  ISpielerMM* m_aktSpieler;
  Spielerfeld::size_type m_aktSpielerIdx;

//--------------------------------------------------------------

  void verteileStartKarten();
  void lassSpielerKartenZiehen(ISpielerMM* spieler, int anz);
  void ermittleNaechstenSpieler();
  void erzeugeStartzustand();
};
```

Für das Spiel benötigen wir folgende Attribute:

- `m_spieler`, ein Vektor, der die Verweise der Spieler aufnimmt
- `m_wnd`, ein Verweis auf das Ausgabefenster
- `m_txt`, ein Verweis auf die zu verwendende Textfabrik
- `m_kartenspiel`, ein Verweis auf das einzusetzende Kartenspiel
- `m_obersteKarte`, die aktuell oberste Karte des Spiels (die Karte, auf die der aktuelle Spieler seine Karte legen muss)
- `m_aktSpieler`, ein Verweis auf den aktuellen Spieler
- `m_aktSpielerIdx`, der Index des aktuellen Spielers in `m_spieler`

In der Klassendefinition sind noch einige triviale Methoden enthalten:

- `weitererSpieler`, diese Methode fügt einen weiteren Spieler in die Liste der Mitspieler ein.
- `setzeKartenspiel`, legt das zu verwendende Kartenspiel fest.
- Der Konstruktor, er besitzt einen Verweis auf das Ausgabefenster und einen Verweis auf die Textfabrik als Parameter.

Darüber hinaus gibt es noch einige Hilfsmethoden, die wir jetzt im Einzelnen ansprechenden werden.

lassSpielerKartenZiehen

```
void MaoMao::lassSpielerKartenZiehen(ISpielerMM* spieler, int anz) {
  int i=0;
  while(i<anz) {
    IKarte* karte=m_kartenspiel->holeKarteVonStapel();
    if(IBildKarte* tmp=dynamic_cast<IBildKarte*>(karte)) {
      spieler->nimmKarte(tmp);
      i++;
    }
    else
      m_kartenspiel->legeKarteAufAblage(karte);
  }
}
```

Listing 10.52
Die Methode lassSpielerKartenZiehen

Die Methode nimmt eine entsprechende Anzahl an Karten vom Stapel des Kartenspiels und fordert den entsprechenden Spieler auf, die Karten aufzunehmen. Der `dynamic_cast` ist notwendig, weil die `IKartenspiel`-Schnittstelle mit Kartenverweisen des Typs `IKarte` arbeitet, die MaoMao-typischen Klassen (wie die Spieler oder `MaoMao` selbst) verwenden jedoch Verweise des Typs `IBildKarte`.

Die Methode enthält noch einen subtilen Fehler, sehen Sie ihn?

Wenn das Kartenspiel nur noch Karten enthält, die nicht vom Typ `IBildKarte` sind, dann haben wir eine Endlosschleife. Ich erachte das an dieser Stelle jedoch nicht als Fehler, weil dazu alle MaoMao-tauglichen Karten eines Kartenspiels auf den Spielerhänden verteilt sein müssten, und das ist meines Erachtens nicht möglich.

verteileStartKarten

Auch hier ist der Methodenname Programm. Die Methode teilt an jeden Spieler 5 Karten aus.

Listing 10.53
Die Methode verteileStartKarten

```
void MaoMao::verteileStartKarten() {
  for(Spielerfeld::size_type pos=0; pos<m_spieler.size(); pos++)
    lassSpielerKartenZiehen(m_spieler[pos],5);
  while(true) {
    IKarte* karte=m_kartenspiel->holeKarteVonStapel();
    IBildKarte* tmp=dynamic_cast<IBildKarte*>(karte);
    if(tmp) {
      m_obersteKarte=tmp;
      break;
    }
    else
      m_kartenspiel->legeKarteAufAblage(karte);
  }
}
```

Auch hier wäre es theoretisch möglich, dass die while-Schleife eine Endlosschleife bildet. Aber dass zu Beginn des Spiels bereits keine gültigen Karten mehr im Kartenspiel enthalten sind kann nur durch Vorsatz ermöglicht werden.

ermittleNaechstenSpieler

Listing 10.54
Die Methode ermittleNaechstenSpieler

```
void MaoMao::ermittleNaechstenSpieler() {
  m_aktSpielerIdx=(m_aktSpielerIdx+1)%m_spieler.size();
  m_aktSpieler=m_spieler[m_aktSpielerIdx];
}
```

Die Methode setzt den nächsten Spieler in der Liste als aktuellen Spieler.

erzeugeStartZustand

Listing 10.55
Die Methode erzeugeStartZustand

```
void MaoMao::erzeugeStartzustand() {
  for(int s=0; s<m_spieler.size(); s++)
    while(m_spieler[s]->getKartenanzahl()!=0)
      m_kartenspiel->legeKarteAufAblage(m_spieler[s]->gibKarte());
  if(m_obersteKarte) {
    m_kartenspiel->legeKarteAufAblage(m_obersteKarte);
    m_obersteKarte=0;
  }
  m_kartenspiel->mischeSpiel();
}
```

Diese Methode stellt nach Spielende den Zustand vor Spielbeginn wieder her. Konkret werden allen Spielern die noch auf der Hand befindlichen Karten abgenommen und wieder zurück ins Kartenspiel gelegt. Sollte das MaoMao-Spiel noch eine Karte als oberste Karte in Beschlag nehmen, so wird auch diese wieder dem Spiel zugeführt.

10.5.1 Der Spielablauf prozedural

Im Nachfolgenden stelle ich eine Umsetzung der Spielfunktionalität mit prozeduraler Programmierung vor. Um dieses Beispiel nicht zu aufwändig werden zu lassen, werde ich die Regel, dass bei einem Buben als Startkarte der Spieler eine beliebige Karte ablegen kann, derart abändern, dass er sich, bevor er die erste Karte spielt, eine Farbe wünschen darf.

```
verteileStartKarten();
m_aktSpielerIdx=0;
m_aktSpieler=m_spieler[0];
Farbe::Farben gewuenschteFarbe;
int zuZiehendeKarten=0;
```

Zu Beginn dieses Code-Abschnitts werden die Startkarten verteilt und die oberste Karte ermittelt. Danach müssen noch einige für den Spielverlauf wichtige Variablen und Attribute initialisiert werden: Als aktueller Spieler wird der erste Spieler der Liste genommen. In `gewuenschteFarbe` wird eine während des Spiels gewünschte Farbe gespeichert. Die Variable `zuZiehendeKarten` hält nach, wie viele Karten gezogen werden müssen, falls der nächste Spieler nicht mit einer Sieben kontern kann.

Im folgenden wird die oberste Karte ausgewertet.

```
if(m_obersteKarte->getBild()->getBild()==Bild::Sieben)
  zuZiehendeKarten=2;
```

Ist die oberste Karte eine Sieben, dann werden die zu ziehenden Karten auf 2 gesetzt.

```
if(m_obersteKarte->getBild()->getBild()==Bild::Acht) {
  m_wnd->outString(m_aktSpieler->getName());
  m_wnd->outStringLn(m_txt->MussAussetzen());
  ermittleNaechstenSpieler();
}
```

Bei einer Acht muss der aktuelle Spieler aussetzen.

```
if(m_obersteKarte->getBild()->getBild()==Bild::Bube) {
  gewuenschteFarbe=m_aktSpieler->wuenscheFarbe();
  m_wnd->outString(m_aktSpieler->getName());
  m_wnd->outString(m_txt->WuenschtSich());
  m_wnd->outStringLn(m_txt->bestimmeFarbname(gewuenschteFarbe));
}
```

Sollte die oberste Karte ein Bube sein, dann darf der Spieler sich eine Farbe wünschen.

Jetzt beginnt die Spielschleife:

```
do {
  m_wnd->outString(m_txt->ObersteKarte());
  m_obersteKarte->outKarte(m_wnd);
  m_wnd->outString("\n");
  m_wnd->outString(m_txt->AktuellerSpieler());
  m_wnd->outStringLn(m_aktSpieler->getName());

  IBildKarte* abgelegteKarte=0;
```

Die oberste Karte und der Name des aktuellen Spielers werden ausgegeben. Die Variable abgelegteKarte wird definiert und hält die vom aktuellen Spieler abgeworfene Karte fest.

Nun wird die oberste Karte ausgewertet und die entsprechende Bediene-Methode des Spielers aufgerufen.

```
if(zuZiehendeKarten!=0) {
  abgelegteKarte=m_aktSpieler->konterSieben();
  if(abgelegteKarte==0) {
    lassSpielerKartenZiehen(m_aktSpieler,zuZiehendeKarten);
    m_wnd->outString(m_aktSpieler->getName());
    m_wnd->outString(m_txt->KartenZiehen1());
    m_wnd->outInt(zuZiehendeKarten);
    m_wnd->outStringLn(m_txt->KartenZiehen2());
    zuZiehendeKarten=0;
  } else {
    zuZiehendeKarten+=2;
  }
```

Sollte der Wert von zuZiehendeKarten ungleich Null sein, dann wissen wir, dass auf eine Sieben gekontert werden muss. Sollte der Spieler bei konterSieben keine Karte abgelegt haben, muss er die entsprechende Anzahl an Karten ziehen. (Der Wert von zuZiehendeKarten wird dann auf 0 gesetzt.) Andernfalls wird die Anzahl der zu ziehenden Karten um zwei erhöht.

```
} else if(m_obersteKarte->getBild()->getBild()==Bild::Bube) {
  abgelegteKarte=m_aktSpieler->bedieneFarbe(gewuenschteFarbe);
  if(abgelegteKarte==0)
    lassSpielerKartenZiehen(m_aktSpieler,1);
```

Liegt ein Bube als oberste Karte, dann muss der aktuelle Spieler die zuvor gewünschte und in gewuenschteFarbe gespeicherte Farbe bedienen. Kann er das nicht, muss er eine Karte ziehen.

```
} else {
  abgelegteKarte=m_aktSpieler->bedieneKarte(m_obersteKarte);
  if(abgelegteKarte==0)
    lassSpielerKartenZiehen(m_aktSpieler,1);
}
```

Sollte keine Karte mit besonderer Bedeutung als oberste Karte liegen, dann muss der aktuelle Spieler eine Karte mit passender Farbe, passendem Bild oder einen Buben ablegen. Kann er das nicht, dann muss er eine Karte ziehen.

Sollte der Spieler bis zu diesem Zeitpunkt noch keine Karte gespielt haben, dann musste er bereits mindestens eine Karte ziehen. Er bekommt jetzt eine weitere Gelegenheit, eine Karte zu spielen.

```
if(abgelegteKarte==0) {
  if(m_obersteKarte->getBild()->getBild()==Bild::Bube)
    abgelegteKarte=m_aktSpieler->bedieneFarbe(gewuenschteFarbe);
  else
    abgelegteKarte=m_aktSpieler->bedieneKarte(m_obersteKarte);
}
m_wnd->outString("\n");
```

Bei einem Buben muss der aktuelle Spieler die gewünschte Farbe bedienen, ansonsten kann er eine Karte mit passender Farbe, passendem Bild oder einen Buben ablegen.

```
if(m_aktSpieler->getKartenanzahl()==0)
  break;
```

Hat der aktuelle Spieler keine Karten mehr auf der Hand, dann hat er das Spiel gewonnen.

Sollte bis hierhin vom aktuellen Spieler eine Karte abgelegt worden sein, dann muss diese jetzt ausgewertet werden.

```
if(abgelegteKarte!=0) {
  m_kartenspiel->legeKarteAufAblage(m_obersteKarte);
  m_obersteKarte=abgelegteKarte;

  if(m_aktSpieler->getKartenanzahl()==1) {
    m_wnd->outString("\n");
    m_wnd->outString(m_aktSpieler->getName());
    m_wnd->outStringLn(m_txt->LetzteKarte());
  }
```

Die bisherige oberste Karte wird auf die Ablage des Kartenspiels gelegt und die vom Spieler abgelegte Karte wird die neue oberste Karte.

Die Prüfung auf letzte Karte wird bewusst nur dann vorgenommen, wenn der Spieler eine Karte abgelegt hat, denn durch alle anderen Vorgänge bekommt er eher mehr Karten auf die Hand.

```
  if((abgelegteKarte->getBild()->getBild()==Bild::Sieben)&&
      (zuZiehendeKarten==0))
    zuZiehendeKarten=2;
```

Sollte die neue oberste Karte eine Sieben sein, aber der Wert von `zuZiehendeKarten` noch auf Null stehen, dann wurde die Sieben neu gelegt und `zuZiehendeKarten` bekommt den Wert 2. In allen anderen Fällen liegt entweder keine Sieben als oberste Karte oder die Sieben ist bereits eine gekonterte Sieben und der Wert von `zuZiehendeKarten` wurde weiter oben bereits angepasst.

```
  if(abgelegteKarte->getBild()->getBild()==Bild::Bube) {
    gewuenschteFarbe=m_aktSpieler->wuenscheFarbe();
    m_wnd->outString(m_aktSpieler->getName());
    m_wnd->outString(m_txt->WuenschtSich());
    m_wnd->outStringLn(m_txt->bestimmeFarbname(gewuenschteFarbe));
  }
```

Hat der aktuelle Spieler einen Buben abgelegt, dann darf er sich eine Farbe wünschen.

```
  if(abgelegteKarte->getBild()->getBild()==Bild::Acht) {
    ermittleNaechstenSpieler();
    m_wnd->outString(m_aktSpieler->getName());
    m_wnd->outStringLn(m_txt->MussAussetzen());
  }
}
```

Wurde eine Acht abgelegt, dann muss der eigentlich nächste Spieler aussetzen.

```
  m_wnd->outString("\n");
  ermittleNaechstenSpieler();

} while(true);
```

Am Ende der Spielschleife wird der nächste Spieler ermittelt.

```
m_wnd->outString("\n");
m_wnd->outString(m_aktSpieler->getName());
m_wnd->outStringLn(m_txt->SpielGewonnen());

erzeugeStartzustand();
```

Verlassen wird die Spielschleife nur, wenn ein Spieler das Spiel gewonnen hat. Der Name des Glücklichen wird ausgegeben und anschließend werden dem Kartenspiel wieder alle Karten zugeführt.

10.5.2 Das Zustand-Muster

Der im letzten Abschnitt verfolgte prozedurale Ansatz glänzt nicht vor Eleganz. Beispielsweise wiederholen sich einige Code-Teile, weil manche Karten zu Beginn und während des Spiels ausgewertet werden müssen. Auch Änderungen im Spielablauf können bei dieser großen Funktion nur schwierig vorgenommen werden.

Wir wollen daher überlegen, wie der prozedurale Ansatz durch Objektorientierung verbessert werden kann. Die möglichen Aktionen eines Spielers hängen davon ab, welche Karte im Augenblick bedient werden muss. Wir können diese verschiedenen Situationen als Zustände des Spiels betrachten. Jeder Zustand ist durch eine eigene Klasse repräsentiert, die das Verhalten des Spiels in diesem Zustand beschreibt. Abbildung 10.14 zeigt das in [Gamma01] vorgestellte Zustand-Entwurfsmuster. Es kann dann eingesetzt werden, wenn das Verhalten eines Objekts von einem Zustand abhängt.

Abbildung 10.14
Das Entwurfsmuster "Zustand"

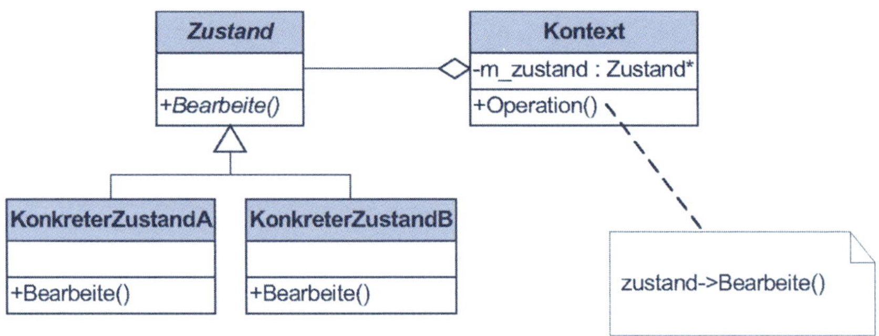

Der Kontext (das Spiel) besitzt einen Verweis vom Typ der Zustands-Schnittstelle, der auf ein konkretes, der aktuellen Spielsituation entsprechendes Zustand-Objekt verweist.

Die konkreten Zustände stehen im MaoMao-Spiel für die einzelnen Spielsituationen (Farbe bedienen, Sieben kontern, etc.).

10.5.3 Der Spielablauf objektorientiert

Für unser MaoMao-Spiel ist die Klasse `Zustand` wie folgt aufgebaut:

Listing 10.56
Die Klassendefinition von Zustand

```
  class Zustand {
    MaoMao* m_maomao;

//-------------------------------------------------------------

  public:
    Zustand(MaoMao* mm)
      : m_maomao(mm)
    {}

//-------------------------------------------------------------

    MaoMao* getMaoMao() const {
      return(m_maomao);
    }

//-------------------------------------------------------------

    virtual IBildKarte* fuehreAus()=0;
  };
```

Wenn wir uns exakt an das Entwurfsmuster hielten, müsste die Klasse `Zustand` eine reine Schnittstelle sein und dürfte keine Attribute oder Methoden-Implementierungen beinhalten. Wir verzichten hier aber auf diese zusätzliche Schnittstelle, die wir problemlos definieren könnten.

Die Klasse `Zustand` besitzt ein Attribut `m_maomao` als Verweis auf das dazugehörige MaoMao-Spiel. Der Konstruktor initialisiert dieses Attribut und die Methode `getMaoMao` macht den Inhalt verfügbar.

Die Klasse `MaoMao` besitzt einen Verweis auf den aktuellen Zustand in Form eines Auto-Pointers. Zur vereinfachten Kommunikation deklariert sie die Klasse `Zustand` als `friend`. Das ist wichtig, damit die Klasse `Zustand` über `setzeZustand` den aktuellen Zustand abändern kann:

Listing 10.57
Die Methode setzeZustand von Zustand

```
    void setzeZustand(Zustand* z) {
      m_maomao->m_zustand.reset(z);
    }
```

Eine der wichtigsten Methoden von Zustand ist die statische Methode `erzeugeZustand`, die anhand der übergebenen Karte den passenden Zustand erzeugt und seine Adresse zurückliefert.

Listing 10.58
Die statische Methode erzeugeZustand von Zustand

```
01     static Zustand* erzeugeZustand(MaoMao* mm,
                                      ISpielerMM* sp,
                                      IBildKarte* k) {
02       if(!k) return(0);
03       switch(k->getBild()->getBild()) {
04         case Bild::Sieben:
05           return(new ZustandSieben(mm,2));
06         case Bild::Acht:
07           return(new ZustandAcht(mm));
08         case Bild::Bube:
09           Farbe::Farben f;
10           f=sp->wuenscheFarbe();
11           mm->m_wnd->outString(sp->getName());
12           mm->m_wnd->outString(mm->m_txt->WuenschtSich());
13           mm->m_wnd->outStringLn(mm->m_txt->bestimmeFarbname(f));
14           return(new ZustandBube(mm, f));
15         default:
16           return(new ZustandNormal(mm));
17       }
18     }
```

In der Methode geschieht folgendes:

02: Sollte ein Null-Zeiger als Karte übergeben worden sein, dann wird auch ein Null-Zeiger als Zustand zurückgeliefert.

04-05: Sollte die übergebene Karte eine Sieben sein, dann wird ein `ZustandSieben`-Objekt erzeugt und die Anzahl der zu ziehenden Karten auf 2 gesetzt.

06-07: Sollte die übergebene Karte eine Acht sein, dann wird ein `ZustandAcht`-Objekt erzeugt.

08-14: Handelt es sich bei der übergebenen Karte um einen Buben, dann darf sich der übergebene Spieler eine Farbe wünschen, anschließend wird ein `ZustandBube`-Objekt mit der gewünschten Farbe erzeugt.

15-16: Bei allen anderen Karten wird eine `ZustandNormal`-Objekt erzeugt.

Die an ein Objekt gebundene Methode `ermittleZustand` ermittelt über `erzeugeZustand` den nächsten Zustand und setzt diesen als aktuellen Zustand des Spiels.

Listing 10.59
Die Methode ermittleZustand von Zustand

```
void ermittleZustand(IBildKarte* k) {
  if(!k) return;
  setzeZustand(erzeugeZustand(m_maomao,
                              m_maomao->m_aktSpieler,
                              k));
}
```

Mit den folgenden zwei Hilfs-Methoden ist die Klasse `Zustand` vollständig:

Listing 10.60
Die Methoden lassSpielerKarten-Ziehen und zeigeGespielteKarte

```
  void zeigeGespielteKarte(IBildKarte* tmp) {
    m_maomao->m_wnd->outString(getMaoMao()->
                              m_aktSpieler->getName());
    if(tmp) {
      m_maomao->m_wnd->outString(getMaoMao()->
                                m_txt->GespielteKarte());
      tmp->outKarte(m_maomao->m_wnd);
      m_maomao->m_wnd->outStringLn("");
    }
    else
      m_maomao->m_wnd->outStringLn(getMaoMao()->
                                  m_txt->KeineKarteGespielt());
  }

//------------------------------------------------------------

  void lassSpielerKartenZiehen(int anzahl) {
    m_maomao->lassSpielerKartenZiehen(m_maomao->m_aktSpieler, anzahl);
    m_maomao->m_wnd->outString(m_maomao->m_aktSpieler->getName());
    m_maomao->m_wnd->outString(m_maomao->m_txt->KartenZiehen1());
    m_maomao->m_wnd->outInt(anzahl);
    m_maomao->m_wnd->outStringLn(m_maomao->m_txt->KartenZiehen2());
  }
```

Die Methode zeigeGespielteKarte gibt aus, welche Karte der aktuelle Spieler abgelegt hat oder sie teilt mit, dass der Spieler keine Karte gespielt hat.

Über lassSpielerKartenZiehen wird auf dem Bildschirm die Anzahl der gezogenen Karten ausgegeben und das MaoMao-Spiel aufgefordert, dem aktuellen Spieler die entsprechende Anzahl an Karten zu übergeben.

Im Folgenden betrachten wir die von der Klasse Zustand abgeleiteten konkreten Spielzustände:

ZustandNormal

Listing 10.61
Die Klasse ZustandNormal

```
class ZustandNormal : public Zustand {
public:
  ZustandNormal(MaoMao* mm)
    : Zustand(mm)
  {}

//------------------------------------------------------------

  virtual IBildKarte* fuehreAus() {
    IBildKarte* tmp=getMaoMao()->m_aktSpieler->
                    bedieneKarte(getMaoMao()->m_obersteKarte);
    if(!tmp) {
      lassSpielerKartenZiehen(1);
      tmp=getMaoMao()->m_aktSpieler->
          bedieneKarte(getMaoMao()->m_obersteKarte);
    }
    zeigeGespielteKarte(tmp);
    if(tmp) ermittleZustand(tmp);
    return(tmp);
  }
};
```

Die Klasse `ZustandNormal` repräsentiert den Zustand, dass eine beliebige Karte bedient werden muss.

10: Der Spieler wird aufgefordert, eine normale Karte zu bedienen.

11-14: Hat der Spieler keine Karte abgelegt, dann muss er eine Karte ziehen, bekommt dann aber noch mal die Möglichkeit, eine Karte abzulegen.

15-16: Die eventuell gespielte Karte wird ausgegeben und der Folgezustand ermittelt.

ZustandBeliebig

Listing 10.62
Die Klasse ZustandBeliebig

```
01 class ZustandBeliebig : public Zustand {
02 public:
03   ZustandBeliebig(MaoMao* mm)
04     : Zustand(mm)
05   {}
06
07 //--------------------------------------------------------------
08
09   virtual IBildKarte* fuehreAus() {
10     IBildKarte* tmp=getMaoMao()->m_aktSpieler->
                          bedieneBeliebig();
11     zeigeGespielteKarte(tmp);
12     ermittleZustand(tmp);
13     return(tmp);
14   }
15 };
```

Dieser Zustand tritt nur dann ein, wenn zu Beginn des Spiels die oberste Karte ein Bube ist.

10: Der Spieler darf eine beliebige Karte spielen.

11-12: Die gespielte Karte wird ausgegeben und der Folgezustand ermittelt.

ZustandAcht

Listing 10.63
Die Klasse ZustandAcht

```
class ZustandAcht : public Zustand {
public:
  ZustandAcht(MaoMao* mm)
    : Zustand(mm)
  {}

//--------------------------------------------------------------

  virtual IBildKarte* fuehreAus() {
    getMaoMao()->m_wnd->outString(getMaoMao()->m_aktSpieler->
                                  getName());
    getMaoMao()->m_wnd->outStringLn(getMaoMao()->
                                    m_txt->MussAussetzen());
    setzeZustand(new ZustandNormal(getMaoMao()));
    return(0);
  }
};
```

Dieser Zustand tritt immer dann ein, wenn eine Acht gespielt wird.

10-11: Der Text wird ausgegeben, dass der aktuelle Spieler aussetzen muss.

12: Der Folgezustand wird auf `ZustandNormal` gesetzt, damit der nächste Spieler nicht auch noch aussetzen muss.

ZustandSieben

Listing 10.64
Die Klasse ZustandSieben

```
01 class ZustandSieben : public Zustand {
02   int m_zuZiehen;
03
04 //--------------------------------------------------------------
05
06 public:
07   ZustandSieben(MaoMao* mm, int z)
08     : Zustand(mm), m_zuZiehen(z)
09   {}
10
11 //--------------------------------------------------------------
12
13   virtual IBildKarte* fuehreAus() {
14     IBildKarte* tmp=getMaoMao()->m_aktSpieler->konterSieben();
15     if(!tmp) {
16       lassSpielerKartenZiehen(m_zuZiehen);
17       tmp=getMaoMao()->m_aktSpieler->
             bedieneKarte(getMaoMao()->m_obersteKarte);
18       zeigeGespielteKarte(tmp);
19       if(tmp)
20         ermittleZustand(tmp);
21       else
22         setzeZustand(new ZustandNormal(getMaoMao()));
23     }
24     else {
25       m_zuZiehen+=2;
26       zeigeGespielteKarte(tmp);
27     }
28     return(tmp);
29   }
30 };
```

Wenn ein Spieler eine Sieben abwirft, tritt dieser Zustand ein.

07-09: Dem Konstruktor wird die Anzahl der zu Beginn zu ziehenden Karten übergeben. Dieser Wert beträgt normalerweise 2.

14: Der Spieler wird aufgefordert, auf die Sieben zu kontern, also selbst eine Sieben abzulegen.

15-18: Konnte der Spieler nicht mit einer Sieben kontern, dann muss er die entsprechende Anzahl an Karten ziehen und bekommt dann die Möglichkeit, die Sieben wie eine normale Karte zu bedienen. Die eventuell gespielte Karte wird ausgegeben.

19-22: Hat der Spieler eine Karte abgelegt, dann wird darauf basierend der neue Zustand bestimmt. Hat er keine Karte gespielt, wird als Folgezustand der Normalzustand genommen.

25-26: Hat der Spieler mit einer Sieben gekontert, dann wird die Anzahl der zu ziehenden Karten um 2 erhöht und die gespielte Karte ausgegeben.

ZustandBube

Listing 10.65
Die Klasse ZustandBube

```
01 class ZustandBube : public Zustand {
02   Farbe::Farben m_farbe;
03
04 //-----------------------------------------------------------
05
06 public:
07   ZustandBube(MaoMao* mm, Farbe::Farben f)
08     : Zustand(mm), m_farbe(f)
09   {}
10
11 //-----------------------------------------------------------
12
13   virtual IBildKarte* fuehreAus() {
14     IBildKarte* tmp=getMaoMao()->m_aktSpieler->
                   bedieneFarbe(m_farbe);
15     if(!tmp) {
16       lassSpielerKartenZiehen(1);
17       tmp=getMaoMao()->m_aktSpieler->bedieneFarbe(m_farbe);
18     }
19     zeigeGespielteKarte(tmp);
20     if(tmp) ermittleZustand(tmp);
21     return(tmp);
22   }
23 };
```

Jedes Mal, wenn sich der Spieler eine Farbe gewünscht hat, wird dieser Zustand aktiv.

07-09: Der Konstruktor bekommt die gewünschte Farbe übergeben.

14: Der Spieler wird aufgefordert, eine Karte der gewünschten Farbe abzulegen.

15-18: Wenn der Spieler keine Karte abgelegt hat, muss er eine Karte ziehen. Danach bekommt er eine weitere Möglichkeit, die Farbe zu bedienen.

19: Die eventuell gespielte Karte wird auf dem Bildschirm ausgegeben.

20: Wenn eine Karte gespielt wurde, wird mit ihr der Folgezustand ermittelt.

Die Zustände sind in Abbildung 10.15 noch einmal als UML-Diagramm zusammengefasst.

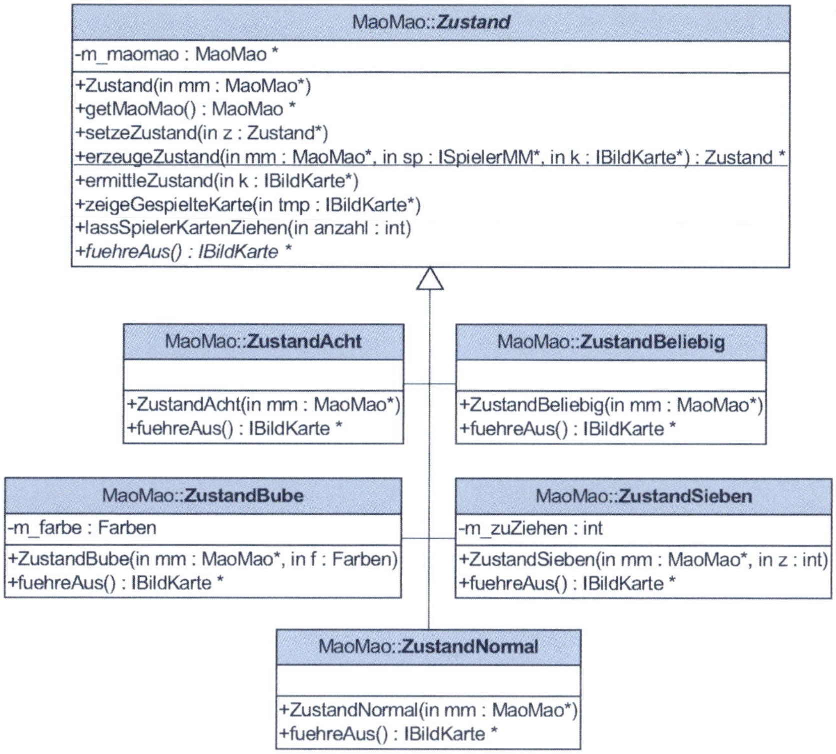

Abbildung 10.15
Die Hierarchie der Zustände in MaoMao

Die Spielschleife

Als letztes Stück unseres objektorientierten Ansatzes fehlt die Spielschleife, die jetzt mit den vorhin erstellten Zuständen zusammen arbeitet.

```
01    verteileStartKarten();
02    m_aktSpielerIdx=0;
03    m_aktSpieler=m_spieler[m_aktSpielerIdx];
04
05    if(m_obersteKarte->getBild()->getBild()==Bild::Bube)
06      m_zustand.reset(new ZustandBeliebig(this));
07    else
08      m_zustand.reset(Zustand::erzeugeZustand(this, m_aktSpieler,
                                              m_obersteKarte));
```

Zu Beginn werden den Spielern wieder fünf Karten ausgehändigt und eine oberste Karte organisiert (Zeile 01). Der erste Spieler der Liste beginnt das Spiel (Zeile 02-03).

Weil der Bube zu Beginn des Spiels eine andere Bedeutung hat als während des Spiels, müssen wir am Anfang prüfen, ob er als erste Karte liegt, und gegebenenfalls den entsprechenden Zustand setzen. Sollte es eine andere Karte als der Bube sein, verwenden wir die statische `erzeugeZustand`-Methode von `Zustand` (Zeile 05-08). Der Zustand wird über einen Auto-Pointer verwaltet.

Nun folgt die Schleife des Spiels:

```
09   do {
10     m_wnd->outStringLn("");
11     m_wnd->outString(m_txt->ObersteKarte());
12     m_obersteKarte->outKarte(m_wnd);
13     m_wnd->outStringLn("");
14     m_wnd->outString(m_txt->AktuellerSpieler());
15     m_wnd->outStringLn(m_aktSpieler->getName());
16
17     IBildKarte* abgelegteKarte=m_zustand->fuehreAus();
18     if(abgelegteKarte) {
19       m_kartenspiel->legeKarteAufAblage(m_obersteKarte);
20       m_obersteKarte=abgelegteKarte;
21     }
22
23     if(m_aktSpieler->getKartenanzahl()==1) {
24       m_wnd->outString(m_aktSpieler->getName());
25       m_wnd->outStringLn(m_txt->LetzteKarte());
26     }
27     if(m_aktSpieler->getKartenanzahl()==0)
28       break;
29
30
31     ermittleNaechstenSpieler();
32   } while(true);
```

10-14: Die oberste Karte und der aktuelle Spieler werden ausgegeben.

17: Die `fuehreAus`-Methode des aktuellen Zustands wird aufgerufen und die eventuell abgelegte Karte in `abgelegteKarte` gespeichert.

18-21: Sollte eine Karte abgelegt worden sein, dann wird die aktuell oberste Karte auf die Ablage des Kartenspiels gelegt und die gerade abgelegte Karte zur neuen obersten Karte gemacht.

23-26: Sollte ein Spieler nur noch eine Karte auf der Hand haben, wird für ihn der Text „Letzte Karte“ ausgegeben.

27-28: Hat der Spieler keine Karten mehr auf der Hand, dann hat er gewonnen und die Spielschleife wird abgebrochen.

31: Der nächste Spieler wird bestimmt.

Nach dem Spielende muss nur noch der Gewinner ausgegeben werden:

```
33     m_wnd->outStringLn("");
34     m_wnd->outString(m_aktSpieler->getName());
35     m_wnd->outStringLn(m_txt->SpielGewonnen());
```

Spiel fertig!

Damit ist das MaoMao-Spiel fertig. Natürlich gibt es einige Design-Aspekte, die noch verbessert werden könnten, wie zum Beispiel die konkreten Fabriken in Singletons (Kapitel 2.10) umwandeln.

Aber das bleibt dem Leser überlassen. Jetzt soll erst einmal gespielt werden:

```
DosFenster dw;
KartenfabrikDe kafade;
TxtFabrikDe tefade;
KartenspielMM ks(&kafade);

MenschSpielerMM sp1(&dw, &tefade);
ComputerSpielerMM sp2;
ComputerSpielerMM sp3;

sp1.erzeugeName();
sp2.erzeugeName();
sp3.erzeugeName();

MaoMao mm(&dw, &tefade);
mm.setzeKartenspiel(&ks);
mm.weitererSpieler(&sp1);
mm.weitererSpieler(&sp2);
mm.weitererSpieler(&sp3);
mm.spielen();
```

Viel Spaß!

11

Matrizen

In diesem Kapitel werden wir uns mit der Implementierung von Matrizen beschäftigen und wollen über den objektorientierten Ansatz die Austauschbarkeit verschiedener Matrizen-Implementierungen realisieren.

11.1 Eine schnelle Matrix

Eine einfache, auf einem zweidimensionalen Feld basierende Matrix ist schnell implementiert:

Listing 11.1
Das Klassen-Template SchnelleMatrix

```
template<typename Typ>
class SchnelleMatrix {
public:
  typedef unsigned int size_type;
  typedef std::vector<Typ> container_type;

//--------------------------------------------------------------

  SchnelleMatrix(size_type b, size_type h)
    : m_breite(b), m_hoehe(h), m_matrix(b*h)
  {}

//--------------------------------------------------------------

  size_type breite() const {
    return(m_breite);
  }

//--------------------------------------------------------------

  size_type hoehe() const {
    return(m_hoehe);
  }

//--------------------------------------------------------------
```

Listing 11.1 (Forts.) Das Klassen-Template SchnelleMatrix

```
  Typ& element(size_type x, size_type y) {
    return(m_matrix[y*m_breite+x]);
  }

//----------------------------------------------------------

  const Typ& element(size_type x, size_type y) const {
    return(m_matrix[y*m_breite+x]);
  }

//----------------------------------------------------------

private:
  size_type m_breite;
  size_type m_hoehe;
  container_type m_matrix;
};
```

Eine Matrix mit zugriffssicherem Index-Operator finden Sie in [Willms03].

Dieser Ansatz verzichtet auf jegliche Bereichsprüfungen zu Gunsten der Geschwindigkeit. Auch die Index-Operatoren wurden der Einfachheit halber nicht implementiert.

Dieser Ansatz ist effizient, aber gegenüber weiteren Matrix-Implementierungen nicht geschlossen. Eine Klasse, die mit dieser Matrix arbeitet, kann nicht ohne Änderung ihres eigenen Codes zu einer anderen, bisher nicht implementierten Matrix wechseln.

11.2 Eine Matrix-Hierarchie

Wir wollen nun die Prioritäten ein wenig verschieben und das Laufzeitverhalten etwas in den Hintergrund drängen. Wir werden jetzt eine Matrizen-Hierarchie implementieren, die problemlos erweitert werden kann.

Im Gegensatz zu meiner Matrix aus [Willms03], bei der das Ziel lediglich die Bereitstellung einer Matrizen-Grundfunktionalität war, die später von einer Subklasse zur Implementierung von matrizenalgebraischer Funktionalität eingesetzt wurde, soll nun eine Matrizen-Hierarchie entworfen werden, die gegenüber einer Erweiterung der Matrizen-Implementierungen geschlossen ist (Kapitel 9.3, Das Offen-Geschlossen-Prinzip).

Unterschiedliche Implementierungen setzen ihren Schwerpunkt meist auch auf unterschiedliche Optimierungen. Besitzt die eine Implementierung ein gutes Laufzeitverhalten, hat dafür aber einen hohen Speicherbedarf, kann die andere Implementierung auch große, dünn besetzte Matrizen bearbeiten, muss dafür aber bei der Laufzeit Abstriche machen.

Exemplarisch werden wir eine Matrix-Implementierung für dicht besetzte Matrizen und eine für dünn besetzte Matrizen entwerfen. Dabei sollen diese Matrizen sowohl untereinander als auch mit später noch implementierten Matrizen-Klassen austauschbar sein.

11.2.1 Die Klasse IMatrix

Die Klassendefinition der Schnittstelle sieht folgendermaßen aus:

Listing 11.2
Das Grundgerüst der Klassendefinition von IMatrix

```
template<typename Typ>
class IMatrix {
public:
  typedef unsigned int size_type;

  virtual ??? element(size_type x, size_type y)=0;
  virtual size_type breite()=0;
  virtual size_type hoehe()=0;
  virtual IMatrix<Typ>* erzeugeMatrix(size_type b, size_type h)=0;
  virtual void dimensionieren(size_type b, size_type h)=0;
  virtual ~IMatrix() {}

//-------------------------------------------------------------

  IMatrix<Typ>& operator=(IMatrix<Typ>& m) {
    if(this!=&m) {
      dimensionieren(m.breite(), m.hoehe());
      for(IMatrix<Typ>::size_type y=0; y<m.hoehe(); ++y)
        for(IMatrix<Typ>::size_type x=0; x<m.breite(); ++x)
          element(x,y)=m.element(x,y);
    }
    return(*this);
  }
};
```

Die Methoden sollen folgende Funktionen erfüllen:

- `element`, wie bei der schnellen Matrix erhalten wir über diese Methode das an der entsprechenden x- und y-Position befindliche Element
- `breite`, liefert die Breite der Matrix
- `hoehe`, liefert die Höhe der Matrix
- `erzeugeMatrix`, erzeugt dynamisch eine entsprechend dimensionierte Matrix desselben Typs, über den die Methode aufgerufen wurde
- `dimensionieren`, weist der aufrufenden Matrix eine neue Breite und Höhe zu
- `operator=`, der hier bereits implementierte Operator bietet die Möglichkeit, zwei von `IMatrix` abgeleitete Matrizen einander zuzuweisen, unabhängig von ihrer konkreten Implementierung

Dreh- und Angelpunkt der gesamten aufzubauenden Hierarchie ist der Rückgabe-Typ der `element`-Methode, der in der oberen Schnittstelle mit drei Fragezeichen gekennzeichnet ist. Überlegen Sie einmal für sich, was für ein Typ dort stehen sollte.

Einem ersten Impuls folgend könnte man die schnelle Matrix als Vorbild nehmen und als Rückgabe-Typ von `element` den Datentyp `Typ&` eintragen.

Allerdings schränkt uns das erheblich ein. Bei einigen Implementierungen wird es höchstwahrscheinlich notwendig sein, zwischen dem Lesen eines Wertes in der Matrix und dem Schreiben zu unterscheiden. Diese Möglichkeit des Unterscheidens zwischen Lesen und Schreiben eines Wertes geschieht mit Hilfe so genannter Proxy- oder Wrapper-Klassen. Wir haben diese Technik bereits bei der nicht zwischen Groß- und Kleinschreibung unterscheidenden QString-Klasse in Kapitel 4.12.3 eingesetzt.

Hier bauen wir jedoch eine Klassenhierarchie auf. Und gemäß dem LSP (Kapitel 9.1.1) darf eine Basisklasse nichts von eventuellen Subklassen wissen. Von daher können wir in der IMatrix-Schnittstelle keine endgültige Proxy-Klasse implementieren (denn sie müsste ja Details der tatsächlichen Implementierung kennen), sondern müssen auch hier eine Schnittstelle anbieten, von der die konkreten Proxy-Klassen der IMatrix-Subklassen ableiten können. Wegen der Polymorphie und der Vermeidung von Slicing (Kapitel 6.5) müssen wir mit Zeigern oder Referenzen arbeiten:

```
virtual Proxy* element(size_type x, size_type y)=0;
```

Der Index-Operator der QString-Klasse konnte eine Kopie des Proxy-Objekts zurückgeben, jetzt müssen wir aber einen Verweis auf ein Proxy-Objekt liefern und die brennende Frage lautet: Wo bewahren wir das verwiesene Proxy-Objekt auf?

Wohl nicht innerhalb der element-Methode, die das Objekt erzeugt, denn das wäre eine lokale Kopie und die wäre nach Beendigung der Methode abgebaut. Es bleibt uns also nichts anderes übrig, als das Objekt dynamisch anzulegen, damit es die element-Methode erzeugt. Das könnte später ungefähr so aussehen:

```
KonkreterProxy* KonkreteMatrix::element(size_type x,
                                        size_type y) {
  return(new KonkreterProxy(/* Parameter*/));
}
```

Für das eine Problem haben wir nun die Lösung, diese hat aber bereits das nächste Problem im Schlepptau: Wer um alles in der Welt gibt das dynamisch angelegte KonkreterProxy-Objekt wieder frei? Der Aufrufer von element definitiv nicht, denn der sollte von den Proxy-Klassen im Optimalfall überhaupt nichts mitbekommen.

Die Verantwortung der Objekt-Freigabe besitzt eigentlich die element-Methode. Diese ist aber außerstande, dieser Verpflichtung nachzukommen, denn selbst, wenn wir einen Mechanismus implementieren würden, der den Überblick über alle erzeugten KonkreterProxy-Objekte behält, wüsste dieser nicht, wann welches Objekt freizugeben ist, weil ihm das Wissen darüber fehlt, welches Objekt noch „in Betrieb“ ist.

Wir benötigen eine Möglichkeit, die Verantwortung der Freigabe an eine andere Code-Einheit zu delegieren. Die Lösung ist so überraschend wie einfach: Wir schreiben einen Wrapper für den Wrapper.

11.2.2 Die Klasse Proxy

Schauen wir uns zunächst die Proxy-Schnittstelle an, die als Basisklasse der späteren konkreten Proxys im geschützten Bereich von IMatrix definiert wird (zugänglich für Subklassen, verboten für Außenstehende):

Listing 11.3
Die Klasse Proxy von IMatrix

```
class Proxy {
public:
  virtual void set(const Typ&)=0;
  virtual Typ& get()=0;
  virtual ~Proxy() {}
};
```

Der Proxy weiß lediglich, wie ein Element der Matrix gelesen oder beschrieben wird.

11.2.3 Die Klasse Element

Die Unterscheidung, ob gelesen oder geschrieben wird, trifft die Klasse Element (ebenfalls im geschützten Bereich von IMatrix definiert) über die Methoden operator Typ und operator=, und delegiert die Aufgabe dann an den Proxy. Dazu übernimmt das Element-Objekt den Verweis auf den Proxy und damit die Verantwortung seiner Freigabe:

Listing 11.4
Die Klasse Element von IMatrix

```
  class Element {
    Proxy* m_proxy;
  public:
    Element(Proxy* p)
      : m_proxy(p)
    {}
//------------------------------------------------------------

    ~Element() {
      delete(m_proxy);
    }
//------------------------------------------------------------

    operator Typ() {
      return(m_proxy->get());
    }
//------------------------------------------------------------

    Element& operator=(const Element& e) {
      m_proxy->set(e.m_proxy->get());
      return(*this);
    }
//------------------------------------------------------------

    Element& operator=(const Typ& o) {
      m_proxy->set(o);
      return(*this);
    }
  };
```

Der Konstruktor von `Element` bekommt einen Verweis auf ein `Proxy`-Objekt übergeben, welches im `Element`-Destruktor freigegeben wird. Auf diese Weise übernimmt das `Element`-Objekt die Verantwortung für das `Proxy`-Element.

Der Umwandlungs-Operator `operator Typ` ermittelt mit Hilfe der `get`-Methode von `Proxy` das zu lesende Matrix-Element.

Es sind zwei Zuweisungs-Operatoren implementiert. Der erste ist der Kopier-Zuweisungs-Operator, der das Matrix-Element aus dem zugewiesenen `Element`-Objekt ausliest und dem Matrix-Element des eigenen Objekts zuweist. Der konkrete Element-Zugriff erfolgt über die `get`- und `set`-Methoden von `Proxy`.

Der zweite Zuweisungs-Operator besitzt ein Objekt des verwalteten Typs als Parameter. Er benutzt die set-Methode des Proxy-Objekts zum Beschreiben des Matrix-Elements.

Die element-Methode von IMatrix sieht damit wie folgt aus:

```
virtual Element element(size_type x, size_type y)=0;
```

Die `element`-Methode gibt nun ein temporäres `Element`-Objekt zurück, welches eine Kopie eines in der konkreten `element`-Methode erzeugten Objekts ist. Wie alle temporären Objekte in C++ wird auch dieses automatisch freigegeben (und damit das ihm zugewiesene Proxy-Objekt), wenn es nicht mehr benötigt wird.

11.2.4 Die Klasse Matrix

Für die später folgenden Implementierungen für dicht und dünn besetzte Matrizen legen wir eine gemeinsame Basisklasse Matrix an, welche die Implementierung für die Verwaltung von Breite und Höhe zur Verfügung stellt:

Listing 11.5
Die Klasse Matrix

```
template<typename Typ>
class Matrix : public IMatrix<Typ> {
  size_type m_breite;
  size_type m_hoehe;
//------------------------------------------------------------
protected:
  void setzeDimensionen(size_type b, size_type h) {
    m_breite=b;
    m_hoehe=h;
  }
//------------------------------------------------------------
public:
  Matrix(size_type b, size_type h)
    : m_breite(b), m_hoehe(h)
  {}
//------------------------------------------------------------
  size_type breite() {
    return(m_breite);
  }
//------------------------------------------------------------
  size_type hoehe() {
    return(m_hoehe);
  }
};
```

Beide späteren Matrix-Implementierungen müssen die Breite und die Höhe der Matrix explizit speichern. Deswegen wird diese Funktionalität in der Klasse `Matrix` gekapselt. Dem Konstruktor werden Breite und Höhe übergeben, die über die beiden öffentlichen Methoden `breite` und `hoehe` lesbar sind. Zur späteren Änderung (zum Beispiel wenn die Matrix neu dimensionalisiert wird) existiert die geschützte Methode `setzeDimensionen`.

Die bisherigen Klassen und ihre Beziehungen untereinander sind in Abbildung 11.1 als UML-Diagramm dargestellt.

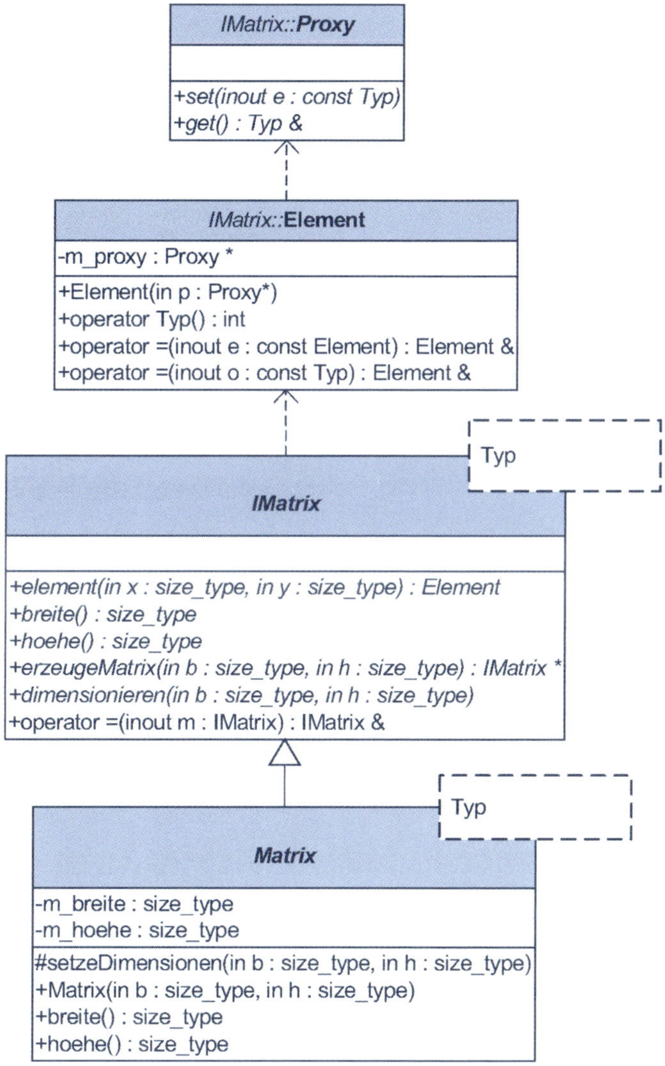

Abbildung 11.1
Die Matrix-Hierarchie mit Hilfsklassen

11.3 Eine dicht besetzte Matrix

Die erste konkrete Implementierung, die wir umsetzen wollen, ist die für dicht besetzte Matrizen.

11.3.1 Die Klasse DichteMatrix

Als Grundidee der Implementierung nehmen wir die weiter oben beschriebene schnelle Matrix. Es wird ein Vektor angelegt, der die Elemente der Matrix aufnimmt:

Listing 11.6
Das Grundgerüst von DichteMatrix

```
template<typename Typ>
class VolleMatrix : public Matrix<Typ> {
public:
  typedef std::vector<Typ> container_type;

//-------------------------------------------------------------

  VolleMatrix(size_type b, size_type h)
    : Matrix<Typ>(b,h), m_matrix(b*h)
  {}

//-------------------------------------------------------------

private:
  container_type m_matrix;
};
```

Der Konstruktor ruft lediglich den Basisklassen-Konstruktor auf und übergibt diesem die Breite und die Höhe der Matrix.

erzeugeMatrix

Listing 11.7
Die Methode erzeugeMatrix von DichteMatrix

```
IMatrix<Typ>* erzeugeMatrix(size_type b, size_type h) {
  return(new DichteMatrix(b,h));
}
```

Diese Methode erzeugt eine Matrix desselben Typs mit der angegebenen Breite und Höhe.

dimensionieren

Listing 11.8
Die Methode dimensionieren von DichteMatrix

```
virtual void dimensionieren(size_type b, size_type h) {
  m_matrix.clear();
  m_matrix.resize(b*h);
  setzeDimensionen(b,h);
}
```

Diese Methode dimensioniert die Matrix neu, indem zuerst alle Elemente im Vektor gelöscht (auf 0 gesetzt), dann die Größe des Vektors angepasst und abschließend der Basisklasse die neuen Matrix-Dimensionen übergeben werden.

element

```
Element element(size_type x, size_type y) {
  return(Element(new VProxy(m_matrix.at(y*breite()+x))));
}
```

Listing 11.9
Die Methode element von DichteMatrix

Diese Methode erzeugt dynamisch ein VProxy-Objekt, welches einen Verweis auf das anzusprechende Matrix-Element bekommt. Die Adresse des VProxy-Objekts wird einem Element-Objekt übergeben, welches später für die Freigabe des VProxy-Objekts sorgt.

Das Element-Objekt wird dann als Kopie von der Methode zurückgegeben.

11.3.2 Die Klasse VProxy

Die Klasse VProxy ist von IMatrix::Proxy abgeleitet und implementiert den Zugriff auf ein Element eines Objekts des Typs DichteMatrix. Die Klasse wird im privaten Bereich von DichteMatrix definiert:

```
  class VProxy : public Proxy {
    Typ& m_element;

//------------------------------------------------------------

  public:
    VProxy(Typ& e)
      : m_element(e)
    {}

//------------------------------------------------------------

    void set(const Typ& e) {
      m_element=e;
    }


//------------------------------------------------------------

    Typ& get() {
      return(m_element);
    }
  };
```

Listing 11.10
Die Klasse VProxy von DichteMatrix

Der Konstruktor speichert die übergebene Referenz in m_element.

Die Methoden get und set sind selbsterklärend. Die Klasse im Zusammenspiel mit der restlichen Matrix-Hierarchie sehen Sie in Abbildung 11.2:

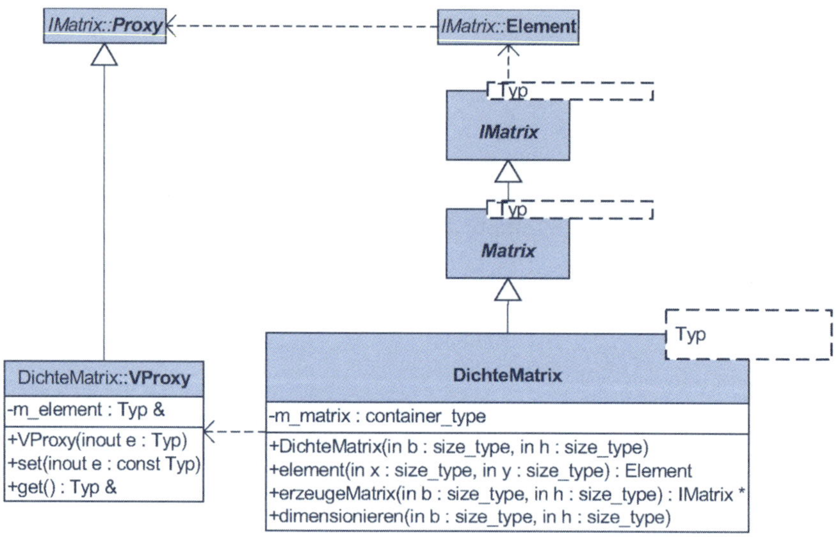

Abbildung 11.2
Die Abhängigkeiten von DichteMatrix

11.4 Eine dünn besetzte Matrix

Stellen Sie sich vor, Sie benötigten eine Matrix der Größe 50000x50000, aber nur 0,1% der Matrix-Elemente wären ungleich 0. Mit dem oberen Ansatz der dicht besetzten Matrix bräuchten wir zur Repräsentation der Matrix ca. 9,31 Gigabytes, obwohl die Elemente ungleich 0 davon nur einen Speicher von ca. 9,54 Megabytes belegen.

Es liegt daher nahe, für dünn besetzte Matrizen eine Speicherform zu wählen, die ausschließlich die Elemente ungleich 0 speichert. Es ist zu erwarten, dass dieser zusätzliche Verwaltungsaufwand durch ein schlechteres Laufzeitverhalten erkauft werden muss.

Es gibt verschiedene Verfahren, nur die relevanten Elemente der Matrix zu speichern. Eine Möglichkeit bieten orthogonale Listen, die in [Knuth97] beschrieben sind.

Wir wollen uns hier jedoch mit einer anderen Datenstruktur, dem *Hashing*, beschäftigen. Ich habe mich etwas ausführlicher in [Willms01] mit den verschiedenen Varianten des Hashings befasst, deswegen möchte ich hier lediglich den Grundgedanken des Hashings besprechen.

11.4.1 Hashing

Grundvoraussetzung für das Hashing ist die Existenz eines Schlüssels, der jedes zu hashende Element eindeutig identifiziert. Für unsere Matrizen besteht dieser Schlüssel aus der x- und der y-Koordinate des Matrizen-Elements.

Nun benötigen wir eine *Hash-Tabelle*, die aus einer festen Anzahl n an *Slots* besteht. Diese Hash-Tabelle ist nichts anderes als eine Container-Struktur. In unserem Fall wird ein Vektor die Arbeit erledigen. Es hat sich gezeigt, dass Hash-Tabellen, deren Slot-Anzahl eine Primzahl ist, besonders gut geeignet sind.

Über eine *Hash-Funktion* wird nun der Schlüsselwert auf einen Slot der Hash-Tabelle abgebildet. Es gibt verschiedene Verfahren, wir wählen hier die *Modulo-Methode*:

```
size_type hashfkt(size_type x, size_type y) {
  return((y*breite()+x)%m_hashsize);
}
```

Listing 11.11
Eine Hash-Funktion mit Modulo-Methode

Aus den beiden Koordinaten wird ein einzelner Wert erzeugt. Solange das Produkt `x*y` nicht den Wertebereich von `size_type` überschreitet, entsteht durch den Ausdruck `y*breite()+x` ein Wert, der das Matrizen-Element eindeutig beschreibt. Leider lässt sich diese Bedingung nicht garantieren, deswegen müssen wir zur Wahrung der Eindeutigkeit bei den späteren Slot-Einträgen die beiden Koordinaten getrennt abspeichern.

Schließlich wollen wir sehr große Matrizen erlauben und bereits bei einer quadratischen Matrix von `65536x65536` ließe sich das Produkt `x*y` nicht mehr mit einem `size_type` darstellen.

Der Wert `m_hashsize` in der oberen Methode ist unsere Slot-Anzahl n.

Nehmen wir als Beispiel eine Matrix der Größe 10x10. Die Matrix enthält damit 100 Elemente. Wir gehen in diesem Fall davon aus, dass die Matrix einen Besetzungsgrad von 10% nicht überschreitet (was für eine dünn besetzte Matrix schon recht viel ist). Demnach bräuchten wir nicht mehr als 10 Werte zu speichern, die nächstgrößere Primzahl ist damit 11.

Jetzt soll das erste Element an Position (2,5) auf 20 gesetzt werden. Unsere Hash-Funktion ermittelt den Slot 8 ((5*10+2)%11 ergibt 8). In diesen Slot wird der Wert 20 gespeichert.

Der zweite Wert 66 wird an Position (3,3) abgelegt, dafür ist Slot 0 verantwortlich.

Jedoch: Wenn eine Matrix potenziell 100 Elemente enthalten kann, wir aber nur eine Hash-Tabelle mit 11 Einträgen verwenden, dann kann es zu *Kollisionen* kommen. Würden wir mit dem dritten Wert beispielsweise das Element (4,4) beschreiben, dann wäre dafür ebenfall Slot 0 verantwortlich, der bereits den Wert von Element (3,3) beinhaltet. Tritt dieser Fall ein, dann muss der Slot selbst zu einer Datenstruktur werden, die mehrere Einträge verwalten kann. Abbildung 11.3 zeigt die auf diesen Erkenntnissen basierende Hierarchie der zukünftigen Slot-Klassen.

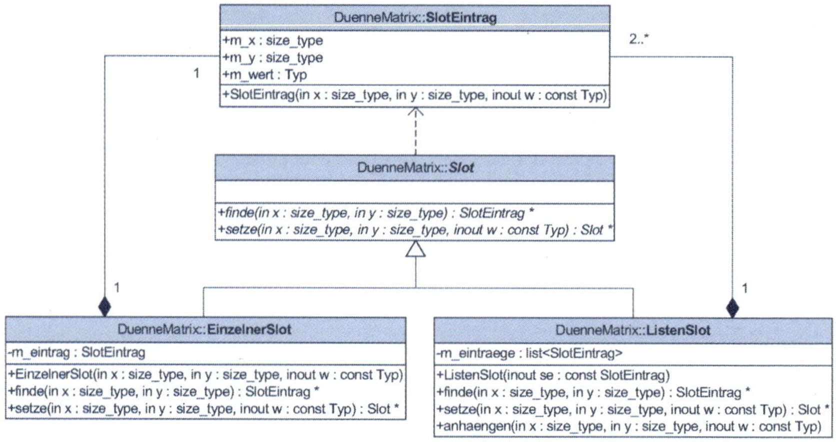

Abbildung 11.3
Die Slot-Hierarchie

Wir haben nun eine ungefähre Vorstellung von der Struktur unserer Hash-Tabelle und wollen die konkrete Implementierung jetzt mit der Hauptklasse beginnen.

11.4.2 Die Klasse DuenneMatrix

Das Grundgerüst der Klassendefinition sieht so aus:

Listing 11.12
Das Grundgerüst von DuenneMatrix

```
template<typename Typ>
class DuenneMatrix : public Matrix<Typ> {
public:
  typedef std::vector<Slot*> container_type;

private:
  container_type m_hashtable;
  size_type m_hashsize;
  Typ m_nullelement;
};
```

Die Attribute haben die nachstehende Bedeutung:

- `m_hashtable`, die Hash-Tabelle als Vektor, der Zeiger auf Slot verwaltet.
- `m_hashsize`, die Größe der Hash-Tabelle. Gewissermaßen redundant, weil die Größe auch über `m_hashtable.size()` zu ermitteln ist.
- `m_nullelement`, ein statisches Objekt, welches das Nullelement des verwalteten Typs repräsentiert. Wir brauchen dieses Objekt, weil Nullelemente von außen zwar ansprechbar sind, intern aber nicht in der Matrix-Struktur gespeichert werden.

Initialisiert wird das statische Attribut in der Header-Datei hinter der Template-Definition:

Listing 11.13
Die Initialisierung von m_nullelement

```
template<typename Typ>
Typ DuenneMatrix<Typ>::m_nullelement=Typ();
```

Konstruktor

```
DuenneMatrix(size_type b, size_type h, size_type hashsize)
  : Matrix<Typ>(b,h), m_hashtable(hashsize), m_hashsize(hashsize)
{}
```

Listing 11.14
Der Konstruktor von DuenneMatrix

Der Konstruktor ruft den Basisklassen-Konstruktor mit den Matrix-Dimensionen auf, initialisiert die Hash-Tabelle mit der gewünschten Größe und überträgt die Größe nach `m_hashsize`.

Destruktor

```
  ~DuenneMatrix() {
    abbau();
  }

//-------------------------------------------------------------

private:
  void abbau() {
    for(container_type::size_type i=0; i<m_hashtable.size(); ++i)
      if(m_hashtable[i])
        delete(m_hashtable[i]);
  }
```

Listing 11.15
Der Destruktor und die Methode abbau

Der Destruktor ruft die Methode `abbau` auf, die ihrerseits alle vorhandenen Slots freigibt.

dimensionieren

```
virtual void dimensionieren(size_type b, size_type h) {
  abbau();
  m_hashtable.clear();
  setzeDimensionen(b,h);
}
```

Listing 11.16
Die Methode dimensionieren von DuenneMatrix

Neu dimensioniert wird die Matrix, indem zuerst über `abbau` alle existenten Slots freigegeben, dann alle Verweise darauf gelöscht und die neuen Dimensionen in der Basisklasse gesetzt werden.

element

```
Element element(size_type x, size_type y) {
  return(Element(new DProxy(this, x,y)));
}
```

Listing 11.17
Die Methode element von DuenneMatrix

Die Methode liefert ein in ein `Element`-Objekt gepacktes `DProxy`-Objekt zurück. Das `DProxy`-Objekt bekommt zusätzlich zu den Koordinaten des Elements auch noch einen Verweis auf die Matrix mit, weil sich `DProxy` zum Lesen und Beschreiben des Matrizen-Elements wegen der Komplexität der Aufgabe direkt an die Implementierung des `DuenneMatrix`-Objekts wenden muss.

get

Listing 11.18
Die Methode get von DuenneMatrix

```
01 Typ& get(size_type x, size_type y) {
02   size_type key=hashfkt(x,y);
03   Slot* slot=m_hashtable[key];
04   if(!slot)
05     return(m_nullelement);
06
07   SlotEintrag* sloteintrag=slot->finde(x,y);
08   if(!sloteintrag)
09     return(m_nullelement);
10   else
11     return(sloteintrag->m_wert);
12 }
```

Kommen wir nun zu einer Methode, die einen Teil der Kern-Funktionalität unserer dünn besetzten Matrix enthält: die Methode `get`, mit deren Hilfe der Wert eines Matrizen-Elements bestimmt werden kann.

02: Über die Methode `hashfkt` wird die zu dem Koordinaten-Paar gehörende Slot-Nummer ermittelt.

03: Es wird ein Verweis auf den verantwortlichen Slot geholt.

04-05: Sollte kein Slot existieren, dann wurde ein Element mit dem Wert 0 angesprochen. Wir geben daher eine Referenz auf `m_nullelement` zurück.

07: Bei vorhandenem Slot wird über dessen `finde`-Methode nach dem Slot-Eintrag gesucht, der den Wert an den gewünschten Koordinaten speichert.

08-09: Sollte ein solcher Slot-Eintrag nicht existieren, wurde wieder ein Nullelement angesprochen und eine Referenz auf `m_nullelement` zurück gegeben.

11: Wurde eine Slot-Eintrag gefunden, dann wird ein Verweis auf den im Slot-Eintrag gespeicherten Wert zurück gegeben.

set

Listing 11.19
Die Methode set von DuenneMatrix

```
01 void set(size_type x, size_type y, const Typ& w) {
02   size_type key=hashfkt(x,y);
03   Slot* slot=m_hashtable[key];
04   if(!slot) {
05     if(w!=Typ())
06       m_hashtable[key]=new EinzelnerSlot(x,y,w);
07   }
08   else
09     m_hashtable[key]=slot->setze(x,y,w);
10 }
```

Die Methode `set` weist einem Matrizen-Element einen Wert zu.

02-03: Die Slot-Nummer wird berechnet und damit ein Verweis auf den dazugehörigen Slot ermittelt.

04-05: Sollte kein Slot vorhanden sein, dann wird geprüft, ob das Matrizen-Element mit dem Nullwert beschrieben werden soll. Ist dies der Fall, muss nichts weiter unternommen werden, denn Nullelemente werden nicht gespeichert.

06: Ist der zu speichernde Wert nicht 0, dann muss ein neuer Slot angelegt werden. Weil dies bisher der erste Wert für diesen Slot ist, wird ein `EinzelnerSlot`-Objekt erzeugt.

08-09: Sollte ein Slot existieren, dann wird ihm die Aufgabe der Wert-Zuweisung über seine `setze`-Methode übertragen. Die `setze`-Methode liefert einen Verweis auf das aktuelle Slot-Objekt zurück, weil sich dieses ändern kann. Warum das der Fall ist, besprechen wir bei den `setze`-Methoden von `EinzelnerSlot` und `ListenSlot`.

Damit ist die Funktionalität der `DuenneMatrix`-Klasse erklärt. Alle weiteren Aktionen finden in den Slot-Klassen statt.

11.4.3 Die Klasse SlotEintrag

Die Klasse `SlotEintrag` ist schnell dargestellt:

Listing 11.20
Die Klasse SlotEintrag von DuenneMatrix

```
class SlotEintrag {
public:
  size_type m_x;
  size_type m_y;
  Typ m_wert;

//--------------------------------------------------------------

  SlotEintrag(size_type x, size_type y, const Typ& w)
    : m_x(x), m_y(y), m_wert(w)
  {}
};
```

Die Klasse besitzt Attribute zur Speicherung der Koordinaten und des damit verbundenen Wertes. Zusätzlich wurde noch ein Konstruktor implementiert, um auf einfache Weise ein `SlotEintrag`-Objekt erzeugen zu können.

11.4.4 Die Klasse Slot

Die Schnittstellen-Klasse `Slot` dient als Basisklasse für die konkreten Klassen `EinzelnerSlot` und `ListenSlot`:

Listing 11.21
Die Klasse Slot von DuenneMatrix

```
class Slot {
public:
  virtual SlotEintrag* finde(size_type x, size_type y)=0;
  virtual Slot* setze(size_type x, size_type y, const Typ& w)=0;
  virtual size_type size()=0;
  virtual ~Slot() {}
};
```

11.4.5 Die Klasse EinzelnerSlot

Die Klasse `EinzelnerSlot` besitzt ein einzelnes `SlotEintrag`-Objekt als Attribut. Die an den Konstruktor übergebenen Argumente werden an den `SlotEintrag`-Konstruktor weiter gereicht:

Listing 11.22 Das Grundgerüst von EinzelnerSlot

```
class EinzelnerSlot : public Slot {
  SlotEintrag m_eintrag;

//-----------------------------------------------------------

public:
  EinzelnerSlot(size_type x, size_type y, const Typ& w)
    : m_eintrag(x,y,w)
  {}
};
```

finde

Listing 11.23 Die Methode finde von EinzelnerSlot

```
SlotEintrag* finde(size_type x, size_type y) {
  return((m_eintrag.m_x==x && m_eintrag.m_y==y)
        ?&m_eintrag
        :0);
}
```

Sollten die gesuchten Koordinaten mit den im `SlotEintrag`-Objekt `m_eintrag` gespeicherten Koordinaten übereinstimmen, dann wurde der passende Slot-Eintrag gefunden und seine Adresse wird zurück gegeben. Andernfalls liefert die Methode einen Null-Zeiger.

setze

Listing 11.24 Die Methode setze von EinzelnerSlot

```
01 Slot* setze(size_type x, size_type y, const Typ& w) {
02   if(m_eintrag.m_x==x && m_eintrag.m_y==y) {
03     if(w!=Typ()) {
04       m_eintrag.m_wert=w;
05       return(this);
06     }
07     else {
08       delete(this);
09       return(0);
10     }
11   }
12
13   if(w==Typ())
14     return(this);
15
16   ListenSlot* slots=new ListenSlot(m_eintrag);
17   slots->anhaengen(x,y,w);
18   delete(this);
19   return(slots);
}
```

02: Es wird geprüft, ob der aktuelle Slot die gesuchten Koordinaten besitzt.

03: Handelt es sich um die gesuchten Koordinaten, dann wird geprüft, ob ein Wert ungleich 0 zugewiesen werden soll.

04-05: Wird ein Wert ungleich 0 zugewiesen, dann erhält das im `EinzelnerSlot`-Objekt eingebettete `SlotEintrag`-Objekt den neuen Wert und ein Verweis auf das aktuelle `EinzelnerSlot`-Objekt wird zurückgegeben.

08-09: Wird ein Null-Wert zugewiesen, dann muss das aktuelle `EinzelnerSlot`-Objekt gelöscht werden, weil Nullelemente nicht in der Matrix-Struktur gespeichert werden. Die Methode gibt dann einen Null-Zeiger zurück.

13-14: Handelt es sich bei den gesuchten Koordinaten nicht um den aktuellen Slot und es soll ein Nullelement zugewiesen werden, dann braucht nichts weiter zu geschehen (Nullelemente werden nicht gespeichert). Es wird ein Zeiger auf das aktuelle Objekt zurückgegeben.

16: Wenn es sich bei den gesuchten Koordinaten nicht um den aktuellen Slot handelt und ein Wert ungleich 0 zugewiesen werden soll, dann reicht das `EinzelnerSlot`-Objekt zur Speicherung eines weiteren Slot-Eintrags nicht aus. Es muss daher ein `ListenSlot`-Objekt erzeugt werden, welches als ersten Eintrag den augenblicklich im `EinzelnerSlot`-Objekt gespeicherten Eintrag bekommt.

17: Der zweite zu speichernde Wert mitsamt der Koordinaten wird über die `anhaengen`-Methode des ListenSlot-Objekts hinzugefügt.

18-19: Das `EinzelnerSlot`-Objekt wird abgebaut und die Adresse des `ListenSlot`-Objekts zurück gegeben.

11.4.6 Die Klasse ListenSlot

Listing 11.25
Das Grundgerüst von ListenSlot

```
class ListenSlot : public Slot {
  std::list<SlotEintrag> m_eintraege;

//-----------------------------------------------------------

public:
  ListenSlot(const SlotEintrag& se) {
    m_eintraege.push_back(se);
  }
};
```

Die Slot-Einträge werden in einem `list`-Container gespeichert. Der Konstruktor fügt das übergebene `SlotEintrag`-Objekt an die Liste an.

anhaengen

Listing 11.26
Die Methode anhaengen von ListenSlot

```
void anhaengen(size_type x, size_type y, const Typ& w) {
  m_eintraege.push_back(SlotEintrag(x,y,w));
}
```

Die Methode anhängen erzeugt aus den Koordinaten und dem Wert ein `SlotEintrag`-Objekt und hängt dieses an die Liste.

finde

Listing 11.27
Die Methode finde von ListenSlot

```
SlotEintrag* finde(size_type x, size_type y) {
  std::list<SlotEintrag>::iterator iter=m_eintraege.begin();
  while(iter!=m_eintraege.end() && (iter->m_x!=x || iter->m_y!=y))
    ++iter;
  return((iter!=m_eintraege.end())
        ?&*iter
        :0);
}
```

Die Schleife durchläuft alle Einträge der Liste und liefert die Adresse des eventuell gefundenen Slot-Eintrags zurück. Sollten die Koordinaten nicht gefunden werden, wird ein Nullzeiger zurück gegeben.

setze

Listing 11.28
Die Methode setze von ListenSlot

```
01 Slot* setze(size_type x, size_type y, const Typ& w) {
02   std::list<SlotEintrag>::iterator iter=m_eintraege.begin();
03   while(iter!=m_eintraege.end() &&
           (iter->m_x!=x || iter->m_y!=y))
04     ++iter;
05   if(iter!=m_eintraege.end()) {
06     if(w!=Typ())
07       iter->m_wert=w;
08     else
09       m_eintraege.erase(iter);
10   }
11   else {
12     if(w!=Typ())
13     anhaengen(x,y,w);
14   }
15   if(m_eintraege.size()>1)
16     return(this);
17   else {
18     iter=m_eintraege.begin();
19     EinzelnerSlot* tmp=new EinzelnerSlot(iter->m_x,
                                            iter->m_y,
                                            iter->m_wert);
20     delete(this);
21     return(tmp);
22   }
}
```

02-04: In der Liste wird nach einem Slot-Eintrag mit den entsprechenden Koordinaten gesucht.

07: Wurde der Slot-Eintrag gefunden und der zuzuweisende Wert ist ungleich 0, dann wird der Wert zugewiesen.

09: Wenn der passende Slot-Eintrag gefunden wurde, der zuzuweisende Wert aber 0 ist, dann wird das gefundene `SlotEintrag`-Objekt aus der Liste entfernt (Nullelemente werden nicht gespeichert).

13: Wenn kein passender Slot-Eintrag gefunden wurde, der zuzuweisende Wert aber ungleich 0 ist, dann wird ein neues `SlotEintrag`-Objekt an die Liste angehängt.

Für den Fall, das kein passender Slot gefunden wurde und der zuzuweisende Wert `0` ist, wird nichts weiter unternommen.

15-16: Sollte die Liste mehr als einen Eintrag besitzen, wird das aktuelle `ListenSlot`-Objekt zurückgegeben.

18-21: Besteht die Liste nur noch aus einem Eintrag, dann wird aus diesem Eintrag ein `EinzelnerSlot`-Objekt erzeugt, das `ListenSlot`-Objekt abgebaut und schließlich die Adresse des erzeugten `EinzelnerSlot`-Objekts zurückgegeben.

11.4.7 Die Klasse DProxy

Zum Schluss fehlt noch die von `Proxy` abgeleitete Klasse `DProxy`, die den Zugriff auf ein Matrizen-Element ermöglicht:

Listing 11.29
Die Klasse DProxy von DuenneMatrix

```
class DProxy : public Proxy {
  size_type m_x;
  size_type m_y;
  DuenneMatrix* m_matrix;
//---------------------------------------------------------------
public:
  DProxy(DuenneMatrix* m, size_type x, size_type y)
    : m_matrix(m), m_x(x), m_y(y)
  {}
//---------------------------------------------------------------
  void set(const Typ& e) {
    m_matrix->set(m_x, m_y, e);
  }
//---------------------------------------------------------------
  Typ& get() {
    return(m_matrix->get(m_x, m_y));
  }
};
```

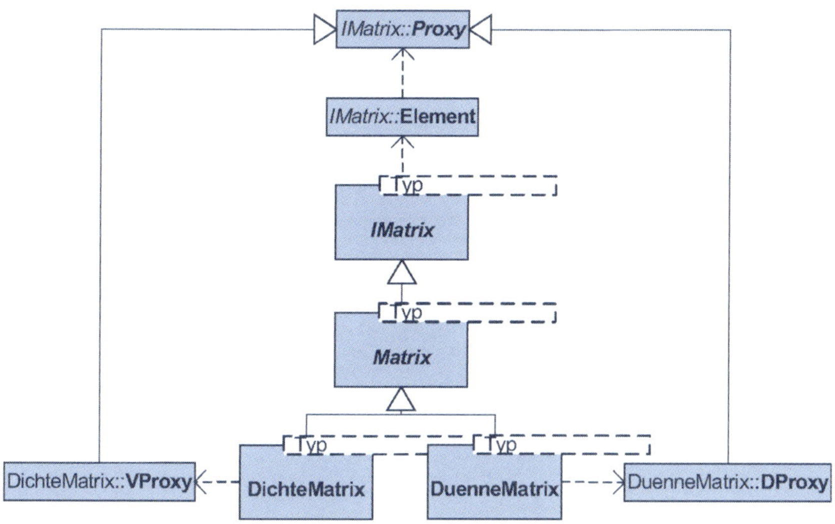

Abbildung 11.4
Die aktuelle Matrix-Hierarchie

11.5 Verbesserungen

Die Matrix-Klassen, wie wir sie bisher implementiert haben, funktionieren problemlos. Wir werden sie auch im nächsten Abschnitt noch konkret einsetzen. Trotzdem könnten noch einige Punkte verbessert werden:

- Konstante Matrizen. Von beiden Matrizen-Arten können bisher nur nichtkonstante Objekte erstellt werden. Die Möglichkeit von konstanten Matrizen könnte ein Aspekt für zukünftige Erweiterungen sein.
- Universelles Hashing. Die Klasse `DuenneMatrix` benutzt einen recht einfachen Hash-Algorithmus. Um das Auftreten von Kollisionen möglichst gering zu halten, wäre eine Implementierung einer universellen Hash-Funktion sinnvoll.
- Generische Programmierung. Um den für jeden zu verwaltenden Datentyp generierten Code zu reduzieren, könnte die Haupt-Funktionalität der Matrizen mit Hilfe generischer Programmierung implementiert werden. Kapitel 8.6 zeigt ein Beispiel für generische Programmierung.
- Ausnahmen-Sicherheit. Wir haben bei der Implementierung kein Augenmerk auf die Ausnahmen-Sicherheit der Matrizen gerichtet. Je nachdem, in welchem Umfeld die Matrizen eingesetzt werden, müsste in diesem Bereich noch nachgebessert werden.

Einige dieser Punkte könnten für Sie vielleicht als Übung interessant sein.

11.6 Matrizen-Algebra

Um die implementierten Matrizen anzuwenden, legen wir eine Klasse `MatrizenAlgebra` an, die öffentliche, statische Methoden mit matrizen-algebraischer Funktionalität enthält:

Listing 11.30
Das Grundgerüst von MatrizenAlgebra

```
class MatrizenAlgebra {
public:
  class FalscheDimension {};
};
```

Die Klasse enthält die leere Klasse `FalscheDimension`, deren Objekte als Ausnahmen geworfen werden können.

11.6.1 Quadratische Matrizen

Die Überprüfung, ob eine Matrix quadratisch ist, lässt sich trivial umsetzen:

Listing 11.31
Die statische Methode istQuadratisch

```
template<typename Typ>
static bool istQuadratisch(IMatrix<Typ>* m) {
  return(m->breite()==m->hoehe());
}
```

Es wird einfach geprüft, ob die Breite und die Höhe der Matrix denselben Wert haben.

Durch die verwendete Zeiger-Arithmetik können auch verschiedene Matrizen-Implementierungen gemeinsam verwendet werden. Beispielsweise können über die gleich folgende addiere-Methode eine Matrix des Typs DichteMatrix und eine Matrix des Typs DuenneMatrix addiert werden. Lediglich die von den Matrizen verwalteten Datentypen müssen übereinstimmen.

11.6.2 Matrizen transponieren

Eine quadratische Matrix wird transponiert, indem alle Elemente (x,y) mit den Elementen (y,x) vertauscht werden:

```
template<typename Typ>
static void transponieren(IMatrix<Typ>* m) {
  if(istQuadratisch(m)) {
    for(IMatrix<Typ>::size_type y=0; y<m->hoehe(); ++y)
      for(IMatrix<Typ>::size_type x=y+1; x<m->breite(); ++x) {
        Typ tmp=m->element(x,y);
        m->element(x,y)=m->element(y,x);
        m->element(y,x)=tmp;
      }
  }
}
```

Listing 11.32
Die statische Methode transponieren

11.6.3 Matrizen addieren

Zwei Matrizen werden addiert, indem sie elementweise addiert werden. Voraussetzung dafür ist ein gleicher Typ bei den Summanden.

Sollte die Matrix z, die das Ergebnis aufnehmen soll, nicht den geforderten Typ haben, dann wird sie entsprechend dimensioniert.

```
template<typename Typ>
static void addieren(IMatrix<Typ>* a,
                     IMatrix<Typ>* b,
                     IMatrix<Typ>* z) {
  if(a->breite()!=b->breite() || a->hoehe()!=b->hoehe())
    throw FalscheDimension();
  if(a->breite()!=z->breite() || a->hoehe()!=z->hoehe())
    z->dimensionieren(a->breite(), a->hoehe());
  for(IMatrix<Typ>::size_type y=0; y<m->hoehe(); ++y)
    for(IMatrix<Typ>::size_type x=0; x<m->breite(); ++x)
      z->element(x,y)=a->element(x,y)+b->element(x,y);
}
```

Listing 11.33
Die statische Methode addieren mit drei Parametern

Die folgende addiere-Methode erzeugt die Ergebnis-Matrix über den ersten Summanden neu und liefert ihre Adresse zurück:

```
template<typename Typ>
static IMatrix<Typ>* addieren(IMatrix<Typ>* a, IMatrix<Typ>* b) {
  if(a->breite()!=b->breite() || a->hoehe()!=b->hoehe())
    throw FalscheDimension();
  IMatrix* tmp=a->erzeugeMatrix(a->breite(), a->hoehe());
  addieren(a,b,tmp);
  return(tmp);
}
```

Listing 11.34
Die statische Methode addieren mit zwei Parametern

12 Schach

Nein, keine Sorge, wir werden kein komplettes Schachspiel programmieren, und erst recht keinen Computer-Spieler. Dieses Kapitel bespricht vielmehr das grundlegende Klassendesign für ein potenzielles Spiel. Wir werden ein Schachbrett entwerfen, zwei konkrete Schachfiguren implementieren und unser Programm dazu einsetzen, das Springer- und das Dame-Problem zu lösen.

In meinen Büchern [Willms01] und [Willms02] habe ich diese Probleme bereits behandelt und bin ihnen mit speziell auf ihre Lösung zugeschnittenen Programmen zu Leibe gerückt. Es ist verständlich, dass diese spezialisierten Programme die Lösung erheblich schneller ermitteln als eine allgemein gehaltene Klassenbibliothek. Auf der anderen Seite ist es aber ein Genuss zu sehen, wie schnell und kurz die Lösungen mit Hilfe unserer zukünftigen Klassenbibliothek implementiert werden können. Und das alles, ohne Änderungen am bestehenden Code zu machen.

12.1 Anforderungen

Überlegen wir uns, welche Bedürfnisse die spätere Implementierung befriedigen soll. Die folgenden Punkte sind nicht über eine Analyse-Phase zu bestimmen, sondern sie entstammen meinen Wünschen:

- Das Spielbrett soll eine beliebige Form haben können.
- Es sollen beliebige Spielfiguren erzeugt werden können.
- Beliebig viele Parteien können auf einem Spielbrett mit- oder gegeneinander spielen.
- Es muss bestimmt werden können, wer gegen wen spielt.

Aus diesen Punkten, die noch keinerlei Bezug zu einer späteren Software haben und auch von einem absoluten Computer-Laien hätten formuliert werden können, lassen sich bereits Konsequenzen für das Klassendesign ableiten, die eine spätere Implementierung schon grob umreißen und bestimmte technische Anforderungen stellen:

- Es ist geschlossen gegenüber Figur-Erweiterungen. Es soll möglich sein, durch Implementierung neuer Klassen und ohne Veränderungen des bestehenden Codes beispielsweise ein Dame-Spiel zu implementieren.
- Es ist geschlossen gegenüber verschiedenen Brettformen. Alle bestehenden Klassen sollen auch mit Spielbrettern zusammen arbeiten, die nicht das für Schach übliche 8x8-Format besitzen. Prinzipiell soll jede Form von Schachbrett erlaubt sein (theoretisch auch welche mit Löchern im Spielfeld oder nicht rechteckiger Form).
- Es ist geschlossen gegenüber Erweiterungen in der Farbe. Es soll möglich sein, beliebig viele Parteien (z.B. schwarz, weiß, rot, grün, etc.) auf ein Brett zu setzen. Die verwendeten Farben sollen erweiterbar sein.
- Gegnerische Farben können frei bestimmt werden. Üblicherweise spielt beim Schach schwarz gegen weiß und umgekehrt. Zur Lösung des Dame-Problems sind aber alle acht Damen von derselben Farbe und müssen sich trotzdem untereinander als Gegner erkennen.

Beginnen wir bei den low-level-Klassen, den Farben.

12.2 Die Farben

Eine der oberen Forderungen ist die Geschlossenheit gegenüber Erweiterungen der Farben. Demnach muss der Zugriff auf die Farben über eine Schnittstelle entkoppelt werden.

Prinzipiell ist es nicht sinnvoll, dass eine Farbe durch mehrere Objekte repräsentiert wird. Es gibt die Farbe weiß einmal, und das sollte in unserem Design dadurch zum Ausdruck gebracht werden, dass es von jeder Farbe nur ein Objekt gibt.

Damit vereinfacht sich auch der Vergleich der Farben. Immer dann, wenn zwei Farbverweise auf dasselbe Objekt verweisen, muss es sich um dieselbe Farbe handeln.

Für diese Problematik haben wir bereits in Kapitel 2.10 ein Lösungsmuster besprochen: Das Singleton.

12.2.1 Die Klasse IFarbe

Die Schnittstellenklasse deklariert außer dem virtuellen Destruktor nur noch die Methode `getAbk`, über die für die jeweilige Farbe ein Buchstabe zwecks Ausgabe ermittelt werden kann.

Listing 12.1
Die Klasse IFarbe

```
class IFarbe {
public:
  virtual char getAbk() const=0;
  virtual ~IFarbe() {}
};
```

12.2.2 Die Klasse FarbeWeiss

Die Klasse `FarbeWeiss` ist als Singleton angelegt und verwendet die in Kapitel 2.10.1 besprochene Technik, über eine private Unterklasse Verwalter das statische Singleton-Objekt bei Programmende frei zu geben:

Listing 12.2
Die Klasse FarbeWeiss

```
class FarbeWeiss : public IFarbe {

  class Verwalter {
  public:
    FarbeWeiss* m_farbe;
    ~Verwalter() {
      delete(m_farbe);
    }
  };

//-------------------------------------------------------------

  static Verwalter m_verwalter;
  FarbeWeiss()
  {}

//-------------------------------------------------------------

  ~FarbeWeiss()
  {}

public:
  static FarbeWeiss* holeFarbe();

//-------------------------------------------------------------

  char getAbk() const {
    return('w');
  }
};
```

Das statische Attribut muss im entsprechenden cpp-Modul initialisiert werden:

Listing 12.3
Die Initialisierung des statischen Verwalter-Objekts

```
FarbeWeiss::Verwalter FarbeWeiss::m_verwalter;
```

Nun fehlt nur noch die Definition der Methode `holeFarbe`:

Listing 12.4
Die statische Methode holeFarbe

```
FarbeWeiss* FarbeWeiss::holeFarbe() {
  return(m_verwalter.m_farbe
          ?m_verwalter.m_farbe
          :m_verwalter.m_farbe=new FarbeWeiss);
}
```

Die Klasse `FarbeSchwarz` für die schwarze Farbe ist analog zur Klasse `FarbeWeiss` aufgebaut, deswegen erspare ich uns einen Abdruck. Abbildung 12.1 zeigt die bisherige Hierarchie. Erzeugt werden die Farben wie folgt:

```
IFarbe* w=FarbeWeiss::holeFarbe();
IFarbe* s=FarbeSchwarz::holeFarbe();
```

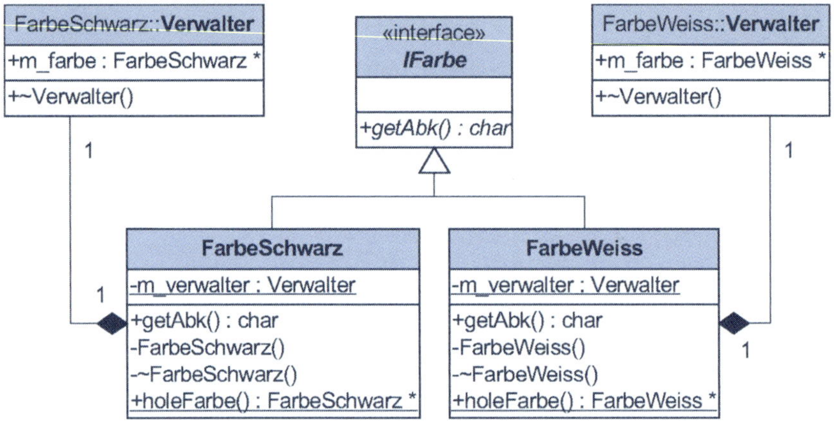

Abbildung 12.1
Die Hierarchie der Farben

12.2.3 Die Klasse Farbverwalter

Anstelle einer eigenen Singleton-Klasse für jede Farbe, könnten wir die verschiedenen Farben auch als Objekte derselben Klasse darstellen, wobei die Klasse dafür Sorge tragen muss, dass ein Farb-Objekt nicht mehrfach angelegt wird.

Über eine Methode `erzeugeFarbe` werden die Farben später erstellt:

```
Farbverwalter::erzeugeFarbe("weiss",'w');
Farbverwalter::erzeugeFarbe("schwarz",'s');
```

Der Methode wird ein selbst definierter Name sowie das später von der Farbe als Abkürzung verwendete Zeichen übergeben. Angesprochen werden die so erzeugten Farben über die Methode `holeFarbe`, welcher der Name der gewünschten Farbe übergeben wird:

```
IFarbe* w=Farbverwalter::holeFarbe("weiss");
IFarbe* s=Farbverwalter::holeFarbe("schwarz");
```

Wird der Name einer Farbe angegeben, die noch nicht erzeugt wurde, dann wird ein Nullzeiger zurück gegeben.

Die Klasse Farbverwalter sieht so aus:

Listing 12.5
Die Klasse Farbverwalter

```
class Farbverwalter {
  typedef std::map<std::string, Farbe*, LessStr> container_type;
  static container_type m_farben;
  static Farbverwalter m_verwalter;
//------------------------------------------------------------
  ~Farbverwalter() {
    for(container_type::iterator i=m_farben.begin();
        i!=m_farben.end();
        ++i)
      delete(i->second);
  }
//------------------------------------------------------------
public:
  static bool erzeugeFarbe(const std::string& name, char abk) {
```

Listing 12.5 (Forts.)
Die Klasse Farbverwalter

```
    if(m_farben.find(name)!=m_farben.end())
      return(false);
    m_farben.insert(std::make_pair(name, new Farbe(abk)));
    return(true);
  }
//-----------------------------------------------------------

  static Farbe* holeFarbe(const std::string& s) {
    container_type::iterator i=m_farben.find(s);
    if(i==m_farben.end())
      return(0);
    else
      return(i->second);
  }
};
```

Die erzeugten Farben werden in einer Map abgelegt, deren Schlüsselwert ein String ist und den mit der Farbe verbundenen Namen speichert. Zusätzlich wird bei den Template-Argumenten von `map` noch die Klasse `LessStr` als Vergleichsklasse für die Schlüsselwerte angegeben. Das ist notwendig, weil die standardmäßig verwendete Klasse `less` den Kleiner-Vergleich über den Operator < abwickelt, und der ist für die Klasse `string` nicht definiert. Die Klasse `LessStr` schauen wir uns weiter unten noch an.

Interessant ist, dass die Klasse `Farbverwalter` ein statisches Attribut des eigenen Typs anlegt. Die dahinter stehende Idee wird schnell klar, wenn wir uns den Destruktor ansehen: Er gibt alle in der Map gespeicherten Farb-Objekte frei. Und der Destruktor wird aufgerufen, wenn das statische Objekt abgebaut ist, also am Programmende.

Der Methode `erzeugeFarbe` übergeben wir den gewünschten Namen und die Abkürzung der Farbe. Die Methode prüft, ob es schon eine Farbe mit diesem Namen gibt und erzeugt bei erfolgloser Suche ein neues Farb-Objekt.

Über `holeFarbe` erhalten wir das Farb-Objekt mit dem angegebenen Namen. Sollte keine Farbe gefunden werden, wird ein Null-Zeiger zurück geliefert.

Farbe

Die Farben werden innerhalb von `Farbverwalter` in Form von `Farbe`-Objekten gespeichert. Diese Klasse ist im privaten Bereich von `Farbverwalter` definiert und sieht folgendermaßen aus:

Listing 12.6
Die Klasse Farbe von Farbverwalter

```
class Farbe : public IFarbe {
  friend class Farbverwalter;
//-----------------------------------------------------------

  char m_abk;

//-----------------------------------------------------------

  Farbe(char c)
    : m_abk(c)
  {}
```

Listing 12.6 (Forts.)
Die Klasse Farbe von Farbverwalter

```
//--------------------------------------------------------------
public:
  char getAbk() const {
    return(m_abk);
  }
};
```

Die Klasse deklariert `Farbverwalter` als Freund, damit `Farbverwalter` Objekte von `Farbe` erzeugen kann.

Eine Änderung an `IFarbe` ist jedoch noch wichtig. Sehen Sie, welche?

Bisher ist der virtuelle Destruktor von `IFarbe` noch öffentlich, wir könnten darüber ein `Farbe`-Objekt aus `Farbverwaltung` freigeben. Um dies zu verhindern, deklarieren wir ihn als geschützt (Ein privater Destruktor wäre zuviel des Guten, weil ihn dann Subklassen-Destruktoren nicht aufrufen könnten, aber das müssen sie können.):

Listing 12.7
Die endgültige Klasse IFarbe

```
class IFarbe {
protected:
  virtual ~IFarbe() {}
public:
  virtual char getAbk() const=0;
};
```

Die Zusammenhänge sind in Abbildung 12.2 dargestellt. Ob die späteren Figuren nun mit der Klasse `Farbverwalter` oder den Klassen `FarbeWeiss` und `FarbeSchwarz` oder gar mit beiden arbeiten, spielt keine Rolle, weil die Figuren nur über die Schnittstelle `IFarbe` auf die Farben zugreifen werden.

Abbildung 12.2
Die Klasse Farbverwalter

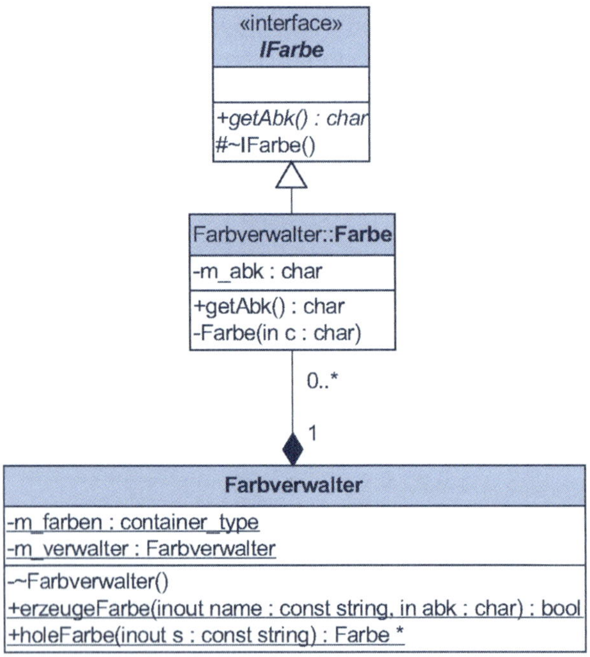

LessStr

Wie vorhin bereits erwähnt, benötigen wir die Klasse `LessStr`, weil die standardmäßig von `map` eingesetzte Vergleichsklasse `less` den bei Strings nicht vorhandenen <-Operator verwendet.

Listing 12.8
Die Klasse LessStr

```
class LessStr : public std::binary_function<std::string,
                                            std::string,
                                            bool> {
public:
  bool operator()(const std::string &s1,
                  const std::string& s2) const {
    return(std::strcmp(s1.c_str(), s2.c_str())<0);
  }
};
```

Die Klasse leitet von der Basisklasse aller zweiparametrigen Funkions-Objekte `binary_function` ab. Der Vergleich auf Kleiner wird über die `strcmp`-Funktion aus `cstring` realisiert, der die beiden `string`-Objekte in Form von C-Strings übergeben werden.

Als Funktions-Objekte bezeichnet man Objekte, deren Klassen den Funktionsaufruf-Operator überladen haben und deswegen wie eine Funktion aufgerufen werden können.

12.2.4 Die Klasse ITeamschema

Als erste Handlung zum Aufbau unserer Teams definieren wir eine Schnittstelle, die alle späteren Fähigkeiten eines Teamschemas festlegt:

Listing 12.9
Die Klasse ITeamschema

```
class ITeamschema {
protected:
  virtual ~ITeamschema() {}

public:
  virtual void fuegeGegnerHinzu(IFarbe* gegner)=0;
  virtual IFarbe* getTeamFarbe() const=0;
  virtual bool istGegnerFarbe(const IFarbe* f) const=0;
};
```

Die bei den Farben gewonnene Erkenntnis des geschützten Destruktors lassen wir direkt in `ITeamschema` einfließen.

Als Funktionalität (und damit zu implementierende Methoden) soll ein Team folgendes können:

- Einen Gegner hinzufügen (`fuegeGegnerHinzu`).
- Die Farbe des Teams ermitteln (`getTeamFarbe`).
- Prüfen, ob eine Farbe zu den gegnerischen Farben zählt (`istGegnerFarbe`).

12.2.5 Die Klasse Teamschema

Im ersten Anlauf definieren wir ein Team als Objekt einer Klasse Teamschema, welches die eigene Farbe und beliebig viele Gegner-Farben besitzen kann:

Listing 12.10
Die Klasse Teamschema

```
class Teamschema : public ITeamschema {
  IFarbe* m_team;
  std::vector<IFarbe*> m_gegner;

//------------------------------------------------------------

public:
  Teamschema(IFarbe* team, IFarbe* gegner)
  : m_team(team) {
    fuegeGegnerHinzu(gegner);
  }

//------------------------------------------------------------

  void fuegeGegnerHinzu(IFarbe* gegner) {
    m_gegner.push_back(gegner);
  }

//------------------------------------------------------------

  IFarbe* getTeamFarbe() const {
    return(m_team);
  }

//------------------------------------------------------------

  bool istGegnerFarbe(const IFarbe* f) const {
    return(std::find(m_gegner.begin(),
                     m_gegner.end(),
                     f)
                !=m_gegner.end());
  }
};
```

Die gegnerischen Farben werden in Form eines Vektors von `IFarbe`-Zeigern gespeichert.

Dem Konstruktor muss auf jeden Fall die eigene Farbe sowie eine gegnerische Farbe angegeben werden.

Die Methode `istGegnerFarbe` benutzt den `find`-Algorithmus, um die zu prüfende Farbe in `m_gegner` zu finden. Wird die Farbe gefunden, ist sie eine gegnerische Farbe. Wenn nicht, dann nicht.

In diesem Beispiel wird die Klasse `Farbverwalter` eingesetzt. Die Klassen `FarbeWeiss` und `FarbeSchwarz` hätten genauso gut verwendet werden können.

Erstellt wird ein Teamschema so:

```
Teamschema* weiss =
          new Teamschema(Farbverwalter::holeFarbe("weiss"),
                         Farbverwalter::holeFarbe("schwarz"));
```

12.2.6 Die Klasse Teamverwalter

Die Klasse `Teamschema` hat einige Nachteile:

- Das oben dynamisch angelegte Teamschema-Objekt kann problemlos mit `delete(weiss);` abgebaut werden. Alle Verweise darauf wären damit ungültig.
- Die Teamschema-Objekte sind nicht global verfügbar und müssen daher immer übergeben werden.
- Es wäre theoretisch möglich, eine weiße Figur zu erzeugen, die schwarze Figuren als Gegner hat, und eine weiße Figur zu erzeugen, die grüne Gegner hat. Unter Umständen greift hier das „It's not a bug, it's a feature"-Prinzip, aber mir ist keine Situation eingefallen, wo dieses Feature sinnvoll wäre.

Um diese „unfreiwilligen Möglichkeiten" etwas einzugrenzen, werden wir wieder die Technik einer Klasse anwenden, die mehrere Singleton-Objekte erzeugen kann. Analog zur Farbverwalter-Klasse wollen wir die neue Klasse `Teamverwalter` nennen. Schauen wir uns dieses Mal die privat definierte, von `ITeamschema` abgeleitete Klasse zuerst an:

Listing 12.11 Die Klasse Team von Teamverwalter

```
class Team : public ITeamschema {
  friend class Teamverwalter;
  IFarbe* m_team;
  std::vector<IFarbe*> m_gegner;
//-------------------------------------------------------------
  ~Team() {}

//-------------------------------------------------------------
  Team(IFarbe* team, IFarbe* gegner)
  : m_team(team) {
    fuegeGegnerHinzu(gegner);
  }

//-------------------------------------------------------------
public:
  void fuegeGegnerHinzu(IFarbe* gegner) {
    m_gegner.push_back(gegner);
  }

//-------------------------------------------------------------
  IFarbe* getTeamFarbe() const {
    return(m_team);
  }

//-------------------------------------------------------------
  bool istGegnerFarbe(const IFarbe* f) const {
    return(std::find(m_gegner.begin(),
                     m_gegner.end(),
                     f)
              !=m_gegner.end());
  }
};
```

Konstruktor und Destruktor sind privat, damit nur die als Freund deklarierte Teamverwalter-Klasse die Team-Objekte erzeugen und abbauen kann.

Die anderen Methoden sind mit denen von Teamschema identisch.

Die Teamverwalter-Klasse benutzt für die Speicherung der Teams wieder eine map. Um die Namen vergleichen zu können, müssen wir auch hier auf LessStr zurückgreifen:

Listing 12.12
Die Klasse Teamverwalter

```
class Teamverwalter {
  typedef std::map<std::string, Team*, LessStr> container_type;
  static container_type m_teams;
  static Teamverwalter m_verwalter;

//------------------------------------------------------------

  ~Teamverwalter() {
    for(container_type::iterator i=m_teams.begin();
        i!=m_teams.end();
        ++i)
      delete(i->second);
  }

//------------------------------------------------------------

public:
  static bool erzeugeTeam(const std::string& name,
                          IFarbe* team,
                          IFarbe* gegner) {
    if(m_teams.find(name)!=m_teams.end())
      return(false);
    for(container_type::iterator i=m_teams.begin();
        i!=m_teams.end();
        ++i)
      if(i->second->getTeamFarbe()==team)
        return(false);
    m_teams.insert(std::make_pair(name, new Team(team, gegner)));
    return(true);
  }

//------------------------------------------------------------

  static Team* holeTeam(const std::string& s) {
    container_type::iterator i=m_teams.find(s);
    if(i==m_teams.end())
      return(0);
    else
      return(i->second);
  }
};
```

Der private Destruktor kommt nur dann zum Einsatz, wenn das statische Teamverwalter-Objekt der Klasse am Ende des Programms abgebaut wird.

Die Methode erzeugeTeam erzeugt nur dann ein Team, wenn der angegebene Name noch nicht verwendet wurde und für die angegebene Team-Farbe noch kein Team-Objekt angelegt wurde.

Mit `holeTeam` kann über den Team-Namen ein Verweis auf das dazugehörige Team ermittelt werden. Existiert unter dem entsprechenden Namen kein Team, dann wird ein Null-Zeiger zurück gegeben.

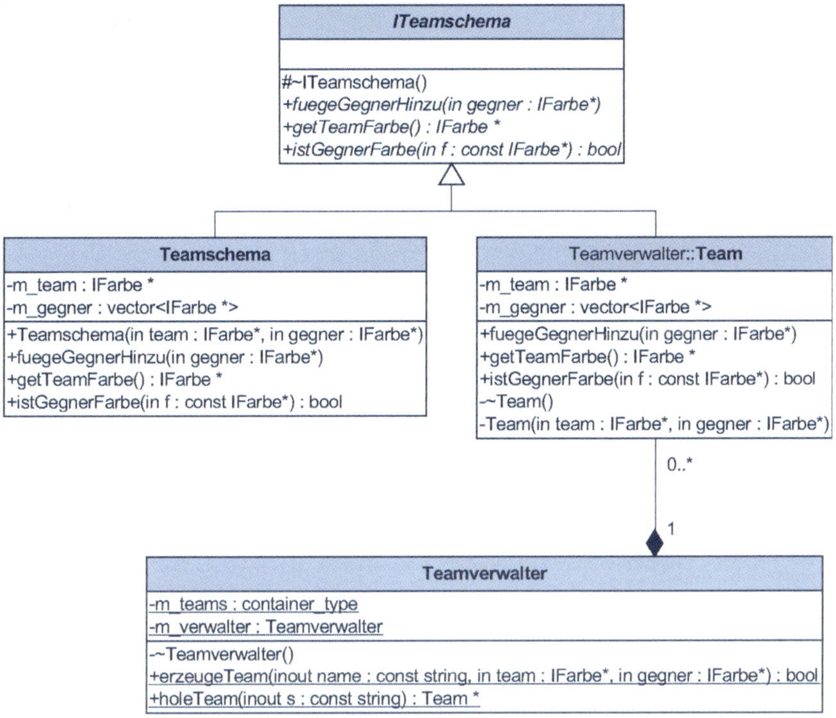

Abbildung 12.3
Die Klassen der Teams

12.3 Die Spielbretter

Die nächste zu implementierende Gruppe von Klassen soll das zukünftige Spielbrett realisieren.

Eine der folgenschwersten Forderungen ist die nach der beliebigen Form eines Spielbretts. Um für alle Spielbretter ein einheitliches System zur Spezifizierung einer Position auf dem Brett zu haben, benutzen wir Koordinaten. Jedes Spielbrett egal welcher Form lässt sich dann auf einen rechteckigen Bereich reduzieren, der nicht zum Spielbrett gehörende Positionen besitzt. Abbildung 12.4 zeigt ein solches Brett.

Obwohl das Brett acht Felder breit und sechs Felder hoch ist, zählen die Positionen (0,0) oder (5,3) zu den ungültigen Feldern.

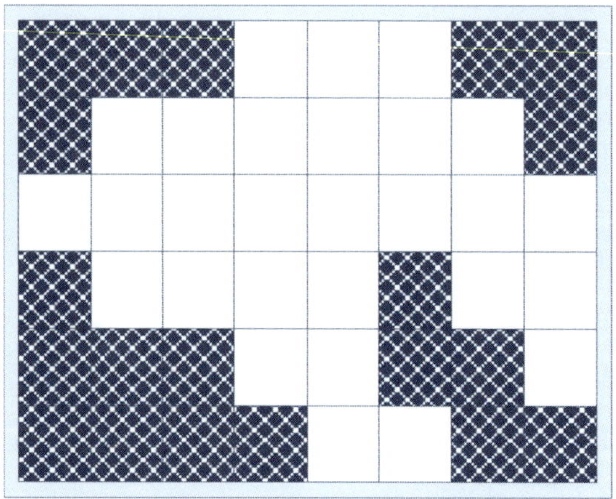

Abbildung 12.4
Ein theoretisch mögliches Spielbrett

Bilden wir die Anforderungen auf konkrete Aktionen ab:

- Wegen der in Abbildung 12.4 beispielhaft dargestellten Möglichkeiten bezüglich der Brettform benötigen wir die Möglichkeit, festzustellen, ob eine Position des Bretts gültig oder ungültig ist.
- Die Ausmaße (Breite und Höhe) des Brettes, innerhalb derer sich gültige Positionen befinden können, müssen abfragbar sein.
- Es muss geprüft werden können, ob eine gültige Position frei ist oder nicht.
- Die an einer Position befindliche Figur muss ermittelt werden können.
- Es muss eine Figur auf das Brett gesetzt werden können.
- Eine Figur muss vom Brett entfernt werden können.
- Eine auf dem Brett befindliche Figur muss bewegt werden können.
- Alle zu einem Team gehörenden Figuren auf dem Brett müssen ermittelt werden können.

12.3.1 Die Klasse ISchachbrett

In einer Schnittstelle zusammengefasst sieht die Funktionalität eines Spielbretts wie in Abbildung 12.5 aus.

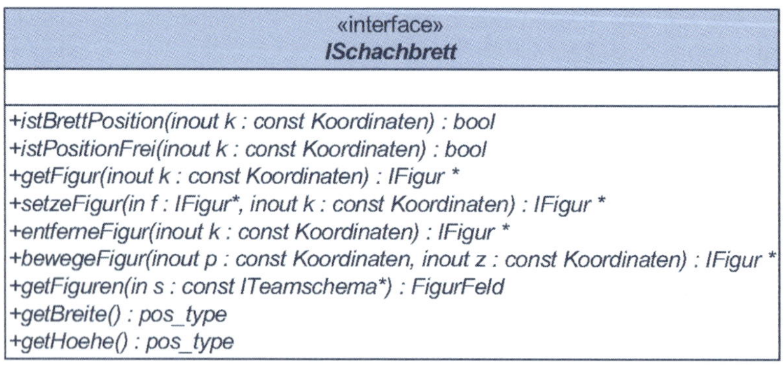

Abbildung 12.5
Das Interface ISchachbrett

In C++ erhalten wir folgende Klasse:

Listing 12.13
Das Interface ISchachbrett

```
class ISchachbrett {
public:
  typedef IFigur::pos_type pos_type;

  virtual ~ISchachbrett() {}
  virtual bool istBrettPosition(const Koordinaten& k) const=0;
  virtual bool istPositionFrei(const Koordinaten& k) const=0;
  virtual IFigur* getFigur(const Koordinaten& k) const=0;
  virtual IFigur* setzeFigur(IFigur* f, const Koordinaten& k)=0;
  virtual IFigur* entferneFigur(const Koordinaten& k)=0;
  virtual IFigur* bewegeFigur(const Koordinaten& p,
                  const Koordinaten& z)=0;

  virtual FigurFeld getFiguren(const ITeamschema* s) const=0;
  virtual pos_type getBreite() const=0;
  virtual pos_type getHoehe() const=0;
};
```

Die eigene Klasse `Koordinaten` wird später bei der Schnittstelle für Figuren definiert.

12.3.2 Die Klasse Schachbrett

Die Klasse Schachbrett ist von `ISchachbrett` abgeleitet und implementiert Funktionalitäten, die aufgrund unseres Designs von jedem Spielbrett zur Verfügung gestellt werden müssen.

Beispielsweise besitzt jedes Brett eine Breite und eine Höhe. Diese Attribute und die entsprechenden Zugriffsmethoden werden in dieser Klasse implementiert:

Listing 12.14
Die Klassendefinition von Schachbrett

```
class Schachbrett : public ISchachbrett {
  pos_type m_breite;
  pos_type m_hoehe;

//-----------------------------------------------------------

protected:
  virtual IFigur* const& fig(const Koordinaten& k) const=0;
  virtual IFigur*& fig(const Koordinaten& k)=0;

//-----------------------------------------------------------

public:
  Schachbrett(pos_type b, pos_type h)
  : m_breite(b), m_hoehe(h)
  {}

//-----------------------------------------------------------

  pos_type getBreite() const {
    return(m_breite);
  }

//-----------------------------------------------------------
```

Listing 12.14 (Forts.)
Die Klassendefinition von Schachbrett

```
  pos_type getHoehe() const {
    return(m_hoehe);
  }

//-----------------------------------------------------------

  IFigur* getFigur(const Koordinaten& k) const {
    return(fig(k));
  }

//-----------------------------------------------------------

  bool istPositionFrei(const Koordinaten& k) const {
    return(fig(k)==0);
  }

//-----------------------------------------------------------

  IFigur* setzeFigur(IFigur* f, const Koordinaten& k);
  IFigur* entferneFigur(const Koordinaten& k);
  IFigur* bewegeFigur(const Koordinaten& p, const Koordinaten& z);
  FigurFeld getFiguren(const ITeamschema* s) const;
};
```

Die geschützten, rein-virtuellen Methoden `fig` (einmal für konstante und einmal für nicht konstante Objekte) implementieren den Zugriff auf eine Brettposition und müssen von der konkreten Spielbrett-Klasse definiert werden.

Interessant ist der Rückgabewert der konstanten Variante (`IFigur* const&`). Der Rückgabetyp muss so angegeben werden, denn konstant soll das Ziel sein, auf das die Referenz verweist. Hätten wir `const IFigur*&` geschrieben, dann wäre das Ziel konstant gewesen, auf das der Zeiger zeigt, und das würde uns bei der Konstanz wahrenden Variante nicht weiter helfen.

Der Konstruktor initialisiert die beiden Attribute `m_breite` und `m_hoehe`. Über die Methoden `getBreite` und `getHoehe` können die Attribute ausgelesen werden.

Die Low-Level-Methoden `getFigur` und `istPositionFrei` sprechen die Feldposition direkt über `fig` an. Eine Prüfung, ob es sich überhaupt um eine gültige Position handelt, muss vorher vom Benutzer der Methode durchgeführt werden.

setzeFigur

Die Operationen zum Setzen oder Bewegen von Figuren auf dem Feld sind etwas aufwändiger, weil diese Vorgänge sowohl über das Spielbrett (auf das Brett wird eine Figur gesetzt) als auch über die Figur (setze die Figur auf ein Brett) angestoßen werden können.

In deren Verlauf muss die Figur das Brett und das Brett die Figur speichern (oder entfernen). Um die Kopplung nicht unnötig zu verstärken, arbeiten die beiden Klassen jeweils nur mit der öffentlichen Schnittstelle der anderen Klasse. Schauen wir uns zunächst die Methode `setzeFigur` von Schachbrett an:

Listing 12.15
Die Methode setzeFigur von Schachbrett

```
01 IFigur* Schachbrett::setzeFigur(IFigur* f,
                                    const Koordinaten& k) {
02   if(f->getZustand()==IFigur::GESETZT)
03     throw "setzeFigur: Figur bereits auf Brett";
04   if(f->getZustand()==IFigur::UNGESETZT)
05     return(f->setzeAufBrett(this,k));
06   if(!istBrettPosition(k))
07     throw "setzeFigur: Keine gueltige Position";
08   IFigur* tmp=fig(k);
09   fig(k)=f;
10   return(tmp);
11 }
```

01: Der Methode wird ein Verweis auf die zu platzierende Figur und die Zielposition übergeben.

02-03: Sollte der Zustand der Figur `GESETZT` sein, dann befindet sie sich bereits auf einem Brett. Auf welchem Brett sie steht, ist irrelevant, Fakt ist, dass sie nicht noch einmal platziert werden kann.

04-05: Sollte der Zustand der Figur `UNGESETZT` sein, dann wissen wir (per eigener Definition), dass das Setzen der Figur über die Schachbrett-Methode aufgerufen wurde. Die Kontrolle wird deshalb an die Figur übergeben. Einer der beiden Beteiligten (Figur oder Brett) muss die Hauptrolle bei dieser Aktion übernehmen. Ich habe mich dafür entschieden, die Figur zum Haupt-Akteur zu machen.

06-07: Ist der Programmfluss hier angekommen, wissen wir, dass das Setzen der Figur über die Figur angestoßen wurde. (Der Zustand der Figur ist dann `POSITIONIERUNG`.) Es wird geprüft, ob die Position gültig ist.

08-10: Die Figur wird auf dem Brett positioniert und der vorher dort abgelegte Verweis (eine vorher dort stehende Figur oder der Nullzeiger, falls keine Figur dort gestanden hat) zurückgegeben.

entferneFigur

Die Methode `entferneFigur` zählt ebenfalls zu den Methoden, die in engem Wechselspiel mit dem Figur-Gegenstück zusammenarbeiten:

Listing 12.16
Die Methode entferneFigur von Schachbrett

```
01 IFigur* Schachbrett::entferneFigur(const Koordinaten& k) {
02   if(!istBrettPosition(k))
03     throw "entferneFigur:Keine gueltige Position";
04   IFigur* f=fig(k);
05   if(!f)
06     throw "entferneFigur:Keine Figur an Position";
07   if(f->getZustand()==IFigur::UNGESETZT)
08     throw "entfernefigur: Figur nicht auf Brett";
09
10   if(f->getZustand()==IFigur::GESETZT) {
11     f->nimmVonBrett();
12     fig(k)=0;
13     return(f);
14   }
15   fig(k)=0;
16   return(f);
17 }
```

01: Der Methode wird die Position der zu entfernenden Figur übergeben.

02-03: Handelt es sich um eine ungültige Brettposition, kann auch keine Figur entfernt werden.

04-06: Befindet sich an der Position keine Figur, kann sie auch nicht entfernt werden.

Diese Situation kann nur durch einen Fehler in der konkreten Brett- oder Figur-Implementierung entstehen, denn wenn das Brett an einer Position einen Verweis auf eine Figur hat, dann muss diese Figur zwangsläufig den Zustand GESETZT **besitzen.**

07-08: Ist der Zustand der Figur UNGESETZT, dann befindet sie sich nicht auf dem Brett.

10-13: Ist der Zustand der Figur `GESETZT`, dann wurde der Vorgang über das Brett angestoßen und die Kontrolle wird an die Figur übergeben. Anschließend wird der Verweis an der Position gelöscht und von der Methode zurückgegeben.

15-16: An dieser Stelle wissen wir, dass der Vorgang von der Figur ausgelöst wurde (ihr Zustand ist `POSITIONIERUNG`). Die Methode löscht den Verweis und gibt ihn zurück.

bewegeFigur

Die letzte der eng mit der Figur zusammenarbeitenden Schachbrett-Methoden ist `bewegeFigur`. Sie bewegt eine Figur von ihrer aktuellen Position zu einer neuen Position, unabhängig davon, ob die Figur diese Bewegung überhaupt durchführen kann (Jede Figur kann sich im Normalfall nur auf eine bestimmte, durch die Figur bestimmte Weise bewegen.) oder ob die Zielposition bereits besetzt ist:

Listing 12.17
Die Methode bewegeFigur von Schachbrett

```
01 IFigur* Schachbrett::bewegeFigur(const Koordinaten& p,
                                    const Koordinaten& z) {
02   if(!istBrettPosition(p))
03     throw "bewegeFigur: p Keine gueltige Position";
04   if(!istBrettPosition(z))
05     throw "bewegeFigur: z Keine gueltige Position";
06
07   IFigur* f=fig(p);
08   if(!f)
09     throw "bewegeFigur:Keine Figur an Position";
10   if(f->getZustand()==IFigur::GESETZT)
11     return(f->bewege(z));
12   IFigur* tmp=fig(z);
13   fig(z)=f;
14   fig(p)=0;
15   return(tmp);
16 }
```

01: Die Methode bekommt die aktuelle Position der zu bewegenden Figur (`p`) sowie die neue Position (`z`) übergeben.

02-05: Es wird geprüft, ob es sich bei beiden Positionen um gültige Positionen handelt.

07-09: Es wird geprüft, ob an der aktuellen Position (`p`) überhaupt eine Figur steht.

10-11: Ist der Zustand der Figur GESETZT, dann wurde die Bewegung über das Schachbrett eingeleitet. Die Methode übergibt die Kontrolle an die Figur.

12-15: Die Figur wird an die neue Position gesetzt. Eine eventuell vorher an dieser Position stehende Figur wird zurückgegeben.

getFiguren

Die Methode getFiguren zur Ermittlung aller auf dem Brett befindlichen Figuren eines Teams verfolgt eine simple Idee. Alle Positionen des Brettes werden abgelaufen. Sollte sich auf einer Position eine Figur befinden, dann wird geprüft, ob ihre Farbe mit der Teamfarbe übereinstimmt. Wenn ja, dann wird sie in ein Feld geschrieben, welches später an den Aufrufer übergeben wird.

```
FigurFeld Schachbrett::getFiguren(const ITeamschema* s) const {
  FigurFeld ff;
  for(pos_type y=0; y<getHoehe(); ++y)
    for(pos_type x=0; x<getBreite(); ++x) {
      IFigur* f=fig(Koordinaten(x,y));
      if(f && s->getTeamFarbe()==f->getFarbe())
        ff.push_back(f);
    }
  return(ff);
}
```

Listing 12.18
Die Methode getFiguren von Schachbrett

12.3.3 Die Klasse SchachbrettRechteckig

Nachdem wir nun die ganze Vorarbeit geleistet haben, kommen wir zur ersten konkreten Brett-Implementierung. Die Klasse `SchachbrettRechteckig` erstellt jede Form von rechteckigem Spielbrett, auf dem es keine ungültigen Positionen gibt.

Die Felder des Bretts werden in einem Vektor gespeichert:

```
class SchachbrettRechteckig : public Schachbrett {
  std::vector<IFigur*> m_brett;
//--------------------------------------------------------------
protected:
  IFigur* const& fig(const Koordinaten& k) const {
    return(m_brett[k.m_y*getBreite()+k.m_x]);
  }
//--------------------------------------------------------------
  IFigur*& fig(const Koordinaten& k) {
    return(m_brett[k.m_y*getBreite()+k.m_x]);
  }
//--------------------------------------------------------------
public:
  SchachbrettRechteckig(pos_type b, pos_type h)
  : Schachbrett(b,h), m_brett(b*h)
  {}
//--------------------------------------------------------------
  bool istBrettPosition(const Koordinaten& k) const {
    return(k.m_x>=0 && k.m_x<getBreite() && k.m_y>=0 && k.
           m_y<getHoehe());
  }
};
```

Listing 12.19
Die Klasse SchachbrettRechteckig

Die beiden `fig`-Methoden greifen auf die durch das übergebene Koordinaten-Objekt spezifizierte Position des Vektors zurück und liefern eine Referenz auf den Inhalt der Position zurück.

Die Methode `istBrettPosition` prüft lediglich, ob sich die angegebenen Koordinaten innerhalb des rechteckigen Brett-Bereichs befinden.

Das Zusammenspiel der Klassen sehen Sie in Abbildung 12.6.

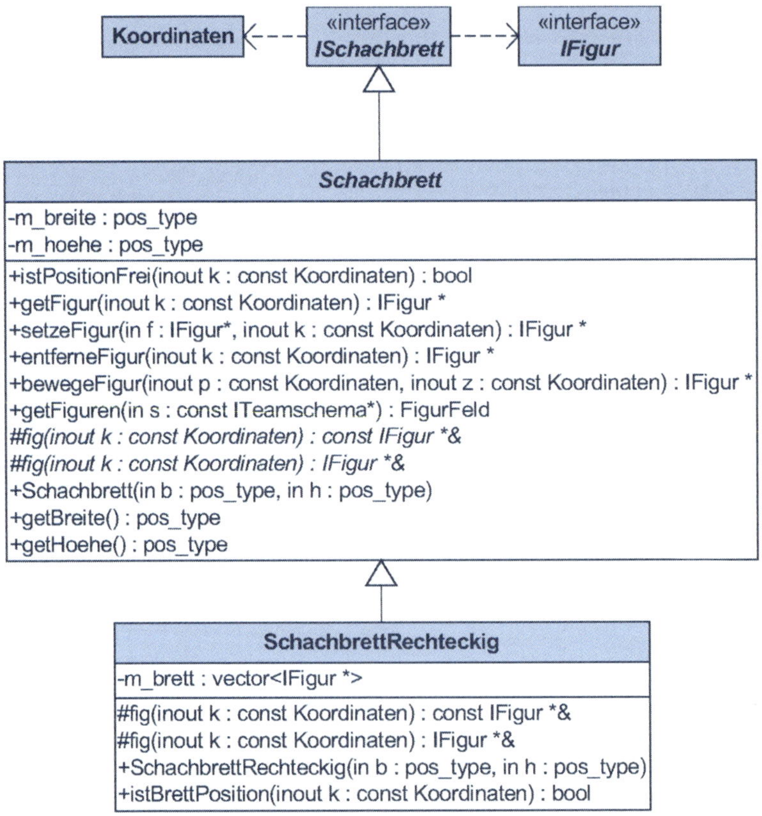

Abbildung 12.6
Die Schachbrett-Hierarchie

12.4 Die Figuren

Befassen wir uns mit dem nächsten größeren Block: den Figuren. Um vernünftig mit ihnen arbeiten zu können, sollen sie folgende Funktionalität zur Verfügung stellen:

- Ihre Position soll ermittelt werden können.
- Sie sollen auf ein Brett gesetzt und wieder von ihm entfernt werden können.
- Das Brett, auf dem sie sich befinden, soll abfragbar sein.
- Zwecks Ausgabe sollen sie einen sie kennzeichnenden Buchstaben liefern können.

- Sie sollen prüfen können, ob eine Farbe zu ihren Gegnern zählt.
- Sie sollen unabhängig von ihren Fähigkeiten beliebig bewegt werden können.
- Sie sollen einen für sie gültigen Zug machen können.
- Sie sollen eine andere Figur schlagen können.
- Sie sollen alle von ihr erreichbaren, freien Positionen liefern können.
- Sie sollen alle von ihr schlagbaren Figuren (Verweise auf die Figuren oder ihre Positionen) liefern können.
- Sie sollen ihren aktuellen Zustand mitteilen können (Gesetzt, Ungesetzt oder in der Positionierungs-Phase).

12.4.1 Die Klasse IFigur

Diese Anforderungen schlagen sich in der Schnittstelle in Abbildung 12.7 nieder.

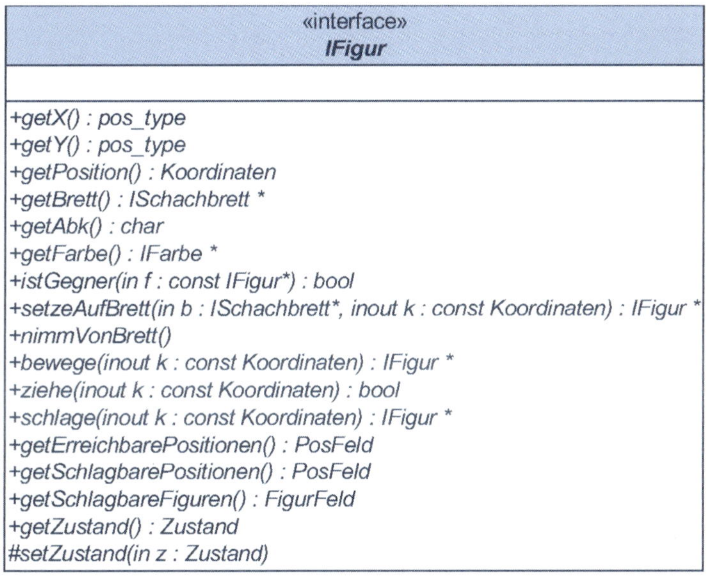

Abbildung 12.7
Die Klasse IFigur

In C++ sieht die Klasse wie folgt aus:

Listing 12.20
Die Klasse IFigur

```
class IFigur {
public:
  typedef Koordinaten::pos_type pos_type;
  enum Zustand {GESETZT, UNGESETZT, POSITIONIERUNG};

  virtual ~IFigur() {}
  virtual pos_type getX() const=0;
  virtual pos_type getY() const=0;
  virtual Koordinaten getPosition() const=0;
  virtual ISchachbrett* getBrett() const=0;
  virtual char getAbk() const=0;  // Abk. als Buchstabe
  virtual IFarbe* getFarbe() const=0;
  virtual bool istGegner(const IFigur* f) const=0;
```

Listing 12.20 (Forts.)
Die Klasse IFigur

```
  virtual IFigur* setzeAufBrett(ISchachbrett* b,
                                const Koordinaten& k)=0;
  virtual void nimmVonBrett()=0;
  virtual IFigur* bewege(const Koordinaten& k)=0;
  virtual bool ziehe(const Koordinaten& k)=0;
  virtual IFigur* schlage(const Koordinaten& k)=0;
  virtual PosFeld getErreichbarePositionen() const=0;
  virtual PosFeld getSchlagbarePositionen() const=0;
  virtual FigurFeld getSchlagbareFiguren() const=0;
  virtual Zustand getZustand() const=0;

protected:
  virtual void setZustand(Zustand z)=0;
};
```

Die Klasse definiert die Aufzählung `Zustand` für die möglichen Zustände der Figur. Darüber hinaus finden sich in ihrer Spezifizierungs-Datei noch zwei wichtige globale Typ-Definitionen:

Listing 12.21
Die Typ-Definitionen von PosFeld und FigurFeld

```
typedef std::vector<Koordinaten> PosFeld;
typedef std::vector<IFigur*> FigurFeld;
```

12.4.2 Die Klasse Koordinaten

Bevor wir an die tatsächliche Programmierung der Figuren gehen, wollen wir erst einmal einen Blick auf die Koordinaten-Struktur werfen:

Listing 12.22
Die Koordinaten-Struktur

```
struct Koordinaten {
  typedef int pos_type;

//------------------------------------------------------------

  pos_type m_x;
  pos_type m_y;

//------------------------------------------------------------

  Koordinaten(pos_type x, pos_type y)
    : m_x(x), m_y(y)
  {}

//------------------------------------------------------------

  Koordinaten() {}

//------------------------------------------------------------

  bool operator==(const Koordinaten& k) const {
    return(m_x==k.m_x && m_y==k.m_y);
  }
};
```

Die Struktur wurde an `pair` aus der STL angelehnt. Die Struktur `pair` wollte ich hier nicht einsetzen, weil es mir wichtig ist, für die einzelnen Koordinaten passende Bezeichner zu besitzen (`m_x` und `m_y`) und nicht mit nichts sagenden Attributen wie `first` und `second` arbeiten zu müssen.

12.4.3 Die Klasse Figur

Die von der Schnittstelle `IFigur` geforderten Methoden lassen sich in zwei Gruppen aufteilen:

- Methoden, die unmittelbar abhängig von den Fähigkeiten der Figur sind.
- Methoden, die unter Zuhilfenahme der ersten Methodengruppe figurenunabhängig implementiert werden können.

Wir werden daher zuerst eine Klasse `Figur` ableiten, die all diese figurunabhängigen Methoden implementiert und den konkreten Figuren-Klassen als Basisklasse dient.

Darüber hinaus wird jede Figur auf einem Brett stehen und eine Position einnehmen können, einem Team angehören und einen Zustand besitzen. Diese Attribute werden ebenfalls in der `Figur`-Klasse untergebracht.

Listing 12.23
Die Klasse Figur

```
class Figur : public IFigur {
  Koordinaten m_koordinaten;
  const ITeamschema* m_schema;
  ISchachbrett* m_brett;
  Zustand m_zustand;

//-------------------------------------------------------------

protected:
  void setZustand(Zustand z) {
    m_zustand=z;
  }

//-------------------------------------------------------------

public:
  Figur(const ITeamschema* s)
    : m_schema(s), m_zustand(UNGESETZT)
  {}

//-------------------------------------------------------------

  pos_type getX() const {
    return(m_koordinaten.m_x);
  }

  pos_type getY() const {
    return(m_koordinaten.m_y);
  }

  Koordinaten getPosition() const {
    return(m_koordinaten);
  }

//-------------------------------------------------------------

  IFarbe* getFarbe() const {
    return(m_schema->getTeamFarbe());
  }
```

Listing 12.23 (Forts.)
Die Klasse Figur

```
//-------------------------------------------------------------

  ISchachbrett* getBrett() const {
    return(m_brett);
  }

//-------------------------------------------------------------

  bool istGegner(const IFigur* f) const {
    return(m_schema->istGegnerFarbe(f->getFarbe()));
  }

//-------------------------------------------------------------

  Zustand getZustand() const {
    return(m_zustand);
  }

//-------------------------------------------------------------

  IFigur* setzeAufBrett(ISchachbrett* b, const Koordinaten& k);
  void nimmVonBrett();
  IFigur* bewege(const Koordinaten& k);
  bool ziehe(const Koordinaten& k);
  virtual IFigur* schlage(const Koordinaten& k);
  FigurFeld getSchlagbareFiguren() const;
};
```

Die trivialen Methoden sind inline in der Klassendefinition definiert. Interessanter sind die Methoden, die hier lediglich deklariert wurden.

setzeAufBrett

Diese Methode implementiert eine der eng mit dem Schachbrett zusammenarbeitenden Operationen.

Listing 12.24
Die Methode setzeAufBrett von Figur

```
01 IFigur* Figur::setzeAufBrett(ISchachbrett* b,
                                const Koordinaten& k) {
02   if(m_zustand==GESETZT)
03     throw "setzeAufBrett:Figur bereits auf Brett";
04   if(!b->istBrettPosition(k))
05     throw "setzeAufBrett:Keine gueltige Brettposition";
06   m_zustand=POSITIONIERUNG;
07   IFigur* tmp=b->setzeFigur(this,k);
08   m_zustand=GESETZT;
09   m_brett=b;
10   m_koordinaten=k;
11   return(tmp);
12 }
```

01: Der Methode wird das Schachbrett und die zukünftige Position darauf übergeben.

02-03: Wenn die Figur bereits auf einem Brett steht, kann sie nicht noch einmal gesetzt werden.

04-05: Es wird geprüft, ob die zukünftige Position eine gültige Brett-Position ist.

06-07: Der Zustand wird auf POSITIONIERUNG gesetzt und die auf dem Schachbrett notwendigen Aktionen an die Methode setzeFigur des Bretts delegiert.

08-10: Der endgültige Zustand wird GESETZT, sowie die Koordinaten und ein Verweis auf das Brett übernommen.

11: Ein Verweis auf eine eventuell vorher auf der Position stehende Figur (oder einen Nullzeiger) wird zurückgeliefert.

nimmVonBrett

Diese Methode ist das Gegenstück zur vorigen setzeAufBrett-Methode.

Listing 12.25
Die Methode nimmVonBrett von Figur

```
01 void Figur::nimmVonBrett() {
02   if(m_zustand!=GESETZT)
03     throw "nimmVonBrett:Figur nicht auf Brett";
04   m_zustand=POSITIONIERUNG;
05   m_brett->entferneFigur(m_koordinaten);
06   m_brett=0;
07   m_zustand=UNGESETZT;
}
```

02-03: Wenn die Figur nicht auf einem Brett steht, kann sie auch nicht von einem Brett genommen werden.

04-05: Der Zustand wird auf POSITIONIERUNG gesetzt und die Figur über die Methode entferneFigur des Bretts vom Brett entfernt.

06-07: Der Zustand wird UNGESETZT und der Verweis auf das Brett gelöscht.

bewege

Diese Methode bewegt eine Figur auf einem Brett von ihrer aktuellen Position auf eine neue Position. Ob die Figur aufgrund ihrer Fähigkeiten überhaupt in der Lage ist, diese Bewegung zu vollziehen, wird hier nicht geprüft.

Listing 12.26
Die Methode bewege von Figur

```
01 IFigur* Figur::bewege(const Koordinaten& k) {
02   if(m_zustand!=GESETZT)
03     throw "bewege:Figur nicht auf Brett";
04   if(!m_brett->istBrettPosition(k))
05     throw "bewege: Keine gueltige Brettposition";
06   m_zustand=POSITIONIERUNG;
07   IFigur* tmp=m_brett->bewegeFigur(m_koordinaten, k);
08   m_koordinaten=k;
09   m_zustand=GESETZT;
10   return(tmp);
11 };
```

01: Die Methode bekommt die neue Position der Figur übergeben.

02-03: Steht die Figur auf keinem Brett, kann sie auch nicht bewegt werden.

04-05: Es wird geprüft, ob die zukünftige Position eine gültige Brett-Position ist.

06: Über den Zustand POSITIONIERUNG wird mitgeteilt, dass sich die Figur gerade in einem Prozess der (Um-)Positionierung befindet.

07: Die Figur wird über `bewegeFigur` auf dem Schachbrett bewegt und eine an der neuen Position stehende Figur zwischengespeichert.

08-09: Die neue Position wird übernommen und der Zustand wieder auf `GESETZT` gesetzt.

10: Die ursprünglich an der neuen Position stehende Figur wird zurückgeliefert.

ziehe

Diese Methode führt eine Bewegung nur dann aus, wenn sie von der konkreten Figur auch tatsächlich durchführbar ist. Über den booleschen Rückgabe-Wert teilt sie mit, ob der Zug durchgeführt wurde oder nicht.

Listing 12.27
Die Methode ziehe von Figur

```
01 bool Figur::ziehe(const Koordinaten& k) {
02   if(m_zustand!=GESETZT)
03     throw "ziehe:Figur nicht auf Brett";
04   PosFeld f=getErreichbarePositionen();
05   PosFeld::iterator i=find(f.begin(), f.end(), k);
06   if(i!=f.end()) {
07     bewege(k);
08     return(true);
09   }
10   return(false);
11 }
```

01: Der Methode wird die zukünftige Position übergeben.

02-03: Wenn die Figur nicht auf einem Brett steht, kann kein Zug ausgeführt werden.

04-05: Die erreichbaren Positionen der Figur werden ermittelt und anschließend geprüft, ob die zukünftige Position darunter ist.

06-07: Ist die zukünftige Position erreichbar, dann wird sie über `bewege` eingenommen.

schlage

Die Methode `schlage` ist genau so aufgebaut wie ziehe, nur dass anstelle der erreichbaren Positionen hier die schlagbaren Positionen ermittelt werden.

Die Methode liefert einen Verweis auf die geschlagene Figur zurück (oder Misserfolg einen Nullzeiger).

Listing 12.28
Die Methode schlage von Figur

```
IFigur* Figur::schlage(const Koordinaten& k) {
  if(m_zustand!=GESETZT)
    throw "schlage:Figur nicht auf Brett";
  PosFeld f=getSchlagbarePositionen();
  PosFeld::iterator i=find(f.begin(), f.end(), k);
  if(i!=f.end()) {
    return(bewege(k));
  }
  return(0);
}
```

getSchlagbarePositionen

Diese Methode holt sich über `getSchlagbarePositionen` die Positionen aller schlagbaren Gegner und legt Verweise auf die Figuren in einem Feld ab. Dieses Feld wird dann von der Methode zurückgegeben.

```
FigurFeld Figur::getSchlagbareFiguren() const {
  PosFeld p=getSchlagbarePositionen();
  FigurFeld f;
  for(PosFeld::iterator i=p.begin(); i!=p.end(); ++i)
    f.push_back(m_brett->getFigur(*i));
  return(f);
}
```

Listing 12.29
Die Methode getSchlagbare-Figuren von Figur

12.4.4 Die Klasse FigurSpringer

Es ist nun an der Zeit, die erste konkrete Schachfigur zu implementieren. Beginnen wir mit dem Springer. Der Zug eines Springers ist immer eine Zusammensetzung einer horizontalen oder vertikalen Bewegung gefolgt von einer diagonalen Bewegung. Eventuelle Figuren auf dem Weg zur neuen Position werden vom Springer „übersprungen." Abbildung 12.8 stellt die möglichen Züge eines Springers grafisch dar.

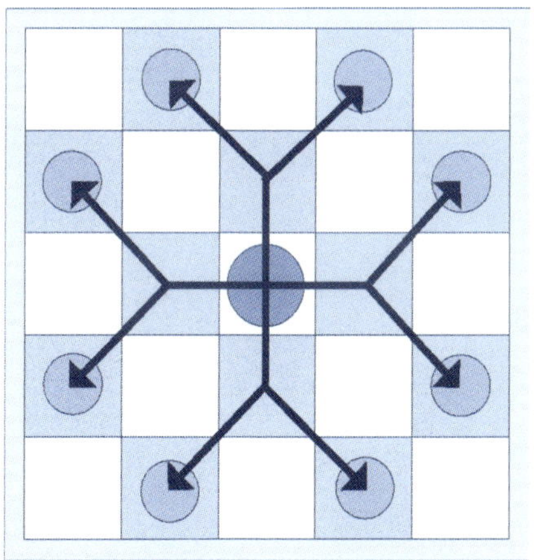

Abbildung 12.8
Die möglichen Bewegungen eines Springers

Um die möglichen Züge des Springers möglichst problemlos zu programmieren, legen wir ein statisches Feld `m_positionen` an, welches alle möglichen neuen Positionen relativ zur alten Position beinhaltet:

```
class FigurSpringer : public Figur {
  static const pos_type m_positionen[];
  static const pos_type m_posanz=8;

//------------------------------------------------------------

public:
  FigurSpringer(const ITeamschema* s);
```

Listing 12.30
Die Klassendefinition von FigurSpringer

Listing 12.30 (Forts.)
Die Klassendefinition von FigurSpringer

```
//-----------------------------------------------------------

  char getAbk() const {
    return('S');
  }

//-----------------------------------------------------------

  PosFeld getErreichbarePositionen() const;
  PosFeld getSchlagbarePositionen() const;
};
```

Die Definition vom `m_positionen` sieht so aus:

Listing 12.31
Die Definition von m_positionen

```
const FigurSpringer::pos_type FigurSpringer::m_positionen[]=
                              {1,-2,2,-1,2,1,1,2,-1,2,-2,1,-2,-1,-1,-2};
```

Die Werte sind jeweils paarweise (x- und y-Koordinate) abgelegt.

Der Konstruktor ist simpel:

Listing 12.32
Der Konstruktor von FigurSpringer

```
FigurSpringer::FigurSpringer(const ITeamschema* s)
  : Figur(s)
{}
```

getErreichbarePositionen

Diese Methode ermittelt alle von der Figur erreichbaren Positionen.

Listing 12.33
Die Methode getErreichbare-Positionen von FigurSpringer

```
01 PosFeld FigurSpringer::getErreichbarePositionen() const {
02   if(!getBrett())
03     throw "getErreichbarePositionen: Figur nicht auf Brett";
04
05   PosFeld f;
06   for(pos_type i=0; i<m_posanz*2; i+=2) {
07     Koordinaten k(getX()+m_positionen[i],
                     getY()+m_positionen[i+1]);
08     if(getBrett()->istBrettPosition(k) &&
          getBrett()->istPositionFrei(k))
09       f.push_back(k);
10   }
11   return(f);
}
```

02-03: Sollte die Figur auf keinem Brett stehen, dann gibt es auch keine erreichbaren Positionen.

06: Alle in `m_positionen` gespeicherten Koordinaten-Paare werden durchlaufen.

07: Aus der aktuellen Position und der relativen Position aus `m_positionen` wird eine potenzielle Zielposition berechnet.

08-09: Sollte die errechnete Position eine gültige Brett-Position und darüber hinaus noch unbelegt sein, dann wird die Position in die Liste der möglichen Züge aufgenommen.

11: Alle möglichen Züge werden zurückgeliefert.

getSchlagbarePositionen

Diese Methode liefert alle erreichbaren Positionen, an denen eine gegnerische Figur geschlagen werden könnte.

```
PosFeld FigurSpringer::getSchlagbarePositionen() const {
  if(!getBrett())
    throw "getSchlagbarePositionen: Figur nicht auf Brett";

  PosFeld f;
  for(pos_type i=0; i<2*m_posanz*2; i+=2) {
    Koordinaten k(getX()+m_positionen[i],
                  getY()+m_positionen[i+1]);
    if(getBrett()->istBrettPosition(k) &&
       !getBrett()->istPositionFrei(k) &&
       istGegner(getBrett()->getFigur(k)))
      f.push_back(k);
  }
  return(f);
}
```

Listing 12.34
Die Methode getSchlagbare-Positionen von FigurSpringer

Die Methode ist ähnlich aufgebaut wie `getErreichbarePositionen`, nur die Bedingung, ob ein Zug in die Liste aufgenommen wird, ist unterschiedlich:

Nur wenn die Position eine gültige Brett-Position ist, die Position nicht leer ist und auf der Position eine gegnerische Figur steht, wird die Position in die Liste aufgenommen.

12.4.5 Die Klasse FigurDame

Unsere zweite benötigte Figur ist die Dame. Sie kann entweder horizontal oder vertikal oder diagonal beliebig viele Felder gehen, bis entweder der Brettrand erreicht ist oder eine Figur den Weg versperrt. Abbildung 12.9 zeigt das Bewegungs-Schema. Sollte die den Weg versperrende Figur eine gegnerische Figur sein, dann kann diese Figur geschlagen werden.

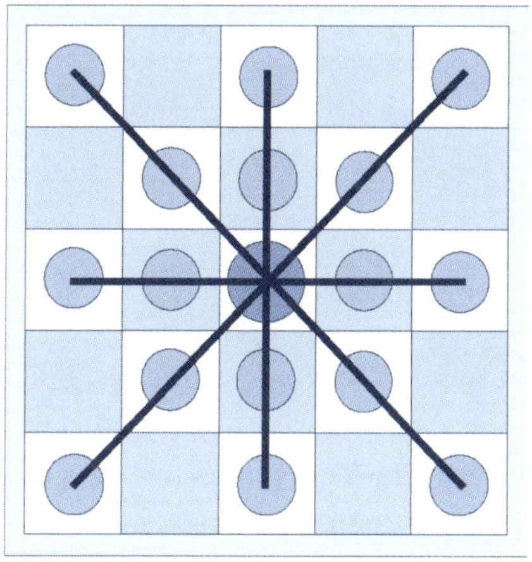

Abbildung 12.9
Die möglichen Bewegungen einer Dame

Die Klassendefinition der Klasse FigurDame ist folgendermaßen aufgebaut:

Listing 12.35
Die Klassendefinition von Figurdame

```
class FigurDame : public Figur {
  static const pos_type m_positionen[];
  static const pos_type m_posanz=8;
//-------------------------------------------------------------

public:
  FigurDame(const ITeamschema* s);
//-------------------------------------------------------------

  char getAbk() const {
    return('D');
  }
//-------------------------------------------------------------

  PosFeld getErreichbarePositionen() const;
  PosFeld getSchlagbarePositionen() const;
};
```

Auch hier benutzen wir ein Feld m_positionen, um relative Positionen abzulegen. Allerdings handelt es sich hierbei um die Offsets der Richtungen, in die die Dame sich bewegen kann. Das Feld hat folgenden Inhalt:

Listing 12.36
Die Definition von m_positionen

```
const FigurDame::pos_type FigurDame::m_positionen[]=
                      {1,0,1,1,0,1,-1,1,-1,0,-1,-1,0,-1,1,-1};
```

Die Auflistung des trivialen Konstruktors ersparen wir uns hier.

getErreichbarePositionen

Listing 12.37
Die Methode getErreichbarePositionen von FigurDame

```
01 PosFeld FigurDame::getErreichbarePositionen() const {
02   if(!getBrett())
03     throw "getErreichbarePositionen: Figur nicht auf Brett";
04
05   PosFeld f;
06   for(pos_type i=0; i<m_posanz*2; i+=2) {
07     Koordinaten k(getX()+m_positionen[i],
                     getY()+m_positionen[i+1]);
08     while(getBrett()->istBrettPosition(k) &&
             getBrett()->istPositionFrei(k)) {
09       f.push_back(k);
10       k.m_x+=m_positionen[i];
11       k.m_y+=m_positionen[i+1];
12     }
13   }
14   return(f);
15 }
```

06: Diese Schleife durchläuft alle in m_positionen gespeicherten Offsets.

07: Ein Koordinaten-Objekt wird angelegt. Es beinhaltet die Position, die sich aus der aktuellen Position und dem entsprechenden Offset ergibt.

08-12: Diese Schleife addiert den Offset so lange auf die in k gespeicherte Position und fügt sie zu den erreichbaren Positionen hinzu, bis entweder eine ungültige Position oder eine Figur erreicht wurde.

getSchlagbarePositionen

```
01 PosFeld FigurDame::getSchlagbarePositionen() const {
02   if(!getBrett())
03     throw "getSchlagbarePositionen: Figur nicht auf Brett";
04
05   PosFeld f;
06   for(pos_type i=0; i<2*m_posanz*2; i+=2) {
07     Koordinaten k(getX()+m_positionen[i],
                    getY()+m_positionen[i+1]);
08     while(getBrett()->istBrettPosition(k) &&
             getBrett()->istPositionFrei(k)) {
09       k.m_x+=m_positionen[i];
10       k.m_y+=m_positionen[i+1];
11     }
12     if(getBrett()->istBrettPosition(k) &&
          !getBrett()->istPositionFrei(k) &&
          istGegner(getBrett()->getFigur(k)))
13       f.push_back(k);
14   }
15   return(f);
16 }
```

Listing 12.38
Die Methode getSchlagbare-Positionen von FigurDame

08: Genau wie bei getErreichbarePositionen addiert diese Schleife den entsprechenden Offset auf die Position k, bis entweder der Brettrand oder eine Figur erreicht wurde.

12: Sollte die erreichte Position gültig sein und sich eine gegnerische Figur darauf befinden, dann wird diese Position zu den schlagbaren Positionen hinzu gefügt.

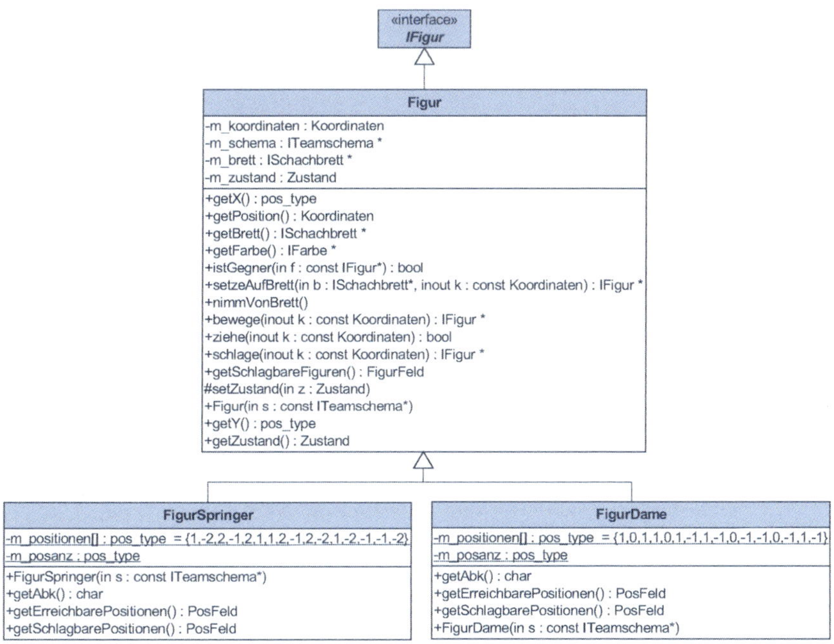

Abbildung 12.10
Die Figuren-Hierarchie

Damit ergibt sich bei den Figuren eine Hierarchie wie in Abbildung 12.10 dargestellt.

12.5 Die Problem-Lösungen

Wir sind mit unserer Klassen-Sammlung nun so weit, dass wir die beiden Probleme, die wir ursprünglich lösen wollten, angehen können. Lediglich eine Klasse möchte ich noch vorschieben, damit wir in der Lage sind, ein Brett auf Textebene darzustellen.

12.5.1 Ein Brett mit Ausgabe

Versuchen Sie einmal auf die Frage eine Antwort zu finden, wie wir ein Schachbrett erzeugen können, welches sich wie ein Schachbrett verhält, und in der Lage ist, sich wie jedes existierende Schachbrett zu verhalten, nur dass wir zusätzlich noch die Möglichkeit besitzen, das Brett auszugeben.

Die Lösung ist eigentlich recht einfach. Wir betten in unser neues Schachbrett ein Objekt eines bereits implementierten Schachbretts ein und delegieren alle Anfragen an das eingebettete Schachbrett. Zusätzlich implementieren wir noch die gewünschten Ausgabe-Methoden. Abbildung 12.11 zeigt den Sachverhalt als UML-Diagramm.

Abbildung 12.11
Die Einbindung von BrettTxt in die Klassenhierarchie

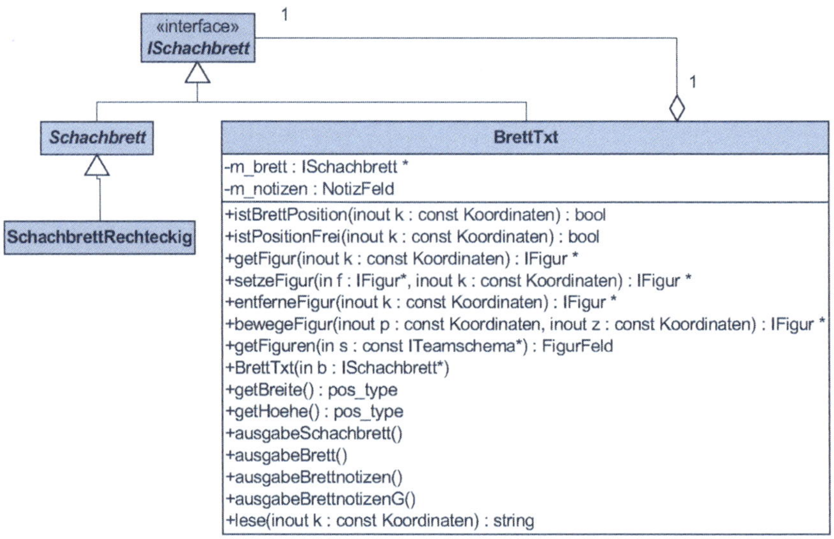

Die Klasse `BrettTxt` wird uns auch noch die Möglichkeit bieten, für jede Brett-Position eine Notiz abzulegen. Werfen wir erst einmal einen Blick auf die Klassendefinition:

Listing 12.39
Die Klassendefinition von BrettTxt

```
class BrettTxt : public ISchachbrett {
  typedef std::vector<Notiz> NotizFeld;

  ISchachbrett* m_brett;
  NotizFeld m_notizen;

//-------------------------------------------------------------

public:
  BrettTxt(ISchachbrett* b)
    : m_brett(b)
  {}

//-------------------------------------------------------------

  bool istBrettPosition(const Koordinaten& k) const {
    return(m_brett->istBrettPosition(k));
  }

//-------------------------------------------------------------

  bool istPositionFrei(const Koordinaten& k) const {
    return(m_brett->istPositionFrei(k));
  }

//-------------------------------------------------------------

  IFigur* getFigur(const Koordinaten& k) const {
    return(m_brett->getFigur(k));
  }

//-------------------------------------------------------------

  IFigur* setzeFigur(IFigur* f, const Koordinaten& k) {
    return(m_brett->setzeFigur(f,k));
  }

//-------------------------------------------------------------

  IFigur* entferneFigur(const Koordinaten& k) {
    return(m_brett->entferneFigur(k));
  }

//-------------------------------------------------------------

  IFigur* bewegeFigur(const Koordinaten& p, const Koordinaten& z) {
    return(m_brett->bewegeFigur(p,z));
  }

//-------------------------------------------------------------

  pos_type getBreite() const {
    return(m_brett->getBreite());
  }
```

Listing 12.39 (Forts.)
Die Klassendefinition von BrettTxt

```
//---------------------------------------------------------

  pos_type getHoehe() const {
    return(m_brett->getHoehe());
  }

//---------------------------------------------------------

  FigurFeld getFiguren(const ITeamschema* s) const {
    return(m_brett->getFiguren(s));
  }

//---------------------------------------------------------

  void ausgabeSchachbrett() const;
  void ausgabeBrett() const;
  void ausgabeBrettnotizen() const;
  void ausgabeBrettnotizenG() const;
  std::string lese(const Koordinaten& k) const;
};
```

Zu Beginn wird ein Typ `NotizFeld` definiert, der einen Vektor aus `Notiz`-Objekten darstellt.

Als Attribute besitzt die Klasse ein `NotizFeld`-Objekt und einen Verweis auf das Schachbrett, welches die Brett-Funktionalität übernehmen soll.

Im weiteren Verlauf finden sich die von `ISchachbrett` vorgegebenen Methoden, die ihrerseits die passende Methode von `m_brett` aufrufen.

Am Ende werden einige Methoden zur Ausgabe des Bretts und der Notizen deklariert, sowie eine Methode `lese`, die eine für eine bestimmte Brettposition abgelegte Notiz ermittelt.

Notiz

Bevor wir weitere Details der `BrettTxt`-Methoden betrachten, stelle ich Ihnen erst einmal die `Notiz`-Klasse vor, die im privaten Bereich von `BrettTxt` definiert wird:

Listing 12.40
Die Klasse Notiz von BrettTxt

```
class Notiz {
public:
  Koordinaten m_koordinaten;
  std::string m_notiz;

//---------------------------------------------------------

  Notiz(const Koordinaten& k, const std::string& n="")
    : m_koordinaten(k), m_notiz(n)
  {}

//---------------------------------------------------------

  bool operator==(const Notiz& n) const {
    return(m_koordinaten==n.m_koordinaten);
  }
};
```

Ein Notiz-Objekt besteht aus einem Koordinaten-Objekt mit den Koordinaten der Brettposition, für welche die Notiz bestimmt ist, und einem String, der den Text der Notiz enthält.

Verglichen werden Notizen über ihre Koordinaten.

schreibe

Damit wir für eine Brettposition auch eine Notiz schreiben können, definieren wir innerhalb der Klassendefinition von BrettTxt noch ein Funktions-Template schreibe:

```
template<typename Typ>
void schreibe(const Koordinaten& k, const Typ& o) {
  schreibe(k,toString(o));
}
```

Listing 12.41
Das Funktions-Template schreibe von BrettTxt

toString

Damit jeder Datentyp als Notiz geschrieben werden kann, setze ich das in [Willms03] vorgestellte toString-Template ein:

```
template<class Type>
std::string toString(Type val) {
  std::ostringstream o;
  o << val;
  return(o.str());
}
```

Listing 12.42
Das toString-Template

Ein Objekt des entsprechenden Datentyps wird mit Hilfe eines String-Streams in einen String umgewandelt. Voraussetzung für eine erfolgreiche Umwandlung ist das Vorhandensein eines <<-Operators für Type.

Eine Spezialisierung von schreibe für string

Das schreibe-Template von oben benutzt selbst wiederum schreibe für den Typ string. Aus diesem Grunde müssen wir schreibe für string spezialisieren:

```
template<>
void schreibe<std::string>(const Koordinaten& k,
                           const std::string& o) {
  Notiz n(k,o);
  NotizFeld::iterator i=std::find(m_notizen.begin(),
                                  m_notizen.end(),
                                  n);
  if(i!=m_notizen.end())
    *i=n;
  else
    m_notizen.push_back(n);
}
```

Listing 12.43
Die schreibe-Spezialisierung für den Datentyp string

Das Template schaut nach, ob es bereits eine Notiz für die entsprechenden Koordinaten gibt. Wenn ja, wird die gefundene Notiz mit der neuen Nachricht überschrieben.

Existiert für die Koordinaten noch keine Notiz, dann wird eine neue Notiz an das Notizfeld angehängt.

ausgabeSchachbrett

Die Methode `ausgabeSchachbrett` gibt ein Brett in Form eines Schachbretts aus. Jedes Feld ist bei der Ausgabe vier Zeichen breit und drei Zeichen hoch.

Listing 12.44 Die Methode ausgabeSchachbrett von BrettTxt

```
void BrettTxt::ausgabeSchachbrett() const {
  for(ISchachbrett::pos_type y=0; y<m_brett->getHoehe(); ++y) {
    for(ISchachbrett::pos_type x=0; x<m_brett->getBreite(); ++x)
      if(!m_brett->istBrettPosition(Koordinaten(x,y)))
        cout << "####";
      else
        if((x+y)%2!=0)
          cout << "++++";
        else
          cout << "    ";
    cout << endl;


    for(ISchachbrett::pos_type x=0;
        x<m_brett->getBreite();
        ++x) {
      Koordinaten k(x,y);
      if(!m_brett->istBrettPosition(Koordinaten(x,y)))
        cout << "####";
      else {
        IFigur* f=m_brett->getFigur(k);
        if((x+y)%2!=0) {
          if(f)
            cout << "+" << f->getAbk() <<
                 f->getFarbe()->getAbk() << "+";
          else
            cout << "++++";
        }
        else {
          if(f)
            cout << " " << f->getAbk() <<
                 f->getFarbe()->getAbk() << " ";
          else
            cout << "    ";
        }
      }
    }
    cout << endl;

    for(ISchachbrett::pos_type x=0; x<m_brett->getBreite(); ++x)
      if(!m_brett->istBrettPosition(Koordinaten(x,y)))
        cout << "####";
      else
        if((x+y)%2!=0)
          cout << "++++";
        else
          cout << "    ";
    cout << endl;
  }
}
```

02: Diese Schleife lässt die y-Achse durchlaufen.

03-11: Diese Schleife gibt die erste Zeile einer Brett-Reihe aus.

04-05: Handelt es sich um eine ungültige Position, dann wird sie mit dem Zeichen # gefüllt.

07: Diese Verzweigung sorgt dafür, dass die Felder abwechselnd schwarz (mit + gefüllt) und weiß (mit Leerzeichen gefüllt) dargestellt werden.

14-34: Diese Schleife gibt die zweite Zeile einer Brett-Reihe aus. Sollte auf der Position eine Figur stehen, dann wird ihre Abkürzung und die ihrer Farbe ausgegeben.

36-44: Die Schleife ist identisch mit der in den Zeilen 03-11.

Nehmen wir als Beispiel folgende Konstruktion:

```
typedef Farbverwalter FV;
typedef Teamverwalter TV;
SchachbrettRechteckig sb(8,8);
BrettTxt brett(&sb);
FV::erzeugeFarbe("weiss",'w');
FV::erzeugeFarbe("schwarz",'s');
TV::erzeugeTeam("weiss",FV::holeFarbe("weiss"),
                        FV::holeFarbe("schwarz"));

brett.setzeFigur(new FigurSpringer(TV::holeTeam("weiss")),
                                    Koordinaten(2,2));
brett.setzeFigur(new FigurDame(TV::holeTeam("weiss")),
                                Koordinaten(3,4));
brett.ausgabeSchachbrett();
```

Listing 12.45
Erzeugung eines Bretts mit zwei Figuren

Die Ausgabe ist in Abbildung 12.12 dargestellt.

```
    ++++    ++++    ++++    ++++
    ++++    ++++    ++++    ++++
    ++++    ++++    ++++    ++++
++++    ++++    ++++    ++++
++++    ++++    ++++    ++++
++++    ++++    ++++    ++++
    ++++    ++++    ++++    ++++
    ++++ Sw ++++    ++++    ++++
    ++++    ++++    ++++    ++++
++++    ++++    ++++    ++++
++++    ++++    ++++    ++++
++++    ++++    ++++    ++++
    ++++    ++++    ++++    ++++
    ++++    +Dw+    ++++    ++++
    ++++    ++++    ++++    ++++
++++    ++++    ++++    ++++
++++    ++++    ++++    ++++
++++    ++++    ++++    ++++
    ++++    ++++    ++++    ++++
    ++++    ++++    ++++    ++++
    ++++    ++++    ++++    ++++
++++    ++++    ++++    ++++
++++    ++++    ++++    ++++
++++    ++++    ++++    ++++
```

Abbildung 12.12
Eine Ausgabe mit ausgabeSchachbrett von BrettTxt

ausgabeBrett

Diese Methode dient dazu, ein Brett ohne das Schachbrett-Muster auszugeben:

Listing 12.46
Die Methode ausgabeBrett von BrettTxt

```
void BrettTxt::ausgabeBrett() const {
  for(ISchachbrett::pos_type x=0; x<m_brett->getBreite(); ++x)
    cout << "+--";
  cout << "+" << endl;

  for(ISchachbrett::pos_type y=0; y<m_brett->getHoehe(); ++y) {
    for(ISchachbrett::pos_type x=0; x<m_brett->getBreite(); ++x) {
      Koordinaten k(x,y);
      if(istBrettPosition(k)) {
        IFigur* f=getFigur(k);
        if(f)
          cout << "|" << f->getAbk() << f->getFarbe()->getAbk();
        else
          cout << "|  ";
      }
      else
        cout << "|##";
    }
    cout << "|" << endl;

    for(ISchachbrett::pos_type x=0; x<m_brett->getBreite(); ++x)
      cout << "+--";
    cout << "+" << endl;
  }
}
```

Das in Listing 12.45 erzeugte Brett mit zwei Figuren wird mit `ausgabeBrett` wie in Abbildung 12.13 dargestellt.

Abbildung 12.13
Eine Ausgabe mit ausgabeBrett von BrettTxt

```
+--+--+--+--+--+--+--+--+
|  |  |  |  |  |  |  |  |
+--+--+--+--+--+--+--+--+
|  |  |  |  |  |  |  |  |
+--+--+--+--+--+--+--+--+
|  |  |Sw|  |  |  |  |  |
+--+--+--+--+--+--+--+--+
|  |  |  |  |  |  |  |  |
+--+--+--+--+--+--+--+--+
|  |  |  |Dw|  |  |  |  |
+--+--+--+--+--+--+--+--+
|  |  |  |  |  |  |  |  |
+--+--+--+--+--+--+--+--+
|  |  |  |  |  |  |  |  |
+--+--+--+--+--+--+--+--+
|  |  |  |  |  |  |  |  |
+--+--+--+--+--+--+--+--+
```

ausgabeBrettnotizen

Die Methode `ausgabeBrettnotizen` stellt ein Brett in der Form wie in Abbildung 12.13 dar, gibt allerdings anstelle der Figuren die Notizen aus.

Listing 12.47
Die Methode ausgabeBrettnotizen von BrettTxt

```
void BrettTxt::ausgabeBrettnotizen() const {
  for(ISchachbrett::pos_type x=0; x<m_brett->getBreite(); ++x)
    cout << "+--";
  cout << "+" << endl;

  for(ISchachbrett::pos_type y=0; y<m_brett->getHoehe(); ++y) {
    for(ISchachbrett::pos_type x=0; x<m_brett->getBreite(); ++x) {
      Koordinaten k(x,y);
```

```
      if(istBrettPosition(k))
        cout << "|" << setw(2) << setfill(' ') << left << lese(k);
      else
        cout << "|##";
    }
    cout << "|" << endl;

    for(ISchachbrett::pos_type x=0; x<m_brett->getBreite(); ++x)
      cout << "+--";
    cout << "+" << endl;
  }
}
```

Listing 12.47 (Forts.)
Die Methode ausgabeBrettnotizen von BrettTxt

Aufgrund der Darstellungs-Größe sollte eine Notiz nicht länger als zwei Zeichen sein. Die Klasse besitzt noch eine Methode `ausgabeBrettnotizenG`, deren Brettdarstellung eine Notiz mit bis zu fünf Zeichen erlaubt. Die Auflistung dieser Methode ersparen wir uns hier aber.

12.5.2 Das Springer-Problem

Jetzt aber: Wir lösen das erste der Probleme, für die wir den ganzen Aufwand betrieben haben. Das Springer-Problem lässt sich folgendermaßen formulieren:

Wie muss ein Springer über ein Schachbrett springen, damit er jedes Feld genau einmal betritt?

Wir legen dazu ein 8x8 großes, rechteckiges Brett an und betten es in ein `BrettTxt`-Objekt ein. Zusätzlich werden eine Farbe und ein Team erzeugt.

Listing 12.48
Vorbereitungen zur Lösung des Springer-Problems

```
SchachbrettRechteckig sb(8,8);
BrettTxt brett(&sb);
Farbverwalter::erzeugeFarbe("springer",'F');
Teamverwalter::erzeugeTeam("springer",
                           Farbverwalter::holeFarbe("springer"),
                           Farbverwalter::holeFarbe("springer"));

springerRek(&brett, Koordinaten(0,0),1);
brett.ausgabeBrettnotizen();
```

Anschließend wird die rekursive Funktion `springerRek` aufgerufen. Ihr werden das zu verwendende Brett, die Startposition und die aktuelle Rekursions-Tiefe (beim ersten Aufruf 1) übergeben.

Listing 12.49
Rekursives Backtracking zur Lösung des Springer-Problems

```
bool springerRek(BrettTxt* b,
                 const Koordinaten& k,
                 int rektiefe) {
  if(rektiefe==(b->getBreite()*b->getHoehe()))
    return(true);
  IFigur* f=new FigurSpringer(
                         Teamverwalter::holeTeam("springer"));
  f->setzeAufBrett(b, k);
  PosFeld pf=f->getErreichbarePositionen();
  for(PosFeld::iterator i=pf.begin(); i!=pf.end(); ++i)
    if(springerRek(b,*i, rektiefe+1)) {
      b->schreibe(*i,rektiefe);
      delete(f);
```

Listing 12.49 (Forts.)
Rekursives Backtracking zur Lösung des Springer-Problems

```
11        return(true);
12      }
13    f->nimmVonBrett();
14    delete(f);
15    return(false);
16  }
```

02-03: Sollte die Rekursions-Tiefe den gleichen Wert haben wie die Anzahl der Positionen auf dem Brett, dann müssen wir zwangsläufig auf jeder Position gewesen sein. Die Funktion gibt `true` zurück.

04-05: Zuerst wird eine Springer-Figur erzeugt und auf die übergebene Position gesetzt.

06: Alle von dieser Position erreichbaren Positionen werden ermittelt.

07: Die Schleife läuft alle erreichbaren Positionen durch.

08: Für jede Position wird `springerRek` rekursiv aufgerufen.

09-11: Sollte der Aufruf `true` ergeben, dann wurde eine Lösung gefunden und die aktuelle Position gehört dazu. Sie wird als Notiz in `BrettTxt` abgelegt. Durch den Rückgabewert teilt die Funktion die Nachricht des Erfolgs ihrem Aufrufer mit.

13-14: Keine der erreichbaren Positionen hat zu einem Erfolg geführt. Die in Zeile 04 erzeugte Springer-Figur wird vom Brett genommen und gelöscht.

15: Der Misserfolg wird durch `false` als Rückgabe-Wert zum Ausdruck gebracht.

Die mit der Methode `ausgabeBrettnotizen` dargestellte Lösung ist in Abbildung 12.14 zu sehen.

Abbildung 12.14
Eine Lösung des Springer-Problems

```
+--+--+--+--+--+--+--+--+
|  |37|54|33|2 |35|18|21|
+--+--+--+--+--+--+--+--+
|53|46|1 |36|19|22|3 |16|
+--+--+--+--+--+--+--+--+
|38|55|32|45|34|17|20|9 |
+--+--+--+--+--+--+--+--+
|47|52|39|56|23|10|15|4 |
+--+--+--+--+--+--+--+--+
|58|31|44|51|40|25|8 |11|
+--+--+--+--+--+--+--+--+
|43|48|57|24|61|14|5 |26|
+--+--+--+--+--+--+--+--+
|30|59|50|41|28|7 |12|63|
+--+--+--+--+--+--+--+--+
|49|42|29|60|13|62|27|6 |
+--+--+--+--+--+--+--+--+
```

12.5.3 Das Dame-Problem

Bei dem Dame-Problem geht es darum, acht Damen so auf dem Schachbrett zu verteilen, dass keine Dame eine andere Dame bedroht.

Auch hier erstellen wir ein Schachbrett, eine Farbe und ein Team. In diesem Fall ist es wichtig, dass das Team seine eigene Farbe als Gegner hat, damit jede Dame alle anderen bedrohen kann:

```
SchachbrettRechteckig sb(8,8);
BrettTxt brett(&sb);
Farbverwalter::erzeugeFarbe("dame",'F');
Teamverwalter::erzeugeTeam("dame",
                           Farbverwalter::holeFarbe("dame"),
                           Farbverwalter::holeFarbe("dame"));
dameRek(&brett, 1);
brett.ausgabeBrettnotizen();
```

Listing 12.50
Vorbereitungen zur Lösung des Dame-Problems

Die Lösung wird wieder durch rekursives Backtracking ermittelt:

```
01 bool dameRek(BrettTxt* b, int rektiefe) { // erste rektiefe=1
02   IFigur* f=new FigurDame(Teamverwalter::holeTeam("dame"));
03   for(ISchachbrett::pos_type y=0; y<b->getHoehe(); ++y) {
04     f->setzeAufBrett(b, Koordinaten(rektiefe-1,y));
05     if(rektiefe==b->getBreite()) {
06       FigurFeld ff=b->getFiguren(Teamverwalter::holeTeam("dame"));
07       FigurFeld::iterator i;
08       for(i=ff.begin(); i!=ff.end(); ++i)
09         if((*i)->getSchlagbarePositionen().size()!=0)
10           break;
11       if(i==ff.end()) {
12         b->schreibe(Koordinaten(rektiefe-1,y), "DD");
13         delete(f);
14         return(true);
15       }
16     }
17     else {
18       if(dameRek(b,rektiefe+1)) {
19         b->schreibe(Koordinaten(rektiefe-1,y), "DD");
20         delete(f);
21         return(true);
22       }
23     }
24     f->nimmVonBrett();
25   }
26   delete(f);
27   return(false);
28 }
```

Listing 12.51
Rekursives Backtracking zur Lösung des Dame-Problems

02: Es wird eine Dame-Figur mit der entsprechenden Team-Eigenschaft erzeugt. Die Dame wird die X-Koordinate `rektiefe-1` belegen.

Jede Dame muss in einer eigenen Spalte stehen. Stünden zwei Damen in derselben Spalte würden sie sich gegenseitig bedrohen.

03: Die Schleife läuft alle möglichen Y-Positionen durch.

04: Die Dame wird auf die aktuelle Position gesetzt.

05: Besitzt die Rekursionstiefe den gleichen Wert wie die Breite des Feldes, dann sitzt in jeder Spalte eine Dame. Alle Damen sind damit gesetzt und es kann geprüft werden, ob irgendwer irgendwen bedroht.

06: Eine Liste aller auf dem Brett befindlichen, zum Team „dame" gehörenden Figuren (also alle) wird ermittelt.

08: Diese Schleife durchläuft alle gefundenen Figuren

09: Sollten für eine Figur schlagbare Positionen existieren, dann muss diese Dame zwangsläufig eine andere Dame bedrohen. Die Postionierung der Damen muss geändert werden.

11-14: Die Dame wird gelöscht, die Position als Notiz gespeichert und dem Aufrufer mit `true` mitgeteilt, dass eine Lösung gefunden wurde.

17: Sollten noch nicht alle Damen positioniert worden sein, dann wird dieser Zweig abgearbeitet.

18: Die nächste Dame wird rekursiv positioniert.

19-21: Sollte der Aufruf zu einer Lösung geführt haben, dann wird die aktuelle Position als Notiz geschrieben und die Dame gelöscht.

26-27: Sollten alle Y-Koordinaten zu keiner Lösung geführt haben, dann wird die Dame gelöscht und der Misserfolg über `false` an den Aufrufer zurückgegeben.

Die Performanz dieser Funktion könnte noch gesteigert werden, wenn auch schon auf Bedrohungen geprüft wird, wenn noch nicht alle Damen auf dem Brett sind. Aber dieser Ansatz reicht aus, Abbildung 12.15 zeigt die gefundene Lösung:

Abbildung 12.15
Eine Lösung des Dame-Problems

```
+--+--+--+--+--+--+--+--+
|DD|  |  |  |  |  |  |  |
+--+--+--+--+--+--+--+--+
|  |  |  |  |  |  |DD|  |
+--+--+--+--+--+--+--+--+
|  |  |  |  |DD|  |  |  |
+--+--+--+--+--+--+--+--+
|  |  |  |  |  |  |  |DD|
+--+--+--+--+--+--+--+--+
|  |DD|  |  |  |  |  |  |
+--+--+--+--+--+--+--+--+
|  |  |  |DD|  |  |  |  |
+--+--+--+--+--+--+--+--+
|  |  |  |  |  |DD|  |  |
+--+--+--+--+--+--+--+--+
|  |  |DD|  |  |  |  |  |
+--+--+--+--+--+--+--+--+
```

12.6 Solitair

Um zu demonstrieren, wie wieder verwendbar unsere Klassen sind, wollen wir mit ihnen eine Lösung für das Spiel Solitair ermitteln, ein Spiel, dass nichts mit Schach zu tun hat. Abbildung 12.16 zeigt das Spielbrett und die Regeln.

Bild a zeigt die Startsituation: Bis auf das mittlere Feld sind alle Positionen mit Spielsteinen belegt.

In Bild b ist das gewonnene Spiel zu sehen: Es ist nur noch ein Spielstein übrig und der liegt auf der mittleren Position.

Ein Stein kann nur dann bewegt werden, wenn er über einen anderen Stein drüber springen kann. Der übersprungene Stein wird dann vom Spielbrett entfernt. Bild c zeigt die vier möglichen Steine, die bei Spielbeginn bewegt werden können. Der linke Stein wird bewegt und erzeugt die in Bild d dargestellte Spielsituation.

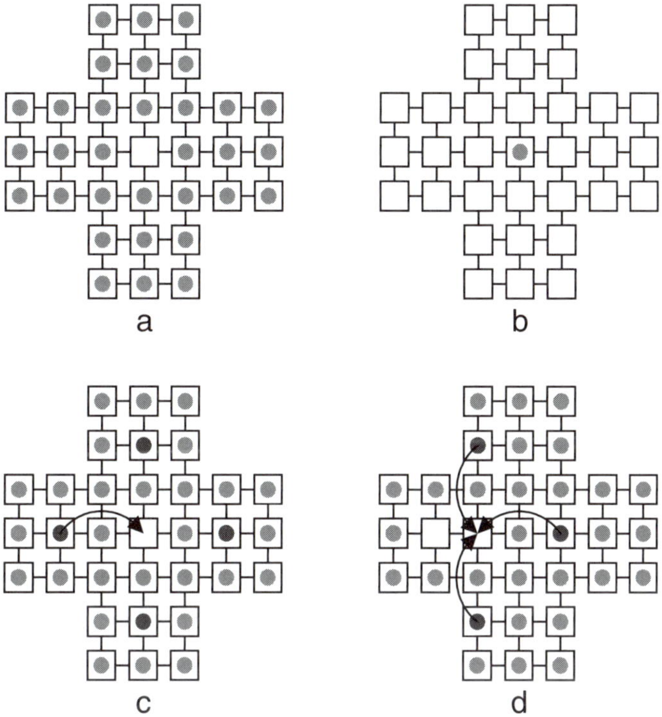

Abbildung 12.16
Das Solitair-Spiel

12.6.1 Die Klasse Solitairbrett

Wir haben es zum ersten Mal mit einem Brett zu tun, dessen tatsächliche Form nicht rechteckig ist. Wie ursprünglich vorgesehen, müssen wir das Brett technisch als rechteckig ansehen, markieren aber die nicht zum Brett gehörenden Positionen als ungültig. Dazu benötigen wir eine neue Brett-Klasse:

Listing 12.52
Die Klasse Solitairbrett

```
class Solitairbrett : public Schachbrett {
  std::vector<IFigur*> m_brett;
  std::vector<bool> m_gueltig;

//------------------------------------------------------------

protected:
  IFigur* const& fig(const Koordinaten& k) const {
    return(m_brett[k.m_y*getBreite()+k.m_x]);
  }
  IFigur*& fig(const Koordinaten& k) {
    return(m_brett[k.m_y*getBreite()+k.m_x]);
  }

//------------------------------------------------------------

public:
  Solitairbrett()
    : Schachbrett(7,7), m_brett(7*7), m_gueltig(7*7) {
      for(pos_type i=0; i<7*7; ++i)
        m_gueltig[i]=true;
```

Listing 12.52 (Forts.)
Die Klasse Solitairbrett

```
        m_gueltig[0+0*7]=false;
        m_gueltig[1+0*7]=false;
        m_gueltig[0+1*7]=false;
        m_gueltig[1+1*7]=false;

        m_gueltig[5+0*7]=false;
        m_gueltig[6+0*7]=false;
        m_gueltig[5+1*7]=false;
        m_gueltig[6+1*7]=false;

        m_gueltig[0+5*7]=false;
        m_gueltig[1+5*7]=false;
        m_gueltig[0+6*7]=false;
        m_gueltig[1+6*7]=false;

        m_gueltig[5+5*7]=false;
        m_gueltig[6+5*7]=false;
        m_gueltig[5+6*7]=false;
        m_gueltig[6+6*7]=false;
  }

//---------------------------------------------------------------

  bool istBrettPosition(const Koordinaten& k) const {
    return(k.m_x>=0 && k.m_x<getBreite() &&
           k.m_y>=0 && k.m_y<getHoehe() &&
           m_gueltig[k.m_x+k.m_y*getBreite()]);
  }
};
```

Als weiteres Feld besitzt die Klasse den aus `bool`-Werten bestehenden Vektor `m_gueltig`. Hier wird markiert, welche Bereiche des Spielbretts gültig und welche ungültig sind.

Diese Markierung übernimmt der Konstruktor.

Die Methode `istBrettPosition` muss nun zusätzlich zu den Koordinaten auch noch prüfen, ob die angefragte Position in `m_gueltig` als gültig markiert ist.

Ein mit dieser Klasse erstelltes Brett sieht aus wie in Abbildung 12.17 dargestellt.

Abbildung 12.17
Das Solitair-Brett mit ausgabeBrett ausgegeben

```
+--+--+--+--+--+--+--+
|##|##|  |  |  |##|##|
+--+--+--+--+--+--+--+
|##|##|  |  |  |##|##|
+--+--+--+--+--+--+--+
|  |  |  |  |  |  |  |
+--+--+--+--+--+--+--+
|  |  |  |  |  |  |  |
+--+--+--+--+--+--+--+
|  |  |  |  |  |  |  |
+--+--+--+--+--+--+--+
|##|##|  |  |  |##|##|
+--+--+--+--+--+--+--+
|##|##|  |  |  |##|##|
+--+--+--+--+--+--+--+
```

12.6.2 Die Klasse FigurSolitair

Nun fehlt noch eine passende Figur zum Spiel:

```
class FigurSolitair : public Figur {
  static const pos_type m_positionen[];
  static const pos_type m_posanz=4;

//--------------------------------------------------------------

public:
  FigurSolitair(const ITeamschema* s);

//--------------------------------------------------------------

  char getAbk() const {
    return('F');
  }

//--------------------------------------------------------------

  PosFeld getErreichbarePositionen() const;
  PosFeld getSchlagbarePositionen() const;
};
```

Listing 12.53
Die Klassendefinition von FigurSolitair

Eine Solitair-Figur kann nur noch in vier Richtungen gehen, aber für jede Richtung sind zwei Positionen interessant: Ob auf der angrenzenden Position eine Figur steht und ob die übernächste Position frei ist.

Diese Positionen für alle vier Richtungen legen wir in `m_positionen` ab:

```
const FigurSolitair::pos_type FigurSolitair::m_positionen[]=
                 {-1,0,-2,0,1,0,2,0,0,1,0,2,0,-1,0,-2};
```

Listing 12.54
Die für eine Solitair-Figur wichtigen Positionen

getErreichbarePositionen

Bei der Ermittlung der erreichbaren Positionen muss berücksichtigt werden, dass auf jeden Fall ein anderer Stein übersprungen werden muss:

```
PosFeld FigurSolitair::getErreichbarePositionen() const {
  if(!getBrett())
    throw "getErreichbarePositionen: Figur nicht auf Brett";

  PosFeld f;
  for(pos_type i=0; i<(m_posanz*4); i+=4) {
    Koordinaten sprung(getX()+m_positionen[i],
                       getY()+m_positionen[i+1]);
    Koordinaten ziel(getX()+m_positionen[i+2],
                     getY()+m_positionen[i+3]);
    if(getBrett()->istBrettPosition(sprung) &&
       getBrett()->istBrettPosition(ziel) &&
       !getBrett()->istPositionFrei(sprung) &&
       getBrett()->istPositionFrei(ziel))
      f.push_back(ziel);
  }
  return(f);
}
```

Listing 12.55
Die Methode getErreichbare-Positionen von FigurSolitair

getSchlagbarePositionen

Die Methode `getSchlagbarePositionen` ist fast genau wie `getErreichbarePositionen` aufgebaut, nur dass hier die Positionen der zu überspringenden Steine gespeichert werden.

Listing 12.56
Die Methode getSchlagbare-Positionen von FigurSolitair

```
PosFeld FigurSolitair::getSchlagbarePositionen() const {
  if(!getBrett())
    throw "getSchlagbarePositionen: Figur nicht auf Brett";

  PosFeld f;
  for(pos_type i=0; i<(m_posanz*4); i+=4) {
    Koordinaten sprung(getX()+m_positionen[i],
                       getY()+m_positionen[i+1]);
    Koordinaten ziel(getX()+m_positionen[i+2],
                     getY()+m_positionen[i+3]);
    if(getBrett()->istBrettPosition(sprung) &&
       getBrett()->istBrettPosition(ziel) &&
       !getBrett()->istPositionFrei(sprung) &&
       getBrett()->istPositionFrei(ziel))
      f.push_back(sprung);
  }
  return(f);
}
```

12.6.3 Die Lösung des Spiels

Um das Spiel zu lösen, wird zunächst ein Spielbrett erzeugt und alle Steine gemäß der Startposition gesetzt.

Listing 12.57
Vorbereitungen zur Lösung von Solitair

```
Solitairbrett sb;
BrettTxt brett(&sb);
Farbverwalter::erzeugeFarbe("solitair",'F');
Teamverwalter::erzeugeTeam("solitair",
                           Farbverwalter::holeFarbe("solitair"),
                           Farbverwalter::holeFarbe("solitair"));
ITeamschema* schema=Teamverwalter::holeTeam("solitair");
for(ISchachbrett::pos_type y=0; y<sb.getHoehe(); ++y)
  for(ISchachbrett::pos_type x=0; x<sb.getBreite(); ++x) {
    Koordinaten k(x,y);
    if(sb.istBrettPosition(k) && ( x!=3 || y!=3))
      sb.setzeFigur(new FigurSolitair(Teamverwalter::
        holeTeam("solitair")),k);
  }

solitairRek(&brett, 1);
brett.ausgabeBrett();

for(ISchachbrett::pos_type i=0; i<=32; ++i)
  cout << brett.lese(Koordinaten(0,i));
cout << endl;
```

Die Notizen werden hier nicht in Form eines Schachbretts ausgegeben, sondern sie werden die Information beinhalten, von welcher Position ein Stein zu welcher Position bewegt wird.

Schauen wir uns jetzt die rekursive Lösung des Spiels an:

Listing 12.58
Die rekursive Lösung von Solitair

```
01 bool solitairRek(BrettTxt* b, int rektiefe) { // erste rektiefe=1
02   if(rektiefe==32)
03     return(b->getFigur(Koordinaten(3,3))!=0);
04
05   for(ISchachbrett::pos_type y=0; y<b->getHoehe(); ++y)
06     for(ISchachbrett::pos_type x=0; x<b->getBreite(); ++x) {
07       Koordinaten k(x,y);
08       if(b->istBrettPosition(k)) {
09         if(IFigur* f=b->getFigur(k)) {
10           PosFeld zielf=f->getErreichbarePositionen();
11           PosFeld sprungf=f->getSchlagbarePositionen();
12           for(PosFeld::iterator zi=zielf.begin(),
                                  si=sprungf.begin();
               zi!=zielf.end();
               ++zi, ++si) {
13             f->bewege(*zi);
14             IFigur* tmp=b->entferneFigur(*si);
15             if(solitairRek(b,rektiefe+1)) {
16               b->schreibe(Koordinaten(0,rektiefe),
                 toString(k.m_x)+ "/"+toString(k.m_y)+"->"+
                 toString(zi->m_x)+"/"+toString(zi->m_y)+", ");
17               return(true);
18             }
19             f->bewege(k);
20             tmp->setzeAufBrett(b,*si);
21           }
22         }
23       }
24     }
25   return(false);
26 }
```

02-03: Sollte die Rekursionstiefe 32 sein, sich also nur noch ein Stein auf dem Spielfeld befinden, und liegt dieser eine Stein auf der mittleren Position, dann ist eine Lösung gefunden.

05-06: Alle Positionen des Spielfelds werden durchlaufen.

07-09: Es wird geprüft, ob die aktuelle Position eine gültige Position ist und sich dort ein Stein befindet.

10-11: Für diesen Stein werden alle erreichbaren und alle schlagbaren Positionen ermittelt.

12: Alle möglichen Zielpositionen werden durchlaufen.

13-14: Der Stein wird bewegt und der übersprungene Stein vom Brett entfernt.

15: Der nächste Zug wird rekursiv ermittelt.

16-17: Sollte der aktuelle Zug zu einer Lösung geführt haben, so wird er als Notiz verewigt und dem Aufrufer der Erfolg mit dem Wert `true` mitgeteilt.

19-20: Sollte der aktuelle Zug nicht zum Erfolg geführt haben, so wird er rückgängig gemacht und eventuell eine andere Richtung ausprobiert.

25: Sollte keine der möglichen Richtungen zu einer Lösung geführt haben, wird dies dem Aufrufer durch den Rückgabe-Wert `false` mitgeteilt.

Abbildung 12.18 zeigt das Spielbrett, nachdem die Lösung gefunden wurde, sowie die Züge, die zur Lösung geführt haben.

Abbildung 12.18
Eine Lösung von Solitair

```
+--+--+--+--+--+--+--+
|##|##|  |  |  |##|##|
+--+--+--+--+--+--+--+
|##|##|  |  |  |##|##|
+--+--+--+--+--+--+--+
|  |  |  |  |  |  |  |
+--+--+--+--+--+--+--+
|  |  |  |FF|  |  |  |
+--+--+--+--+--+--+--+
|  |  |  |  |  |  |  |
+--+--+--+--+--+--+--+
|##|##|  |  |  |##|##|
+--+--+--+--+--+--+--+
|##|##|  |  |  |##|##|
+--+--+--+--+--+--+--+
3/1->3/3, 1/2->3/2, 2/0->2/2, 4/0->2/0, 3/2->1/2, 0/2->2/2, 4/2->4/0, 6/2->4/2,
2/3->2/1, 2/0->2/2, 0/3->2/3, 2/3->2/1, 4/3->2/3, 6/3->4/3, 4/3->4/1, 4/0->4/2,
2/4->2/2, 2/1->2/3, 0/4->2/4, 3/4->1/4, 4/5->4/3, 6/4->4/4, 2/6->2/4, 2/3->2/5,
4/6->2/6, 2/6->2/4, 1/4->3/4, 3/4->5/4, 4/2->4/4, 5/4->3/4, 3/5->3/3,
```

13

Vererbung III

In diesem letzten Kapitel zum Thema Vererbung wollen wir uns mit der Mehrfachvererbung beschäftigen. Soll eine Klasse von mehreren Klassen abgeleitet werden, so werden die Basisklassen mit Komma getrennt. Jede Basisklasse kann ein eigenes Zugriffsrecht bekommen.

Listing 13.1
Ein Beispiel für Mehrfachvererbung

```
class BasisA {
public:
  int m_awert;
};

class BasisB {
public:
  int m_bwert;
};

class Subklasse : public BasisA, public BasisB {
public:
  Subklasse()
  : BasisA(), BasisB()  {
    m_awert=10;
    m_bwert=20;
  }
};
```

Zur Demonstration habe ich im Konstruktor der Subklasse die Konstruktoren der Basisklassen in der Elementinitialisierungsliste explizit aufgerufen (was bei den Standard-Konstruktoren nicht notwendig gewesen wäre).

Weil `Subklasse` alle Elemente ihrer Basisklassen erbt, kann im Konstruktor auch jedes (nicht private) Element angesprochen werden.

Was aber, wenn zufälligerweise zwei Elemente in unterschiedlichen Basisklassen denselben Namen haben? Wie bei allen Zweideutigkeiten muss dann der voll qualifizierte Name (mit Angabe des Basisklassennamens) verwendet werden.

13.1 Gemeinsame Basisklassen

Im Rahmen der Mehrfachvererbung kann es passieren, dass eine Klasse von zwei Klassen erbt, die jeweils dieselbe Basisklasse besitzen. Nehmen wir als oberste Basisklasse die Klasse `Tier`:

Listing 13.2
Die Klasse Tier

```
class Tier {
protected:
  int m_tempo;
};
```

Der Einfachheit wegen sind die Attribute als geschützt deklariert. Ich möchte hier nochmals darauf hinweisen, dass der saubere Ansatz mit privaten Attributen und geschützten Zugriffsmethoden arbeiten würde.

Unsere Tiere besitzen als Attribut ihre aktuelle Geschwindigkeit. Ich möchte anmerken, dass die hier in der Entstehung befindlichen Klassen den Sachverhalt nicht unbedingt so widerspiegeln, wie ihn ein Zoologe gutheißen würde.

Von dieser Klasse leiten wir zwei Klassen ab:

Listing 13.3
Die Klassen Flugtier und Saeugetier

```
class Flugtier : public Tier {
protected:
  int m_fluegelspanne;
};

class Saeugetier : public Tier{
protected:
  int m_zitzenzahl;
};
```

Ich unterstelle mit diesen beiden Klassen, dass ein fliegendes Tier Flügel und ein Säugetier Zitzen zum Säugen der Nachkommen haben muss. Der für einige Leser möglicherweise wichtige Umstand, dass es auch männliche Säugetiere gibt, denen besagtes Klassenmerkmal fehlt, soll hier der Vereinfachung zum Opfer fallen.

Programmtechnisch interessant wird es, wenn wir nun ein Tier als Klasse implementieren wollen, welches sowohl ein Flugtier als auch ein Säugetier ist:

Listing 13.4
Die Klasse Fledermaus

```
class Fledermaus : public Flugtier, public Saeugetier {
protected:
  int m_lotweite;
};
```

Noch funktioniert alles problemlos. Jetzt wollen wir `Fledermaus` mit einem Konstruktor ausstatten, der das Tempo der Fledermaus setzt:

Listing 13.5
Ein Konstruktor für Fledermaus

```
  Fledermaus(int tempo) {
    m_tempo=10;
  }
```

Erstaunlicherweise will der Compiler jetzt eine Mehrdeutigkeit bemerkt haben. Diese Mehrdeutigkeit ist schnell zu erklären. Die Klassen `Flugtier` und `Saeugetier` sind beide von `Tier` abgeleitet, besitzen also beide das geerbte Attribut `m_tempo`.

Wenn jetzt `Fledermaus` von diesen beiden Klassen erbt, dann erbt sie das `m_tempo` von `Flugtier` und von `Saeugetier`. Sie besitzt das Attribut `m_tempo` damit zweimal.

Abbildung 13.1 stellt den Zusammenhang grafisch dar.

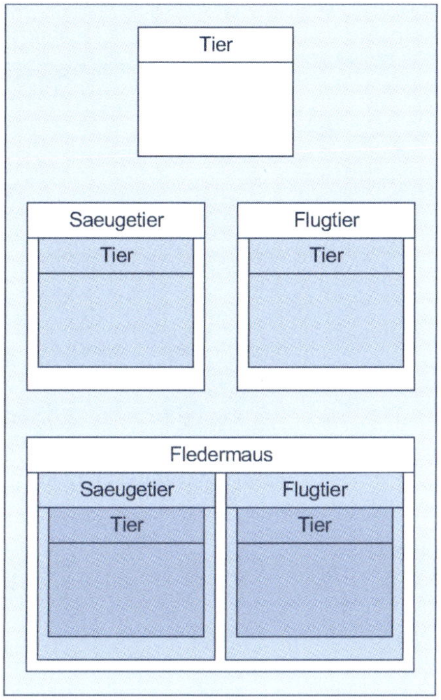

Abbildung 13.1
Die disjoint-Vererbung

Wir müssen den Namen daher vollständig qualifizieren, um anzugeben, welches `m_tempo` wir initialisieren wollen:

Listing 13.6
Der korrigierte Konstruktor

```
Fledermaus(int tempo) {
  Flugtier::m_tempo=10;
}
```

Eine kleine Zwischenfrage: Hätten wir das Attribut `m_tempo` auch in der Element-Initialisierungsliste initialisieren können?

Nein, natürlich nicht, denn `m_tempo` ist weder ein Element der eigenen Klasse noch der Konstruktor einer direkten Basisklasse (Kapitel 2.3.6).

Diese Form der Vererbung, bei die Attribute einer Basisklasse mehrfach vorkommen können, nennt man *disjoint*. Abbildung 13.2 zeigt die Beziehung in Form eines UML-Diagramms.

Abbildung 13.2
Die disjoint-Vererbung als UML-Diagramm

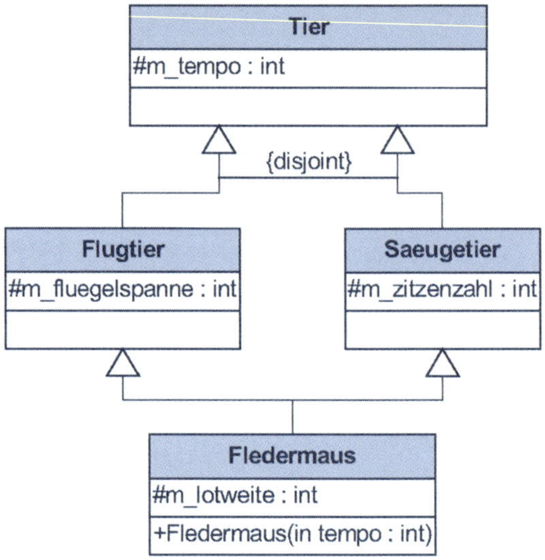

Häufig macht dieses mehrfache Vorhandensein eines Basisklassen-Attributs keinen Sinn. In unserem Fall sollte die Fledermaus nur ein Tempo besitzen. Dies wird in C++ mit virtuellen Basisklassen zum Ausdruck gebracht.

13.2 Virtuelle Basisklassen

Wir ändern unsere Klassen-Architektur folgendermaßen um:

Listing 13.7
Die Klassen Flugtier und Saeugetier mit virtuellen Basisklassen

```
class Flugtier : virtual public Tier {
protected:
  int m_fluegelspanne;
};

class Saeugetier : virtual public Tier{
protected:
  int m_zitzenzahl;
};
```

Die Basisklasse von `Flugtier` und `Saeugetier` wurde jetzt als virtuell deklariert. Dies hat zur Folge, dass der Compiler die virtuelle Basisklasse in einer späteren Subklasse nur einmal einbindet. Innerhalb von `Fledermaus` existiert jetzt nur noch ein einziges `m_tempo`-Attribut, es gibt nun keine Mehrdeutigkeit mehr, und der Name kann im Konstruktor wieder unqualifiziert geschrieben werden:

Listing 13.8
Der Konstruktor mit unqualifiziertem Attribut-Namen

```
  Fledermaus(int tempo) {
    m_tempo=10;
  }
```

Die Abbildung 13.3 zeigt den Sachverhalt grafisch. In Abbildung 13.4 ist die *overlapping*-Vererbung als UML-Diagramm zu sehen.

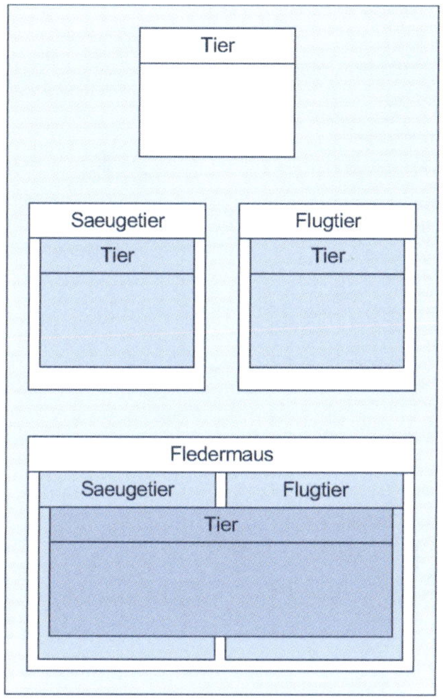

Abbildung 13.3
Die overlapping-Vererbung

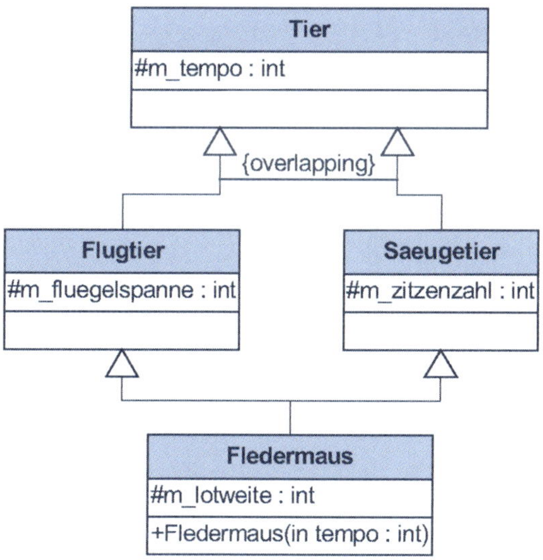

Abbildung 13.4
Die overlapping-Vererbung im UML-Diagramm

Um einen weiteren interessanten Punkt im Zusammenhang mit virtuellen Basisklassen zu erläutern, wollen wir die Klassen-Hierarchie mit eigenen Konstruktoren versehen:

Listing 13.9
Die Klassen-Hierarchie mit eigenen Konstruktoren

```
class Tier {
protected:
  int m_tempo;
public:
  Tier(int tempo)
  : m_tempo(tempo)
  {}
};

class Flugtier : virtual public Tier {
protected:
  int m_fluegelspanne;
public:
  Flugtier(int tempo, int fs)
  : Tier(tempo), m_fluegelspanne(fs)
  {}
};

class Saeugetier : virtual public Tier{
protected:
  int m_zitzenzahl;
public:
  Saeugetier(int tempo, int zz)
  : Tier(tempo), m_zitzenzahl(zz)
  {}
};

class Fledermaus : public Flugtier, public Saeugetier {
protected:
  int m_lotweite;

public:
  Fledermaus(int tempo, int fs, int zz, int lw)
  : Flugtier(tempo, fs),
    Saeugetier(tempo, zz),
    m_lotweite(lw)
  {}
};
```

Nach unserem bisherigen Kenntnisstand müsste sich alles fehlerfrei kompilieren lassen. Trotzdem moniert der Compiler einen fehlenden Standard-Konstruktor für die Klasse `Tier`.

Das liegt an der Tatsache, dass der Konstruktor einer virtuellen Basisklasse immer in der Element-Initialisierungsliste der untersten Subklasse aufgerufen werden muss.

Daher muss der Konstruktor von `Fledermaus` um einen entsprechenden Aufruf erweitert werden:

Listing 13.10
Der korrekte Fledermaus-Konstruktor

```
Fledermaus(int tempo, int fs, int zz, int lw)
: Flugtier(tempo, fs),
  Saeugetier(tempo, zz),
  m_lotweite(lw),
  Tier(tempo)
{}
```

13.3 Einsatz von Mehrfachvererbung

Das Ableiten von mehreren konkreten Klassen

Die Frage, ob Mehrfachvererbung eingesetzt werden sollte oder nicht, ist nicht leicht zu beantworten. Auf der einen Seite scheinen sich mit diesem Mittel viele Möglichkeiten aufzutun, andererseits ist die echte Mehrfachvererbung weitaus schwieriger zu handhaben als die Einfachvererbung.

Modernere Sprachen wie C# oder auch Java unterstützen keine echte Mehrfachvererbung, sondern erlauben stattdessen das Ableiten von einer einzigen konkreten Klasse und beliebig vielen Schnittstellen.

Um dieses Schema in C++ zu realisieren, werden die Schnittstellen als rein abstrakte Klassen implementiert. Nehmen wir als Beispiel folgende simple `Integer`-Klasse:

Listing 13.11
Die Integer-Klassen

```
class Integer {
  int m_int;
public:
  Integer(int i)
  : m_int(i)
  {}

  operator int() const {
    return(m_int);
  }
};
```

Um alle auf dem Bildschirm darstellbaren Klassen über eine Basisklasse verwalten zu können, definieren wir die rein abstrakte Klasse `IPrintable`:

Listing 13.12
Die Schnittstelle IPrintable

```
class IPrintable {
public:
  virtual void print() const=0;
};
```

Um jetzt eine ausdruckbare Integer-Klasse zu erhalten, leiten wir von `Integer` und `IPrintable` ab und implementieren die abstrakte Methode `print`:

Listing 13.13
Die Klasse DruckbaresInt

```
class DruckbaresInt : public Integer, public IPrintable {
public:
  DruckbaresInt(int i)
  : Integer(i)
  {}

  void print() const {
    cout << *this << endl;
  }
};
```

Diese Art der Vererbung lässt sich auch problemlos auf Mehrfachvererbung einschränkende Sprachen wie Java oder C# umsetzen.

Ich persönlich setze die echte Mehrfachvererbung nur dann ein, wenn es nicht anders geht. Die Praxis zeigt jedoch, dass mit der oben vorgestellten eingeschränkten Mehrfachvererbung nahezu jedes Problem zu lösen ist.

14

STL

Dieses Kapitel gewährt einen Einblick in die STL. Detailliertere Informationen finden Sie in entsprechender Literatur, beispielsweise [Willms00].

14.1 Die Komponenten der STL

Die einzelnen Komponenten der STL lassen sich in drei Gruppen einteilen: Container, Iteratoren und Algorithmen. Die Zusammenhänge zeigt Abbildung 14.1.

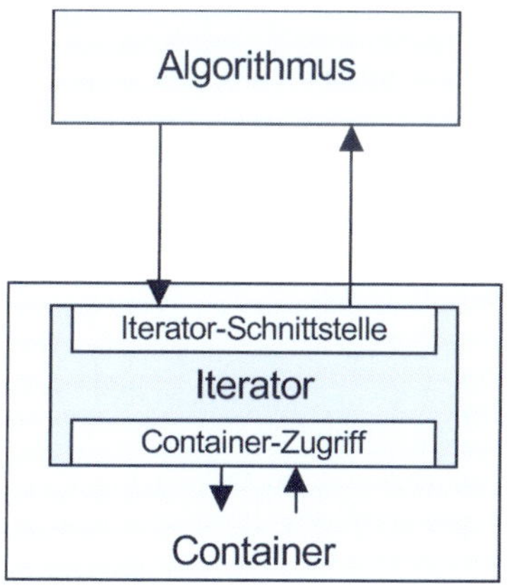

Abbildung 14.1
Die Zusammenhänge zwischen den STL-Komponenten

Die Container sind als Templates geschrieben (Deswegen auch der Name: Standard Template Library) und bieten Datenstrukturen zur Speicherung von Objekten desselben Typs. Die Art der internen Datenstruktur bestimmt die Zugriffsweise auf die gespeicherten Objekte.

Um als Anwender nicht für jeden Container einen eigenen Zugriff programmieren zu müssen, stellt jeder Container einen so genannten Iterator zur Verfügung. Dieser Iterator bietet eine vereinheitlichte Schnittstelle für den Objektzugriff und das Traversieren des Containers und kapselt damit den strukturabhängigen Zugriff.

Die Algorithmen stellen Funktionalität zur Verfügung (Sortieren, Suchen, Mischen, Traversieren, etc.), die ausschließlich über Iterator-Zugriffe implementiert wird und dadurch von konkreten Container-Implementierungen unabhängig ist.

Im Optimalfall kann ein eigener Algorithmus programmiert werden, der mit allen vorhandenen oder später programmierten Containern funktioniert, oder eine Datenstruktur entworfen werden, auf die alle bestehenden und zukünftigen Algorithmen anwendbar sind.

14.1.1 Container

Die STL stellt folgende Container zur Verfügung:

- `vector`. Ein Container, der intern als Feld aufgebaut ist, und daher an seinem Ende alle Einfüge- und Entferne-Operationen in O(1)-Zeit ausführen kann. Ein Sonderfall ist hier die Vergrößerung des Feldes, falls das hinzuzufügende Objekt nicht mehr passt. Eine Vergrößerung entspricht hier einer Verdopplung der Kapazität. Die Datenstruktur ermöglicht wahlfreien Zugriff (random access) auf die Objekte. Für den Datentyp `bool` gibt es einen speziellen, auf den Datentyp optimierten Vektor. Die Definition ist in der Header-Datei `vector` zu finden.
- `deque`. Eine double-ended queue, also gewissermaßen ein Feld, welches an seinem Anfang und an seinem Ende alle Einfüge- und Entferne-Operationen in O(1)-Zeit ausführen kann. Bei geschickter Implementierung benötigt der Sonderfall der Containervergrößerung weitaus weniger Laufzeit als beim Vektor. Auch hier ist wahlfreier Zugriff auf die Objekte möglich. Die Definition ist in der Header-Datei `deque` zu finden.
- `list`. Eine doppelt verkettete Liste. Einfügen und Entfernen am Anfang und am Ende der Liste sind immer in O(1)-Zeit möglich. Sonderfälle wegen Vergrößerung der Datenstruktur gibt es nicht. Die Datenstruktur erlaubt nur noch bidirektionalen Zugriff. Ein Element zu finden benötigt damit O(n)-Zeit. Die Definition ist in der Header-Datei `list` zu finden.
- `set`, `multiset`. Ein höhenbalancierter Baum. Elemente lassen sich in O(log(n))-Zeit Einfügen, Entfernen und Auffinden. Das `multiset` erlaubt mehrfach vorkommende Objekte. Die Definitionen sind in der Header-Datei `set` zu finden.
- `map`, `multimap`. Von der Datenstruktur identisch mit `set` und `multiset` erlauben es die Maps Werte-Paare zu speichern. Die Definition ist in der Header-Datei `vector` zu finden.
- `valarray`. Intern aufgebaut wie ein Vektor, unterstützt sie den Anwender in der Vektorrechnung oder anderen Berechnungen, die sich auf eine Menge von Werten beziehen. Die Definition ist in der Header-Datei `valarray` zu finden.

14.1.2 Iteratoren

Die Iteratoren eines Containers werden von diesem zur Verfügung gestellt und heißen im Normalfall `iterator` und `const_iterator`. Zum umgekehrten Traversieren existieren üblicherweise noch `reverse_iterator` und `const_reverse_iterator`. Jeder Container besitzt Iteratoren einer bestimmten Iterator-Kategorie. Diese Kategorien und ihre Beziehungen zueinander sind in Abbildung 14.2 dargestellt.

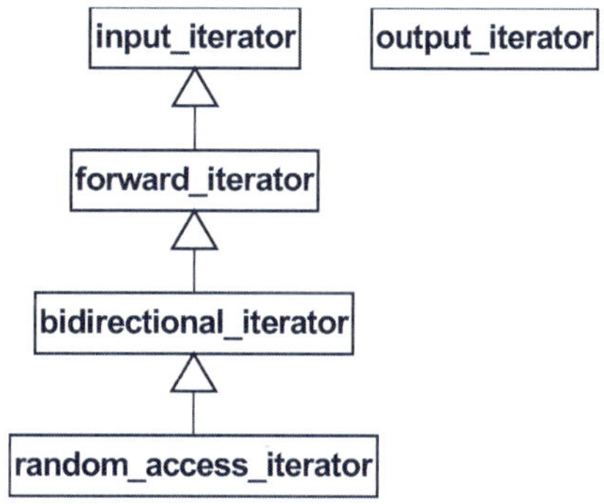

Abbildung 14.2
Die Hierarchie der STL-Iteratoren

output_iterator

Der Output-Operator ist lediglich in der Lage, Daten in einen Container bzw. in einen Ausgabestrom zu schreiben. Seine Schnittstelle stellt die Operatoren ++ und den Dereferenzierungsoperator in der schreibenden Form zur Verfügung. Vergleichsoperatoren stehen nicht zur Verfügung, weil gleichzeitig nie mehr als ein Output-Iterator pro Container benutzt werden kann.

Ein Output-Iterator kann über einen Bereich nur einmal iterieren.

input_iterator

Ein Input-Iterator iteriert lesend über einen Input-Stream oder einen Container. Daher kann er weder Daten schreiben, noch kann er ein Objekt mehrmals lesen.

Von der Schnittstelle des Input-Operators werden die Operatoren ++, == , !=, -> und der Dereferenzierungsoperator * in der lesenden Form unterstützt.

Genau wie der Output-Iterator kann der Input-Iterator über einen Bereich nur einmal iterieren.

forward_iterator

Der Forward-Iterator verbindet die Eigenschaften des Input- und des Output-Iterators und erlaubt ein mehrmaliges Iterieren desselben Bereichs durch Anfertigung einer Kopie des Iterators.

Von einem Forward-Iterator kann auch eine nicht initialisierte Instanz erzeugt werden.

bidirectional_iterator

Der Bidirectional-Iterator unterscheidet sich vom Forward-Iterator nur durch die zusätzliche Fähigkeit, auch rückwärts über einen Bereich laufen zu können. Dazu wird der Operator `--` verwendet.

random_access_iterator

Das Besondere eines Random-Access-Iterators ist seine Fähigkeit, jedes Element eines Containers mit Hilfe des Index-Operators `[]` ansprechen zu können. Daraus ergibt sich auch die Möglichkeit der Arithmetik. Weitere Ergänzungen zum bidirektionalen Iterator sind die Operatoren `<`, `>`, `<=`, `>=`, `+`, `-`, `+=` und `-=`.

14.1.3 Iteratoren erzeugen

Jeder STL-konforme Container implementiert die Methoden `begin` und `end`, um einen auf den Anfang und einen auf das Ende positionierten Iterator zu erhalten. Analog dazu gibt es für die Reverse-Iteratoren die Methoden `rbegin` und `rend`.

Dabei ist zu beachten, dass die von `end` gelieferte Position die Position *hinter* dem letzten Element ist. Analog dazu erhalten wir über `rend` die Position *vor* dem ersten Element. Abbildung 14.3 stellt die vier Positionen grafisch dar.

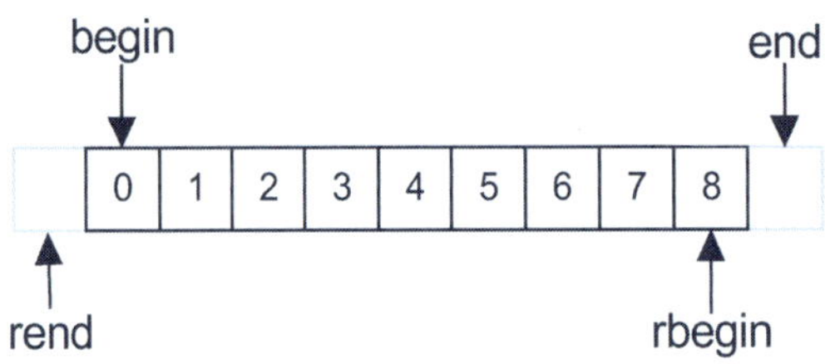

Abbildung 14.3
Die Positionen der vom Container erzeugten Iteratoren

14.1.4 Algorithmen

Wir ersparen es uns hier, alle Algorithmen der STL aufzuführen. Ich möchte hier lediglich die beiden Gruppen vorstellen.

- Nicht modifizierende Algorithmen. Dazu zählen alle Algorithmen, die keine Änderungen am Container oder den Objekten vornehmen. Darunter fallen Such-, Zähl-, Minimum- und Maximum-Algorithmen.
- Modifizierende Algorithmen. Hier sind alle Algorithmen zusammengefasst, die Änderungen am Container oder den Objekten vornehmen. Dazu gehören Kopier-, Ersetzungs-, Lösch-, Sortier- und Transformations-Algorithmen.

14.2 Die STL im Einsatz

Ich möchte hier an einigen Beispielen demonstrieren, wie alltägliche Situationen mit Hilfe der STL implementiert werden können.

14.2.1 Element suchen

Gehen wir davon aus, es existiert ein Vektor v, der Objekte des Typs `int` speichert:

```
vector<int> v;
for(int i=5; i<25; ++i)
  v.push_back((i*i*i)%53);
```

Dieser Vektor wurde mit einigen Werten gefüllt. Die Methode `push_back` hängt das Objekt an den Vektor an. Diese Methode wird auch von `deque` und `list` unterstützt.

Wir möchten nun herausfinden, ob ein `int`-Objekt mit dem Wert 50 gespeichert wurde:

Listing 14.1
Suchen auf konventionelle Weise

```
int iter=0;
while(iter<v.size() && v[iter]!=50)
  ++iter;

if(iter<v.size())
  cout << "Wert gefunden" << endl;
else
  cout << "Wert nicht gefunden" << endl;
```

Die Methode `size` wird von allen Containern unterstützt und liefert die Anzahl der tatsächlich im Container gespeicherten Objekte. Im Gegensatz dazu liefert `capacity` die Anzahl an Objekten, die der Container ohne sich vergrößern zu müssen aufnehmen kann.

Soweit, so gut. Möchten wir aber – aus welchen Gründen auch immer – den Vektor durch eine Liste ersetzen, müssten wir auch das Such-Fragment ändern, weil nur Vektoren und Deques einen Index-Operator implementieren.

Deswegen setzen wir als erste Abstraktion die Iteratoren des Vektors ein:

Listing 14.2
Suchen mit Iteratoren

```
vector<int>::iterator iter=v.begin();
while(iter!=v.end() && *iter!=50)
  ++iter;

if(iter!=v.end())
  cout << "Wert gefunden" << endl;
else
  cout << "Wert nicht gefunden" << endl;
```

Wir ermitteln mit `begin` einen Iterator auf das erste Element des Containers. Dann läuft die Schleife so lange, bis entweder die Position des Ende-Iterators (ermittelt mit `end`) erreicht oder der Wert gefunden wurde. Der Dereferenzierungs-Operator des Iterators ermittelt dabei das Objekt, welches sich an der Position des Iterators befindet.

Sollte ein konstanter Vektor durchsucht werden, müssten wir mit einem `const_iterator` arbeiten.

Jetzt können wir den Vektor problemlos durch einen anderen Container ersetzen, denn jeder andere STL-Container muss ebenfalls Iteratoren zur Verfügung stellen. Wir benutzen vom Iterator nur den Dereferenzierungs-Operator und den Inkrement-Operator. Die an den Container gestellte Bedingung ist die Existenz eines Iterators der Kategorie `bidirectional_iterator`.

Im letzten Schritt wollen wir die manuelle Suche durch den `find`-Algorithmus ersetzen. Der Algorithmus `find` sucht innerhalb einer mit Iteratoren definierten Sequenz. Dazu bekommt er die Position des ersten und die Position hinter dem letzten Element übergeben. Wird der Algorithmus fündig, dann liefert er eine Iterator-Position auf das gefundene Element zurück. Findet er nichts, dann wird die im zweiten Parameter angegebene Ende-Position zurück gegeben:

Listing 14.3
Suchen mit dem find-Algorithmus

```
vector<int>::iterator iter=find(v.begin(), v.end(), 50);

if(iter!=v.end())
  cout << "Wert gefunden" << endl;
else
  cout << "Wert nicht gefunden" << endl;
```

14.2.2 Element suchen mit eigener Bedingung

Die Formulierung einer Bedingung wird in der STL mit so genannten Funktionsobjekten bewerkstelligt. Ein Funktionsobjekt ist nichts anderes als das Objekt einer Klasse, die den Funktionsaufruf-Operator überladen hat.

Damit das eigene Funktionsobjekt die richtigen Typdefinitionen besitzt, existiert ein Template `unary_function`, welches als Basisklasse aller Funktionsobjekte dient. Als Beispiel wollen wir ein Funktionsobjekt erzeugen, welches einen wahren Wert liefert, wenn der zu testende Wert prim ist:

Listing 14.4
Das Template isPrim als Schablone für Funktionsobjekte

```
template<typename Typ>
class isPrim : public unary_function<Typ, bool> {
public:
  bool operator()(const Typ& o) const {
    Typ e=static_cast<unsigned long>(ceil(sqrt(o)));
    for(Typ i=2; i<=e; ++i)
      if(!(o%i))
        return(false);
    return(true);
  }
};
```

Dem Template `unary_function` wird als Parameter der Argument-Typ und der Typ des Rückgabe-Wertes von `operator()` angegeben.

Anstelle von `find` verwenden wir jetzt den Algorithmus `find_if`, der als drittes Argument ein Funktionsobjekt erwartet:

Listing 14.5
Eigene Bedingungen einsetzen mit find_if

```
vector<int>::iterator iter=find_if(v.begin(),
                                   v.end(),
                                   isPrim<int>());

if(iter!=v.end())
  cout << "Wert gefunden: " << *iter << endl;
else
  cout << "Wert nicht gefunden" << endl;
```

14.2.3 Elemente löschen

Für das Löschen von Elementen stehen analog zu `find` und `find_if` die Algorithmen `remove` und `remove_if` zur Verfügung, die alle Elemente mit dem entsprechenden Kriterium (Objektgleichheit bei `remove`, Funktionsobjekt liefert `true` bei `remove_if`) löschen.

Allerdings können über Iteratoren keine Elemente aus Containern entfernt werden. Iteratoren können nur Elemente lesen oder sie beschreiben. Deswegen funktioniert das Löschen so, dass die zu löschenden Elemente einfach von ihren Nachfolgern überschrieben werden. Sollten x Elemente gelöscht werden, dann sind die letzten x Elemente doppelt. Abbildung 14.4 zeigt den Sachverhalt am Beispiel unseres Vektors.

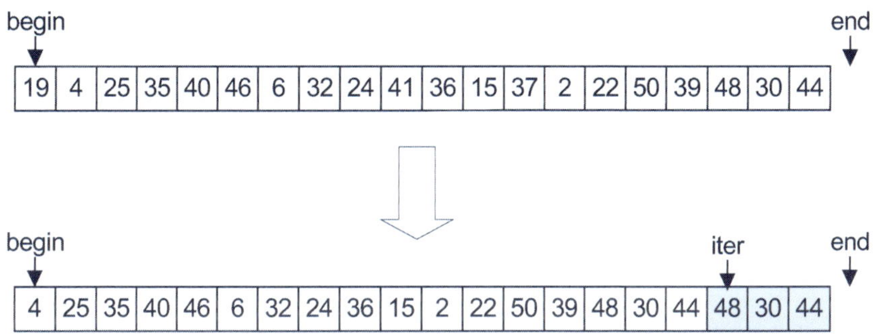

Abbildung 14.4
Die Vorgehensweise beim Löschen von Elementen über Algorithmen

Der Algorithmus liefert die Position des ersten doppelten Elements zurück. Anschließend werden die doppelten Elemente über die `erase`-Methode des Containers entfernt. Im folgenden Beispiel werden mit Hilfe von `isPrim` alle Primzahlen aus dem Vektor entfernt:

```
vector<int>::iterator iter=remove_if(v.begin(),
                                     v.end(),
                                     isPrim<int>());
v.erase(iter,v.end());
```

Listing 14.6
Elemente löschen mit remove_if

14.2.4 Elemente kopieren

Das Kopieren von Elementen mit Hilfe von Iteratoren stellt uns vor ähnliche Probleme wie das Löschen: Iteratoren können Elemente nur auslesen oder beschreiben, nicht aber löschen oder hinzufügen.

Dem können wir uns zunächst einmal entziehen, indem der Ziel-Container bereits die gewünschte Anzahl an Elementen besitzt, die dann durch den Kopiervorgang lediglich überschrieben werden.

Zum Kopieren wird der Algorithmus `copy` benutzt:

```
vector<int> kopie(v.size());
copy(v.begin(), v.end(), kopie.begin());
```

Listing 14.7
Elemente kopieren mit copy

Die erste Anweisung legt einen Vektor `kopie` an und gibt ihm als Startgröße die Größe von `v` mit. Die zweite Anweisung kopiert dann die Elemente von `v` nach `kopie`, indem die bereits in `kopie` enthaltenen Elemente überschrieben werden.

Für die korrekte Funktionsweise von `copy` ist es notwendig, dass der hintere Teil des Quellbereichs sich nicht mit dem vorderen Teil des Zielbereichs überschneidet. Ansonsten muss `copy_backward` verwendet werden.

Insert-Iteratoren

Zuerst den Zielcontainer mit der entsprechenden Anzahl an Elementen ausstatten, damit der Kopiervorgang nur noch Elemente überschreiben muss, ist ziemlich unelegant. Um hier eine bessere Vorgehensweise zu ermöglichen, existieren so genannte Insert-Iteratoren, mit denen Elemente in einen Container eingefügt werden können. Es gibt folgende Varianten:

- `front_insert_iterator`. Dieser Iterator fügt Elemente am Anfang des Containers ein. Der Container muss dazu eine Methode `push_front` besitzen.
- `insert_iterator`. Elemente werden an einer gewünschten Position im Container eingefügt. Dazu muss der Container eine `insert`-Methode zur Verfügung stellen.
- `back_insert_iterator`. Dieser Iterator fügt Elemente am Ende des Containers ein. Der Container muss dazu eine Methode `push_back` besitzen.

Für unseren Kopier-Vorgang bietet sich der Back-Insert-Iterator an, er wird folgendermaßen definiert:

Listing 14.8
Elemente kopieren unter Zuhilfenahme des Back-Insert-Iterators

```
vector<int> kopie;
back_insert_iterator<vector<int> > biter(kopie);

copy(v.begin(), v.end(), biter);
```

Der Back-Insert-Iterator ist ein Template, welches einen Insert-Iterator für einen speziellen Container eines speziellen Typs erzeugt. Dem Iterator-Objekt muss als Konstruktor-Argument der konkrete Container angegeben werden, in den die Elemente eingefügt werden sollen.

Der so entstandene Inserter kann nun wie ein herkömmlicher Iterator einem Algorithmus übergeben werden.

Um die Schreibweise zu verkürzen wurde zur Erzeugung eines Back-Insert-Iterators eine Template-Funktion `back_inserter` implementiert:

Listing 14.9
Die Erzeugung eines Back-Insert-Iterators mit der Funktion back_inserter

```
copy(v.begin(), v.end(), back_inserter(kopie));
```

Der Einsatz eines Front-Insert-Iterators für einen Vektor ist nicht möglich, weil Vektoren keine `push_front`-Methode besitzen.

Analog hierzu können auch Front-Insert-Iteratoren oder Insert-Iteratoren eingesetzt werden. Für diese existieren die Funktionen `front_inserter` und `inserter` zur bequemeren Erzeugung.

copy_if

Wenn Sie vermuten, es gäbe genau wie bei `find` und `replace` ein `copy_if`, dann werden Sie diesen Algorithmus vergeblich suchen. Er ist aber schnell selbst programmiert:

Genau genommen ist er einer Übung von [Willms00] entnommen.

Listing 14.10
Der selbst implementierte Algorithmus copy_if

```
template<class Input, class Output, class Pred>
Output copy_if(Input anf1, Input end1,
               Output anf2, Pred fkt){
  for(;anf1!=end1;++anf1)
    if(fkt(*anf1))
      *anf2++=*anf1;
  return(anf2);
}
```

14.2.5 Elemente sortieren

Wenn Elemente eines Containers sortiert werden sollen, kann der Algorithmus `sort` eingesetzt werden:

```
sort(v.begin(), v.end());
```

Der Vektor `v` wird nun aufsteigend sortiert. Soll eine eigene Sortierung verwendet werden, dann kann als dritter Parameter ein Prädikat angegeben werden:

```
sort(v.begin(), v.end(), greater<int>());
```

Das Prädikat `greater` ist eines der in der STL vorgefertigten Prädikate. Tabelle 14.1 listet alle in der STL vordefinierten Prädikate auf.

Tabelle 14.1
Die Prädikate der STL

Name	Liefert `true`, wenn
equal_to	a == b
Greater	a > b
greater_equal	a >= b
Less	a < b
less_equal	a <= b
logical_and	a && b
logical_or	a || b
not_equal_to	a != b

Eigene Prädikate

Natürlich können auch eigene Prädikate definiert werden. Bei einem Prädikat werden immer zwei Objekte in Relation zueinander gesetzt, deswegen ist die Basisklasse jetzt `binary_function`.

Wie wir gleich an der Parameter-Liste des `binary_function`-Templates sehen werden, sind theoretisch auch Relationen zwischen Objekten unterschiedlichen

Typs möglich. Die Algorithmen der STL benutzen im Normalfall aber immer Prädikate für zwei Objekte desselben Typs.

Als Beispiel eines eigenen Prädikats wollen wir die Elemente nach ihrem Modulo-Wert sortieren. Der Aufruf soll später so aussehen:

```
sort(v.begin(), v.end(), modulo<int>(11));
```

Der Sortier-Algorithmus sortiert die Elemente jetzt nach der Größe ihres Modulo-11-Wertes. Der Wert 12 ist demnach kleiner als 5, weil 12%11 den Wert 1 ergibt und damit kleiner ist als 5%11, mit 5 als Ergebnis.

Listing 14.11
Das selbst implementierte Prädikat modulo

```
template<typename Typ>
class modulo : public binary_function<Typ, Typ, bool> {
  Typ m_mod;

//-------------------------------------------------------------

public:
  modulo(const Typ& m)
    : m_mod(m)
  {}

//-------------------------------------------------------------

  bool operator()(const Typ& o1, const Typ& o2) const {
    return((o1%m_mod)<(o2%m_mod));
  }
};
```

Weil ein Prädikat immer zwei Objekte miteinander vergleicht, muss auch der Operator () zwei Parameter besitzen.

Wir können unser Beispiel noch weiter treiben und innerhalb unseres Prädikats noch die Möglichkeit bieten, die Sortier-Reihenfolge festzulegen:

Listing 14.12
Das modulo-Prädikat mit frei definierbarer Sortier-Reihenfolge

```
template<typename Typ, typename Pred>
class modulo : public binary_function<Typ, Typ, bool> {
  Typ m_mod;
  Pred m_pred;

//-------------------------------------------------------------

public:
  modulo(const Typ& m)
    : m_mod(m)
  {}

//-------------------------------------------------------------

  bool operator()(const Typ& o1, const Typ& o2) const {
    return(m_pred((o1%m_mod),(o2%m_mod)));
  }
};
```

Ein Aufruf, die Elemente in umgekehrter Reihenfolge ihres Modulo-Wertes zu sortieren, wird folgendermaßen definiert:

```
sort(v.begin(), v.end(), modulo<int, greater<int> >(11));
```

Nicht stabile Sortierverfahren

Wenn Sie den Inhalt des Vektors nach dem ersten Sortieren mit Modulo vergleichen mit dem Inhalt des Vektors nach dem Modulo-Sortieren in umgekehrter Reihenfolge, dann werden sie feststellen, dass die Reihenfolge der Elemente sich nicht exakt umgekehrt hat.

Der in `sort` verwendete Sortier-Algorithmus ist Quicksort. Obwohl Quicksort zu den leistungsfähigsten Sortier-Algorithmen zählt, besitzt er eine Eigenschaft, die manchmal störend sein kann:

Quicksort ist ein nicht stabiles Sortierverfahren.

Das bedeutet, gleiche Elemente können durch die Sortierung ihre Position zueinander verändern. Soll mehrstufig sortiert werden, ist diese Eigenschaft nicht wünschenswert.

Stabiles Sortieren

Um stabil zu sortieren, existiert der Algorithmus `stable_sort`. Er basiert auf dem Sortier-Algorithmus Mergesort und kann – genau wie `sort` – mit oder ohne Prädikat aufgerufen werden.

Sortieren mit Forward-Iteratoren

Ein weiterer Nachteil, den sowohl `sort` als auch `stable_sort` haben, ist die Einschränkung, nur mit Random-Access-Iteratoren arbeiten zu können.

Wir wollen hier ein wenig Abhilfe schaffen, und einen Sortier-Algorithmus implementieren, der mit Forward-Iteratoren auskommt. Abbildung 14.5 zeigt das Verfahren anhand eines Beispiels.

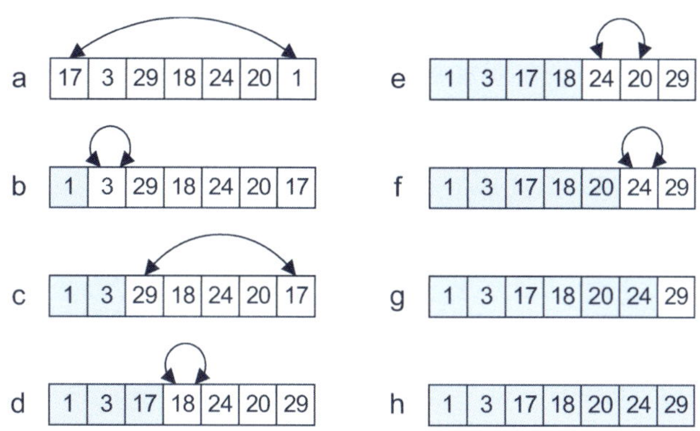

Abbildung 14.5
Das Sortier-Verfahren Selection-Sort an einem Beispiel

Im ersten Durchlauf wird das kleinste Element gesucht und mit dem ersten Element vertauscht. Danach steht das erste Element an seinem endgültigen Platz und braucht nicht mehr berücksichtigt zu werden.

Im zweiten Durchlauf wird das kleinste der verbliebenen Elemente gesucht und mit dem zweiten Element vertauscht. Dadurch steht auch das zweite Element an seinem Platz.

Auf diese Art wird das Feld sortiert, bis alle Elemente sortiert sind. Bei diesem Verfahren laufen wir im Container immer nur nach vorne, deswegen reichen hier Forward-Iteratoren aus.

Im Folgenden ist eine Implementierung des Verfahrens abgedruckt:

Listing 14.13
Ein Sortier-Algorithmus für Forward-Iteratoren mit dem stabilen Sortier-Algorithmus Selection-Sort

```
01 template<typename Forward>
02 void selection_sort(Forward anf, Forward end) {
03   do {
04     Forward iter=anf, swap=anf;
05     ++iter;
06     while(iter!=end) {
07       if(*iter<*swap)
08         swap=iter;
09       ++iter;
10     }
11     iter_swap(anf,swap);
12     ++anf;
13   } while(anf!=end);
14 }
```

04: Das erste Element der zu durchlaufenden Sequenz wird zunächst das zu tauschende Element (swap). Der Iterator iter durchläuft im weiteren Verlauf die aktuelle Sequenz.

05: iter wird eine Position nach vorne gesetzt, damit das erste Element der aktuellen Sequenz nicht mit sich selbst verglichen werden muss.

06: Die Schleife läuft, bis iter das Ende der aktuellen Sequenz erreicht hat.

07-08: Sollte das Element, auf das iter aktuell zeigt, kleiner sein als das bisher zu tauschende Element, dann wird dieses Element das neue zu tauschende Element. Auf diese Weise zeigt swap nach dem kompletten Durchlauf der inneren while-Schleife auf das kleinste Element der aktuellen Sequenz.

11: Über iter_swap wird das Element, auf das anf zeigt (Das erste Element der aktuellen Sequenz) mit dem Element, auf das swap zeigt (das kleinste Element der aktuellen Sequenz) vertauscht.

12: Die aktuelle Sequenz wird um ihr erstes Element verkleinert.

13: Die Schleife läuft so lange, bis die aktuelle Sequenz kein Element mehr beinhaltet und damit alle Elemente sortiert sind.

Um den Sortier-Algorithmen der STL in nichts nachzustehen, kommt abschließend noch die Variante mit Prädikat:

Listing 14.14
Der Algorithmus selection_sort mit Prädikat

```
template<typename Forward, typename Pred>
void selection_sort(Forward anf, Forward end, Pred pred) {
  do {
    Forward iter=anf, swap=anf;
    ++iter;
    while(iter!=end) {
      if(pred(*iter,*swap))
        swap=iter;
      ++iter;
    }
    iter_swap(anf,swap);
    ++anf;
  } while(anf!=end);
}
```

14.3 Strings

Die Strings nehmen in der STL eine Sonderstellung ein. Auf der einen Seite sind sie keine Container im herkömmlichen Sinn, auf der anderen Seite verhalten sie sich aber fast so.

Ein String wird mit `string` erzeugt. Notwendig ist dazu die Header-Datei `string`:

```
string s;
```

Die Klasse `string` besitzt einen großen Satz an Methoden zum Manipulieren der Zeichen, zum Suchen und Bilden von Teilstrings, sogar Iteratoren stehen zur Verfügung. Für eine detaillierte Liste dieser Methoden empfehle ich [Willms00] oder [Willms02].

Wir werden die Strings hier eher im Einsatz betrachten und die dabei verwendeten Methoden kurz anreißen.

Einen String in Wörter zerlegen

Als erstes Beispiel wollen wir eine Funktion `inWorteZerlegen` schreiben, die einen String übergeben bekommt und diesen in einzelne Wörter zerlegt. Dabei kann über einen zweiten Funktions-Parameter definiert werden, welche Zeichen als Trennzeichen erkannt werden sollen. Die einzelnen Wörter werden wiederum als Strings in einem Vektor abgelegt. Dieser Vektor bildet dann auch den Rückgabe-Wert:

Listing 14.15
Die Funktion inWorteZerlegen mit stringeigenen Methoden

```
vector<string> inWorteZerlegen(const string& satz,
                        const string &trennzeichen=" \t\n") {
  std::vector<string> worte;
  string::size_type end, anf=0;
  do {
    end=satz.find_first_of(trennzeichen, anf);
    if(anf!=end) {
      worte.push_back(satz.substr(anf, end-anf));
```

Listing 14.15 (Forts.)
Die Funktion inWorteZerlegen mit stringeigenen Methoden

```
08     }
09     anf=satz.find_first_not_of(trennzeichen, end);
10   } while(anf!=string::npos);
11
12   return(worte);
13 }
```

02: Der Vektor, der die zerlegten Wörter aufnehmen wird.

05: Es wird nach dem ersten Vorkommen eines Trennzeichens gesucht. Die Methode `find_first_of` sucht im aufrufenden String nach dem ersten Zeichen, dass im übergebenen String (in unserem Fall `trennzeichen`) enthalten ist.

06: Diese Bedingung kann nur in einem Fall `false` sein: Wenn der String als erstes Zeichen ein Trennzeichen besitzt. Dann darf diese logischerweise nicht als Wort erkannt werden.

07: Mit `substr` wird ein Teil des Strings heraus kopiert. Der erste Parameter gibt den Index des herauszukopierenden Teilstrings innerhalb des Strings an. Der zweite Parameter definiert, wie viele Zeichen ab der Startposition heraus kopiert werden sollen. Mittels `push_back` wird der so ermittelte Teilstring dann an den Vektor angehängt.

09: Der Index `end` ist an dieser Stelle der Index eines Trennzeichens. Wir suchen ab dieser Stelle nach dem nächsten Zeichen, welches kein Trennzeichen mehr ist, denn das ist der Beginn des nächsten Wortes.

10: Der statische Wert `npos` wird immer dann zurück geliefert, wenn eine Suche erfolglos verlief oder die Grenzen des Strings verlassen wurden. Sollte letzteres der Fall sein, ist die Zerlegung beendet. („npos“ ist die Abkürzung für „no position“, also „keine Position“.)

12: Die zerlegten Wörter werden zurück gegeben.

Eingesetzt werden könnte die Funktion wie folgt:

```
string s="Heute ist ein guter Tag zum Programmieren.";
vector<string> vs=inWorteZerlegen(s);
for(vector<string>::iterator i=vs.begin(); i!=vs.end(); ++i)
  cout << *i << endl;
```

Um ein besseres Gefühl für die Vorgänge zu bekommen, wollen wir die Aufgabenstellung jetzt noch einmal lösen, verwenden aber keine stringeigenen Methoden, sondern lediglich ihre Iteratoren. Die Funktionalität wird mit den Algorithmen der STL umgesetzt:

Listing 14.16
Die Funktion inWorteZerlegen mit STL-Komponenten

```
vector<string> inWorteZerlegen (const string& satz,
                               const string &trennzeichen=" \t\n") {
  std::vector<string> worte;
  string::const_iterator end, anf=satz.begin();

  do {
    end=std::find_first_of(anf,
                           satz.end(),
                           trennzeichen.begin(),
                           trennzeichen.end());
```

Listing 14.16 (Forts.)
Die Funktion inWorteZerlegen mit STL-Komponenten

```
07      if(anf!=end) {
08        worte.push_back("");
09        std::copy(anf,end,std::back_inserter(worte.back()));
10      }
11      anf=find_first_not_of(end,
                                 satz.end(),
                                 trennzeichen.begin(),
                                 trennzeichen.end());
12    } while(anf!=satz.end());
13
14    return(worte);
15 }
```

Das Grundgerüst ist gleich geblieben, lediglich die früheren Methoden-Aufrufe sind jetzt den Algorithmus-Aufrufen gewichen.

06: Hier wird der `find_first_of`-Algorithmus der STL benutzt. Er besitzt vier Parameter. Die ersten beiden Parameter definieren den Bereich, in dem gesucht wird. Das zweite Parameter-Paar definiert den Bereich, in dem die Elemente stehen, nach denen gesucht wird.

08: Ein leerer String wird an den Vektor angehängt. Dann wird ein Back-Insert-Iterator für diesen leeren String ermittelt und als Ziel für den `copy`-Algorithmus angegeben, der den dem Wort entsprechenden Bereich kopiert.

Wenn Sie diese Variante kompilieren, werden Sie feststellen, dass der Compiler den Algorithmus `find_first_not_of` nicht kennt. Wir müssen ihn selbst implementieren:

Listing 14.17
Der Algorithmus find_first_not_of

```
template<class Forward1, class Forward2> inline
Forward1 find_first_not_of(Forward1 anf1, Forward1 end1,
                           Forward2 anf2, Forward2 end2) {
  for (; anf1 != end1; ++anf1) {
    for (Forward2 mid2 = anf2; mid2 != end2; ++mid2)
      if (*anf1 == *mid2)
        break;
    if(mid2==end2)
      return(anf1);
  }
  return (anf1);
}
```

14.3.1 Ein nicht-sensitiver String

Nachdem wir eine solche Implementierung bereits in Kapitel 4.12.3 und als ausnahme-sichere Variante nochmals in Kapitel 7.12.1 besprochen haben, möchte ich Ihnen diese Thematik ein drittes Mal präsentieren, diese Mal aber in einer Eleganz, die unsere früheren Ansätze weit in den Schatten stellt.

Was genau ist eigentlich ein String? Eine Klasse, die ein armer und unterbezahlter Programmierer irgendwann einmal für einen Compiler-Hersteller implementiert hat, werden Sie sagen.

In den meisten Punkten werden Sie dabei höchstwahrscheinlich recht haben, nur: Der String ist keine Klasse, er sieht tatsächlich so aus:

```
typedef basic_string<char, char_traits<char>, allocator<char> >
        string;
```

Er ist nichts weiter als eine Typdefinition. Die konkrete Klasse – oder vielmehr das Template – heißt `basic_string`. Dieses Template bekommt den zu verwendenden Zeichentyp übergeben (dadurch sind auch chinesische Strings mit `wchar_t` als Datentyp möglich), die Zeichen-Eigenschaften (`char_traits`) und einen Allokator.

Und genau in den Zeichen-Eigenschaften liegt der Schlüssel zu unserem nicht sensitiven String. Diese Eigenschaften definieren, wie Zeichen kopiert werden, wie nach Zeichen gesucht wird und: Wie Zeichen verglichen werden. Wir schreiben uns einfach unsere eigenen char_traits, die den Zeichenvergleich nicht-sensitiv durchführen, und schon haben wir einen nicht sensitiven String:

Listing 14.18
Die char_traits für unseren nicht sensitiven String

```
struct ns_char_traits {
  typedef char char_type;
  typedef int int_type;

//------------------------------------------------------------

  static void assign(char& c1, const char& c2) {
    c1 = c2;
  }

//------------------------------------------------------------

  static bool eq(const char& c1, const char& c2) {
    return (tolower(c1) == tolower(c2));
  }

//------------------------------------------------------------

  static bool lt(const char& c1, const char& c2) {
    return (tolower(c1) < tolower(c2));
  }

//------------------------------------------------------------

  static int compare(const char* s1,
                     const char* s2, size_t len) {
    for (; 0 < len; --len, ++s1, ++s2)
      if (!eq(*s1, *s2))
        return (lt(*s1, *s2) ? -1 : +1);
    return (0);
  }

//------------------------------------------------------------

  static size_t length(const char* s) {
    size_t len;
    for (len = 0; !eq(*s, char()); ++s)
      ++len;
```

Listing 14.18 (Forts.)
Die char_traits für unseren nicht sensitiven String

```
   return (len);
  }

//-----------------------------------------------------------

  static char* copy(char* s1, const char* s2, size_t len) {
    char* ptr = s1;
    for (; 0 < len; --len, ++ptr, ++s2)
      assign(*ptr, *s2);
    return (s1);
  }

//-----------------------------------------------------------

  static const char* find(const char* s,
                          size_t len,
                          const char& c) {
    for (; 0 < len; --len, ++s)
      if (eq(*s, c))
        return (s);
    return (0);
  }

//-----------------------------------------------------------

  static char *move(char* s1, const char* s2, size_t len) {
    char* ptr = s1;
    if (s2 < ptr && ptr < s2 + len)
      for (ptr += len, s2 += len; 0 < len; --len)
        assign(*--ptr, *--s2);
    else
      for (; 0 < len; --len, ++ptr, ++s2)
        assign(*ptr, *s2);
    return (s1);
  }

//-----------------------------------------------------------

  static char* assign(char* s, size_t len, char c) {
    char* ptr = s;
    for (; 0 < len; --len, ++ptr)
      assign(*ptr, c);
    return (s);
  }

//-----------------------------------------------------------

 static char to_char_type(const int_type& i) {
   return (i);
 }

//-----------------------------------------------------------

  static int_type to_int_type(const char& c) {
    return (c);
  }

```

Listing 14.18 (Forts.)
Die char_traits für unseren nicht sensitiven String

```
//-----------------------------------------------------------

  static bool eq_int_type(const int_type& c1,
                          const int_type& c2) {
    return (c1 == c2);
  }

//-----------------------------------------------------------

  static int_type eof() {
    return ((int_type)EOF);
  }

//-----------------------------------------------------------

  static int_type not_eof(const int_type& i) {
    return (i != eof() ? i : !eof());
  }
};
```

Jetzt fehlt nur noch die Typdefinition:

```
typedef std::basic_string<char,
                          ns_char_traits,
                          std::allocator<char> >
        NichtsensitiverString;
```

Und schon kann ein String, der nicht zwischen Groß- und Kleinschreibung unterscheidet, so erzeugt werden:

```
NichtsensitiverString ns("Andre");
```

Der Vorteil dieses Ansatzes liegt darin, dass wir jegliche Funktionalität von `basic_string` übernommen haben. Unser String kann damit alles, was auch ein `string`-Objekt kann, nur dass bei uns nicht mehr zwischen Groß- und Kleinschreibung unterschieden wird.

Wenn ein solcher String mit einem `string`-Objekt verglichen werden soll, dann muss immer einer der beiden mit der Methode `c_str` in einen C-String umgewandelt werden. Je nachdem, welches der beiden Objekte umgewandelt wird, unterscheidet der Vergleich zwischen Groß- und Kleinschreibung oder nicht.

15

Orthogonale Listen

Als weiteres Beispiel für wieder verwendbares Programmieren und um einmal zu demonstrieren, wozu die doch recht exotischen Zeiger auf Klassenelemente einsetzbar sind, soll hier eine orthogonale Liste implementiert werden.

Die orthogonale Liste ist in [Knuth97] vorgestellt und beschreibt eine Listenstruktur, bei der jeder Knoten zu zwei Listen gehört, nämlich zu einer horizontalen und zu einer vertikalen Liste. Abbildung 15.1 zeigt einen Ausschnitt aus einer möglichen orthogonalen Liste.

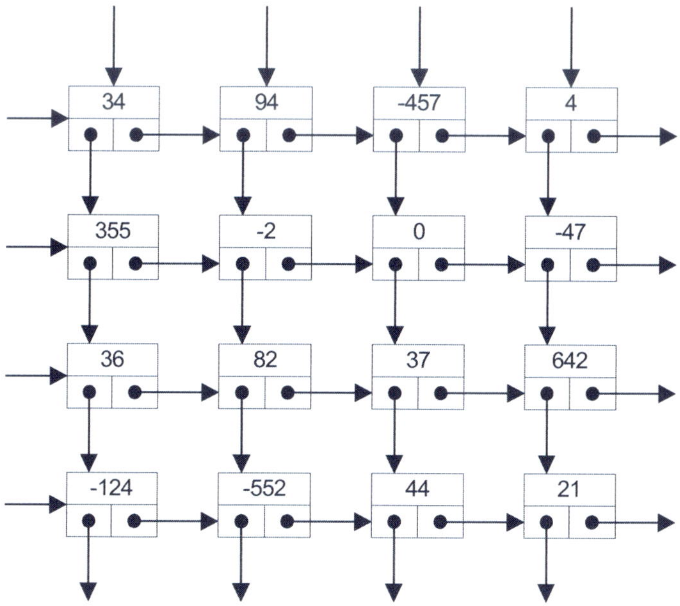

Abbildung 15.1
Ein Beispiel für eine orthogonale Liste

Die Darstellung erinnert an eine Matrix. Genau das ist auch einer der Anwendungsbereiche der orthogonalen Listen. Durch die Listenstruktur lassen sich auch dünn besetzte Matrizen darstellen, denn es muss nicht grundsätzlich für jedes

Matrizen-Element ein Knoten angelegt werden. Wie schon bei den Implementierungen in Kapitel 11.4 könnten wir hier den Ansatz verfolgen, nur für Matrizen-Elemente ungleich 0 einen Knoten anzulegen. Abbildung 15.2 zeigt ein Beispiel.

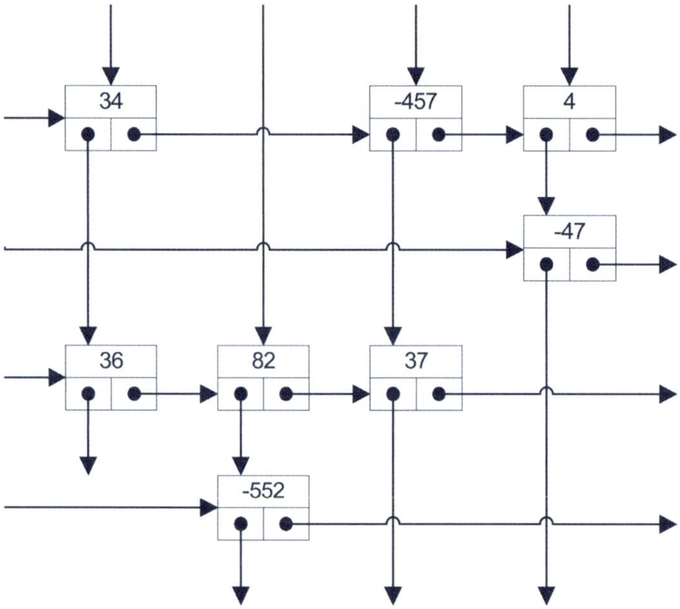

Abbildung 15.2
Eine dünn besetzte Matrix als orthogonale Liste

Auch wenn es vielleicht auf den ersten Blick nicht auffällt, haben wir hier ein kleines Verwaltungsproblem. Schauen Sie sich einmal die beiden Knoten mit den Werten 34 und 82 an. Beide Knoten sind in ihren jeweiligen vertikalen Listen die ersten Knoten ihrer Liste, obwohl der Knoten mit dem Wert 34 eine y-Koordinate von 0 und der Knoten mit dem Wert 82 eine y-Koordinate mit dem Wert 2 hat.

Die Konsequenz daraus bedeutet: Wir müssen in jedem Knoten speichern, für welche Koordinaten er das Matrizen-Element enthält.

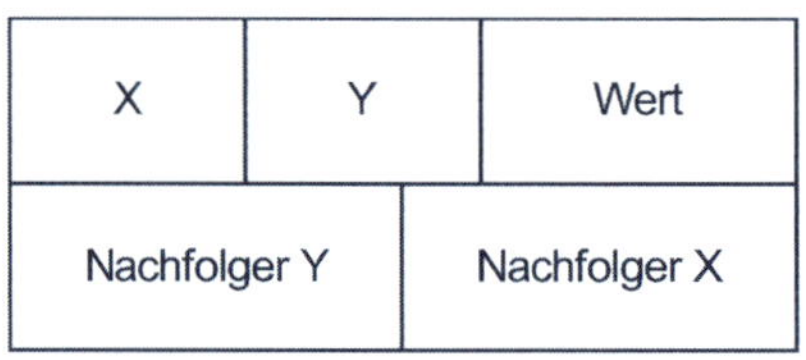

Abbildung 15.3
Der Aufbau eines Knotens für unsere orthogonale Liste

So weit, so gut. Wenn wir Abbildung 15.2 genauer betrachten, dann sehen wir zwar Knoten, aber keine Listen. In Abbildung 15.4 sind die Listenköpfe eingezeichnet.

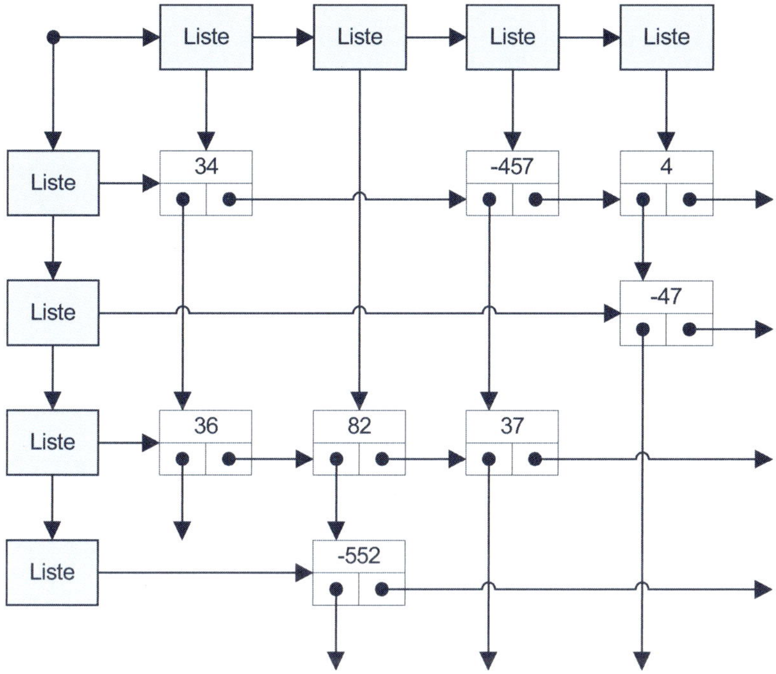

Abbildung 15.4
Die vertikalen und horizontalen Listenköpfe sind untereinander wiederum verkettet.

Es fällt auf, dass die vertikalen und horizontalen Listenköpfe aus Verwaltungsgründen ebenfalls untereinander wieder verkettet sein müssen. Eine schnell aus der Hüfte geschossene Lösung könnte so aussehen:

- Die vertikalen Listen benutzen zur Verkettung der Knoten ein anderes Knoten-Attribut als die horizontalen Listen. Wir bräuchten demnach eine Klasse `XListe` und eine Klasse `YListe`.
- Die Listen selbst sind untereinander ebenfalls verkettet, es müssten zwei weitere Klassen `XHauptliste` und `YHauptliste` her.
- Um die komplette Listenverwaltung zu organisieren, benötigen wir noch eine übergeordnete Klasse `OrthogonaleListe`.

Inklusive der Knotenklasse wären wir damit bei sechs Klassen angelangt.

15.1 Ein Ansatz mit wenigen Klassen

Mit ein wenig Gehirnschmalz und Erinnerung an die C++-Sprachmerkmale können wir aber eine weitaus elegantere Lösung entwerfen:

- Mit Hilfe der Zeiger auf Klassenelemente (Kapitel 3.1.3) können wir das Knotenattribut, welches zur Verkettung verwendet werden soll, variabel halten. Wir brauchen dann nicht mehr zwischen den X- und den Y-Listen zu unterscheiden.

- Setzen wir Klassen-Templates ein (Kapitel 8.1), dann können wir ein Listen-Template `Liste<Typ>` entwerfen. Die einzelnen vertikalen und horizontalen Listen wären dann Listen, die den Nutz-Typ verwalten. Die vorhin als Hauptlisten bezeichneten Listen wären demnach lediglich Listen, die den Typ `Liste<Typ>` verwalten.
- Eine übergeordnete Klasse `OrthogonaleListe` brauchen wir weiterhin.

Mit diesem Ansatz benötigen wir im Vergleich zur vorigen Lösung lediglich drei Klassen. Es ist natürlich davon auszugehen, dass wir diese Klasseneinsparung durch etwas schlechteres Laufzeitverhalten oder geringfügig höheren Speicherbedarf bezahlen müssen.

Schauen Sie sich in Abbildung 15.5 einmal eine mit dem neuen Ansatz aufgebaute orthogonale Liste an.

Abbildung 15.5
Der zu implementierende Ansatz für unsere orthogonale Liste

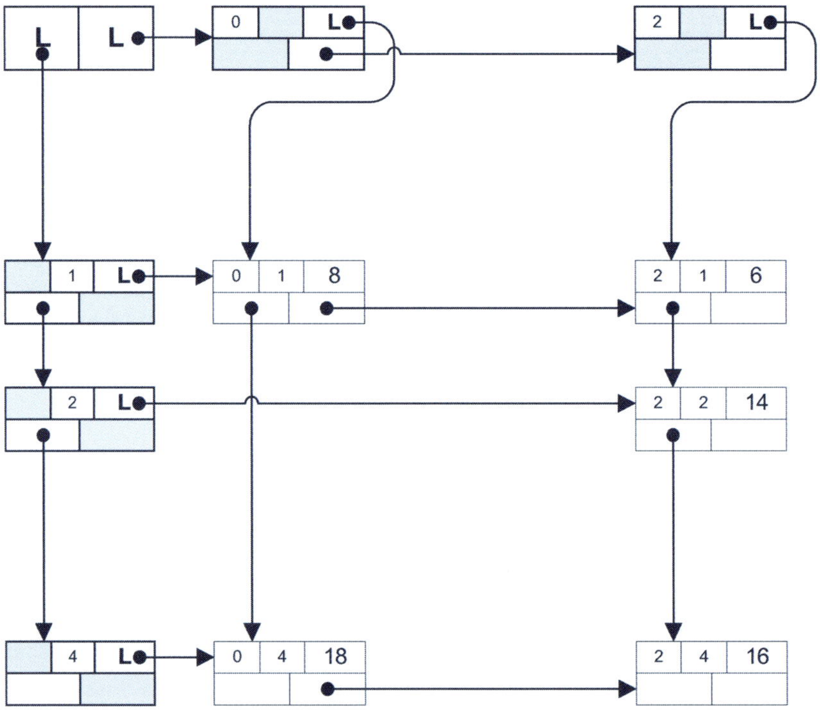

Die mit „L" angezeigten Elemente sind Objekte der Template-Klasse `Liste`. Die beiden oberen linken „L" sind die Hauptlisten (`Liste<Liste<Typ>*>`), die jeweils alle vertikalen und alle horizontalen Listen miteinander verketten. Bei ihren Knoten sind immer die beiden Attribute der anderen Koordinate unbenutzt. An dieser Stelle haben wir den gegenüber der spezielleren Lösung prognostizierten Mehrbedarf an Speicher.

Die zur Verkettung der vertikalen und horizontalen Listen verwendeten Knoten haben als Nutzdaten ein Objekt der Klasse `Liste<Typ>`.

15.1.1 Die Klasse Knoten

Wenn wir noch einmal Abbildung 15.3 betrachten, dann sehen wir, dass immer jeweils zwei Attribute in direkter Beziehung zueinander stehen: Die Koordinate und der Nachfolger. Ist der Knoten über NachfolgerX verknüpft, dann muss ich zur Ermittlung der korrekten Position die X-Koordinate vergleichen. Dasselbe gilt für NachfolgerY und die Y-Koordinate.

Damit wir später mit dem Zeiger auf Funktionen einfacheres Spiel haben, fassen wir die beiden zusammengehörigen Attribute zu einem Objekt der Klasse `Achse` zusammen:

Listing 15.1
Die lokal in Knoten definierte Klasse Achse

```
class Achse {
public:
  Knoten *m_nachfolger;
  size_type m_wert;
  Achse(size_type w, Knoten* n=0)
    : m_nachfolger(n), m_wert(w)
  {}
};
```

Ein Objekt der Klasse `Achse` besteht aus einem Koordinaten-Wert und einem `Knoten`-Nachfolger. Darüber hinaus existiert ein Konstruktor, dem der Koordinaten-Wert und optional der Nachfolger übergeben wird.

Der Datentyp `size_type` wurde in der äußeren `Knoten`-Klasse definiert.

Die Attribute sind alle öffentlich, um einfacher auf sie zugreifen zu können. Zur Datenkapselung sage ich später noch etwas.

Mit Hilfe von `Achse`-Objekten lässt sich nun der Knoten aufbauen:

Listing 15.2
Das Klassen-Template Knoten

```
template<typename Typ>
class Knoten {
public:
  typedef unsigned long size_type;

//-----------------------------------------------------------

  class Achse { /* ... */ };

//-----------------------------------------------------------

  typedef Achse Knoten::* link_type;

//-----------------------------------------------------------

  Achse m_x;
  Achse m_y;
  Typ m_objekt;

//-----------------------------------------------------------

  Knoten(size_type x, size_type y, const Typ& o=Typ())
    : m_x(Achse(x)), m_y(Achse(y)), m_objekt(o)
  {}
};
```

12: Hier wird der Zeiger auf Klassen-Elemente als Typ definiert. Der Zeiger kann auf Attribute vom Typ `Achse` der Klasse `Knoten` zeigen. Den Typ habe ich `link_type` genannt.

16-18: Die Attribute. Für jede Achse ein `Achse`-Objekt und `m_objekt` als Behälter der Nutzdaten.

22-24: Der Konstruktor. Ihm müssen die Koordinaten des Knotens übergeben werden. Die Angabe der Nutzinformation ist optional.

15.1.2 Die Klasse Liste

Als nächstes betrachten wir eine der Kernklassen; die Liste:

Listing 15.3
Das Klassen-Template Liste mit Attributen und den trivialen Methoden

```
01 template<typename Typ>
02 class Liste {
03
04   typedef Knoten<Typ> knot_type;
05   typedef typename knot_type::size_type size_type;
06   typedef typename knot_type::link_type link_type;
07
08 //-----------------------------------------------------------
09
10   explicit Liste(link_type p)
11     : m_erster(0), m_achse(p), m_anzahl(0)
12   {}
13
14 //-----------------------------------------------------------
15
16   size_type size() const {
17     return(m_anzahl);
18   }
19
20 //-----------------------------------------------------------
21
22
23   Knoten<Typ>* m_erster;
24   size_type m_anzahl;
25   link_type m_achse;
26
27 };
```

Üblicherweise würde man bei einer einfach verketteten Liste noch ein Attribut `m_letzter` hinzufügen, um in O(1)-Zeit Elemente an die Liste anhängen zu können. In unserem Fall ist das Anhängen aber ein Sonderfall, der im Vergleich zu anderen Einfüge-Positionen recht selten eintritt und ohne speziellen Code ohnehin erst festgestellt wird, nachdem die Liste durchlaufen wurde.

04: Definition des in dieser Liste verwendeten Knoten-Typs.

05: Als `size_type` wird der des Knoten-Typs übernommen (weitere Informationen zu `typename` finden Sie in Abschnitt 8.5).

06: Auch der `link_type` wird vom Knoten-Typ übernommen.

10-12: Dem Konstruktor wird die zu verwendende Achse übergeben.

23: Das Attribut `m_erster` zeigt auf den ersten Knoten der Liste.

24: `m_anzahl` hält die Anzahl der in der Liste gespeicherten Elemente fest.

25: Das Attribut `m_achse` hält fest, welche Achse zur Verlinkung verwendet werden soll.

Die Methode fuegeKnotenHinzu

Die Methode `fuegeKnotenHinzu` fügt einen Knoten zur Liste hinzu. Interessant ist hier die Tatsache, dass die Liste den einzufügenden Knoten nicht selbst erstellt (was ja durchaus in ihren Verantwortungsbereich fallen könnte), sondern ihr der einzufügende Knoten übergeben werden muss. Der Grund ist schnell gefunden: Bei einer orthogonalen Liste muss ein Knoten in zwei Listen (der horizontalen und der vertikalen) eingefügt werden. Würde `fuegeKnotenHinzu` den Knoten selbst anlegen, dann hätte jede Liste ihren eigenen Knoten.

Listing 15.4
Die Methode fuegeListeHinzu von Liste

```
01 bool fuegeKnotenHinzu(knot_type* k) {
02   knot_type* akt=m_erster;
03   knot_type* vor;
04   while(akt && (akt->*m_achse).m_wert<(k->*m_achse).m_wert) {
05     vor=akt;
06     akt=(akt->*m_achse).m_nachfolger;
07   }
08   if(akt) {
09     if((akt->*m_achse).m_wert==(k->*m_achse).m_wert) {
10       return(false);
11     }
12     else {
13       if(akt==m_erster) {
14         m_erster=k;
15         (k->*m_achse).m_nachfolger=akt;
16       }
17       else {
18         (k->*m_achse).m_nachfolger=akt;
19         (vor->*m_achse).m_nachfolger=k;
20       }
21     }
22   }
23   else {
24     if(!m_erster)
25       m_erster=k;
26     else
27       (vor->*m_achse).m_nachfolger=k;
28   }
29   m_anzahl++;
30   return(true);
31 }
```

02-07: Bei einer einfach verketteten Liste muss der Knoten vor und der Knoten hinter der Einfüge-Position bekannt sein (Im Gegensatz zu einer doppelt verketteten Liste, bei der problemlos der Vorgänger-Knoten ermittelt werden kann). Deswegen wird die Liste mit zwei Zeigern (`akt` und `vor`) durchlaufen, und zwar so lange wie der Knoten, auf den `akt` zeigt, noch einen kleineren Koordinaten-Wert besitzt als der einzufügende Knoten. Auf den Koordinaten-Wert und den Knoten-Nachfolger wird hier und im weiteren Verlauf über den Zeiger auf Klassenelemente `m_achse` zugegriffen.

08: Sollte nach dem Schleifendurchlauf der Zeiger `akt` noch auf einen Knoten zeigen, dann ist dies der Knoten, der hinter dem einzufügenden Knoten liegen wird.

09-10: Hier wird geprüft, ob akt nicht denselben Koordinaten-Wert besitzt, wie der einzufügende Knoten. Weil später immer geprüft wird, ob bereits ein Knoten mit entsprechendem Koordinaten-Wert existiert, dürfte dieser Fall nie eintreten.

13-15: Ist akt – also der Knoten, der hinter dem einzufügenden Knoten liegt – augenblicklich der erste Knoten der Liste, dann wird der einzufügende Knoten der neue erste Knoten der Liste. Der Zeiger m_erster muss entsprechend angepasst werden. Der vormals erste Knoten der Liste wird zum Nachfolger des einzufügenden Knoten.

17-20: Wird der einzufügende Knoten irgendwo in der Liste eingefügt, dann muss der Knoten vor dem einzufügenden Knoten (vor) als Nachfolger den einzufügenden Knoten bekommen. Der Knoten hinter dem einzufügenden Knoten (akt) bekommt den einzufügenden Knoten als Nachfolger.

23: Sollte akt auf keinen Knoten zeigen, dann ist der einzufügenden Knoten entweder der erste Knoten der Liste oder er wird der letzte Knoten der Liste.

24-25: Sollte noch kein Knoten in der Liste sein, dann wird der einzufügende Knoten der erste Knoten der Liste. Das Attribut m_erster wird deswegen auf ihn verweisen.

26-27: Sollten bereits Knoten in der Liste sein, dann verweist vor an dieser Stelle auf den letzten Knoten der Liste und der einzufügende Knoten wird der neue letzte Knoten. Daher verweist der ehemals letzte Knoten nun auf den eingefügten Knoten.

29: Die Anzahl der in der Liste befindlichen Knoten wird um eins erhöht.

Die Methode entferneKnoten

Die Methode entferneKnoten entfernt den Knoten lediglich aus der Liste, löscht ihn aber nicht. Das ist nur konsequent, weil die Liste den Knoten ja auch nur eingefügt, aber nicht erzeugt hat.

Listing 15.5
Die Methode entferneKnoten von Liste

```
bool entferneKnoten(knot_type* k) {
  knot_type* akt=m_erster;
  knot_type* vor=0;
  while(akt && akt!=k) {
    vor=akt;
    akt=(akt->*m_achse).m_nachfolger;
  }
  if(akt) {
    if(vor)
      (vor->*m_achse).m_nachfolger=(akt->*m_achse).m_nachfolger;
    else
      m_erster=(akt->*m_achse).m_nachfolger;
    m_anzahl--;
    return(true);
  }
  return(false);
}
```

02-07: Wie bei `fuegeKnotenHinzu` läuft die Schleife mit zwei Zeigern durch die Knoten der Liste.

08: Wenn der zu löschende Knoten gefunden wurde, werden weitere Schritte unternommen.

09-10: Sollte `vor` auf einen Knoten zeigen, dann zeigt `akt` nicht auf den ersten Knoten der Liste. Der Nachfolger von `akt` wird dann zum Nachfolger von `vor`. Der gewünschte Knoten ist aus der Liste entfernt.

11-12: Zeigt `vor` auf keinen Knoten, dann ist der Knoten, auf den `akt` zeigt, der erste Knoten der Liste. Er wird entfernt, indem das Attribut `m_erster` auf den Nachfolger von `akt` zeigt.

13: Die Anzahl der in der Liste befindlichen Knoten wird um eins vermindert.

Die Methode ermittleKnoten

Mit Hilfe dieser Methode kann nach einem Knoten mit speziellem Koordinaten-Wert gesucht werden. Wird ein solcher Knoten nicht gefunden, dann liefert die Methode einen Nullzeiger zurück.

Listing 15.6
Die Methode ermittleKnoten von Liste

```
knot_type* ermittleKnoten(size_type w) const {
  knot_type* akt=m_erster;
  knot_type* vor;
  while(akt && (akt->*m_achse).m_wert<w) {
    vor=akt;
    akt=(akt->*m_achse).m_nachfolger;
  }
  if(akt) {
    if((akt->*m_achse).m_wert==w)
      return(akt);
    else
      return(0);
  }
  else
    return(0);
}
```

Weil bei orthogonalen Listen ein Knoten immer in zwei Listen enthalten ist, ergänzen wir die Klassen-Schnittstelle um eine `ermittleKnoten`-Methode für Knoten:

Listing 15.7
Die Methode ermittleKnoten für Knoten

```
knot_type* ermittleKnoten(knot_type* k) const {
  return(ermittleKnoten((k->*m_achse).m_wert));
}
```

15.1.3 Die Klasse OrthogonaleListe

Die Klasse, der die Haupt-Verwaltungsfunktion zukommt, heißt `Orthogonale-Liste`. Ihr Definitions-Skelett sieht so aus:

Listing 15.8
Das Definitions-Skelett von OrthogonaleListe

```
template<typename Typ>
class OrthogonaleListe {
public:
  typedef Liste<Typ> list_type;
  typedef typename list_type::knot_type knot_type;
  typedef typename knot_type::size_type size_type;

  typedef Liste<list_type*> main_list_type;
  typedef typename main_list_type::knot_type main_knot_type;

private:
  size_type m_breite;
  size_type m_hoehe;
  main_list_type m_listeX;
  main_list_type m_listeY;
};
```

Es werden allerlei Typen definiert:

- `list_type`. Der Listentyp, der die orthogonal verketteten Knoten verwaltet.
- `knot_type`. Der von `list_type` verwendete Knoten-Typ.
- `main_list_type`. Der Listentyp, der die vertikalen und horizontalen Listen verkettet.
- `main_knot_type`. Der von `main_list_type` verwendete Knoten-Typ.
- `size_type`. Der von `knot_Type` übernommene Größen-Typ.

Der Konstruktor

Dem Konstruktor wird die maximale Breite und Höhe angegeben.

Listing 15.9
Der Konstruktor von OrthogonaleListe

```
OrthogonaleListe(size_type b, size_type h)
  : m_breite(b),
    m_hoehe(h),
    m_listeX(&main_knot_type::m_x),
    m_listeY(&main_knot_type::m_y)
{}
```

Hier findet zum ersten Mal für dieses Projekt eine Initialisierung eines Zeigers auf Klassenelemente statt. Die Liste `m_listeX` verwendet zur Verkettung das Attribut `m_x` ihres Knoten-Typs. Analog dazu macht `m_listeY` Gebrauch von `m_y`. Die Bestimmung der beiden Verkettungs-Attribute ist im Konstruktor hervorgehoben.

Der Destruktor

Die mit dem Listen-Template `Liste` erzeugten Listen fügen Knoten nur ein oder entfernen sie wieder. Sie erzeugen oder zerstören sie jedoch nicht. Der Destruktor von OrthogonaleListe muss deshalb für die ordnungsgemäße Zerstörung der Knoten und Listen sorgen. Ist dieser Destruktor für Sie einleuchtend und nachvollziehbar, dann ist das ein gutes Zeichen dafür, dass Sie das Thema Zeiger verstanden haben.

Listing 15.10
Der Destruktor von OrthogonaleListe

```
01 ~OrthogonaleListe() {
02   main_knot_type* makt=m_listeX.m_erster;
03   main_knot_type* mnach;
04   while(makt) {
05     mnach=(makt->*(m_listeX.m_achse)).m_nachfolger;
06
07     knot_type* akt=makt->m_objekt->m_erster;
08     knot_type* nach;
09     while(akt) {
10       nach=(akt->*(makt->m_objekt->m_achse)).m_nachfolger;
11       delete(akt);
12       akt=nach;
13     }
14
15     delete(makt->m_objekt);
16     delete(makt);
17     makt=mnach;
18   }
19
20   makt=m_listeY.m_erster;
21   while(makt) {
22     mnach=(makt->*(m_listeY.m_achse)).m_nachfolger;
23     delete(makt->m_objekt);
24     delete(makt);
25     makt=mnach;
26   }
27 }
```

02-04: Die Schleife läuft die Liste der vertikalen Listen durch.

05: Die nächste der vertikalen Listen wird bestimmt.

07: Von der aktuellen vertikalen Liste wird der erste Knoten bestimmt.

09: Die Schleife durchläuft alle Knoten der vertikalen Liste.

10: Der nächste Knoten der aktuellen vertikalen Liste wird bestimmt.

11: Der aktuelle Knoten der vertikalen Liste wird zerstört.

15: Die aktuelle vertikale Liste wird zerstört.

16: Der Knoten, der die aktuelle vertikale Liste als Nutzdaten speicherte, wird zerstört.

20-26: Die Schleife durchläuft die Liste der horizontalen Listen. Die Knoten aller horizontalen Listen wurden bereits zerstört, weil sie ebenfalls Knoten der vertikalen Listen waren. In dieser Schleife müssen daher nur noch die horizontalen Listen selbst sowie die sie enthaltenden Knoten zerstört werden.

Die Methode get

Die Methode `get` ermittelt einen in der orthogonalen Liste gespeicherten Wert anhand seiner Koordinaten. Dabei spielt es keine Rolle, ob wir zuerst die Liste der vertikalen Listen durchlaufen, um dann in der entsprechenden vertikalen Liste den gewünschten Knoten zu suchen, oder ob wir zuerst die Liste der horizontalen Listen durchlaufen und dann den Knoten suchen. Es ist eben eine orthogonale Liste, in der ein Knoten immer in zwei Listen steht.

Listing 15.11
Die Methode get von OrthogonaleListe

```
01 Typ get(size_type x, size_type y) const {
02   main_knot_type* mkn=m_listeX.ermittleKnoten(x);
03   if(!mkn)
04     return(Typ());
05   knot_type* kn=mkn->m_objekt->ermittleKnoten(y);
06   if(!kn)
07     return(Typ());
08   return(kn->m_objekt);
09 }
```

02: In der Liste der vertikalen Listen wird der Knoten gesucht, der die vertikale Liste mit der gewünschten X-Koordinate beinhaltet.

03-04: Wird ein solcher Knoten nicht gefunden, dann existiert für die angegebenen Koordinaten kein Wert. Es wird der Standard-Wert des verwalteten Datentyps zurück gegeben.

05: Innerhalb der gefundenen vertikalen Liste wird nach dem Knoten mit der gewünschten Y-Koordinate gesucht.

06-07: Existiert ein solcher Knoten nicht, dann ist für die angegebenen Koordinaten kein Wert gespeichert und der Standard-Wert des verwalteten Datentyps wird zurück gegeben.

08: Der Knoten mit den gewünschten Koordinaten ist gefunden und sein gespeicherter Inhalt wird zurück gegeben.

Die Methode set

Mit Hilfe von set kann ein Wert in der orthogonalen Liste gespeichert werden. Auch wenn sich das auf den ersten Blick nicht aufwändig anhört, müssen insbesondere bei einem zu speichernden Standard-Wert einige Sonderfälle berücksichtigt werden.

Listing 15.12
Die Methode set von OrthogonaleListe

```
void set(size_type x, size_type y, const Typ& o) {
  bool zero=(o==Typ());
  main_knot_type* mknX=m_listeX.ermittleKnoten(x);
  if(!mknX) {
    if(zero)
      return;
    mknX=new main_knot_type(x,0);
    mknX->m_objekt=new list_type(&knot_type::m_y);
    m_listeX.fuegeKnotenHinzu(mknX);
  }

  main_knot_type* mknY=m_listeY.ermittleKnoten(y);
  if(!mknY) {
    if(zero)
      return;
    mknY=new main_knot_type(0,y);
    mknY->m_objekt=new list_type(&knot_type::m_x);
    m_listeY.fuegeKnotenHinzu(mknY);
  }
```

Listing 15.12 (Forts.)
Die Methode set von OrthogonaleListe

```
20
21   knot_type* kn=mknX->m_objekt->ermittleKnoten(y);
22   if(!kn) {
23     if(zero)
24       return;
25     kn=new knot_type(x,y,o);
26     mknX->m_objekt->fuegeKnotenHinzu(kn);
27     mknY->m_objekt->fuegeKnotenHinzu(kn);
28     return;
29   }
30
31   if(zero) {
32     mknX->m_objekt->entferneKnoten(kn);
33     mknY->m_objekt->entferneKnoten(kn);
34     delete(kn);
35     if(!mknX->m_objekt->size()) {
36       m_listeX.entferneKnoten(mknX);
37       delete(mknX->m_objekt);
38       delete(mknX);
39     }
40     if(!mknY->m_objekt->size()) {
41       m_listeY.entferneKnoten(mknY);
42       delete(mknY->m_objekt);
43       delete(mknY);
44     }
45
46   }
47   else {
48     kn->m_objekt=o;
49   }
50 }
```

02: Um spätere Abfragen zu vereinfachen, wird ein boolescher Wert `zero` angelegt, der angibt, ob der Standard-Wert gespeichert werden soll oder nicht.

03: Es wird nach einer vertikalen Liste gesucht, die der gewünschten X-Koordinate entspricht. Wie schon bei `get` hätten wir auch mit der Liste der horizontalen Listen beginnen können.

04-06: Sollte ein solcher Knoten nicht gefunden werden und der zu speichernde Wert dem Standard-Wert entsprechen, dann braucht keine weitere Aktion unternommen zu werden, denn Standard-Werte werden in der orthogonalen Liste nicht gespeichert.

07-09: Existiert keine vertikale Liste mit der gewünschten Koordinate, der zu speichernde Wert ist aber ungleich dem Standard-Wert, dann wird eine neue vertikale Liste angelegt und in die Liste der vertikalen Listen eingefügt.

11: An dieser Stelle zeigt `mknX` auf eine gültige vertikale Liste, egal ob sie gefunden oder neu angelegt wurde.

12-19: Analog zu den vorigen Zeilen wird hier nach einer horizontalen Liste mit der gewünschten Koordinate gesucht. Sollte diese nicht existieren, der zu speichernde Wert aber ungleich dem Standard-Wert sein, dann wird eine neue Liste angelegt und zur Liste der horizontalen Listen hinzugefügt.

20: Die Zeiger `mknX` und `mknY` zeigen nun auf die verantwortlichen Listen.

22-24: In der vertikalen Liste wird nach einem Knoten mit der gewünschten Y-Koordinate gesucht. Existiert dieser nicht und der zu speichernde Wert ist der Standard-Wert, dann ist die Methode fertig.

25-28: Existiert ein Knoten mit den gewünschten Koordinaten nicht und der zu speichernde Wert ist nicht der Standard-Wert, dann wird ein neuer Knoten mit dem zu speichernden Wert angelegt und dieser in die verantwortliche vertikale und horizontale Liste eingefügt.

31-34: Ist ein Knoten gefunden worden, der zu speichernde Wert aber der Standard-Wert, dann wird der entsprechende Knoten aus seiner vertikalen und horizontalen Liste entfernt und zerstört (Standard-Werte werden nicht gespeichert).

35-39: Sollte das Entfernen des Knotens aus der vertikalen Liste zu einer Liste ohne Knoten geführt haben, dann wird die vertikale Liste aus der Liste der vertikalen Knoten entfernt und zerstört.

40-44: Wie 35-39, nur für die horizontale Liste.

47-48: Sollte der zu speichernde Wert nicht dem Standard-Wert entsprechen und ein entsprechender Knoten zum Speichern gefunden worden sein, dann wird der Wert in diesem Knoten gespeichert.

15.1.4 Zusammenfassung

Der hier realisierte Ansatz, auch wenn er zunächst wegen seines Einsatzes von nicht alltäglichen Sprachmitteln viel versprechend aussah, wird nicht in die Annalen der Objektorientierten Programmierung eingehen.

Rein C++-technisch hatten wir die Möglichkeit, noch einmal exzessiv mit Zeigern zu arbeiten und auch die ziemlich selten auftauchenden Zeiger auf Klassenelemente sinnvoll einzusetzen. Von der OOP her liegt aber einiges im Argen. Allem voran auf jeden Fall die Datenkapselung. Auch die Verantwortlichkeiten sind schwammig auf die einzelnen Klassen verteilt. Das Template Liste war für unser Projekt zwar vielseitig einsetzbar, aber trotzdem wurde die meiste Arbeit von der Hauptklasse `OrthogonaleListe` erledigt.

Wir werden im nächsten Abschnitt einen anderen Weg gehen, der einige der im ersten Ansatz auftretenden Wege vermeidet. Natürlich müssen wir auch dafür einen Preis zahlen: Es werden mehr Klassen verwendet und der Quellcode wird länger.

15.2 Ein Ansatz mit STL und Datenkapselung

Wir wollen nun die orthogonale Liste erneut implementieren, jetzt aber stärker auf die Datenkapselung achten und auf bereits implementierte Strukturen – hier speziell die STL – zurück greifen.

15.2.1 Die Klasse Knoten

Die Knoten werden jetzt nicht mehr mit einer selbst implementierten einfach verketteten Liste verwaltet, sondern wir greifen auf die Liste der STL zurück. Aus diesem Grund benötigen wir keine Attribute mehr zum Verketten, sondern können uns auf die Koordinaten und die Nutzdaten beschränken.

Listing 15.13
Die Klasse Knoten

```
template<typename Typ>
class Knoten {
public:
  typedef unsigned long size_type;
//-----------------------------------------------------------
  Knoten(size_type x, size_type y, const Typ& o=Typ())
  : m_x(x), m_y(y), m_objekt(o)
  { }
//-----------------------------------------------------------
  size_type getX() const {
    return(m_x);
  }
  size_type getY() const {
    return(m_y);
  }
//-----------------------------------------------------------
  Typ& getObjekt() {
    return(m_objekt);
  }
//-----------------------------------------------------------
private:
  size_type m_x;
  size_type m_y;
  Typ m_objekt;
};
```

Die Attribute sind nun privat und nur noch über die Methoden der öffentlichen Schnittstelle erreichbar. Nur die Nutzdaten können wegen der Rückgabe als Referenz noch verändert werden. Die Kapselung für den Knoten ist damit akzeptabel.

15.2.2 Die Klasse ListeX

Im Gegensatz zum ersten Ansatz, wo fast die gesamte Arbeit in der Klasse `OrthogonaleListe` verrichtet wurde, bringen wir die Funktionalität mehr in den Low-Level-Klassen unter. Wir legen eine Klasse `ListeX` an, die für alle horizontalen Listen zuständig ist. Diese Klasse übernimmt auch die Knoten-Verantwortung, indem sie die Knoten erzeugt und zerstört.

Die spätere Klasse `ListeY` fügt lediglich existierende Knoten hinzu, beziehungsweise entfernt sie, ohne sie zu zerstören.

Listing 15.14
Das Definitions-Skelett von ListeX

```
template<typename Typ>
class ListeX {
public:
  typedef Knoten<Typ> knot_type;
  typedef std::list<knot_type*> list_type;
  typedef typename knot_type::size_type size_type;
  typedef typename list_type::iterator iterator_type;

//--------------------------------------------------------------

  size_type size() const {
    return(m_liste.size());
  }

//--------------------------------------------------------------

private:
  list_type m_liste;
};
```

Die lokale Klasse Vergleicher

Damit wir die `find`-Algorithmen der STL zum Auffinden unserer Knoten einsetzen können, benötigen wir ein eigenes Funktionsobjekt, denn woher sollte der `find`-Algorithmus wissen, welche Koordinate zum Vergleich herangezogen werden soll. Die Klasse `Vergleicher` wird im lokalen Bereich von `ListeX` definiert:

Listing 15.15
Die lokal in ListeX definierte Klasse Vergleicher

```
class Vergleicher
   : public std::unary_function<knot_type*, bool> {
  size_type m_x;
public:
  explicit Vergleicher(size_type x)
    : m_x(x)
  {}

  bool operator()(const knot_type* k) {
    return(m_x <= k->getX());
  }
};
```

Dem Konstruktor von `Vergleicher` wird die X-Koordinate übergeben, nach der später gesucht werden soll. Der `find`-Algorithmus ruft dann für jedes Objekt den Operator () von `Vergleicher` auf, der wiederum die X-Koordinate des Knotens mit der gespeicherten Koordinate vergleicht und einen wahren Wert liefert, wenn der im `Vergleicher`-Objekt gespeicherte Wert kleiner oder gleich dem Wert der Knoten-Koordinate ist.

Die Methode erzeugeKnoten

Die Methode `erzeugeKnoten` erzeugt einen Knoten mit den gewünschten Koordinaten und dem übergebenen Wert und fügt diesen in die Liste ein.

Listing 15.16
Die Methode erzeugeKnoten von ListeX

```
01 knot_type* erzeugeKnoten(size_type x,
                            size_type y,
                            const Typ& o) {
02   iterator_type iter=std::find_if(m_liste.begin(),
                                     m_liste.end(),
                                     Vergleicher(x));
03   if(iter!=m_liste.end() && (*iter)->getX()==x) {
04     (*iter)->getObjekt()=o;
05     return(*iter);
06   }
07
08   knot_type* k=new Knoten<Typ>(x,y,o);
09   m_liste.insert(iter,k);
10   return(k);
11 }
```

02: Mit Hilfe des `find_if`-Algorithmus und einem Funktionsobjekt der Klasse `Vergleicher` wird in der Liste `m_liste` nach einem Knoten mit einer X-Koordinate gleich oder größer der entsprechenden gesucht. Zur Erinnerung: Der Algorithmus liefert den zweiten an ihn übergebenen Iterator (hier `m_liste.end()`) zurück, wenn kein entsprechender Knoten gefunden wurde.

03-05: Wenn die von `find_if` zurück gelieferte Iterator-Position ungleich `m_liste.end()` ist, also ein Knoten gefunden wurde, und dieser Knoten die gewünschte X-Koordinate besitzt, dann braucht kein neuer Knoten mehr angelegt zu werden, sondern der gefundene Knoten bekommt den zu speichernden Wert zugewiesen.

08: Ein neuer Knoten wird erzeugt.

09: Der Knoten wird vor die übergebene Iterator-Position in die Liste eingefügt. Sollte die Iterator-Position `m_liste.end()` sein, dann wird der Knoten vor die Ende-Position eingefügt. Er wird damit der letzte Knoten der Liste.

10: Der neue oder gefundene Knoten wird zurück geliefert.

Die Methode loescheKnoten

Mit dieser Methode wird ein Knoten aus der horizontalen Liste gelöscht und zerstört.

Listing 15.17
Die Methode loescheKnoten von ListeX

```
bool loescheKnoten(knot_type* k) {
  iterator_type iter=std::find(m_liste.begin(),
                               m_liste.end(),
                               k);
  if(iter==m_liste.end())
    return(false);

  delete(*iter);
  m_liste.erase(iter);
  return(true);
}
```

02: Mit dem `find`-Algorithmus wird nach dem zu löschenden Knoten gesucht.

03-04: Sollte der zu löschende Knoten nicht gefunden worden sein, dann kann auch kein Knoten gelöscht werden.

06: Das `Knoten`-Objekt wird gelöscht.

07: Der Verweis auf den gelöschten Knoten wird aus der Liste entfernt.

Die Methode ermittleKnoten

Im ersten Ansatz unserer orthogonalen Liste spielte es keine Rolle, ob wir einen Knoten über die vertikale oder die horizontale Liste suchen. Dieser Ansatz erlaubt diese Wahl nicht. Nur die Klasse `ListeX` bekommt eine Methode zum Suchen eines Knotens. Die spätere `OrthogonaleListe`-Klasse muss dies berücksichtigen.

Listing 15.18
Die Methode ermittleKnoten von ListeX

```
01 knot_type* ermittleKnoten(size_type x, size_type y) {
02   iterator_type iter=std::find_if(m_liste.begin(),
                                     m_liste.end(),
                                     Vergleicher(x));
03   if(iter!=m_liste.end() && (*iter)->getX()==x)
04     return(*iter);
05   else
06     return(0);
07 }
```

02: Der zu ermittelnde Knoten wird gesucht.

03: Wird ein Knoten gefunden und besitzt der gefundene Knoten die gesuchte X-Koordinate, dann wird seine Adresse zurück geliefert.

06: Wird kein Knoten gefunden, dann gibt die Methode einen Nullzeiger zurück.

Der Destruktor

Objekte der Klasse `ListeX` erzeugen und zerstören Knoten. Ihr Destruktor muss deswegen alle noch in der Liste befindlichen Knoten freigeben:

Listing 15.19
Der Destruktor von ListeX

```
01 ~ListeX() {
02   for(list_type::iterator i=m_liste.begin();
03       i!=m_liste.end();
04       ++i)
05     delete(*i);
06 }
```

15.2.3 Die Klasse HauptlisteY

Alle horizontalen Listen (Objekte der Klasse `ListeX`) müssen selbst wiederum verkettet werden, und zwar in einer vertikalen Liste, deren Klasse wir `HauptlisteY` nennen wollen.

Das Definitions-Skelett der Klasse sieht so aus:

```
template<typename Typ>
class HauptlisteY {
public:
  typedef Knoten<Typ> knot_type;
  typedef typename knot_type::size_type size_type;
private:
  typedef std::list<Knoten> main_list_type;
  typedef typename main_list_type::iterator main_iterator_type;

  main_list_type m_liste;
};
```

Listing 15.20
Das Definitions-Skelett von HauptlisteY

Interessant ist hier die Definition von `main_list_type`. Der Typ ist eine Liste, die Knoten-Objekte verwaltet (keine Verweise auf Knoten!) Offensichtlich kann hier nicht die bisherige `Knoten`-Klasse gemeint sein, denn es fehlt ein Argument für den Template-Parameter.

Um etwas Speicher zu sparen, denn wir brauchen zur Verkettung der Listen nur eine Koordinate, habe ich innerhalb von `HauptlisteY` eine lokale `Knoten`-Klasse definiert, die im Folgenden aufgeführt wird.

Die lokale Klasse Knoten

```
class Knoten {
public:
  size_type m_y;
  ListeX<Typ>* m_listeX;
  Knoten(size_type y, ListeX<Typ>* l)
    : m_y(y), m_listeX(l)
  {}
};
```

Listing 15.21
Die im privaten Bereich von HauptlisteY definierte Klasse Knoten

Die lokale `Knoten`-Klasse besitzt zwei öffentliche Attribute:

- `m_y`. Die Y-Koordinate des entsprechenden `ListeX`-Objekts.
- `m_listeX`. Ein Verweis auf das `ListeX`-Objekt.

Dazu wurde noch ein Konstruktor zur einfacheren Initialisierung der Attribute definiert.

Die Klasse `Knoten` ist im privaten Bereich von `HauptlisteY` definiert, von außen kann daher kein Objekt von ihr erzeugt werden. Keine Methode von `HauptlisteY` gibt ein `Knoten`-Objekt heraus, deshalb bleibt die Datenkapselung gewahrt.

Die lokale Klasse Verwalter

Speziell für die lokale Knoten-Klasse von `HauptlisteY` benötigen wir auch eine eigene `Vergleicher`-Klasse:

```
class Vergleicher : public std::unary_function<Knoten, bool> {
  size_type m_y;
public:
  explicit Vergleicher(size_type y)
    : m_y(y)
  {}

  bool operator()(const Knoten& k) const {
    return(m_y <= k.m_y);
  }
};
```

Listing 15.22
Die im privaten Bereich von HauptlisteY definierte Klasse Verwalter

Die Klasse ist ähnlich aufgebaut wie die `Verwalter`-Klasse in Listing 15.15, nur dass ihr Operator `()` das `m_y`-Attribut der lokalen `Knoten`-Klasse zum Vergleich heran zieht.

Die Methode erzeugeKnoten

Die Klasse `HauptlisteY` verkettet die für die Erzeugung und Zerstörung zuständigen `ListeX`-Objekte, deswegen müssen die `HauptlisteY`-Methoden diese Aufgaben an sie delegieren.

Die Methode `erzeugeKnoten` legt gegebenenfalls eine neue `ListeX` an und gibt ihr den Auftrag, einen Knoten zu erzeugen und einzufügen:

Listing 15.23
Die Methode erzeugeKnoten von HauptlisteY

```
01 knot_type* erzeugeKnoten(size_type x,
                            size_type y,
                            const Typ& o) {
02   main_iterator_type miter=find_if(m_liste.begin(),
                                      m_liste.end(),
                                      Vergleicher(y));
03   if(miter==m_liste.end() || miter->m_y!=y)
04     miter=m_liste.insert(miter, Knoten(y,new ListeX<int>));
05   return(miter->m_listeX->erzeugeKnoten(x,y,o));
06 }
```

02: Es wird nach einem Knoten mit gleicher oder größerer Y-Koordinate gesucht.

03-04: Sollte kein Knoten gefunden worden sein oder der gefundene Knoten nicht der gesuchten Koordinate entsprechen (was bei der `erzeugeKnoten`-Methode der Normalfall sein sollte), dann wird ein neues `ListeX`-Objekt erzeugt, dieses in einen `Knoten` mit passender Y-Koordinate gepackt und dieser in die Hauptliste eingefügt.

05: Zur Erzeugung des Knotens mit den Nutzdaten wird die `erzeugeKnoten`-Methode der gefundenen oder erzeugten `ListeX` aufgerufen und deren Rückgabe-Wert zurückgegeben.

Die Methode loescheKnoten

Diese Methode ruft die Methode `loescheKnoten` der entsprechenden `ListeX` auf und löscht die Liste, wenn sie durch das Entfernen des Knotens leer sein sollte.

Listing 15.24
Die Methode loescheKnoten von HauptlisteY

```
bool loescheKnoten(knot_type* k) {
  main_iterator_type miter=find_if(m_liste.begin(),
                                   m_liste.end(),
                                   Vergleicher(k->getY()));
  if(miter==m_liste.end() || miter->m_y!=k->getY())
    return(false);
  miter->m_listeX->loescheKnoten(k);
  if(miter->m_listeX->size()==0) {
    delete(miter->m_listeX);
    m_liste.erase(miter);
  }
  return(true);
}
```

02: Es wird nach einer Liste mit der entsprechenden Y-Koordinate gesucht.

03-04: Sollte keine Liste gefunden worden sein oder die gefundene Liste nicht die gesuchte Koordinate besitzen, dann wird die Methode beendet.

05: Die Methode `loescheKnoten` der `ListeX` wird aufgerufen.

06-08: Sollte die `ListeX` leer sein, dann wird sie gelöscht und der ihren Verweis enthaltende Knoten aus der Hauptliste entfernt.

Die Methode ermittleKnoten

Damit die `ermittleKnoten`-Methode von `ListeX` nutzbar ist, benötigt `HauptlisteY` ebenfalls eine solche Methode.

Listing 15.25
Die Methode ermittleKnoten von HauptlisteY

```
01 knot_type* ermittleKnoten(size_type x, size_type y) {
02   main_iterator_type miter=find_if(m_liste.begin(),
                                      m_liste.end(),
                                      Vergleicher(y));
03   if(miter!=m_liste.end() && miter->m_y==y)
04     return(miter->m_listeX->ermittleKnoten(x,y));
05   else
06     return(0);
07 }
```

02: Es wird nach einer Liste mit der entsprechenden Y-Koordinate gesucht.

03-04: Sollte eine Liste mit der gesuchten Y-Koordinate gefunden worden sein, dann wird ihre `ermittleKnoten`-Methode aufgerufen und deren Ergebnis zurückgeliefert.

06: Gibt es keine `ListeX` mit der gesuchten Y-Koordinate, dann kann auch kein Knoten mit den gesuchten Koordinaten existieren, daher wird ein Nullzeiger zurückgegeben.

Der Destruktor

Der Destruktor gibt alle `ListeX`-Objekte frei:

Listing 15.26
Der Destruktor von HauptlisteY

```
~HauptlisteY() {
  for(main_list_type::iterator i=m_liste.begin();
      i!=m_liste.end();
      ++i)
    delete(i->m_listeX);
}
```

15.2.4 Die Klasse ListeY

Die Klasse `ListeX` übernimmt bereits die Verantwortung für das Erzeugen und Zerstören der Knoten, die Klasse `ListeY` braucht sich deswegen nur um die vertikale Verkettung existierender Knoten zu kümmern.

Im Folgenden ist das Definitions-Skelett von `ListeY` zusammen mit der für die Such-Funktionalität notwendigen `Vergleicher`-Klasse.

Listing 15.27
Das Definitions-Skelett von ListeY mitsamt der lokalen Klasse Vergleicher

```
template<typename Typ>
class ListeY {
public:
  typedef Knoten<Typ> knot_type;
  typedef std::list<knot_type*> list_type;
  typedef typename knot_type::size_type size_type;
  typedef typename list_type::iterator iterator_type;

private:
  class Vergleicher
    : public std::unary_function<knot_type*, bool> {
    size_type m_y;
  public:
    explicit Vergleicher(size_type y)
      : m_y(y)
    {}

    bool operator()(const knot_type* k) {
      return(m_y <= k->getY());
    }
  };

  list_type m_liste;
};
```

Die Methode fuegeKnotenHinzu

Die Methode `fuegeKnotenHinzu` muss lediglich einen existierenden Knoten in die Liste einfügen.

Listing 15.28
Die Methode fuegeKnotenHinzu von ListeY

```
bool fuegeKnotenHinzu(knot_type* k) {
  iterator_type iter=std::find_if(m_liste.begin(),
                                  m_liste.end(),
                                  Vergleicher(k->getY()));
  if(iter!=m_liste.end() && (*iter)->getY()==k->getY())
    return(false);

  m_liste.insert(iter,k);
  return(true);
}
```

Abgesehen von der Erzeugung eines Knotens ist diese Methode der `erzeuge-Knoten`-Methode in Listing 15.16 sehr ähnlich.

Die Methode entferneKnoten

Diese Methode entfernt einen Knoten aus der Liste, ohne den Knoten zu zerstören.

Listing 15.29
Die Methode entferneKnoten von ListeY

```
bool entferneKnoten(knot_type* k) {
  iterator_type iter=std::find(m_liste.begin(), m_liste.end(), k);
  if(iter!=m_liste.end()) {
    m_liste.erase(iter);
    return(true);
  }
  return(false);
}
```

15.2.5 Die Klasse HauptlisteX

Als letzte der verwaltenden Klassen kommen wir zur Klasse `HauptlisteX`, die alle Listen des Typs `ListeY` verkettet. Wie schon bei `HauptlisteY` verwenden wir aus Speicherplatz sparenden Gründen eine eigene `Knoten`-Klasse.

Mit den Erklärungen zur Klasse `HauptlisteY` in Ihrem Hinterkopf erlaube ich mir, die Klasse `HauptlisteX` hier in einem Guss zu präsentieren:

Listing 15.30
Die Klasse HauptlisteX

```
template<typename Typ>
class HauptlisteX {
public:
  typedef Knoten<Typ> knot_type;
  typedef typename knot_type::size_type size_type;

//------------------------------------------------------------

private:
  class Knoten {
  public:
    size_type m_x;
    ListeY<Typ>* m_listeY;
    Knoten(size_type x, ListeY<Typ>* l)
      : m_x(x), m_listeY(l)
    {}
  };

//------------------------------------------------------------

  typedef std::list<Knoten> main_list_type;
  typedef typename main_list_type::iterator main_iterator_type;

//------------------------------------------------------------

  class Vergleicher : public std::unary_function<Knoten, bool> {
    size_type m_x;
  public:
    explicit Vergleicher(size_type x)
      : m_x(x)
    {}

//------------------------------------------------------------

    bool operator()(const Knoten& k) const {
      return(m_x <= k.m_x);
    }
  };

//------------------------------------------------------------

  main_list_type m_liste;

//------------------------------------------------------------

  ~HauptlisteX() {
    for(main_list_type::iterator i=m_liste.begin();
        i!=m_liste.end();
```

Listing 15.30 (Forts.)
Die Klasse HauptlisteX

```
        ++i)
      delete(i->m_listeY);
  }

//-------------------------------------------------------------

  bool fuegeKnotenHinzu(knot_type* k) {
    main_iterator_type miter=find_if(m_liste.begin(),
                                     m_liste.end(),
                                     Vergleicher(k->getX()));
    if(miter==m_liste.end() || miter->m_x!=k->getX())
      miter=m_liste.insert(miter,
                           Knoten(k->getX(),
                           new ListeY<Typ>));
    return(miter->m_listeY->fuegeKnotenHinzu(k));
  }

//-------------------------------------------------------------

  bool entferneKnoten(knot_type* k) {
    main_iterator_type miter=find_if(m_liste.begin(),
                                     m_liste.end(),
                                     Vergleicher(k->getX()));
    if(miter==m_liste.end() || miter->m_x!=k->getX())
      return(false);
    miter->m_listeY->entferneKnoten(k);
    if(miter->m_listeY->size()==0) {
      delete(miter->m_listeY);
      m_liste.erase(miter);
    }
    return(true);
  }
};
```

15.2.6 Die Klasse OrthogonaleListe

Die Klasse OrthogonaleListe muss jetzt nur noch die Koordination zwischen den beiden Hauptlisten übernehmen.

Die Definition ohne die wesentlichen Methoden get und set sieht so aus:

Listing 15.31
Die Klasse OrthogonaleListe mit Konstruktor

```
template<typename Typ>
class OrthogonaleListe {
public:

  typedef Knoten<Typ> knot_type;
  typedef typename knot_type::size_type size_type;
  typedef HauptlisteX<int> xlist_type;
  typedef HauptlisteY<int> ylist_type;

//-------------------------------------------------------------

  OrthogonaleListe(size_type b, size_type h)
    : m_breite(b), m_hoehe(h)
  {}


```

Listing 15.31 (Forts.)
Die Klasse OrthogonaleListe mit Konstruktor

```
//-------------------------------------------------------------

private:
  xlist_type m_listeX;
  ylist_type m_listeY;
  size_type m_breite;
  size_type m_hoehe;
};
```

Die Methode get

Listing 15.32
Die Methode get von OrthogonaleListe

```
Typ get(size_type x, size_type y) {
  knot_type* k=m_listeY.ermittleKnoten(x,y);
  if(k)
    return(k->getObjekt());
  else
    return(Typ());
}
```

Wegen der gut geleisteten Vorarbeit braucht `get` nur noch die Methode `ermittleKnoten` des `HauptlisteY`-Objekts aufzurufen und bei gefundenem Knoten dessen Wert zurück liefern.

Die Methode set

Je nachdem, ob ein existierender Knoten den Standard-Wert bekommt oder ob ein nicht Standard-Wert an eine nicht existente Stelle geschrieben werden soll, muss `set` das Löschen oder Erstellen eines Knotens in Auftrag geben.

Listing 15.33
Die Methode set von OrthogonaleListe

```
01 void set(size_type x, size_type y, const Typ& o) {
02   bool zero=(o==Typ());
03   knot_type* k=m_listeY.ermittleKnoten(x,y);
04   if(k) {
05     if(zero) {
06       m_listeX.entferneKnoten(k);
07       m_listeY.loescheKnoten(k);
08     }
09     else
10       k->getObjekt()=o;
11   }
12   else {
13     if(zero)
14       return;
15     else {
16       k=m_listeY.erzeugeKnoten(x,y,o);
17       m_listeX.fuegeKnotenHinzu(k);
18     }
19   }
20 }
```

02: Die boolesche Variable `zero` speichert, ob ein Standard-Wert gespeichert werden soll oder nicht.

03: Es wird versucht, den Knoten mit den gewünschten Ziel-Koordinaten zu ermitteln.

06-07: Sollte ein Knoten existieren und in ihm der Standard-Wert gespeichert werden, dann wird der Knoten gelöscht. Die Reihenfolge ist dabei wichtig: Zuerst wird er aus der X-Hauptliste entfernt, um dann über die Y-Hauptliste aus ihr entfernt und zerstört zu werden.

10: Ist ein Knoten mit den gewünschten Koordinaten vorhanden und soll in ihm ein Wert ungleich dem Standard-Wert gespeichert werden, dann bekommt er den zu speichernden Wert zugewiesen.

14: Ist kein Knoten mit den gewünschten Koordinaten vorhanden und soll der Standard-Wert gespeichert werden, dann wird die Methode beendet. (Der Standard-Wert wird nicht physikalisch gespeichert.)

16-17: Wird ein Wert ungleich dem Standard-Wert gespeichert und ist kein Knoten mit den entsprechenden Koordinaten vorhanden, dann muss ein Knoten erstellt werden. Zuerst wird über die Y-Hauptliste ein Knoten erzeugt und in die Liste eingefügt. Anschließend wird er in die X-Hauptliste eingefügt.

15.2.7 Zusammenfassung

Wir haben nun einen Ansatz, der die Kernfunktionalität mit STL-Elementen implementiert. So schön dieser Ansatz auch ist, haben wir nun keinen Zugriff mehr auf die interne Struktur der Listen.

So, wie wir die orthogonale Liste bisher eingesetzt haben, nämlich als dünn besetzte Matrix, reicht die Schnittstelle der Klasse OrthogonaleListe aus. Es gibt jedoch bestimmte Algorithmen, deren Effizienz auf einem direkten Knoten-Zugriff basiert. Wir wollen nun in einem letzten Schritt die technischen Voraussetzungen schaffen, um solche Zugriffe zu ermöglichen. Um einen Zugriff auf die Knoten-Struktur zu gestatten, muss sie unserer Verantwortung unterliegen. Wir müssen also wieder eine eigene Liste programmieren.

15.3 Eine eigene doppelt verkettete Liste

Damit unsere Knoten überhaupt verkettet werden können, müssen wir die Verweise wieder in unserer Knoten-Klasse unterbringen. Wie im ersten Ansatz arbeiten wir mit Zeigern auf Klassenelemente, um nicht zwei Listen programmieren zu müssen.

15.3.1 Die Klasse Knoten

Wie bereits oben erwähnt, müssen wir die Knoten-Klasse wieder um einige Dinge, die wir zuvor entfernt hatten, ergänzen. Wir werden die Verweise auf den Nachfolger- und Vorgänger-Knoten und den Koordinaten-Wert wieder in einer Achse-Klasse zusammen fassen, um später einfacher über den Zeiger auf Klassenelemente zugreifen zu können. Die Änderungen und Erweiterungen der Klasse sind im Listing markiert:

```
template<typename Typ>
class Knoten {
  friend class Liste<Typ>;

public:
  typedef unsigned long size_type;

//-----------------------------------------------------------

  Knoten(size_type x, size_type y, const Typ& o=Typ())
  : m_x(x), m_y(y), m_objekt(o) {
  }

//-----------------------------------------------------------

  size_type getX() const {
    return(m_x.m_koord);
  }
  size_type getY() const {
    return(m_y.m_koord);
  }

//-----------------------------------------------------------

  Typ& getObjekt() {
    return(m_objekt);
  }

//-----------------------------------------------------------

private:
  class Achse {
  public:
    explicit Achse(size_type koord,
                   Knoten* vor=0,
                   Knoten* nach=0)
      : m_koord(koord), m_vor(vor), m_nach(nach)
    {}
    Knoten* m_vor;
    Knoten* m_nach;
    size_type m_koord;
  };

//-----------------------------------------------------------

  Achse m_x;
  Achse m_y;
  Typ m_objekt;

//-----------------------------------------------------------

public:
  typedef Achse Knoten::* link_type;
};
```

Listing 15.34
Die Klasse Knoten

Im Vergleich zum allerersten Ansatz haben wir jetzt ein Problem geschaffen, welches durch die engere Datenkapselung entstanden ist: Die Achse-Objekte sind privat, wir können von außen keinen Zeiger mit ihren Adressen initialisieren. Deswegen erweitern wir die Schnittstelle um zwei öffentliche statische Methoden:

Listing 15.35
Die Methoden zur Initialisierung der Zeiger auf Klassenelemente

```
static link_type getXVerweis() {
  return(&Knoten::m_x);
}

static link_type getYVerweis() {
  return(&Knoten::m_y);
}
```

Damit eine spätere Klasse, die sich durch die Knoten-Verkettungen hangeln möchte, auch Zugriff auf die Verweise hat, fügen wir noch vier öffentliche Zugriffs-Methoden hinzu:

Listing 15.36
Die Methoden für den lesenden Zugriff auf die Knoten-Verweise

```
Knoten* getXVor() const {
  return(m_x.m_vor);
}

Knoten* getYVor() const {
  return(m_y.m_vor);
}

Knoten* getXNach() const {
  return(m_x.m_nach);
}

Knoten* getYNach() const {
  return(m_y.m_nach);
}
```

15.3.2 Die Klasse Liste

Nachdem die Klasse Knoten um die zur Verkettung notwendigen Eigenschaften erweitert wurde, können wir uns jetzt an unsere eigene doppelt verkettete Liste begeben.

Sie definiert folgende Typen und Attribute:

Listing 15.37
Das Definitions-Skelett der Klasse Liste

```
template<typename Typ>
class Liste {
public:
  typedef Knoten<Typ> knot_type;
  typedef typename knot_type::size_type size_type;
  typedef typename knot_type::link_type link_type;

private:
  knot_type* m_erster;
  knot_type* m_letzter;
  size_type m_anzahl;
  link_type m_achse;
};
```

Wenn Sie sich an unsere einfach verkettete Liste aus dem ersten Ansatz erinnern, fällt die Berücksichtigung einiger Sonderfälle beim Einfügen und Entfernen von Knoten auf. Wurde der Knoten am Anfang eingefügt oder entfernt, dann musste immer auch der Verweis auf das erste Element der Liste angepasst werden.

Die doppelt verkettete Liste besitzt nun nicht nur einen Verweis auf das erste Element, sondern auch noch einen Verweis auf das letzte Element der Liste. Wir hätten es demnach beim Einfügen mit vier Fällen zu tun:

- Die Liste ist leer: Der Verweis auf den ersten und auf den letzten Knoten muss angepasst werden.
- In eine nicht leere Liste wird ein Element am Anfang eingefügt: Der Verweis auf den ersten Knoten muss angepasst werden.
- In eine nicht leere Liste wird ein Element an das Ende gehängt: Der Verweis auf den letzten Knoten muss aktualisiert werden.
- In eine nicht leere Liste wird ein Element mitten in der Liste eingefügt: Keiner der Listen-Verweise ist betroffen.

Um all diese Fälle zu verallgemeinern bedienen wir uns eines ganz einfachen Tricks: Wir statten unsere Liste am Anfang und am Ende jeweils mit einem Knoten aus, der nicht zum Listen-Inhalt gehört. Abbildung 15.6 zeigt eine leere Liste mit den beiden technisch bedingten Knoten.

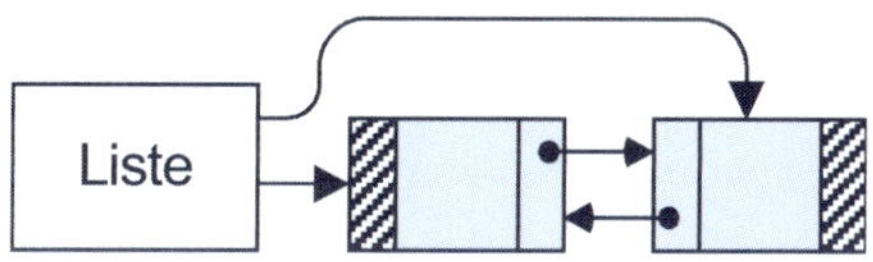

Abbildung 15.6
Eine leere Liste

Diese beiden Knoten werden auch Dummy-Knoten oder Dummy-Elemente genannt. Durch diese beiden Knoten findet jegliche Einfüge- und Entferne-Operation immer zwischen zwei Knoten statt. Die Verweise auf den ersten und auf den letzten Knoten müssen nicht verändert werden. In Abbildung 15.7 sehen Sie eine doppelt verkettete Liste mit drei Elementen.

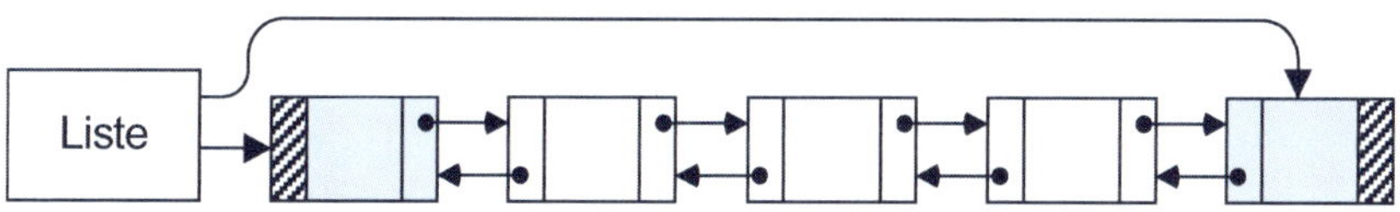

Abbildung 15.7
Eine Liste mit drei Elementen

Der Konstruktor

Dem Konstruktor wird die zur Verkettung einzusetzende Achse übergeben. Er ruft dann die Methode `initialisieren` auf, die eine leere Liste erzeugt.

Listing 15.38
Der Konstruktor von Liste

```
Liste(link_type l)
  : m_achse(l) {
  initialisieren();
}
```

Zugriffs-Methoden für den Zeiger auf Klassenelemente

Um nicht wieder wie im ersten Ansatz die etwas umständliche Schreibweise bei Zeigern auf Klassenelemente einsetzen zu müssen, definieren wir uns für die Listen-Klasse drei private Zugriffs-Methoden:

Listing 15.39
Die Zugriffs-Methoden für die über den Zeiger auf Klassenelemente angesprochenen Knoten-Attribute

```
size_type& koord(knot_type* k) {
  return((k->*m_achse).m_koord);
}

//------------------------------------------------------------

knot_type*& vor(knot_type* k) {
  return((k->*m_achse).m_vor);
}

//------------------------------------------------------------

knot_type*& nach(knot_type* k) {
  return((k->*m_achse).m_nach);
}
```

Die Methode initialisieren

Die Methode `initialisieren` erzeugt die leere Liste mit den beiden Dummy-Elementen. Sie setzt für den Zugriff die im vorigen Abschnitt definierten Zugriffs-Methoden ein:

Listing 15.40
Die Methode initialisieren von Liste

```
void initialisieren() {
  m_erster=new Knoten<Typ>(-1,-1);
  m_letzter=new Knoten<Typ>(-1,-1);
  nach(m_erster)=m_letzter;
  vor(m_erster)=m_erster;
  vor(m_letzter)=m_erster;
  nach(m_letzter)=m_letzter;
  m_anzahl=0;
}
```

Der Destruktor

Der Destruktor gibt lediglich die beiden Dummy-Knoten frei. Alle anderen Knoten der Liste wurden nur eingefügt, nicht erzeugt, daher liegt die Verantwortung für die Zerstörung der Knoten woanders.

Listing 15.41
Der Destruktor von Liste

```
~Liste() {
  delete(m_erster);
  delete(m_letzter);
}
```

Die Methode fuegeKnotenHinzu

Mit dieser Methode kann eine Gruppe von untereinander verketteten Knoten (Anfang und Ende definiert über die Parameter `anf` und `end`) vor eine gewünschte Position `pos` in eine Liste integriert werden.

Listing 15.42
Die Methode fuegeKnotenHinzu von Liste

```
knot_type* fuegeKnotenHinzu(knot_type* pos,
                            knot_type* anf,
                            knot_type* end) {
  vor(anf)=vor(pos);     // 1
  nach(vor(pos))=anf;    // 2
  nach(end)=pos;         // 3
  vor(pos)=end;          // 4
  m_anzahl+=entfernung(anf,end);
  return(anf);
}
```

Abbildung 15.8 stellt den Einfüge-Vorgang grafisch dar. Die Zahlen an den Pfeilen entsprechen den Anweisungen im oberen Listing.

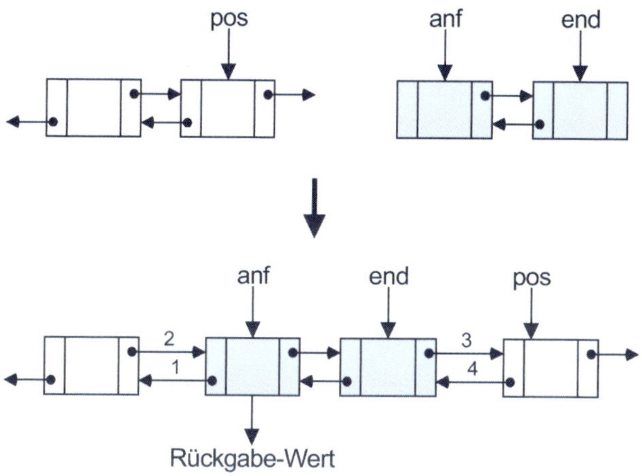

Abbildung 15.8
Der Einfüge-Vorgang bei einer doppelt verketteten Liste

Damit auch problemlos ein einziger Knoten entfernt werden kann, überladen wir der Bequemlichkeit wegen die Methode `fuegeKnotenHinzu`:

Listing 15.43
Die Methode fuegeKnotenHinzu für einen einzelnen Knoten

```
knot_type* fuegeKnotenHinzu(knot_type* pos, knot_type* k) {
  return(fuegeKnotenHinzu(pos,k,k));
}
```

Die Methode entfernung

Mit dieser Methode lässt sich der Abstand zwischen zwei Knoten ermitteln. Sie wird beim Einfügen und Entfernen von Knoten zur Aktualisierung der Element-Anzahl verwendet.

Listing 15.44
Die Methode entfernung von Liste zur Ermittlung der Distanz zwischen zwei Knoten

```
size_type entfernung(knot_type* anf, knot_type* end){
  for(size_type d=1; anf!=end; anf=nach(anf), d++);
  return(d);
}
```

Die Schleife läuft, solange der zweite Knoten nicht erreicht wurde. Zum ordnungsgemäßen Funktionieren dieser Methode ist es notwendig, dass der Knoten `end` in der Liste tatsächlich hinter dem Knoten `anf` liegt.

Die Methode entferneKnoten

Diese Methode entfernt eine beliebige Anzahl hintereinander liegender Knoten, ohne sie zu löschen.

Listing 15.45
Die Methode entferneKnoten von Liste

```
knot_type* entferneKnoten(knot_type* anf, knot_type* end) {
  vor(nach(end))=vor(anf);    // 1
  nach(vor(anf))=nach(end);  // 2
  m_anzahl-=entfernung(anf,end);
  return(nach(end));
}
```

In Abbildung 15.9 sehen Sie den Vorgang des Entfernens grafisch. Die Zahlen beziehen sich wieder auf die Anweisungen im oberen Listing.

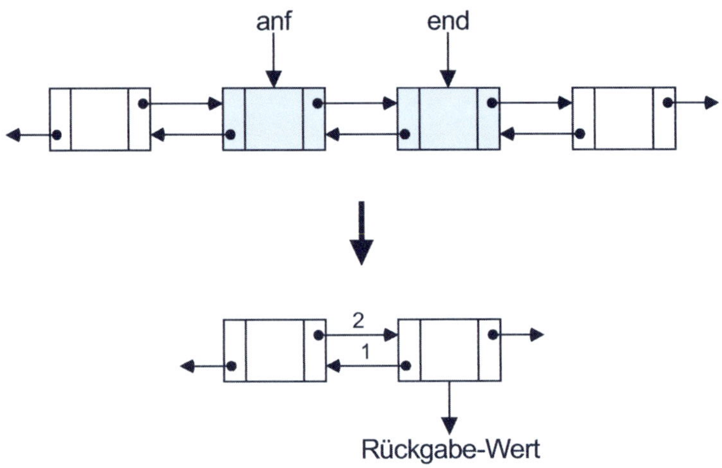

Abbildung 15.9
Der Entferne-Vorgang bei einer doppelt verketteten Liste

Genau wie bei `fuegeKnotenHinzu` wollen wir eine Überladung für einen einzelnen Knoten hinzufügen:

Listing 15.46
Die Methode entferneKnoten für einen einzelnen Knoten

```
knot_type* entferneKnoten(knot_type* k) {
  return(entferneKnoten(k,k));
}
```

15.3.3 Ein Iterator für Liste

Unsere eigene doppelt verkettete Liste soll möglichst ohne große Anpassungen der Klassen `ListeX` und `ListeY` einsetzbar sein. Um dies zu gewährleisten, müssen wir unsere Klasse auf jeden Fall noch mit einem Iterator ausstatten.

Der Iterator wird im öffentlichen Teil von Liste definiert:

Listing 15.47
Das Definitions-Skelett des Iterators mitsamt der Konstruktoren

```
class iterator
: public std::iterator<std::bidirectional_iterator_tag, Typ>  {

  typedef Liste<Typ> list_type;

  friend class list_type;

```

Listing 15.47 (Forts.)
Das Definitions-Skelett des Iterators mitsamt der Konstruktoren

```
//--------------------------------------------------------------

private:
  list_type* m_liste;
  knot_type* m_knoten;

//--------------------------------------------------------------

  iterator( list_type* l, knot_type* k)
  : m_liste(l), m_knoten(k)
  {}

//--------------------------------------------------------------

public:
  iterator() {};
};
```

Unser eigener Iterator leitet von der STL-Klasse `iterator` ab, einer Basisklasse speziell für Iteratoren. Sie definiert die für STL-Iteratoren notwendigen öffentlichen Typen. Mit den Iterator-Tags wird definiert, um was für einen Iterator es sich handelt. Bei einer doppelt verketteten Liste ist ein bidirektionaler Iterator das höchste der Gefühle, denn ein wahlfreier Zugriff wäre nicht mehr in O(1)-Zeit zu realisieren. Das Bewegen vorwärts und rückwärts in der Liste schon.

Der Iterator benötigt zwei Attribute:

- `m_liste`: Die Liste, über die er iteriert.
- `m_knoten`: Der Knoten, auf dem der Iterator gerade „steht".

Der Konstruktor, der einen mit einer Liste verbundenen Iterator erzeugt, ist privat. Durch die friend-Deklaration ist die Listen-Klasse die einzige, die diesen Konstruktor verwenden kann.

Die anderen Konstruktoren (der Standard-Konstruktor und der implizite Kopier-Konstruktor) sind öffentlich.

Beginnen wir nun mit der Funktionalität des Iterators.

Vergleichs-Operatoren

Ein bidirektionaler Iterator benötigt lediglich die Vergleichs-Operatoren == und !=. Ein Iterator mit wahlfreiem Zugriff müsste dagegen alle Vergleichs-Operatoren zur Verfügung stellen.

Listing 15.48
Die Vergleichs-Operatoren des Listen-Iterators

```
bool operator==(const iterator &i) const{
  return(m_knoten==i.m_knoten);
}

//--------------------------------------------------------------

bool operator!=(const iterator &i) const{
  return(m_knoten!=i.m_knoten);
}
```

Zwei Iteratoren sind gleich, wenn sie auf derselben Liste operieren und auf denselben Knoten verweisen. Die Prüfung der Liste ist bei unserer Listenstruktur unerheblich, weil ein Knoten nicht in zwei Listen enthalten sein kann (außer auf einer anderen Achse).

Inkrement-Operatoren

Die Ende-Position eines Iterators liegt per Definition immer *hinter* dem letzten Element eines Containers. Das ist für uns kein Problem, denn hinter dem letzten Listen-Element liegt bei uns noch ein Dummy-Knoten. Sollte der Iterator auf diesen Dummy-Knoten zeigen, dann ist er ein Ende-Iterator, er bewegt sich deshalb durch ein Inkrement nicht mehr.

Listing 15.49
Der Präinkrement-Operator des Listen-Iterators

```
iterator &operator++(){
  if(m_knoten==m_liste->m_letzter)
    return(*this);
  m_knoten=m_liste->nach(m_knoten);
  return(*this);
}
```

Und nun noch der Postinkrement-Operator:

Listing 15.50
Der Postinkrement-Operator des Listen-Iterators

```
iterator operator++(int){
  if(m_knoten==m_liste->m_letzter)
    return(*this);
  iterator t=*this;
  m_knoten=m_liste->nach(m_knoten);
  return(t);
}
```

Dekrement-Operatoren

Die Dekrement-Operatoren sind ähnlich den Inkrement-Operatoren aufgebaut. Die Start-Position eines Iterators ist das erste Element des Containers. Sollte sich der Iterator also auf dem ersten Knoten befinden, dann darf kein Inkrement mehr ausgeführt werden.

Listing 15.51
Die Dekrement-Operatoren des Listen-Iterators

```
iterator &operator--(){
  if(m_knoten==m_liste->nach(m_liste->m_erster))
    return(*this);
  m_knoten=m_liste->vor(m_knoten);
  return(*this);
}

//-----------------------------------------------------------

iterator operator--(int){
  if(m_knoten==m_liste->nach(m_liste->m_erster))
    return(*this);
  iterator t=*this;
  m_knoten=m_liste->vor(m_knoten);
  return(t);
}
```

Dereferenzierungs- und Zeiger-Operator

Diese beiden Operatoren unterscheiden sich von denen einen handelsüblichen Iterators, denn normalerweise liefert ein Iterator bei diesen Operatoren immer die Nutzdaten (hier wäre das `m_knoten.getObjekt()`) und nicht den verwaltungstechnischen Knoten.

Wir schreiben hier aber keinen allgemeingültigen STL-Container, sondern eine auf die speziellen Bedürfnisse der Klassen `ListeX` und `ListeY` zugeschnittene Datenstruktur. Insofern sei eine Abweichung von der sonst üblichen STL-Regel verziehen.

```
knot_type* operator*() const{
  return(m_knoten);
}

//----------------------------------------------------------

knot_type& operator->() const{
  return(*m_knoten);
}
```

Listing 15.52
Der Dereferenzierungs- und Zeiger-Operator des Listen-Iterators

15.3.4 Die Zugriffs-Methoden der Liste

Die Liste ist technisch zwar funktionsfähig, wir müssen aber noch entsprechende Methoden für die öffentliche Schnittstelle implementieren. Dabei konzentrieren wir uns nur auf die Methoden, die auch von ListeX und ListeY verwendet werden. Entsprechende Ergänzungen können vom Leser gerne als Übung vorgenommen werden.

Die Methode insert

Die Methode `insert` fügt vor die übergebene Iterator-Position den übergebenen Knoten ein. Beachten Sie, dass hier kein Knoten erstellt wird. Zurückgegeben wird die Iterator-Position des eingefügten Knotens.

```
iterator insert(const iterator& i, knot_type* k) {
  return(iterator(this, fuegeKnotenHinzu(i.m_knoten,k)));
}
```

Listing 15.53
Die Methode insert von Liste

Die Methode erase

Der Knoten an der übergebenen Iterator-Position wird aus der Liste entfernt, ohne ihn abzubauen. Zurückgegeben wird die Iterator-Position hinter dem gelöschten Knoten.

```
iterator erase(const iterator& i) {
  return(iterator(this, entferneKnoten(i.m_knoten)));
}
```

Listing 15.54
Die Methode erase von Liste

Iterator-Methoden

Nun fehlen noch die Methoden zur Erzeugung der üblichen Iteratoren:

Listing 15.55
Die Methoden begin und end von Liste

```
iterator begin(void) {
  return(iterator(this, nach(m_erster)));
}

//------------------------------------------------------------

iterator end(void) {
  return(iterator(this, m_letzter));
}
```

15.3.5 Die angepasste Klasse ListeX

Ich möchte hier nicht die gesamte Klasse auflisten, dafür sind die Änderungen zu unwesentlich. Vielmehr zeige ich die Stellen auf, die geändert wurden. Allen voran natürlich die Typdefinition von `list_type`:

Listing 15.56
Die neue Typdefinition von list_type in ListeX

```
typedef Liste<Typ> list_type;
```

Wir brauchen jetzt auch einen Konstruktor, denn das Attribut `m_liste` benötigt die Information, welche Achse für die Verkettung verwendet werden soll.

Listing 15.57
Der neue Konstruktor von ListeX

```
  ListeX()
    : m_liste(knot_type::getXVerweis()) {
  }
```

Der Destruktor muss die Knoten nun auf eine andere Art löschen, denn die Verkettungsinformation ist jetzt mit im Knoten untergebracht. Bevor der Knoten zerstört wird, muss erst der Nachfolger ermittelt werden.

Listing 15.58
Der neue Destruktor von ListeX

```
~ListeX() {
  list_type::iterator i=m_liste.begin();
  while(i!=m_liste.end()) {
    knot_type* akt=*i;
    ++i;
    delete(akt);
  }
}
```

In der Methode `loescheKnoten` muss der Knoten jetzt zuerst aus der Liste entfernt und dann gelöscht werden. Im vorigen Ansatz war die Reihenfolge noch unwesentlich.

Listing 15.59
Die neue Methode loescheKnoten von ListeX

```
  bool loescheKnoten(knot_type* k) {
    iterator_type iter=std::find(m_liste.begin(),
                                 m_liste.end(),
                                 k);
    if(iter==m_liste.end())
      return(false);

    m_liste.erase(iter);
    delete(*iter);
    return(true);
  }
```

Damit wäre die Klasse `ListeX` an unsere eigene Listen-Klasse angepasst.

15.3.6 Die angepasste Klasse ListeY

Bei der Klasse `ListeY` muss noch weniger gemacht werden. Sie benötigt eine neue Typdefinition für `list_type`:

```
typedef Liste<Typ> list_type;
```

Listing 15.60
Die neue Typdefinition von list_type in ListeY

Und der Konstruktor muss die Liste mit dem zu verwendenden `Achse`-Attribut initialisieren:

```
ListeY()
  : m_liste(knot_type::getYVerweis()) {
}
```

Listing 15.61
Der neue Konstruktor von ListeY

Und fertig ist `ListeY`.

15.3.7 Zusammenfassung

Wir haben unsere orthogonale Liste jetzt so weit, dass sie eine vernünftige Datenkapselung besitzt und ihre interne Struktur weit genug zugänglich ist, um einen Iterator zu implementieren, der sich in beiden Dimensionen durch die orthogonale Liste bewegen kann.

Trotzdem haben wir uns Arbeit gespart, indem wir Elemente der STL eingesetzt haben.

Wir wollen an dieser Stelle die orthogonale Liste beiseite legen, die Implementierung des erwähnten Iterators ersparen wir uns hier.

16

Der Zauberwürfel

Dieses Kapitel beschäftigt sich mit dem Zauberwürfel (Rubik's Cube), einem Puzzle aus den 80er Jahren, welches verantwortlich für eine regelrechte Suchtwelle war. Höchstwahrscheinlich haben Sie bereits Erfahrungen mit dem Würfel gemacht, besitzen vielleicht sogar einen oder können ihn sich von Ihren Kindern leihen.

Falls Sie keinen Würfel zur Hand haben, aber trotzdem einige Dinge am konkreten Objekt nachvollziehen möchten, finden Sie auf der CD eine Flash-Animation, die einen solchen Würfel simuliert. Über den Suchbegriff „Zauberwürfel" Ihrer bevorzugten Suchmaschine werden Sie mit Informationen oder weiteren Simulationen geradezu überschwemmt. Selbst Kuriositäten wie Videos von Personen, die den Würfel mit nur einer Hand in unter einer Minute lösen, sind dort zu finden. So weit wollen wir es hier natürlich nicht treiben.

Benutzen Sie die Suchbegriffe „Rubik" und „Cube", wenn Sie auch internationale Seiten finden möchten.

Unser Ziel soll es sein, eine programmtechnische Darstellung des Würfels zu erhalten, die es uns erlaubt beliebige Züge zu simulieren. Damit ist es uns dann möglich, eine Lösung für den Würfel zu berechnen.

Die Betrachtungen beziehen sich auf einen 3x3x3-Würfel, dem Original. Interessierte können die hier besprochenen Ansätze aber problemlos auf die 4x4x4- oder auch auf die 5x5x5-Variante übertragen.

Bevor wir uns überlegen, wie ein Würfel optimalerweise in einem Programm repräsentiert werden kann, werfen wir einen Blick auf Abbildung 16.1.

Der Würfel besitzt – wie jeder andere Würfel auch – sechs Seiten und jede Seite besteht aus neun Flächen. In jeder der drei räumlichen Dimensionen besitzt der Würfel drei Ebenen. Im gelösten Zustand ist jede Seite des Würfels einfarbig. Als Farben dienen im Original Weiß, Gelb, Rot, Orange, Grün und Blau. Stellen Sie den Würfel so vor sich, dass die weiße Fläche oben und die blaue Fläche vorne liegt, dann liegen im Original die orangene Fäche links, die rote rechts, die grüne hinten und die gelbe Fläche unten.

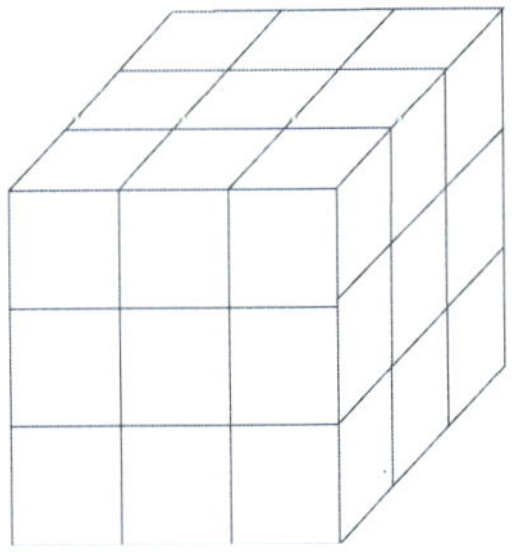

Abbildung 16.1
Der Zauberwürfel mit drei Ebenen

Der Würfel kann nun über die verschiedenen Bewegungsrichtungen „verdreht" werden. Die Schwierigkeit besteht darin, den Ursprungszustand wieder herzustellen.

Im Jargon der Würfel-Dreher werden die Steine mit drei Seiten „Ecken", die Steine mit zwei Seiten „Kanten" und die mit einer Seite „Mittelstücke" genannt.

Aufgrund der Architektur des Würfels kann jeder Stein des Würfels über sechs verschiedene Züge bewegt werden. Abbildung 16.2 zeigt zwei Würfel. Der linke zeigt die Ebenen, deren Bewegung einen Einfluss auf die Position des markierten Feldes haben. Der rechte Würfel zeigt die Positionen, auf die das markierte Feld durch einen Zug bewegt werden kann.

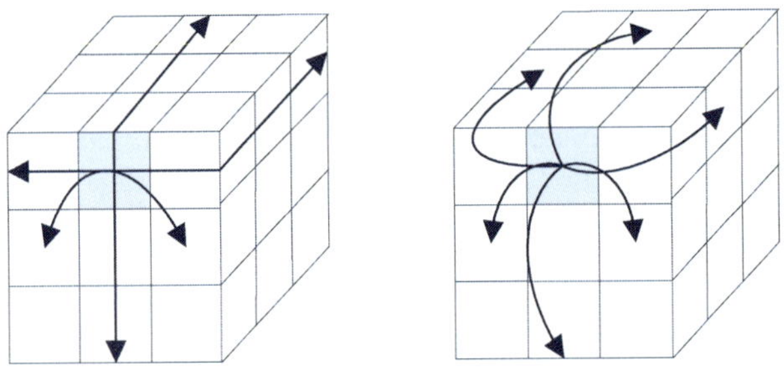

Abbildung 16.2
Die möglichen Bewegungen eines Würfel-Steins

Wenn wir einen Würfel simulieren wollen, dann muss unser Ansatz logischerweise die Bewegungen der Felder nachvollziehen können. Wenn ein Stein über drei Ebenen in je zwei Richtungen bewegt werden kann, dann besitzt er, wie wir in der oberen Abbildung sehen, sechs Zielpositionen.

Wir könnten die orthogonale Liste als Vorbild nehmen und Knoten entwerfen, die mit allen Zielknoten verkettet sind:

Listing 16.1
Eine mögliche Klasse Knoten mit doppelten Verkettungen in drei Dimensionen

```
class Knoten {
public:
  Knoten* xvor;
  Knoten* xnach;
  Knoten* yvor;
  Knoten* ynach;
  Knoten* zvor;
  Knoten* znach;
  Element m_element;
};
```

Die Betrachtung des Würfels als eine Verkettung seiner Felder (von denen wir 9x6=54 vorliegen haben) ist eine ziemlich schwache Abstraktion, denn wenn wir den Würfel als eine Ansammlung zusammengesetzter Steine ansehen, dann können wir beispielsweise eine Ecke mit zwei unterschiedlichen Zügen an dieselbe Position befördern. Abbildung 16.3 zeigt zwei solche Züge.

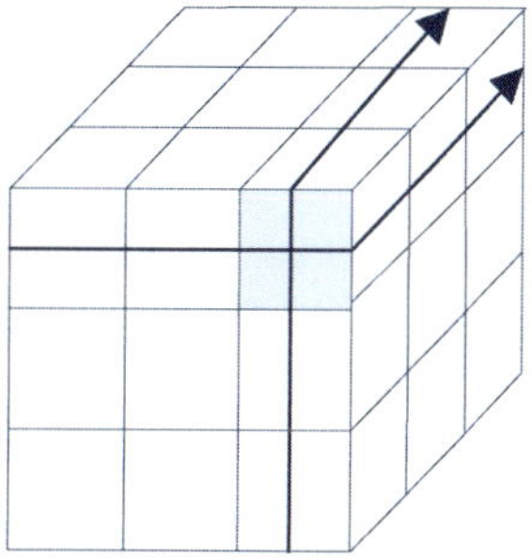

Abbildung 16.3
Eine Ecke wird durch zwei unterschiedliche Züge an dieselbe Position bewegt

Wird der Stein nach oben oder nach rechts gedreht, dann landet er in beiden Fällen an der Eckposition oben rechts hinten. Aber im ersten Fall zeigt die markierte Fläche nach oben und im zweiten Fall zeigt sie nach rechts.

Ein Stein kann offensichtlich an der selben Position stehen, aber in sich gedreht sein. Ein Stein mit drei Flächen kann an einer Position drei verschiedene Stellungen einnehmen, ein Stein mit zwei Flächen nur zwei.

Diese Betrachtungsweise ist mit dem Ansatz der in drei Dimensionen doppelt verketteten Knoten nicht möglich, weil ohne größeren Aufwand nicht ermittelt werden kann, welche Flächen zusammen einen Stein ergeben.

Aber gerade bei der Lösung des Würfels ist es strategisch günstig, manche Steine zunächst an die richtige Position zu bringen und anschließend erst korrekt auszurichten.

Einen interessanten Hinweis zu einer besseren programmtechnischen Repräsentation bietet folgender Zusammenhang. Wenn eine Ebene in eine Richtung gedreht wird, dann dreht sich jeder Stein dieser Ebene ebenfalls in diese Richtung um sich selbst. Nehmen wir als Beispiel eine Drehung der oberen Ebene nach rechts, wie in Abbildung 16.4 dargestellt.

Wenn Sie einen Würfel besitzen, führen Sie diese Drehung zum besseren Verständnis einmal durch. Oder starten Sie die auf der CD befindliche Flash-Animation in Ihrem Browser.

Nicht nur, dass sich die gesamte Ebene nach rechts dreht und damit jeder Stein der Ebene (bis auf den Mittelstein) eine neue Position bekommt, jeder Stein hat sich auch um sich selbst nach rechts gedreht.

Wir können damit einen Würfel als eine Zusammensetzung von 3x3x3=27 Steinen betrachten, die durch einen Zug ihre Position im Würfel verändern und sich in die entsprechende Richtung um sich selbst drehen.

Beginnen wir also damit, ein Würfel-Element in C++ zu repräsentieren.

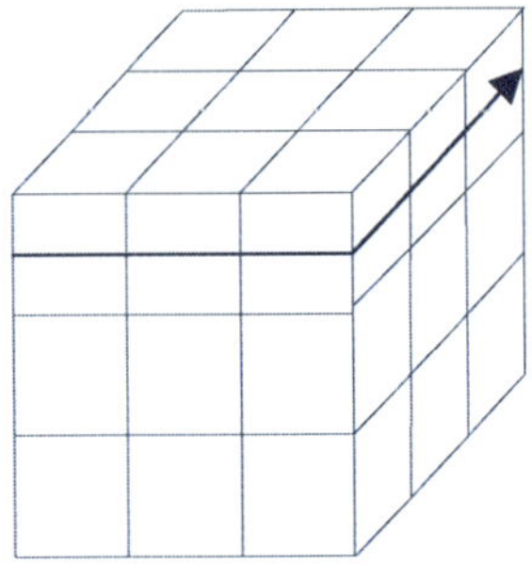

Abbildung 16.4
Eine Drehung der oberen Ebene nach rechts

16.1 Die Zustände eines Würfel-Steins

Wenn Sie einen Würfel nehmen und ihn beliebig um jeweils 90 Grad im Raum drehen, dann stellen Sie fest, es gibt genau 24 verschiedene Positionen, die der Würfel einnehmen kann. Jede dieser Positionen bezeichne ich hier als Zustand des Würfels.

Jeder Stein des Würfels besitzt damit 24 Zustände, die alle möglichen Ausrichtungen im Raum abdecken. Zu jeder Zeit befindet sich der Würfel-Stein in einem dieser 24 Zustände. Wenn wir diese Zustände verwenden, um die aktuelle Position des Steins im Raum zu beschreiben, dann ist eine Drehung um 90 Grad in eine beliebige Richtung nichts anderes als das Wechseln des Steins in einen anderen Zustand.

Wir entwerfen daher eine Klasse `Wuerfelfeld`, die alle Informationen darüber besitzt, wie sich der Zustand bei einer Drehung ändert.

Listing 16.2
Das Grundgerüst der Klasse Wuerfelfeld

```
class Wuerfelfeld {
  struct Verwalter {
    Wuerfelfeld* m_objekt;
    ~Verwalter() {
      delete(m_objekt);
    }
  };

//-------------------------------------------------------------

  static Verwalter m_feld;

//-------------------------------------------------------------

  Wuerfelfeld();
  ~Wuerfelfeld() {}

//-------------------------------------------------------------

public:
  static Wuerfelfeld* holeFeld() {
    return((m_feld.m_objekt)
```

Listing 16.2 (Forts.)
Das Grundgerüst der Klasse Wuerfelfeld

```
23          ?m_feld.m_objekt
24          :m_feld.m_objekt=new Wuerfelfeld);
25   }
26
27 //-----------------------------------------------------------
28
29   enum Flaeche {VORNE=0, RECHTS, HINTEN, LINKS, OBEN, UNTEN};
30   typedef char pos_type;
31   typedef std::vector<pos_type> state_type;
32   typedef std::vector<pos_type> pos_list_type;
33   typedef std::vector<state_type> state_list_type;
34   typedef unsigned long size_type;
35
36 //-----------------------------------------------------------
37
38 private:
39   state_list_type m_zustaende;
40   pos_list_type m_hoch;
41   pos_list_type m_runter;
42   pos_list_type m_rechts;
43   pos_list_type m_links;
44   pos_list_type m_uhr;
45   pos_list_type m_gegenuhr;
46 };
```

Die Klasse Wuerfelfeld wird als Singleton (2.10) entworfen, es kann von ihr also nur ein Objekt im gesamten Programm erzeugt werden.

Die Struktur Verwalter (Zeilen 2-7) dient der Freigabe der Objekt-Ressourcen zum Programmende. Eine eigene Klasse ist notwendig, weil der Destruktor von `Wuerfelfeld` privat ist und deswegen nur von einem Klassenelement aufgerufen werden kann.

Die Methode `holeFeld` (Zeilen 21-25) liefert einen Zeiger auf das eine `Wuerfelfeld`-Objekt. Sollte das Objekt noch nicht existieren, wird es von `holeFeld` erzeugt.

29: Die Aufzählung definiert alle sechs Flächen eines Würfels als Konstanten.

39: Jeder Zustand besteht aus sechs Werten, welche die aktuellen Positionen der ursprünglichen Seiten beschrieben. In `m_zustaende` werden alle möglichen 24 Zustände abgelegt.

40-45: Diese Felder beinhalten den Folgezustand bei entsprechender Drehung. Ist der aktuelle Zustand des Steins beispielsweise 8 und der Stein wird nach oben gedreht, dann erhalte ich den neuen Zustand über `m_hoch[8]`.

16.1.1 Der Konstruktor

Im Konstruktor werden alle Folgezustände berechnet. Zunächst wird ein Vektor angelegt, der den Startzustand repräsentiert:

Listing 16.3
Der Startzustand wird erzeugt

```
Wuerfelfeld::Wuerfelfeld() {
  state_type zustand(6);
  for(state_type::size_type i=0; i<6; ++i)
    zustand[i]=i;
```

Sowohl der Index als auch der gespeicherte Wert entsprechen einer Seite. Die Anweisung `zustand[0]=0` besagt, dass auf der vorderen Seite (`zustand[0]`) jetzt die ursprünglich vordere Seite (=0) zu sehen ist. Im Startzustand befindet sich damit jede Seite dort, wo sie hin gehört.

Nun wird dieser Zustand mit den Methoden `links`, `rechts`, `hoch`, `runter`, `uhr` und `gegenuhr` in alle möglichen Positionen gedreht und die so entstehenden Zustände in `m_zustaende` abgelegt:

Listing 16.4 Die Erzeugung aller möglichen Zustände

```
m_zustaende.push_back(zustand);
rechts(zustand);
m_zustaende.push_back(zustand);
rechts(zustand);
m_zustaende.push_back(zustand);
rechts(zustand);
m_zustaende.push_back(zustand);
rechts(zustand);

hoch(zustand);

m_zustaende.push_back(zustand);
rechts(zustand);
m_zustaende.push_back(zustand);
rechts(zustand);
m_zustaende.push_back(zustand);
rechts(zustand);
m_zustaende.push_back(zustand);
rechts(zustand);

hoch(zustand);

m_zustaende.push_back(zustand);
rechts(zustand);
m_zustaende.push_back(zustand);
rechts(zustand);
m_zustaende.push_back(zustand);
rechts(zustand);
m_zustaende.push_back(zustand);
rechts(zustand);

hoch(zustand);

m_zustaende.push_back(zustand);
rechts(zustand);
m_zustaende.push_back(zustand);
rechts(zustand);
m_zustaende.push_back(zustand);
rechts(zustand);
m_zustaende.push_back(zustand);
rechts(zustand);

uhr(zustand);

m_zustaende.push_back(zustand);
rechts(zustand);
m_zustaende.push_back(zustand);
```

Listing 16.4 (Forts.)
Die Erzeugung aller möglichen Zustände

```
rechts(zustand);
m_zustaende.push_back(zustand);
rechts(zustand);
m_zustaende.push_back(zustand);
rechts(zustand);

uhr(zustand);
uhr(zustand);

m_zustaende.push_back(zustand);
rechts(zustand);
m_zustaende.push_back(zustand);
rechts(zustand);
m_zustaende.push_back(zustand);
rechts(zustand);
m_zustaende.push_back(zustand);
```

Zum Schluss wird noch für alle 24 Zustände jeder der sechs Folgezustände bestimmt:

Listing 16.5
Die Bestimmung der Folgezustände

```
01   for(size_type p=0; p<24; ++p) {
02     state_type tmp=m_zustaende[p];
03     hoch(tmp);
04     m_hoch.push_back(ermittleZustandsIndex(tmp));
05     runter(tmp);
06
07     runter(tmp);
08     m_runter.push_back(ermittleZustandsIndex(tmp));
09     hoch(tmp);
10
11     links(tmp);
12     m_links.push_back(ermittleZustandsIndex(tmp));
13     rechts(tmp);
14
15     rechts(tmp);
16     m_rechts.push_back(ermittleZustandsIndex(tmp));
17     links(tmp);
18
19     uhr(tmp);
20     m_uhr.push_back(ermittleZustandsIndex(tmp));
21     gegenuhr(tmp);
22
23     gegenuhr(tmp);
24     m_gegenuhr.push_back(ermittleZustandsIndex(tmp));
25   }
```

01: Die Schleife läuft durch alle 24 Zustände.

02-05: Der Zustand wird nach oben gekippt. Dann wird über `ermittleZustandsIndex` im Vektor `m_zustaende` nach dem Zustand gesucht, der durch die Drehung nach oben entstanden ist. Dessen Index wird in `m_hoch` abgelegt. Anschließend wird der Zustand wieder nach unten gedreht, um den Ursprungszustand zu erhalten.

Diese Vorgehensweise wird für alle sechs möglichen Drehrichtungen durchgezogen.

Die Methode `ermittleZustandsIndex` sieht so aus:

Listing 16.6
Die Methode ermittleZustandsIndex

```
01 Wuerfelfeld::pos_type Wuerfelfeld::
              ermittleZustandsIndex(state_type& s) const {
02   for(size_type p=0; p<m_zustaende.size(); ++p)
03     if(m_zustaende[p]==s)
04       return(p);
05   return(-1);
06 }
```

Der gesuchte Zustand wird mit allen Zuständen in `m_zustaende` verglichen und bei Gleichheit der Index des gefundenen Zustands zurück gegeben.

Die `return`-Anweisung in Zeile 5 wird im Normalfall nie erreicht.

16.1.2 Die privaten Dreh-Methoden

Die Dreh-Methoden werden vom Konstruktor erzeugt, einen Zustand in die angegebene Richtung zu drehen.

Listing 16.7
Die internen Dreh-Methoden von Wuerfelfeld

```
void Wuerfelfeld::hoch(state_type& s) const {
  pos_type tmp=s[VORNE];
  s[VORNE]=s[UNTEN];
  s[UNTEN]=s[HINTEN];
  s[HINTEN]=s[OBEN];
  s[OBEN]=tmp;
}

//-------------------------------------------------------

void Wuerfelfeld::runter(state_type& s) const {
  pos_type tmp=s[VORNE];
  s[VORNE]=s[OBEN];
  s[OBEN]=s[HINTEN];
  s[HINTEN]=s[UNTEN];
  s[UNTEN]=tmp;
}

//-------------------------------------------------------

void Wuerfelfeld::links(state_type& s) const {
  pos_type tmp=s[VORNE];
  s[VORNE]=s[RECHTS];
  s[RECHTS]=s[HINTEN];
  s[HINTEN]=s[LINKS];
  s[LINKS]=tmp;
}

//-------------------------------------------------------

void Wuerfelfeld::rechts(state_type& s) const {
  pos_type tmp=s[VORNE];
  s[VORNE]=s[LINKS];
  s[LINKS]=s[HINTEN];
  s[HINTEN]=s[RECHTS];
  s[RECHTS]=tmp;
```

```
37 }
38
39 //----------------------------------------------------------
40
41 void Wuerfelfeld::uhr(state_type& s) const {
42   pos_type tmp=s[OBEN];
43   s[OBEN]=s[LINKS];
44   s[LINKS]=s[UNTEN];
45   s[UNTEN]=s[RECHTS];
46   s[RECHTS]=tmp;
47 }
48
49 //----------------------------------------------------------
50
51 void Wuerfelfeld::gegenuhr(state_type& s) const {
52   pos_type tmp=s[OBEN];
53   s[OBEN]=s[RECHTS];
54   s[RECHTS]=s[UNTEN];
55   s[UNTEN]=s[LINKS];
56   s[LINKS]=tmp;
57 }
```

Listing 16.7 (Forts.)
Die internen Dreh-Methoden von Wuerfelfeld

Nehmen wir als Beispiel die Methode hoch in den Zeilen 1-7. Wenn Sie einen Würfel einmal um 90 Grad nach oben drehen, dann befindet sich die vormals untere Seite vorne, die hintere Seite unten, die obere Seite hinten und die vordere Seite oben. Genau diese Verschiebung der Seiten setzt die Methode um.

16.1.3 Die öffentlichen Dreh-Methoden

Nachdem alle Folgezustände berechnet und im Objekt gespeichert wurden, fehlen nur noch öffentliche Methoden, die aus einem Zustand den Folgezustand ermitteln. Die Methoden lesen den Folgezustand einfach aus den vorher berechneten Feldern aus:

```
  pos_type Hoch(pos_type p) const {
    return(m_hoch[p]);
  }

//----------------------------------------------------------

  pos_type Runter(pos_type p) const {
    return(m_runter[p]);
  }

//----------------------------------------------------------

  pos_type Links(pos_type p) const {
    return(m_links[p]);
  }

//----------------------------------------------------------

  pos_type Rechts(pos_type p) const {
    return(m_rechts[p]);
  }
```

Listing 16.8
Die öffentlichen Dreh-Methoden von Wuerfelfeld

Listing 16.8 (Forts.)
Die öffentlichen Dreh-Methoden von Wuerfelfeld

```

//-----------------------------------------------------------

  pos_type Uhr(pos_type p) const {
    return(m_uhr[p]);
  }

//-----------------------------------------------------------

  pos_type Gegenuhr(pos_type p) const {
    return(m_gegenuhr[p]);
  }
```

16.2 Die Klasse Element

Die Grundlagen zur Berechnung der Folgezustände eines Würfel-Steins sind gelegt, jetzt fehlt noch die Klasse, die einen solchen Würfel-Stein repräsentiert, nennen wir sie `Element`:

Listing 16.9
Die Klasse Element

```
class Element {
public:
  typedef Wuerfelfeld::pos_type pos_type;
  enum Richtung{VOR=0, ZURUECK};
  enum Achse{X=0, Y=1, Z=2};

//-----------------------------------------------------------

  Element(char id=0, pos_type p=0)
    : m_id(id), m_zustand(p)
  {}

//-----------------------------------------------------------

  char& Id() {
    return(m_id);
  }

//-----------------------------------------------------------

  pos_type& Zustand() {
    return(m_zustand);
  }

//-----------------------------------------------------------

private:
  const static char* Farben[];
  char m_id;
  pos_type m_zustand;
};
```

04-05: Aufzählungen für den späteren Zugriff über den Würfel werden definiert.

09-11: Der Konstruktor initialisiert die beiden Attribute der Klasse.

15-23: Über die beiden Zugriffs-Methoden sind die Attribute ansprechbar.

28: Als statisches konstantes Feld werden die Namen der Würfelfarben definiert.

29: Jedes Element besitzt eine im Würfel eindeutige ID, über die es identifiziert werden kann (`m_id`).

30: Der aktuelle Zustand des Elements ist in `m_zustand` gespeichert.

Initialisiert wird das statische Feld so:

```
const char* Element::Farben[]={"Blau", "Rot", "Gruen",
                              "Orange", "Weiss", "Gelb"};
```

Listing 16.10
Die Initialisierung des statischen Felds von Element

16.2.1 Die Dreh-Methoden von Element

Damit das Element gedreht werden kann, implementieren wir entsprechende Methoden, die auf die Funktionalität des `Wuerfelfeld`-Objekts zurückgreifen:

```
  void Hoch() {
    m_zustand=Wuerfelfeld::holeFeld()->Hoch(m_zustand);
  }

//------------------------------------------------------------

  void Runter() {
    m_zustand=Wuerfelfeld::holeFeld()->Runter(m_zustand);
  }

  void Links() {
//------------------------------------------------------------

    m_zustand=Wuerfelfeld::holeFeld()->Links(m_zustand);
  }

//------------------------------------------------------------

  void Rechts() {
    m_zustand=Wuerfelfeld::holeFeld()->Rechts(m_zustand);
  }

//------------------------------------------------------------

  void Uhr() {
    m_zustand=Wuerfelfeld::holeFeld()->Uhr(m_zustand);
  }

//------------------------------------------------------------

  void Gegenuhr() {
    m_zustand=Wuerfelfeld::holeFeld()->Gegenuhr(m_zustand);}
```

Listing 16.11
Die Dreh-Methoden von Element

16.2.2 Die Farben der Seiten

Um zu ermitteln, welche Farbe eine Seite des Steins hat, definieren wir folgende Methoden:

Listing 16.12
Die Ermittlung der Farbe einer Seite

```
 const char* farbeOben() const {
   return(Farben[Wuerfelfeld::holeFeld()->
          ermittleZustand(m_zustand)[Wuerfelfeld::OBEN]]);
 }

//-----------------------------------------------------------

 const char* farbeUnten() const {
   return(Farben[Wuerfelfeld::holeFeld()->
          ermittleZustand(m_zustand)[Wuerfelfeld::UNTEN]]);
 }

//-----------------------------------------------------------

 const char* farbeLinks() const {
   return(Farben[Wuerfelfeld::holeFeld()->
          ermittleZustand(m_zustand)[Wuerfelfeld::LINKS]]);
 }

//-----------------------------------------------------------

 const char* farbeRechts() const {
   return(Farben[Wuerfelfeld::holeFeld()->
          ermittleZustand(m_zustand)[Wuerfelfeld::RECHTS]]);
 }

//-----------------------------------------------------------

 const char* farbeVorne() const {
   return(Farben[Wuerfelfeld::holeFeld()->
          ermittleZustand(m_zustand)[Wuerfelfeld::VORNE]]);
 }

//-----------------------------------------------------------

 const char* farbeHinten() const {
   return(Farben[Wuerfelfeld::holeFeld()->
          ermittleZustand(m_zustand)[Wuerfelfeld::HINTEN]]);
 }
```

Jeder Zustand ist definiert durch die Reihenfolge der sechs Seiten im Feld. Auf dieses Feld wird über `ermittleZustand` für den aktuellen Zustand des Elements ein Verweis geholt. Dann wird aus diesem Feld ausgelesen, welche Seite augenblicklich auf der gewünschten Seite des Elements sichtbar ist und schließlich die passende Farbe dazu zurückgegeben.

Legen wir als Beispiel einmal ein Element an und schauen uns die Farbe der oberen und vorderen Seite an:

```
Element e;
cout << "Oben  : " << e.farbeOben() << endl;
cout << "Vorne : " << e.farbeVorne() << endl;
```

Wir stellen fest, dass die obere Seite weiß und die vordere Seite blau ist.

Jetzt drehen wir den Stein zweimal hoch, einmal nach Links und einmal im Uhrzeigersinn. Welche Farben sind jetzt oben und vorne?

```
e.Hoch();
e.Hoch();
e.Links();
e.Uhr();
cout << "Oben  : " << e.farbeOben() << endl;
cout << "Vorne : " << e.farbeVorne() << endl;
```

Unsere Klasse weiß die Antwort: Oben ist grün und vorne rot.

16.3 Die Struktur des Würfels

Wir haben unsere Repräsentation des Zauberwürfels bereits so weit, dass wir die einzelnen Würfel-Steine als Objekte erzeugen und sie in beliebige Richtungen drehen können.

Es ist nun an der Zeit, sich Gedanken über die Struktur des gesamten Würfels zu machen. Wenn wir einen Zug genauer betrachten, fällt auf, dass immer jeweils vier Eckstücke und vier Kantenstücke untereinander ihre Positionen rotieren. Wenn wir den Zug aus Abbildung 16.4 als Beispiel nehmen, dann rotieren die Ecken und Kanten wie in Abbildung 16.5 dargestellt.

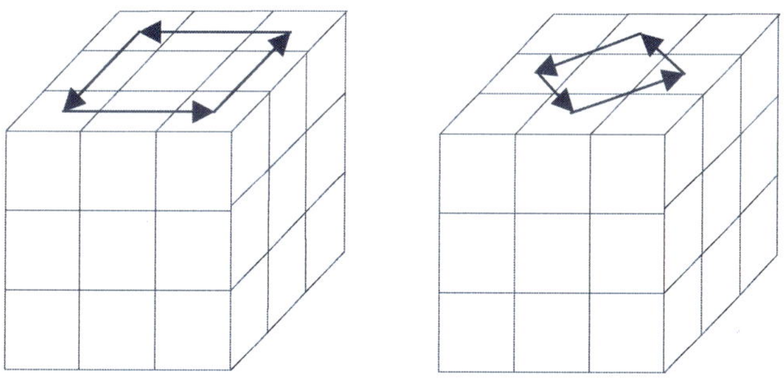

Abbildung 16.5
Bei einem Zug rotieren die Eck- und die Kanten-Stücke untereinander

Wird eine mittlere Ebene bewegt rotieren immer die Kantenstücke und die Mittelstücke untereinander.

Wir haben also hiermit die Vorschrift für einen Zug: Lasse die entsprechenden Steine untereinander rotieren und lasse jeden einzelnen Stein der Ebene um sich selbst drehen.

Fehlt noch die Anordnung der Steine im Würfel. Da es sich um einen 3x3x3-Würfel handelt, werden die Steine in einem dreidimensionalen Feld abgelegt. Jeder Würfel besitzt eine X-, Y- und Z-Koordinate, jeweils mit den Werten von 0 bis 2. Abbildung 16.6 zeigt die Koordinaten exemplarisch.

Abbildung 16.6
Die Koordinaten der einzelnen Steine im Würfel

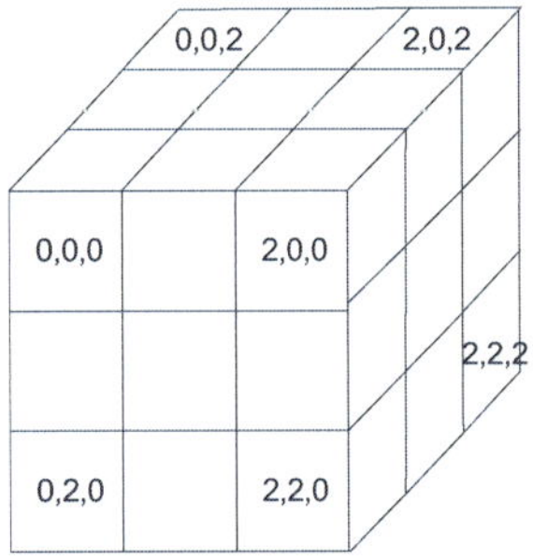

Die Koordinaten der Züge habe ich so festgelegt, dass sich beispielsweise die Züge X0, X1 und X2 nur in ihrer X-Koordinate unterscheiden. Dadurch entsteht die etwas verwirrende Eigenart der X-Züge, die vertikalen Ebenen zu drehen und die der Y-Züge, die horizontalen Ebenen zu drehen. Abbildung 16.7 zeigt alle Züge. Bewegungen in Pfeilrichtung fallen später im Begriff unter die Rubrik „Vor“ oder „+“, die Züge gegen die Pfeilrichtung werden mit „Zurück“ oder „-“ bezeichnet.

Abbildung 16.7
Die Bezeichnungen der einzelnen Züge

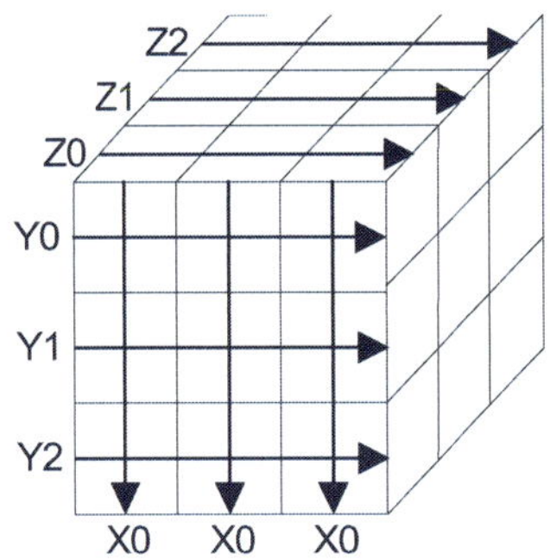

Die Struktur des Würfels bringen wir in der Klasse `Wuerfel3Struktur` unter. Die „3“ ist deswegen im Namen, weil diese Struktur von der Größe des Würfels abhängig ist.

Listing 16.13
Die Klasse Wuerfel3Struktur

```
class Wuerfel3Struktur {
  struct Verwalter {
    Wuerfel3Struktur* m_objekt;
    ~Verwalter() {
      delete(m_objekt);
    }
  };

//-----------------------------------------------------------

  static Verwalter m_feld;

//-----------------------------------------------------------

```

Listing 16.13 (Forts.)
Die Klasse Wuerfel3Struktur

```
  Wuerfel3Struktur();
  ~Wuerfel3Struktur() {}

//--------------------------------------------------------------

  int m_knoten[3][3][3];

//--------------------------------------------------------------

  int m_kmb[3][3][2][4];

//--------------------------------------------------------------

public:
  int* getPositionen(Element::Achse a, int ebene, int element) {
    return(m_kmb[a][ebene][element]);
  }

//--------------------------------------------------------------

  static Wuerfel3Struktur* holeStruktur() {
    return((m_feld.m_objekt)
          ?m_feld.m_objekt
          :m_feld.m_objekt=new Wuerfel3Struktur);
  }
};
```

Die Klasse ist wie bereits vorhin `Wuerfelfeld` als Singleton implementiert, weil wir von dieser Klasse nur ein Exemplar brauchen.

Das Attribut `m_knoten` ist das besagte dreidimensionale Feld, in dem die Knoten abgelegt sind.

In `m_kmb` sind die Informationen abgelegt, welche Ecken und Kanten bei welchem Zug rotiert werden müssen. Der erste Index gibt dabei die Achse an, der zweite die Ebene, der dritte die Stein-Gruppe und der vierte die zur Gruppe gehörenden Elemente.

Wir erinnern uns: Bei jedem Zug werden immer zwei Gruppen rotiert: Bei den äußeren Ebenen eine Ecken- und eine Kanten-Gruppe, bei den mittleren Ebenen eine Kanten- und eine Mittelstück-Gruppe.

16.3.1 Der Konstruktor

Über einen Zeiger werden die Elemente im dreidimensionalen Feld linear behandelt. Auf diese Weise wird über eine Schleife jedem Element eine eindeutige Nummer zugeordnet. Wir brauchen dann nicht mehr für jedes Element alle drei Koordinaten zu speichern, sondern nur noch die Nummer.

Listing 16.14
Die Elemente im dreidimensionalen Feld werden linear behandelt

```
Wuerfel3Struktur::Wuerfel3Struktur() {
  int* k=&m_knoten[0][0][0];
  for(int x=0; x<3*3*3; ++x)
    k[x]=x;
```

Der größte Teil des Konstruktors definiert, welche Elemente bei welchem Zug zu welcher Gruppe gehören:

Listing 16.15
Die Erstellung der Stein-Gruppen für die Rotation

```
m_kmb[0][0][0][0]=m_knoten[0][0][0];
m_kmb[0][0][0][1]=m_knoten[0][2][0];
m_kmb[0][0][0][2]=m_knoten[0][2][2];
m_kmb[0][0][0][3]=m_knoten[0][0][2];
m_kmb[0][0][1][0]=m_knoten[0][1][0];
m_kmb[0][0][1][1]=m_knoten[0][2][1];
m_kmb[0][0][1][2]=m_knoten[0][1][2];
m_kmb[0][0][1][3]=m_knoten[0][0][1];

m_kmb[0][1][0][0]=m_knoten[1][0][0];
m_kmb[0][1][0][1]=m_knoten[1][2][0];
m_kmb[0][1][0][2]=m_knoten[1][2][2];
m_kmb[0][1][0][3]=m_knoten[1][0][2];
m_kmb[0][1][1][0]=m_knoten[1][1][0];
m_kmb[0][1][1][1]=m_knoten[1][2][1];
m_kmb[0][1][1][2]=m_knoten[1][1][2];
m_kmb[0][1][1][3]=m_knoten[1][0][1];

m_kmb[0][2][0][0]=m_knoten[2][0][0];
m_kmb[0][2][0][1]=m_knoten[2][2][0];
m_kmb[0][2][0][2]=m_knoten[2][2][2];
m_kmb[0][2][0][3]=m_knoten[2][0][2];
m_kmb[0][2][1][0]=m_knoten[2][1][0];
m_kmb[0][2][1][1]=m_knoten[2][2][1];
m_kmb[0][2][1][2]=m_knoten[2][1][2];
m_kmb[0][2][1][3]=m_knoten[2][0][1];

m_kmb[1][0][0][0]=m_knoten[0][0][0];
m_kmb[1][0][0][1]=m_knoten[2][0][0];
m_kmb[1][0][0][2]=m_knoten[2][0][2];
m_kmb[1][0][0][3]=m_knoten[0][0][2];
m_kmb[1][0][1][0]=m_knoten[1][0][0];
m_kmb[1][0][1][1]=m_knoten[2][0][1];
m_kmb[1][0][1][2]=m_knoten[1][0][2];
m_kmb[1][0][1][3]=m_knoten[0][0][1];

m_kmb[1][1][0][0]=m_knoten[0][1][0];
m_kmb[1][1][0][1]=m_knoten[2][1][0];
m_kmb[1][1][0][2]=m_knoten[2][1][2];
m_kmb[1][1][0][3]=m_knoten[0][1][2];
m_kmb[1][1][1][0]=m_knoten[1][1][0];
m_kmb[1][1][1][1]=m_knoten[2][1][1];
m_kmb[1][1][1][2]=m_knoten[1][1][2];
m_kmb[1][1][1][3]=m_knoten[0][1][1];

m_kmb[1][2][0][0]=m_knoten[0][2][0];
m_kmb[1][2][0][1]=m_knoten[2][2][0];
m_kmb[1][2][0][2]=m_knoten[2][2][2];
m_kmb[1][2][0][3]=m_knoten[0][2][2];
m_kmb[1][2][1][0]=m_knoten[1][2][0];
m_kmb[1][2][1][1]=m_knoten[2][2][1];
m_kmb[1][2][1][2]=m_knoten[1][2][2];
m_kmb[1][2][1][3]=m_knoten[0][2][1];

```

```
55   m_kmb[2][0][0][0]=m_knoten[0][0][0];
56   m_kmb[2][0][0][1]=m_knoten[2][0][0];
57   m_kmb[2][0][0][2]=m_knoten[2][2][0];
58   m_kmb[2][0][0][3]=m_knoten[0][2][0];
59   m_kmb[2][0][1][0]=m_knoten[1][0][0];
60   m_kmb[2][0][1][1]=m_knoten[2][1][0];
61   m_kmb[2][0][1][2]=m_knoten[1][2][0];
62   m_kmb[2][0][1][3]=m_knoten[0][1][0];
63
64   m_kmb[2][1][0][0]=m_knoten[0][0][1];
65   m_kmb[2][1][0][1]=m_knoten[2][0][1];
66   m_kmb[2][1][0][2]=m_knoten[2][2][1];
67   m_kmb[2][1][0][3]=m_knoten[0][2][1];
68   m_kmb[2][1][1][0]=m_knoten[1][0][1];
69   m_kmb[2][1][1][1]=m_knoten[2][1][1];
70   m_kmb[2][1][1][2]=m_knoten[1][2][1];
71   m_kmb[2][1][1][3]=m_knoten[0][1][1];
72
73   m_kmb[2][2][0][0]=m_knoten[0][0][2];
74   m_kmb[2][2][0][1]=m_knoten[2][0][2];
75   m_kmb[2][2][0][2]=m_knoten[2][2][2];
76   m_kmb[2][2][0][3]=m_knoten[0][2][2];
77   m_kmb[2][2][1][0]=m_knoten[1][0][2];
78   m_kmb[2][2][1][1]=m_knoten[2][1][2];
79   m_kmb[2][2][1][2]=m_knoten[1][2][2];
80   m_kmb[2][2][1][3]=m_knoten[0][1][2];
81 }
```

Listing 16.15 (Forts.)
Die Erstellung der Stein-Gruppen für die Rotation

Schauen wir uns exemplarisch die Zeilen 1-8 an. Die ersten drei Indizes [0][0][0] besagen X-Achse, Ebene 0, erste Gruppe. Wie wir an den Koordinaten bei `m_knoten` sehen können, definiert die erste Gruppe die Ecken. Die zweite Gruppe definiert die Kanten.

Ein weiteres Beispiel: Die Rotationsvorschrift für den in Abbildung 16.4 dargestellten Zug finden Sie in den Zeilen 28-35.

16.4 Der Würfel

Um später Lösungen für Würfel-Probleme berechnen zu können, müssen verschiedene Würfel-Konstellationen verglichen werden. Um diese Vergleiche von der Größe des Würfels unabhängig zu machen, definieren wir eine Basisklasse `Wuerfel`:

```
class Wuerfel {
public:
  typedef Element::pos_type pos_type;
  virtual Element& getElement(int x, int y, int z)=0;
};
```

Listing 16.16
Die Klasse Wuerfel

Die Klasse definiert nur eine rein-virtuelle Methode `getElement`, die später überschrieben werden muss.

Von `Wuerfel` leiten wir die konkrete Klasse `Wuerfel3` ab:

Listing 16.17
Die Klasse Wuerfel3

```
class Wuerfel3 : public Wuerfel {
public:
  typedef Wuerfel::pos_type pos_type;

//------------------------------------------------------------

  Wuerfel3();

//------------------------------------------------------------

  void macheZug(Element::Achse achse,
                int ebene,
                Element::Richtung richtung);

//------------------------------------------------------------

  Element& getElement(int x, int y, int z) {
    return(m_elemente[x][y][z]);
  }

//------------------------------------------------------------

private:
  Element m_elemente[3][3][3];
};
```

Die überschriebene Methode `getElement` ist trivial.

16.4.1 Der Konstruktor

Der Konstruktor erzeugt einen Würfel in der gelösten Form:

Listing 16.18
Der Konstruktor von Wuerfel3

```
Wuerfel3::Wuerfel3() {
  Element* e=&m_elemente[0][0][0];
  for(int x=0; x<3*3*3; ++x)
    e[x].Id()=x;
}
```

16.4.2 Das Ausführen eines Zuges

Wie in der Klassendefinition bereits zu erkennen war, wird ein Zug ausgeführt, indem die Achse, die Ebene und die Richtung des Zuges angegeben werden. Diese Informationen müssen entsprechend verwertet werden, um an die Liste der zu rotierenden Elemente zu gelangen und die richtige Rotations-Methode aufzurufen.

```
void Wuerfel3::macheZug(Element::Achse achse,
                        int ebene,
                        Element::Richtung richtung) {
  int* el1=Wuerfel3Struktur::holeStruktur()->
           getPositionen(achse,ebene,0);
  int* el2=Wuerfel3Struktur::holeStruktur()->
           getPositionen(achse,ebene,1);

  if(ebene<0 || ebene>2)
    std::cout << "Ebenen-Fehler!" << std::endl;

  void (Element::* drehung)();
  switch(achse) {
    case Element::X:
      switch(richtung) {
        case Element::VOR:
          drehung=&Element::Runter;
          break;
        case Element::ZURUECK:
          drehung=&Element::Hoch;
          break;
        default:
          std::cout << "Richtungs-Fehler!" << std::endl;
          break;
      }
      break;

    case Element::Y:
      switch(richtung) {
        case Element::VOR:
          drehung=&Element::Rechts;
          break;
        case Element::ZURUECK:
          drehung=&Element::Links;
          break;
        default:
          std::cout << "Richtungs-Fehler!" << std::endl;
          break;
      }
      break;

    case Element::Z:
      switch(richtung) {
        case Element::VOR:
          drehung=&Element::Uhr;
          break;
        case Element::ZURUECK:
          drehung=&Element::Gegenuhr;
          break;
        default:
          std::cout << "Richtungs-Fehler!" << std::endl;
          break;
      }
      break;
    default:
      std::cout << "Achsen-Fehler:" << achse << "!" << std::endl;
  }

```

Listing 16.19
Die Methode macheZug von Wuerfel3

Listing 16.19 (Forts.)
Die Methode macheZug von Wuerfel3

```
55   Element tmp;
56   Element* element=&m_elemente[0][0][0];
57   switch(richtung) {
58     case Element::VOR:
59       tmp=element[el1[3]];
60       element[el1[3]]=element[el1[2]];
61       (element[el1[3]].*drehung)();
62       element[el1[2]]=element[el1[1]];
63       (element[el1[2]].*drehung)();
64       element[el1[1]]=element[el1[0]];
65       (element[el1[1]].*drehung)();
66       element[el1[0]]=tmp;
67       (element[el1[0]].*drehung)();
68
69       tmp=element[el2[3]];
70       element[el2[3]]=element[el2[2]];
71       (element[el2[3]].*drehung)();
72       element[el2[2]]=element[el2[1]];
73       (element[el2[2]].*drehung)();
74       element[el2[1]]=element[el2[0]];
75       (element[el2[1]].*drehung)();
76       element[el2[0]]=tmp;
77       (element[el2[0]].*drehung)();
78       break;
79
80     case Element::ZURUECK:
81       tmp=element[el1[0]];
82       element[el1[0]]=element[el1[1]];
83       (element[el1[0]].*drehung)();
84       element[el1[1]]=element[el1[2]];
85       (element[el1[1]].*drehung)();
86       element[el1[2]]=element[el1[3]];
87       (element[el1[2]].*drehung)();
88       element[el1[3]]=tmp;
89       (element[el1[3]].*drehung)();
90
91       tmp=element[el2[0]];
92       element[el2[0]]=element[el2[1]];
93       (element[el2[0]].*drehung)();
94       element[el2[1]]=element[el2[2]];
95       (element[el2[1]].*drehung)();
96       element[el2[2]]=element[el2[3]];
97       (element[el2[2]].*drehung)();
98       element[el2[3]]=tmp;
99       (element[el2[3]].*drehung)();
100      break;
101  }
102 }
```

02-03: Die Zeiger el1 und el2 zeigen auf die beiden Stein-Gruppen, die rotiert werden müssen.

08: Ein Zeiger auf Klassenelemente (Kapitel 3.1.3) wird definiert, dem die zu verwendende Dreh-Methode zugewiesen wird.

10-22: Sollte die angegebene Achse die X-Achse sein, dann wird bei `VOR` die Dreh-Methode `Runter` und bei `ZURUECK` die Dreh-Methode `Hoch` von `Element` verwendet.

24-36: Sollte die angegebene Achse die Y-Achse sein, dann wird bei `VOR` die Dreh-Methode `Rechts` und bei `ZURUECK` die Dreh-Methode `Links` von `Element` verwendet.

38-53: Sollte die angegebene Achse die Z-Achse sein, dann wird bei `VOR` die Dreh-Methode `Uhr` und bei `ZURUECK` die Dreh-Methode `Gegenuhr` von `Element` verwendet.

56: Das dreidimensionale Feld wird wieder linear angesprochen. Das ist notwendig, weil die Rotationsgruppen ebenfalls in dieser linearen Form kodiert sind.

58-78: Die beiden Element-Gruppen werden vorwärts rotiert und für jedes Element die entsprechende Dreh-Methode aufgerufen.

80-100: Die beiden Element-Gruppen werden rückwärts rotiert und für jedes Element die entsprechende Dreh-Methode aufgerufen.

16.5 Würfel-Konstellationen vergleichen

Wir können jetzt einen Würfel erzeugen und jede Drehung, die mit dem echten Würfel möglich ist, simulieren. Um aber nach Zugfolgen suchen zu können, müssen wir es schaffen, Start- und Ziel-Konstellation des Würfels zu definieren.

16.5.1 Die Klasse WuerfelVergleicher

Dazu schreibe ich eine Klasse `WuerfelVergleicher`, die zwei `Wuerfel`-Objekte anhand frei definierbarer Kriterien vergleicht:

Listing 16.20
Die Klasse WuerfelVergleicher

```
class WuerfelVergleicher {
public:
  typedef Element::pos_type pos_type;

//-----------------------------------------------------------

 typedef std::vector<Vergleich*> list_type;

//-----------------------------------------------------------

  WuerfelVergleicher() {}

//-----------------------------------------------------------

  ~WuerfelVergleicher() {
    for(list_type::iterator i=m_vergleiche.begin(); i!=m_vergleiche.end(); ++i)
      delete(*i);
  }

//-----------------------------------------------------------
private:
  std::vector<Vergleich*> m_vergleiche;
};
```

Die Klasse besitzt einen Vektor, der auf Vergleich-Objekte verweist. Diese Vergleich-Objekte definieren die vorzunehmenden Vergleiche.

Die Klasse Vergleich wird im öffentlichen Bereich von WuerfelVergleicher definiert:

Listing 16.21
Die abstrakte Klasse Vergleich

```
class Vergleich {
public:
  virtual bool vergleiche(Wuerfel* w1, Wuerfel* w2)=0;
};
```

Die Klasse schreibt eine Methode vergleiche vor, die zwei Wuerfel-Objekte miteinander vergleicht.

16.5.2 Die Klasse FestesElement

Als erste Klasse wollen wir von Vergleich eine Klasse ableiten, mit der wir ein feststehendes Element im Würfel definieren können. Das ist notwendig, wenn wir nach Zugfolgen suchen, die bestimmte Teile des Würfels unverändert lassen sollen.

Wir nennen die Klasse FestesElement:

Listing 16.22
Die von Vergleich abgeleitete Klasse FestesElement

```
class FestesElement : public Vergleich {
  int m_x;
  int m_y;
  int m_z;

//-----------------------------------------------------------

public:
  FestesElement(int x, int y, int z)
    : m_x(x) , m_y(y), m_z(z)
  {}

//-----------------------------------------------------------

  bool vergleiche(Wuerfel* w1, Wuerfel* w2) {
    Element& e1=w1->getElement(m_x, m_y, m_z);
    Element& e2=w2->getElement(m_x, m_y, m_z);
    return((e1.Id()==e2.Id()) && (e1.Zustand()==e2.Zustand()));
  }
};
```

Ein Objekt der Klasse FestesElement wird mit den Koordinaten des Elements initialisiert, welches seine Position und seinen Zustand nicht verändern soll.

Die Methode vergleiche vergleicht die Element der beiden Würfel an der besagten Position miteinander. Sollten die Elemente beider Würfel dieselbe ID und denselben Zustand haben, dann handelt es sich um ein unverändertes Element.

16.5.3 Die Klasse NeuePosition

Diese Klasse wollen wir einsetzen, um feststellen zu können, ob sich ein Element an eine bestimmte Position bewegt hat. Dabei erlauben wir es zu bestimmen, ob der Zustand mit überprüft wird oder nicht.

Listing 16.23
Die von Vergleich abgeleitete Klasse NeuePosition

```
class NeuePosition : public Vergleich {
  int m_x1;
  int m_y1;
  int m_z1;
  int m_x2;
  int m_y2;
  int m_z2;
  pos_type m_zustand;
  bool m_zustandstest;

//------------------------------------------------------------

 public:
  NeuePosition(int x1, int y1, int z1,
               int x2, int y2, int z2, pos_type zu)
  : m_x1(x1) , m_y1(y1), m_z1(z1),
    m_x2(x2) , m_y2(y2), m_z2(z2),
    m_zustand(zu), m_zustandstest(true)
  {}

//------------------------------------------------------------

  NeuePosition(int x1, int y1, int z1,
               int x2, int y2, int z2)
  : m_x1(x1) , m_y1(y1), m_z1(z1),
    m_x2(x2) , m_y2(y2), m_z2(z2),
    m_zustandstest(false)
  {}

//------------------------------------------------------------

  bool vergleiche(Wuerfel* w1, Wuerfel* w2) {
    Element& e1=w1->getElement(m_x1, m_y1, m_z1);
    Element& e2=w2->getElement(m_x2, m_y2, m_z2);
    if(e1.Id()!=e2.Id())
      return(false);
    if(!m_zustandstest)
      return(true);
    else
      return(e2.Zustand()==m_zustand);
  }
};
```

Beiden Konstruktoren wird die alte und die neue Position des Elementes übergeben. Bei einem der Konstruktoren kann noch ein zu überprüfender Zustand angegeben werden.

16.5.4 Die Methoden von WuerfelVergleicher

Wir benötigen noch eine `WuerfelVergleicher`-Methode, um einen Vergleich zur Liste der Vergleiche hinzuzufügen:

Listing 16.24
Die Methode fuegeVergleichHinzu von WuerfelVergleicher

```
void fuegeVergleichHinzu(Vergleich* v) {
  m_vergleiche.push_back(v);
}
```

Zum Schluss fehlt noch eine Methode `vergleiche`, die alle in der Liste abgelegten Vergleiche auf zwei `Wuerfel`-Objekte anwendet:

Listing 16.25
Die Methode vergleiche von WuerfelVergleicher

```
bool vergleiche(Wuerfel* w1, Wuerfel* w2) {
  for(list_type::iterator i=m_vergleiche.begin();
      i!=m_vergleiche.end();
      ++i)
    if((*i)->vergleiche(w1,w2)==false)
      return(false);
  return(true);
}
```

16.6 Das Festhalten einer Zugfolge

Um die Lösung eines Würfel-Problems festhalten zu können, müssen wir in der Lage sein, eine Zugfolge zu speichern.

Dazu brauchen wir eine Klasse `Zug`, die einen Zug repräsentiert:

Listing 16.26
Die Klasse Zug zur Repräsentation eines Zuges

```
class Zug {
public:
  Element::Achse m_achse;
  int m_ebene;
  Element::Richtung m_richtung;

//------------------------------------------------------------

  Zug(Element::Achse a, int ebene, Element::Richtung r)
    : m_achse(a), m_ebene(ebene), m_richtung(r)
  {}

  Zug() {}

//------------------------------------------------------------

  std::string zugtext() const {
    std::string s;
    switch(m_achse) {
      case Element::X:
        s+="X";
        break;
      case Element::Y:
        s+="Y";
        break;
      case Element::Z:
        s+="Z";
```

Listing 16.26 (Forts.)
Die Klasse Zug zur Repräsentation eines Zuges

```
        break;
    }

    s+=toString(m_ebene);
    switch(m_richtung) {
      case Element::VOR:
        s+="+";
        break;
      case Element::ZURUECK:
        s+="-";
        break;
    }
    return(s);

  }
};
```

Ein Objekt der Klasse Zug speichert Achse, Ebene und Richtung eines Zuges. Ein entsprechender Konstruktor hilft bei der Initialisierung der öffentlichen Attribute.

Die Methode `zugtext` stellt einen Zug als Text dar. Die Methode macht von dem `toString`-Template aus Kapitel 12.5 Gebrauch.

Mit Hilfe dieser `Zug`-Klasse erstellen wir eine Klasse `Zugfolge3`, die eine `Wuerfel3`-Konstellation mitsamt der Züge, die zu dieser Konstellation führen, speichert.

Listing 16.27
Die Klasse Zugfolge3 zur Speicherung einer Zugfolge eines Wuerfel3-Objekts

```
class Zugfolge3 {
  std::vector<Zug> m_zugfolge;
  Wuerfel3 m_wuerfel;

//-----------------------------------------------------------

public:
  Zugfolge3(std::vector<Zug>& folge, Wuerfel3& wuerfel)
  : m_zugfolge(folge), m_wuerfel(wuerfel)
  {}

  Zugfolge3() {}

//-----------------------------------------------------------

  Wuerfel3& Wuerfel() {
    return(m_wuerfel);
  }

//-----------------------------------------------------------

  int getZugAnzahl() {
    return(m_zugfolge.size());
  }

//-----------------------------------------------------------

  std::vector<Zug>& getZugFolge() {
    return(m_zugfolge);
  }
```

Listing 16.27 (Forts.)
Die Klasse Zugfolge3 zur Speicherung einer Zugfolge eines Wuerfel3-Objekts

```
//-----------------------------------------------------------

  void fuegeZugHinzu(Zug& z) {
    m_zugfolge.push_back(z);
  }
};
```

Abgesehen von den üblichen Zugriffs-Methoden existiert noch eine Methode `fuegeZugHinzu`, mit der ein weiterer Zug zur Zugfolge hinzugefügt werden kann.

16.7 Das Ermitteln einer Zugfolge

Wir haben nun sämtliche Vorarbeit geleistet, um eine Zugfolge für ein bestimmtes Würfelproblem zu ermitteln.

Wir werden hier keine großartigen würfelphilosophischen Betrachtungen anstellen, sondern einfach mittels Brute Force eine Lösung suchen. Damit wir die kürzeste Zugfolge finden, verwenden wir das Verfahren der Breitensuche:

Listing 16.28
Die Funktion sucheZugfolge3 zur Ermittlung einer Zugfolge für ein bestimmtes Problem

```
Zugfolge3 sucheZugFolge3(Wuerfel3& wuerfel,
                         WuerfelVergleicher& vgl,
                         int maxtiefe) {

  list<Zugfolge3> liste;
  liste.push_back(Zugfolge3(vector<Zug>(), wuerfel));
  int zuglaenge=0;

  do {

    Zugfolge3& z=liste.front();


    if(z.getZugAnzahl()+1>zuglaenge) {
      zuglaenge=z.getZugAnzahl()+1;
      cout << "Zugfolgen der Laenge " << zuglaenge <<
              " werden berechnet..." << endl;
    }

    for(int achse=0; achse<3; ++achse) {
      for(int ebene=0; ebene<3; ++ebene) {
        for(int richtung=0; richtung<2; ++richtung) {
          Zug tmp(static_cast<Element::Achse>(achse),
                  ebene,
                  static_cast<Element::Richtung>(richtung));
          vector<Zug>& zv=z.getZugFolge();
          if(!sinnloserZug(tmp,zv)) {
            Zugfolge3 nz(zv, z.Wuerfel());
            nz.getZugFolge().push_back(tmp);
            nz.Wuerfel().macheZug(
                static_cast<Element::Achse>(achse),
                ebene,
                static_cast<Element::Richtung>(richtung));
```

Listing 16.28 (Forts.)
Die Funktion sucheZugfolge3 zur Ermittlung einer Zugfolge für ein bestimmtes Problem

```
26            if(vgl.vergleiche(&wuerfel, &nz.Wuerfel()))
27              return(nz);
28            else
29              liste.push_back(nz);
30
31          }
32        }
33      }
34    }
35    liste.pop_front();
36  } while(zuglaenge<=maxtiefe);
37
38  return(Zugfolge3(vector<Zug>(), wuerfel));
39 }
```

01: Der Methode wird die Start-Konstellation, sowie ein entsprechendes `WuerfelVergleicher`-Objekt übergeben, welches die zu findende Lösung definiert. Die Angabe der maximalen Zugtiefe ist eher theoretischer Natur, weil die Zugtiefe eher durch Ihre Rechner-Ressourcen limitiert ist.

03: Die Liste nimmt alle weiter zu bearbeitenden Würfel-Konstellationen auf.

04: Die Start-Konstellation wird an die (zu diesem Zeitpunkt leeren) zu verarbeitenden Würfel-Konstellationen angehängt.

07: Die `do`-Schleife läuft, bis die maximale Zugtiefe erreicht ist.

09: Die nächste zu bearbeitende Würfel-Konstellation wird aus der Liste gelesen.

17-19: Diese drei Schleifen gehen alle möglichen Züge durch (alle Achsen mit allen Ebenen und allen Richtungen).

20: Aus den aktuellen Schleifen-Werten wird ein Zug konstruiert.

21: Die Zugfolge der aktuell zu bearbeitenden Würfel-Konstellation wird ermittelt.

22: Es wird geprüft, ob es sich um einen sinnlosen Zug handelt. Wegen der exponenziell ansteigenden Zug-Kombinationen ist es sinnvoll, einen Teil der Rechenzeit zur Elimination von unnötigen Zügen zu verwenden. Später werden wir die Methode noch genauer betrachten.

23-25: Aus der aktuellen Würfel-Konstellation und dem aktuellen Zug wird eine neue Konstellation geschaffen.

26: Entspricht diese Konstellation der gesuchten Lösung, wird diese zurück gegeben.

29: Andernfalls wird sie an die Liste der weiter zu bearbeitenden Konstellationen angehängt.

35: Ist die Anwendung aller Zug-Möglichkeiten auf die aktuelle Würfel-Konstellation abgeschlossen, dann wird sie aus der Liste entfernt.

38: Wird die Lösung mit der angegebenen maximalen Anzahl von Zügen nicht gefunden, so wird eine leere Zugfolge zurückgegeben.

Als letzter Schritt fehlt nun nur noch die Funktion zur Bestimmung eines sinnlosen Zuges. Je mehr solcher sinnlosen Züge erkannt werden, desto effizienter kann nach einer Lösung gesucht werden.

Ein Zug ist zum Beispiel sinnlos, wenn er den letzten Zug rückgängig macht. Oder wenn die erste und zweite X-Ebene nach oben gedreht werden, hätte der gleiche Effekt auch mit einem Drehen der dritten X-Ebene nach unten erzielt werden können.

Listing 16.29
Die Funktion sinnloserZug

```
bool sinnloserZug(Zug& zug, vector<Zug>& zv) {
  if(zv.size()==0)
    return(false);

  if(zv.size()==1) {
    Zug letzter(zv[zv.size()-1]);
    if(zug.m_achse==letzter.m_achse) {
      if(zug.m_ebene==letzter.m_ebene) {
        if(zug.m_richtung!=letzter.m_richtung)
          return(true);
      }
      else {
        if(zug.m_richtung==letzter.m_richtung)
          return(true);
      }
    }
    return(false);
  }

  if(zv.size()==3) {
    Zug letzter(zv[zv.size()-1]);
    Zug vorletzter(zv[zv.size()-2]);

    if(zug.m_achse==letzter.m_achse) {
      if(zug.m_ebene==letzter.m_ebene) {
        if(zug.m_richtung!=letzter.m_richtung)
          return(true);
      }
      else {
        if(zug.m_richtung==letzter.m_richtung)
          return(true);
      }

      if(zug.m_achse==vorletzter.m_achse) {
        if(zug.m_richtung==letzter.m_richtung &&
          zug.m_richtung==vorletzter.m_richtung)
          return(true);
      }
    }
    return(false);
  }

  Zug letzter(zv[zv.size()-1]);
  Zug vorletzter(zv[zv.size()-2]);
  Zug vorvorletzter(zv[zv.size()-3]);
```

```
  if(zug.m_achse==letzter.m_achse) {
    if(zug.m_ebene==letzter.m_ebene) {
      if(zug.m_richtung!=letzter.m_richtung)
        return(true);
    }
    else {
      if(zug.m_richtung==letzter.m_richtung)
        return(true);
    }

    if(zug.m_achse==vorletzter.m_achse) {
      if(zug.m_richtung==letzter.m_richtung &&
        zug.m_richtung==vorletzter.m_richtung)
        return(true);

      if(zug.m_achse==vorvorletzter.m_achse)
        return(true);
    }
  }
  return(false);
}
```

Listing 16.29 (Forts.)
Die Funktion sinnloserZug

16.8 Das Bestimmen einer Lösung

Zum Abschluss wollen wir für ein simples Problem eine Lösung berechnen. Abbildung 16.8 zeigt die Aufgabenstellung. Der Stein mit den Koordinaten (2,2,0) soll an die Position (0,0,2) bewegt werden.

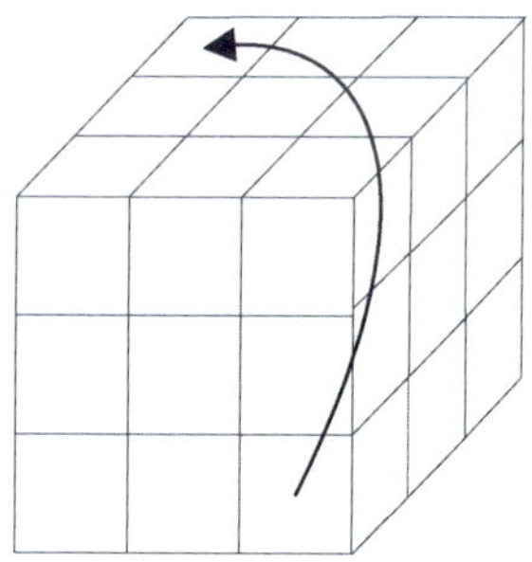

Abbildung 16.8
Das zu lösende Problem

Der Programmcode sieht so aus:

```
Wuerfel3 w;
WuerfelVergleicher v;
v.fuegeVergleichHinzu(
          new WuerfelVergleicher::NeuePosition(2,2,0,0,0,2));
  Zugfolge3 loesung=sucheZugFolge3(w,v,10);
  vector<Zug> solvektor=loesung.getZugFolge();
  if(solvektor.size()==0)
    cout << "Keine Loesung gefunden!" << endl;
  else {
    cout << "Loesung:" << endl;
    for(vector<Zug>::iterator iter=solvektor.begin();
        iter!=solvektor.end();
        ++iter)
```

Listing 16.30
Der Quellcode zur Berechnung der Lösung

Listing 16.30 (Forts.)
Der Quellcode zur Berechnung der Lösung

```
      cout << (*iter).zugtext() << ", ";
    cout << endl;
  }
```

Als Ergebnis erhalten wir „X2+, X2+, Y0+". Bei dieser Lösung wird der Stein an Position (2,0,2) bewegt. Wir wollen ihn jetzt zusätzlich noch fest setzen:

```
v.fuegeVergleichHinzu(new WuerfelVergleicher::FestesElement(2,0,2));
```

Jetzt erhalten wir als Lösung „X2+, X2+, Y0+"

Wenn Sie etwas mit den Funktionen spielen ,werden Sie feststellen, dass Sie bestenfalls Zugfolgen mit einer Länge von sechs Zügen bewältigen können, alles andere sprengt den Arbeitsspeicher der meisten Rechner.

Das Verfahren kann noch verbessert werden, indem die Knoten nicht in einer Liste im Speicher, sondern in eine Datei geschrieben werden. Auch die Verbesserung der `sinnloserZug`-Funktion könnte sich positiv auswirken.

Aber das überlasse ich dem interessierten Leser als Übung.

A

Literaturverzeichnis

[Alexandrescu01]
Alexandrescu, Andrei: Modern C++ design : generic programming and design patterns applied / Andrei Alexandrescu. – 7. print. – Boston [u.a.] : Addison-Wesley, 2001. ISBN: 0-201-70431-5

[Booch94]
Booch, Grady: Objektorientierte Analyse und Design : mit praktischen Anwendungsbeispielen / Grady Booch. – 1. Aufl. – Bonn ; Paris ; Reading, Mass. [u.a.] : Addison-Wesley, 1994. ISBN 3-89319-673-0

[Booch99]
Booch, Grady: Das UML-Benutzerhandbuch : [von den Designern der UML] / Grady Booch ; James Rumbaugh ; Ivar Jacobson. – 1. Aufl. – Bonn ; Reading, Mass. [u.a.] : Addison-Wesley-Longman, 1999. ISBN 3-8273-1486-0

[Dewhurst03]
Dewhurst, Stephen C: C++ gotchas : avoiding common problems in coding and design / Stephen C ; Dewhurst. – 1. print. – Boston [u.a.] : Addison-Wesley, 2003. ISBN: 0-321-12518-5

[Gamma01]
Entwurfsmuster : Elemente wiederverwendbarer objektorientierter Software / Erich Gamma. – 5., korrigierter Nachdr. – München ; Boston [u.a.] : Addison-Wesley, [2001]. ISBN 3-8273-1862-9

[Knuth97]
Knuth, Donald E.: The art of computer programming. Vol. 1, Fundamental algorithms. – 3. ed. Reading, Mass. : Addison-Wesley, 1997. ISBN 0-201-89683-4

[Meyers97]
Meyers, Scott: Effektiv C++ programmieren : 50 Wege zur Verbesserung Ihrer Programme und Entwürfe / Scott Meyers. – 3., aktualisierte Aufl. – Bonn ; Reading, Mass. [u.a.] : Addison-Wesley-Longman, 1997. ISBN 3-8273-1305-8

[Meyers97b]
Meyers, Scott: Mehr effektiv C++ programmieren : 35 neue Wege zur Verbesserung Ihrer Programme und Entwürfe / Scott Meyers. – Bonn ; Reading, Mass. [u.a.] : Addison-Wesley-Longman, 1997. ISBN 3-8273-1275-2

[Oesterreich99]
Oestereich, Bernd: Objektorientierte Softwareentwicklung : Analyse und Design mit der Unified modeling language / von Bernd Oestereich. – 4., aktualisierte Aufl. – München ; Wien : Oldenbourg, 1998. ISBN 3-486-24787-5

[Sedgewick92]
Sedgewick, Robert: Algorithmen in C++ / Robert Sedgewick. – 1. Aufl. – Bonn ; München ; Paris [u.a.] : Addison-Wesley, 1992. ISBN 3-89319-462-2

[Stroustrup00]
Stroustrup, Bjarne: Die C++-Programmiersprache / Bjarne Stroustrup. – 4., aktualisierte und erw. Aufl. – München ; Boston [u.a.] : Addison-Wesley, 2000. ISBN 3-8273-1660-X

[Sutter00]
Sutter, Herb: Exceptional C++ : 47 technische Denkaufgaben, Programmierprobleme und ihre Lösungen – München ; Boston [u.a.] : Addison-Wesley, 2000. ISBN 3-8273-1711-8

[Sutter01]
Sutter, Herb More exceptional C++ : 40 more engineering puzzles, programming problems, and solutions – Boston, Mass. ; London : Addison-Wesley, 2001. ISBN 0-201-70434-X

[Willms00]
Willms, André: C++ STL : verstehen, anwenden, erweitern / André Willms. – 1. Aufl. – Bonn : Galileo Press, 2000. ISBN 3-934358-20-9

[Willms01]
Willms, André: C++-Programmierung : Programmiersprache, Programmiertechnik, Datenorganisation / André Willms. – 2. Aufl. – München ; Boston [u.a.] : Addison-Wesley, 2001. ISBN 3-8273-1627-8

[Willms02]
Willms, André: Go to C++-Programmierung : [der Weg zum Profi, flexible Lernmodule, Arbeitsbuch und Referenz in einem] / André Willms. – [Nachdr.]. – München [u.a.] : Addison-Wesley, 2002. ISBN: 3-8273-1495-X

[Willms03]
Willms, André: Das C++ Codebook / André Willms. – 1. Aufl. – München ; Boston [u.a.] : Addison-Wesley, 2003. ISBN 3-8273-2083-6

Stichwortverzeichnis

K

L

M

N

O

U

V

W

Z

Bébé Koala
La varicell

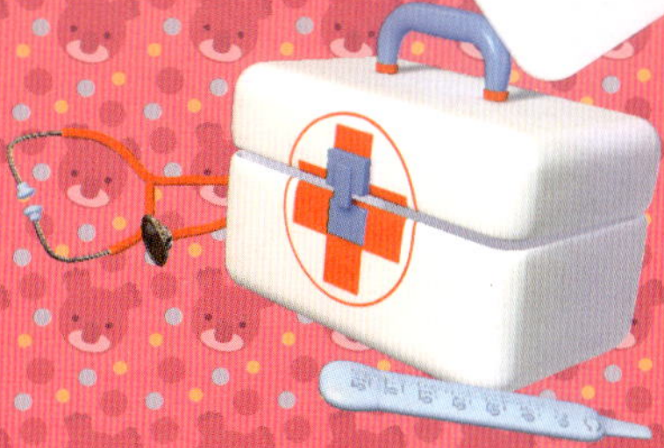

Directeur : Sarah Koegler-Jacquet
Direction éditoriale : Brigitte Leblanc
Responsable artistique : Solène Lavand
Responsable éditoriale : Sylvie Michel
Assistante d'édition : Cécile Robidas
Fabrication : Anne-Laure Soyez
Mise en page : Sonia Blanchard

58, rue Jean Bleuzen – CS 70007 – 92178 Vanves
ISBN : 978-2-01-705296-8 Dépôt légal : janvier 2019 – Édition 01.
Imprimé en Espagne par Macrolibros. Achevé d'imprimer en janvier 2019.
Loi n° 49-956 du 16 juillet 1949 sur les publications destinées à la jeunesse

PAPIER À BASE DE FIBRES CERTIFIÉES

hachette s'engage pour l'environnement en réduisant l'empreinte carbone de ses livres. Celle de cet exemplaire est de : 200 g éq. CO_2
Rendez-vous sur www.hachette-durable.fr

Nadia Berkane
Alexis Nesme

Bébé Koala
La varicelle

Les albums Hachette

Ce matin, Bébé Koala n'a pas
très envie d'aller à l'école.
« Pfff ! Je suis fatiguée, Maman.
Touche, j'ai de la fièvre... »
dit-elle en prenant sa main.

Maman sourit et la voilà qui sort
un thermomètre… Saperlipopette !

« Au secours ! » crie Bébé Koala,
qui file dans sa chambre pour s'habiller.

Bizarre ! Bizarre ! Au moment d'enfiler ses vêtements, Bébé Koala aperçoit un bouton, puis deux, puis trois, puis plein de boutons partout, partout… « Maman ! » crie-t-elle.

Allistair, qui n'a pas perdu une miette du spectacle, se moque de Bébé Koala. « Ouh ! là ! là ! Ça me chatouille, ça me gratouille… » fait-il en dansant tantôt comme ci, tantôt comme ça, autour de Bébé Koala.

Maman fait venir le docteur
qui ausculte Bébé Koala.
« Il ne faut surtout pas te gratter,
lui dit-il, tu as la varicelle et c'est
très contagieux. Repose-toi !

– Contagieux ! Contagieux ! crie le petit hamster en fuyant Bébé Koala. Moi, je vais jouer avec Petit Frère… je ne veux pas ressembler à une guirlande de Noël ! »

Mais Allistair s'ennuie vite avec Petit Frère qui mange et dort toute la journée, quand il ne pleure pas pour attraper la queue du petit hamster.

« Snif ! snif ! fait tout à coup Allistair, c'est qu'il me manque, mon Bébé Koala.

– Je peux jouer avec toi ? demande Allistair en s'approchant de Bébé Koala.

– Tu m'as manqué ! » dit-elle, en serrant

dans ses bras son petit hamster, qui s'est collé des gommettes des pieds à la tête pour faire rire Bébé Koala !

Toc ! toc ! toc ! « Regardez qui vient vous tenir compagnie ? dit Maman en ouvrant la porte de la chambre.
– Ah ! ah ! ah ! Pas le Petit Frère aux petits pois ! » s'esclaffent Allistair et Bébé Koala.

Retrouve tous les titres de la collection :

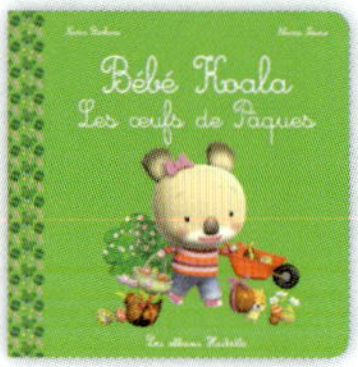

Et aussi :

- Une copine à la maison
- Bébé Koala fait la cuisine